Die Strafbarkeit der Parteispendenakquisition

Criminalia

Herausgegeben von Klaus Volk

Band 45

Peter Lang

Frankfurt am Main · Berlin · Bern · Bruxelles · New York · Oxford · Wien

Christian A. Sirch

Die Strafbarkeit der Parteispenden-akquisition

Ein Beitrag zum Tatbestand der Vorteilsannahme

Peter Lang
Internationaler Verlag der Wissenschaften

Bibliografische Information der Deutschen Nationalbibliothek
Die Deutsche Nationalbibliothek verzeichnet diese Publikation in der Deutschen Nationalbibliografie; detaillierte bibliografische Daten sind im Internet über <http://www.d-nb.de> abrufbar.

Zugl.: München, Univ., Diss., 2007

Umschlaggestaltung:
Pierre Mendell

D 19
ISSN 0945-1811
ISBN 978-3-631-57153-8

www.peterlang.de

„Bestechungsgeschenke sollst Du nicht annehmen; denn diese machen Klarsehende blind und verdrehen die Sachen derer, die im Recht sind.“

2. Mos. 23, 8

Criminalia

Abhandlungen aus den gesamten Strafrechtswissenschaften

Der Herausgeber der Reihe ist Vorstand des "Instituts für die gesamten Strafrechtswissenschaften" der Universität München. Das Programm der Reihe ist im Untertitel genannt. In ihr werden veröffentlicht Schriften zum Strafrecht und Strafverfahrensrecht, zu Kriminologie und Kriminalpolitik, zu den rechtstheoretischen und rechtssoziologischen Grundlagen des Strafrechts und zu seiner Geschichte. Die Reihe läßt deutsche und ausländische Wissenschaftler zu Wort kommen und will dazu einladen, an der Fortentwicklung aller Bereiche des Strafrechts über die Grenzen hinaus mitzuwirken.

Meinen Eltern

Vorwort

Die vorliegende Abhandlung wurde von der Juristischen Fakultät der Ludwig-Maximilians-Universität zu München im Sommersemester 2007 als Dissertation angenommen. Literatur und Rechtsprechung sind auf dem Stand Dezember 2006. Später ergangene Rechtsprechung bzw. später erschienene Literatur konnten nur noch vereinzelt in den Fußnoten berücksichtigt werden.

Es ist an dieser Stelle guter Brauch und Sitte, all jenen zu danken, die zum Gelingen dieser Abhandlung beigetragen haben. Zuforderst gilt hier der Dank meinem Doktorvater Prof. Dr. Helmut Satzger, der nicht nur bei der Themenwahl Weitblick gezeigt, sondern mir bei der Erstellung der Arbeit größtmögliche wissenschaftliche Freiheit gelassen hat. Gleichzeitig war er für Ratschläge und Diskussionen ein stets bereiter Ansprechpartner. Dank sagen möchte ich auch Herrn Prof. Dr. Dr. h.c. mult. Bernd Schünemann für die kurzfristige Erstellung des kritischen aber auch instruktiven Zweitgutachtens. Herrn Prof. Dr. Ulrich Schroth danke ich für die angenehme Atmosphäre während der mündlichen Doktorprüfung. Ferner bedanke ich mich herzlich bei Herrn Prof. Dr. Dr. h.c. Klaus Volk für die Bereitschaft zur Aufnahme der Arbeit in seine Schriftenreihe.

Zu großem Dank verpflichtet bin ich auch meiner Freundin Frau Rechtsanwältin Yasmin Farhumand. Sie hat mich während der gesamten Dauer der Promotionserstellung unermüdlich in meinem Vorhaben bestärkt und klaglos die damit verbundenen zeitlichen Entbehrungen hingenommen.

Unendlichen Dank schließlich schulde ich meinen Eltern, Helga und Albert Sirch. Sie haben mir nicht nur durch ihre großzügige finanzielle Unterstützung meine gesamte juristische Ausbildung ermöglicht, sondern mir gerade während der Erstellung dieser Arbeit bei alltäglichen Lästigkeiten stets den Rücken freigehalten und letztlich so wesentlich zum erfolgreichem Gelingen der Promotion beigetragen. Das Mindeste ist es deshalb, Ihnen diese Abhandlung zu widmen.

Dr. Christian Sirch — München, im Oktober 2007

Inhaltsverzeichnis

Einleitung

A. Problemaufriss

In regelmäßigen Abständen berichten die Medien von Funktionsträgern der Politik, die Spendenzahlungen an die politische Partei, der sie angehören, mit ihrer Dienstausübung in Verbindung gebracht haben sollen. Neben der gesellschaftspolitischen Aktualität beinhaltet diese Thematik auch eine rechtliche Komponente. Die tatsächlichen und rechtlichen Probleme, die sich im Zusammenhang mit der privaten Finanzierung von Parteien ergeben, sind hierbei breit gestreut. Sie reichen vom Verfassungsrecht über die Rechtsgeltungslehre bis zu Fragen des Steuerrechts sowie vielfältigen anderen Streitpunkten des Straf- und Strafprozessrechts. Diese Problemkreise haben mit Ausnahme des Tatbestandes der Vorteilsannahme bereits eine umfangreiche juristische Aufarbeitung erfahren.

Gerade die Neufassung des § 331 Abs. 1 StGB durch das Korruptionsbekämpfungsgesetz von 1997 mit der ausdrücklichen Einbeziehung von Drittvorteilen in den Tatbestand wirft neue Fragen hinsichtlich der Auslegung der Vorschrift auf. Die vielfach als Lockerung bezeichnete Neugestaltung des Beziehungsverhältnisses von Vorteil und Diensttätigkeit rückt Verhaltensweisen in die Nähe der Strafbarkeit, die in anderen Gesetzeswerken nicht nur rechtlich unbedenklich, sondern ausdrücklich erwünscht oder geboten sind. Wie diese Abhandlung zeigen wird, tritt dieses Dilemma nicht nur bei der in juristischer Lehre und Rechtsprechung bereits umfangreich erörterten Drittmittelforschung an Hochschulen, sondern im Besonderen auch bei der strafrechtlichen Bewertung der Parteispendenakquisition zu Tage. Anliegen dieser Arbeit ist es hierbei, die Konturen der Rechtsprechung zur Parteienfinanzierung herauszuarbeiten und die vielfältigen Rechtsprobleme bezüglich des Tatbestandes der Vorteilsannahme transparent zu machen. Der Forderung nach Kriterien zur Abgrenzung von strafwürdigen und nicht strafwürdigen Fällen der Spendenannahme soll Geltung verschafft werden, um so einen Beitrag zu der Rechtssicherheit zu leisten, die gerade im Strafrecht von unabdingbarer Notwendigkeit ist.

B. Der Fall „Kremendahl“

Anlass dieser Abhandlung ist der jüngst vom Bundesgerichtshof entschiedene Fall „Kremendahl“[1]. In der Sache ging es dort um den Oberbürgermeister der Stadt Wuppertal, der bei der Kommunalwahl 1999 erneut für das Amt des Bürgermeisters kandidierte. Aufgrund des vom Gegenkandidaten[2] aufwendig betriebenen Wahlkampfes gewann der Amtsinhaber den Eindruck, dass er seinem Herausforderer nur durch den Einsatz erheblicher finanzieller Mittel entgegentreten konnte und erachtete es daher als notwendig, Großspender für den Wahlkampf zu gewinnen. Einen solchen fand er in einem der größten Bauinvestoren der Stadt, der sich dazu bereit erklärte, den Wahlkampf durch eine Spende in Höhe von DM 500.000,- zu unterstützen. Eine direkte Zahlung an sich selbst lehnte der Oberbürgermeister ab, befürwortete aber eine Unterstützung in Form von Spenden an seine Partei unter Einhaltung des „rechtlich vorgesehenen Weges“. Der Geldgeber brachte im Zuge seines finanziellen Engagements zum Ausdruck, dass die Spende nur für den Wahlkampf des bisherigen Amtsinhabers verwendet werden sollte. Daneben wollte der Investor einen für die Öffentlichkeitsarbeit zuständigen Mitarbeiter seines Unternehmens für den Wahlkampf zur Verfügung stellen. Mit den Einzelheiten der Wahlkampffinanzierung war der Oberbürgermeister nicht mehr befasst, wusste aber, dass die Zuwendung den wesentlichen Teil der Kosten des Wahlkampfes abdecken würde. Letztendlich wurde die Summe unter Umgehung des Parteiengesetzes an die Partei ausgezahlt.

Die Spendenbereitschaft beruhte nach den gerichtlichen Feststellungen darauf, dass der Bauunternehmer überzeugt war, er könne so das von ihm am Ort geplante Factory Outlet Center errichten. Zwar hatte sich der Oberbürgermeister bereits gegen ein derartiges Projekt ausgesprochen, doch glaubte der Investor mit dem bisherigen Amtsinhaber sein Vorhaben eher verwirklichen zu können als mit dem Gegenkandidaten, der als Prokurist einer überregionalen Einzelhandelskette kein wirtschaftliches Interesse an der Errichtung

---

1 Vgl. hierzu auch die Entscheidungen *LG Wuppertal*, NJW 2003, S. 1405ff., sowie im Anschluss daran *BGH*, NJW 2004, S. 3569ff.

2 Zwischenzeitlich wurde auch gegen den Herausforderer ein Strafverfahren durchgeführt, allerdings nur hinsichtlich des Vorwurfs der Untreue (§ 266 StGB). Ihm wurde zur Last gelegt, gegen das parteienrechtliche Verbot der Annahme von Einflussspenden verstoßen und so die Partei der Gefahr einer Rückforderung durch die Bundestagsverwaltung ausgesetzt zu haben. In erster Instanz wurde er vor dem LG Wuppertal (Urteil v. 06.12.2005) freigesprochen.

eines derartigen Centers haben würde. Dem Oberbürgermeister selbst war klar, dass sich der Großspender nur aufgrund des von ihm bekleideten Bürgermeisteramtes engagieren wollte und dass konkrete Projekte des Investors, unter anderem jenes Factory Outlet Center, Gegenstand seiner künftigen Amtstätigkeit sein würden.

C. Konkrete Fragestellungen dieser Untersuchung

Die Arbeit hat sich dem Ziel verschrieben, die durch die Kremendahl-Entscheidung angestoßene Diskussion zum Verhältnis von strafrechtlicher Vorteilsannahme zu Parteispenden im Allgemeinen und zu Wahlkampfspenden im Besonderen fortzuführen. Im 1. Kapitel der Arbeit liegt das Hauptaugenmerk – neben der Klärung von Begrifflichkeiten – auf der generellen Zulässigkeit von Parteispenden. Es werden insbesondere die verfassungsrechtlichen und einfach- bzw. steuergesetzlichen Grundlagen einer auf Spenden basierenden Parteienfinanzierung dargestellt.

Im 2. Kapitel wird der Frage nachgegangen, ob bzw. in welchen Konstellationen Spendenbeziehungen zwischen einem politischen Amtsträger, dessen Partei und dem Bürger aus Sicht des Spendenempfängers strafrechtliche Relevanz hinsichtlich des Tatbestandes der Vorteilsannahme (§ 331 StGB) erlangen können, obwohl das Grundgesetz, das Parteiengesetz und zahlreiche Steuernormen Parteispenden ausdrücklich legitimieren. Dabei werden als Ursachen für die Schwierigkeiten bei der Beantwortung dieser Frage die Unsicherheiten bei der Interpretation des § 331 StGB ausgemacht. Aus diesem Grunde erfolgt eine grundlegende Reflexion des Tatbestands, die ihr Fundament in Überlegungen zum Rechtsgut und der Deliktsnatur der Vorteilsannahme hat und alsdann in einer Auseinandersetzung mit den einzelnen Tatbestandsmerkmalen mündet. Besondere Beachtung wird hierbei dem strafrechtlichen Amtsträgerbegriff geschenkt.

Der aus den ersten beiden Kapiteln resultierenden Erkenntnis, dass einerseits Parteispenden eine erwünschte Form politischer Willensbildung darstellen, andererseits aber die Spendenannahme den Amsträger der strafrechtlichen Verfolgung aussetzt, trägt das 3. Kapitel Rechnung. Es widmet sich der Frage, ob ein Bedürfnis für eine Strafbarkeitseinschränkung bei der Einwerbung von Parteispenden besteht und ob die in Rechtsprechung und Literatur hierzu bisher aufgezeigten Lösungen überzeugen können. Bei der Suche nach einem alternativen Lösungsansatz taucht die Frage auf, ob die im Zuge der Diskussion um die strafrechtliche Behandlung von Pharmasponsoring bzw. Drittmittelförderung von Rechtsprechung und Lehre erarbeiteten Grundsätze auch auf den Bereich der Parteispenden zu übertragen sind. Daneben stellt sich die Frage der telelogischen Reduktion abstrakter Gefährdungsdelikte. Hieran schließen sich eigene Überlegungen an, die den entscheidenden Ausgangspunkt für eine Einschränkung der Strafbarkeit der Parteispendenakquisition im verfassungsrechtlichen Grundsatz der Wahlgleichheit sehen. Hierbei wird der Frage nachgegangen, ob ein solcher verfassungsrechtlicher Rechtfertigungsgrund - auch mit Blick auf das Bestimmtheitsgebot - überhaupt anzuerkennen ist und unter welchen Voraussetzungen er seine Rechtfertigungswirkung gegebenenfalls entfalten kann. Schließlich wird gefragt, wie sich ein Irrtum des Täters auf die strafrechtliche Rechtfertigung auswirkt.

Kapitel 1

Begrifflichkeiten und Vorüberlegungen

A. Der Spendenbegriff im Verständnis dieser Arbeit

Bevor über die strafrechtlichen Auswirkungen der Annahme von Spenden durch politische Amtsträger für die Partei mit Blick auf den Tatbestand der Vorteilsannahme geurteilt werden kann, ist es zunächst erforderlich zu klären, welche Zuwendungen überhaupt als Spenden im Sinne dieser Abhandlung gelten. Erst dann ist eine Entscheidung darüber möglich, ob eine solche Spende oder gegebenenfalls deren mittelbare Auswirkungen für den Amtsträger einen Vorteil im Sinne des § 331 StGB darstellen. Die Definition orientiert sich hierbei an den parteiengesetzlichen und steuerrechtlichen Überlegungen zum Spendenbegriff.

Danach sind Spenden freiwillige, unentgeltliche Zuwendungen – sprich die Hingabe eines Vermögensbestandteils – in Form von Geld oder geldwerten Leistungen eines Dritten zugunsten einer von diesem zu unterscheidenden natürlichen oder juristischen Person oder Personenvereinigung[3]. Mit Blick auf die hier in Rede stehenden Parteispenden sind solche Personen auch die Mitglieder der Partei selbst[4]. Unentgeltlich ist eine derartige Zuwendung, wenn sie unabhängig von einer Gegenleistung erfolgt, also bei wirtschaftlicher Betrachtung die Leistung des Gebers und die Leistung des Empfängers nicht im Verhältnis eines Leistungsaustausches stehen[5]. Das bedeutet nicht zwangs-läufig, dass die fragliche Zuwendung kostenlos sein muss[6] oder der Gegenleistung kein geldwerter oder vermögensrechtlicher Charakter zukommt[7]. Vielmehr reicht es auch aus, dass die zu erbringende Gegenleistung

---

3 *Hildesheim*, in: Bordewin/Brandt, EStG, § 10b Rn. 123; *Hettich*, Parteispenden, S. 15; *Küstermann*, Transparenzgebot, S. 121; *Seifert*, in: Koelble, Bundesrecht, Erl. zu § 24 PartG;

4 So auch *Küstermann*, Transparenzgebot, S. 122

5 *BFH*, BStBl. II (1997), S. 612ff.; *Hildesheim*, in: Bordewin/Brandt, EStG, § 10b Rn. 17; *Brandt*, in: Hermann/Heuer/Raupach, EStG, § 10b Rn. 26; *Küstermann*, Transparenzgebot, S. 121; *Kulitz*, Unternehmerspenden, S. 78; *Schleth*, Parteifinanzen, S. 187f.

6 *Weidenkoff*, in: Palandt, BGB, § 516 Rn. 8

7 *Kolhosser*, in: MünchKomm, BGB, § 516 Rn. 21

für den Zuwendenden offensichtlich keinen Wert hat[8]. Als freiwillig ist diese Vermögenshingabe zu qualifizieren, wenn sie ohne eigennützige rechtliche Verpflichtung erbracht wird. An der Freiwilligkeit ändert sich auch nichts, wenn sich der Spender moralisch zu der Zuwendung verpflichtet fühlt oder zwar eine rechtliche Verpflichtung gegenüber dem Spendenempfänger besteht, diese ihrerseits vom Spender aber freiwillig übernommen worden ist[9].

In erster Linie werden Spenden an politische Parteien in Form von Geldspenden geleistet. Gleichwohl sind – ausgehend von obigem Spendenbegriff – auch Sach-, Leistungs- und Aufwandsspenden als sonstige geldwerte Leistungen gängige Erscheinungsformen. Unter den Begriff der Sachspende wird die Zuwendung von Wirtschaftsgütern mit Ausnahme von Leistungen und Nutzungen subsumiert[10]. Eine Sachspende sind beispielsweise Flugblätter, Wahlplakate oder Zeitungsinserate. Dagegen sind Nutzungen gemäß der Legaldefinition des § 100 BGB die Früchte einer Sache oder eines Rechtes sowie die Vorteile, die mit dem Gebrauch der Sache oder des Rechtes einhergehen[11]. Solche Leistungsspenden sind damit in erster Linie unentgeltliche Dienst- und Arbeitsleistungen, beispielsweise das Spendensammeln für die Partei, das Aufstellen von Plakaten oder etwa das Zurverfügungstellen eines Wahlkampfmitarbeiters wie im Fall „Kremendahl". Eine Aufwandsspende ist hingegen der Verzicht auf die Erstattung derjenigen Ausgaben, die zur Durchführung der persönlich erbrachten Leistung eines Spenders erforderlich sind[12], etwa Fahrtkosten, Telefon- oder Portokosten. Einem weiten Spendenbegriff folgend fallen hierunter auch (unverzinsliche) Darlehen, Zuwendungen von Todes wegen, Dienstleistungen, der Verzicht auf Aufwendungsersatzansprüche von Parteimitgliedern, Fundraising-Dinner und andere Unterstützungsaktionen Dritter[13]. Oder mit den Worten des Bundesverfassungsgerichts gesprochen sind Spenden neben Geldleistungen auch geldwerte Zuwendungen aller

8 *Küstermann*, Transparenzgebot, S. 122; *Kulitz*, Unternehmerspenden, S. 82

9 *BFH*, BStBl. I (1992), S. 748ff.; *Hildesheim*, in: Bordewin/Brandt, EStG, § 10b Rn. 19; *Küstermann*, Transparenzgebot, S. 122; *Seifert*, in: Koelble, Bundesrecht, Erl. zu § 24 PartG;

10 Vgl. § 10b Abs. 3 S. 1 EStG

11 *Heinrichs*, in: Palandt, BGB, § 100 Rn. 1

12 *Heyer*, Meinungsaustausch, S. 13f.; *Küstermann*, Transparenzgebot, S. 128

13 Zu den unterschiedlichen Spendenarten an eine Partei vgl. auch *Adams*, Parteienfinanzierung, S. 301ff. Die parteiengesetzliche Einordnung als Spende im Sinne des § 25 Abs. 1 S. 1 PartG ist dabei teilweise durchaus umstritten (vgl. BT-Drucks. 13/8888, S. 31ff.; BT-Drucks. 14/4747, S. 33f.; BT-Drucks. 14/6170, S. 42f.; *Küstermann*, Transparenzgebot, S. 124ff.), was aber nichts daran ändert, dass diese Zuwendungen entsprechend dem allgemeinen Sprachverständnis als Spenden zu qualifizieren sind.

Art wie die unentgeltliche Bereitstellung von sächlichen Mitteln, Personal oder vorhandenen Organisationsstrukturen[14].

B. Verfassungsrechtliche und einfachgesetzliche Legitimation von Parteispenden

I. Verfassungsrechtliche Vorgaben

1. Normative Enthaltsamkeit des Grundgesetzes

Im Grundgesetz finden sich keine Vorschriften über Zulässigkeit oder Unzulässigkeit bestimmter Formen der Parteienfinanzierung. Die Verfassung äußert sich weder zur finanziellen Ausstattung der Parteien durch den Staat noch zur Spendenmöglichkeit durch die Bevölkerung. In Art. 21 Abs. 1 S. 4 GG werden die Parteien lediglich verpflichtet, über die Herkunft und Verwendung ihrer Mittel sowie über ihr Vermögen öffentlich Rechenschaft zu geben. Ob sich ein verfassungsrechtlicher Anspruch auf staatliche Zuwendungen aus Art. 21 Abs. 1 GG herleiten lässt, ist umstritten. Eine Ansicht lehnt dies ab[15], während nach anderer Auffassung aus der Vorschrift die staatliche Pflicht erwächst, den Parteien finanzielle Leistungen zukommen zu lassen, um die Funktionsfähigkeit des Parteiensystems zu erhalten[16]. Auch das Bundesverfassungsgericht hat sich zu dieser Frage bisher nicht eindeutig geäußert, sondern verweist lediglich darauf, dass der Staat den Parteien öffentliche Mittel in beträchtlichem Umfang zuwendet[17]. Selbst wenn man die Ansicht vertreten würde, eine staatliche Parteienfinanzierung sei erforderlich, um die Unabhängigkeit der politischen Parteien von privater Finanzierung zu gewährleisten und die Parteien vor Einflussnahme zu bewahren, ist für die Frage der verfassungsrechtlichen Zulässigkeit einer privaten Parteienfinanzierung nichts gewonnen. Diesbezüglich haben sich die Karlsruher Richter aber bereits konkret geäußert. Die Parteien müssten ihren Charakter als frei gebildete, im gesellschaftlich-politischen Bereich wurzelnde Gruppen bewahren[18] und bereits aus diesem Grund nicht nur politisch, sondern auch

14 *BVerfGE* 85, S. 264, 320f.
15 *Ipsen*, in: Sachs, GG, Art. 21 Rn. 95
16 *Jarass/Pieroth*, GG, Art. 21 Rn. 14, 20; *Morlok*, in: Dreier, GG, Art. 21 Rn. 44
17 *BVerfGE* 85, S. 264, 288

wirtschaftlich und organisatorisch auf die Zustimmung und Unterschützung der Bürger angewiesen bleiben[19]. Es dürfe den einzelnen Parteien das Risiko des Fehlschlagens ihrer Bemühungen um eine hinreichende Unterstützung in der Wählerschaft nicht durch die Gewährung öffentlicher Mittel abgenommen werden[20].

Ausgehend von dieser Diktion erscheint es widersprüchlich, den Parteien von Verfassungs wegen das wirtschaftliche Risiko des Scheiterns aufzubürden und gleichzeitig die Einwerbung von Spenden zu versagen. Trotz der normativen Enthaltsamkeit des Grundgesetzes hat sich deshalb zu Recht die Ansicht durchgesetzt, dass Parteispenden verfassungsrechtlich zulässig sind. Diese Auffassung ist heute in der Literatur unstreitig[21]. Das Recht zur Spendenannahme basiert letztlich auf dem Prinzip der Parteienfreiheit, das die Parteienfinanzierungsfreiheit - die Freiheit in der Beschaffung wie auch in der Verwendung der eigenen Finanzmittel - mitumfasst[22]. Der Grundsatz der Staatsfreiheit der Parteien ist in diesem Zusammenhang das Ergebnis der den Parteien selbst und ihren Mitgliedern zustehenden Grundrechte[23].

Auch ein Blick in die Geschichte zeigt, dass der Bestand einer Partei stets von der materiellen Unterstützung ihrer Mitglieder und Gönner abhängig war[24]. Dies bestätigte auch das Bundesverfassungsgericht, als es im Jahre 1958 wörtlich ausführte: „*Angesichts der großen finanziellen Aufwendungen, die ein moderner Wahlkampf erfordert, sind heute alle politischen Parteien auf Spenden angewiesen; keine kann ihren gesamten Finanzbedarf einschließlich der Kosten für die Wahlpropaganda allein aus Mitgliedschaftsbeiträgen decken*“[25]. Der Finanzbedarf der Parteien ist – vor allem in der heutigen Zeit – tendenziell unendlich[26]. Vergegenwärtigt man sich die Entstehungsgeschichte des Art. 21 GG, so wird zudem deutlich, dass neben der selbstverständlichen

18 *BVerfGE* 20, S. 56, 101; *BVerfGE* 85, S. 264, 287
19 *BVerfGE* 85, S. 264, 287
20 *BVerfGE* 73, S. 40, 86; *BverfGE* 85, S. 264, 287
21 *Klein* in: Maunz-Dürig, GG, Art. 21, Rn. 24; *Preuß*, in: AK-GG, Art. 21 Abs. 1, 3 Rn. 71; *Küstermann*, Transparenzgebot, S. 31; *Kunig*, HStR II, § 33 Rn. 32; *Morlok*, in: Dreier, GG, Art. 21 Rn. 65; *v. Münch* in: v. Münch/Kunig, GG, Art. 21 Rn. 60; *Streinz* in: v. Mangoldt/Klein/Starck, GG, Art. 21 Rn. 195
22 *Ipsen*, in: Sachs, GG, Art. 21 Rn. 31
23 Ausführlich zur Freiheit der Parteien: *Klein* in: Maunz-Dürig, GG, Art. 21 Rn. 255ff.
24 Umfassend zur Finanzierung der Parteien im geschichtlichen Rückblick: *Stricker*, Parteienfinanzierungsstaat, S. 73ff m.w.N
25 *BVerfGE* 8, S. 51, 65
26 *Schneider* in: Bitburger Gespräche 1993/2, S. 73/74

Finanzierung der Parteien durch Mitgliederbeiträge die Norm auch von einer Finanzierung durch Spenden ausgeht[27]. So gebietet Art. 21 Abs. 1 S. 4 GG den Parteien, über ihre Einnahmen öffentlich Rechenschaft abzulegen. Diese Pflicht zur öffentlichen Rechenschaft hat ihren Sinn ja gerade darin, die durch die Hingabe finanzieller Mittel erreichte Einflussnahme Dritter auf die Willensbildung der Parteien einer öffentlichen Kontrolle zugänglich zu machen.

2. Spendenhöhe ohne Einfluss

Nichts an ihrer verfassungsrechtlichen Zulässigkeit zu ändern, vermag die Höhe einer Spende. Weder billigt noch verbietet das Grundgesetz den häufig mit größeren privaten Spenden erstrebten Einfluss auf die Parteien[28]. Nach Auffassung des Bundesverfassungsgerichts ist diese Einflussnahme als geläufige Form tatsächlicher politischer Interessenwahrnehmung hinzunehmen, da keineswegs alle größeren Spenden mit dem Versuch gekoppelt seien, Einfluss auf die Entscheidungen der Partei zu nehmen[29]. Im Übrigen gewährleistet das Gebot der Rechenschaftslegung ohnehin nicht den Schutz vor dem Einfluss finanzkräftiger Einzelpersonen, sondern dient einzig der Transparenz. Mit dieser Bestimmung soll lediglich der Gefahr entgegengewirkt werden, dass anonyme Interessenten allein vermöge ihrer Kapitalmacht Einfluss auf die staatliche Willensbildung gewinnen und für die Bevölkerung letztlich im Dunkeln bleibt, wer die politische Marschrichtung in der Partei bestimmt. Sinn und Zweck der Rechenschaftspflicht ist es zu gewährleisten, dass der Prozess der politischen Willensbildung für den Wähler durchschaubar bleibt.

3. Recht des Bürgers zur Hingabe von Parteispenden

Parteispenden legitimieren sich aber verfassungsrechtlich nicht nur aus der Stellung der Partei als gesellschaftlich-politische Gruppierung. Vielmehr hat auch der Bürger aufgrund seines Rechts auf Teilhabe an der politischen Willensbildung das Recht, seine politische Ausrichtung durch eine entsprechende Spendentätigkeit auszudrücken und finanzielle Mittel den von ihm als unter-

27 *Klein*, in: Maunz-Dürig, GG, Art. 21 Rn. 406
28 *BVerfGE* 20, S. 56, 105
29 *BVerfGE* 20, S. 56, 106

stützungswürdig erachteten Parteien zu spenden[30]. Parteispenden sind legitime Instrumente des parteipolitischen Engagements der Bürger und insofern Ausdruck des Rechts auf parteipolitische Betätigung[31]. Dieses Recht auf freie politische Betätigung ist Ausfluss des in Art. 5 GG gewährleisteten Grundrechts der freien Meinungsäußerung[32]. Dieser politische Wille kann jedoch nicht nur in Wahlen und Abstimmungen zum Ausdruck gebracht werden. Das Recht auf Teilhabe an der politischen Willensbildung äußert sich vielmehr auch in der Einflussnahme auf den Prozess der Meinungsbildung[33]. Da die „öffentliche Meinung"[34] die Entschlüsse der Staatsorgane beeinflusst und die politischen Parteien, die zwischen den Wahlen im Sinn der von ihnen mit geformten Meinung des Volkes die Entscheidungen der Verfassungsorgane, insbesondere der Staatsorgane beeinflussen[35], kann der Bürger durch finanzielle Zuwendungen an „seine" Partei auf die Bildung des Staatswillens einwirken.

II. Einfachgesetzliche Regelung im Parteiengesetz

Parteispenden erfahren nicht nur verfassungsrechtlich eine Legitimation. Im Gegensatz zum Grundgesetz enthält das Parteiengesetz umfangreiche Spendenregelungen, die davon zeugen, dass Parteispenden zulässig und erwünscht sind. Diese einfachgesetzlichen Regelungen sind objektivrechtlicher Ausfluss des soeben beschriebenen Grundsatzes der Freiheit der Parteien vom Staat sowie subjektivrechtlich die gesetzliche Ausgestaltung des Rechtes des Bürgers auf Teilhabe an der politischen Willensbildung[36]. Infolgedessen koppelt § 18 Abs. 5 S. 1 PartG die Höhe der staatlichen Teilfinanzierung an den Umfang der von einer Partei durch Spenden selbst erzielten Einnahmen. Die Spendenakquisition wird sogar von wirtschaftlichen Anreizen flankiert, indem der Staat in § 18 Abs. 3 Nr. 3 PartG jeden eingeworbenen Euro Spende bis zu einer Obergrenze von 3.300 Euro je natürliche Person mit einem Zuschuss in Höhe von 0,38 Euro subventioniert.

30 *Klein*, in: Maunz-Dürig, GG, Art. 21 Rn. 415
31 *Morlok*, in: Dreier, GG, Art. 21 Rn. 65
32 *BVerfGE* 5, S. 85, 134
33 *BVerfGE* 20, S. 65, 99; *BVerfGE* 8, S. 51, 68: Bildung der „öffentlichen Meinung"
34 Zur Entstehung vgl. *BVerfGE* 3, S. 19, 26; *BVerfGE* 5, S. 85, 134; *BVerfGE* 14, S. 121, 133
35 *BVerfGE* 20, S. 65, 99; *BVerfGE* 85, S. 264, 286
36 *Saliger*, Parteiengesetz, S. 72

1. Die Spendenregelung des § 25 PartG

Nach § 25 Abs. 1 S. 1 PartG sind Parteien zur Annahme von Spenden von natürlichen Personen in unbegrenzter Höhe berechtigt. Eine Spende mittels Bargeld soll aber nur bis zu einem Betrag von 1000 Euro erfolgen (§ 25 Abs. 1 S. 2 PartG). Ein Parteimitglied, das Empfänger einer Parteispende ist, hat diese unverzüglich an ein für Finanzangelegenheiten von der Partei satzungsmäßig bestimmtes Vorstandsmitglied weiterzuleiten (§ 25 Abs. 1 S. 3 PartG). Dabei besteht das Verbot der Annahme bestimmter unzulässiger Spenden, zu denen auch die - mit Blick auf den Titel dieser Arbeit besonders relevanten - Einflussspenden gemäß § 25 Abs. 2 Nr. 7 PartG zählen. Während § 25 Abs. 4 PartG die Pflicht zur Abführung solcher unzulässiger Spenden begründet, eröffnet § 31c PartG Sanktionen für Verstöße gegen die Spendenregelungen.

Das Parteiengesetz versteht unter Spenden solche Zahlungen, die über Mitgliedsbeiträge und Mandatsträgerbeiträge hinausgehen (§ 27 Abs. 1 S. 3 PartG). Hierzu zählen Sonderumlagen und Sammlungen sowie geldwerte Zuwendungen aller Art, sofern sie nicht üblicherweise unentgeltlich von Mitgliedern außerhalb eines Geschäftsbetriebes zur Verfügung gestellt werden (§ 27 Abs. 1 S. 4 PartG). Dazu gehören auch die Freistellung von Verbindlichkeiten sowie die Übernahme von Veranstaltungen und Maßnahmen, mit denen ausdrücklich für eine Partei geworben wird[37]. Unter Mitgliedsbeiträgen sind regelmäßige Geldleistungen zu verstehen, die ein Mitglied aufgrund satzungsrechtlicher Vorschriften entrichtet (§ 27 Abs. 1 S. 1 PartG), dagegen sind Mandantsträgerbeiträge alle regelmäßigen Geldleistungen, die ein Inhaber eines öffentlichen Wahlamtes (Mandatsträger) über seinen Mitgliedsbetrag hinaus leistet. Keine Spenden sind daneben auch Erbschaften und Vermächtnisse (§ 27 Abs. 2 S. 3 PartG). Sie zählen zu den sonstigen Einnahmen gemäß § 24 Abs. 4 Nr. 9 PartG. Zusammengefasst sind Parteispenden im Sinne des Parteiengesetzes damit geldwerte Zuwendungen aller Art, die nicht Mitgliedsbeiträge, Mandatsträgerbeiträge oder sonstige Einnahmen sind und nicht üblicherweise unentgeltlich von Parteimitgliedern außerhalb eines Geschäftsbetriebs zur Verfügung gestellt werden[38].

37 *Saliger*, Parteiengesetz, S. 79

38 So auch die Definition von *Saliger*, Parteiengesetz, S. 515

2. Abgrenzung von Parteispende und Abgeordnetenspende

Das Parteiengesetz kommt aber nur zur Anwendung, wenn die Spende auch tatsächlich der Partei zuzuordnen ist, es sich also nicht um eine Direktspende an ein Parteimitglied („Abgeordnetenspende") handelt. Der Begriff der „Abgeordnetenspende" ist eigentlich missverständlich, da hiermit nicht nur Zuwendungen an Parlamentsabgeordnete zur Unterstützung ihrer parlamentarischen Arbeit gemeint sind. Davon umfasst sind vielmehr auch Spenden an Wahlkandidaten, die derartige Spenden einwerben und im Wahlkampf für ihre Zwecke verwenden[39]. Für die Abgrenzung der jeweiligen Spendenarten untereinander ist der für den Spendenempfänger erkennbare Wille des Spenders ausschlaggebend (§ 133, 157 BGB)[40]. Unerheblich ist, ob Dritte auf Seiten von Spender oder Spendenempfänger in den Übergabevorgang eingeschaltet werden. Als Abgeordnetenspende ist eine Zuwendung immer dann zu qualifizieren, wenn sie direkt dem Abgeordneten oder Wahlkandidaten zur Förderung der eigenen Kandidatur zukommen soll und dieser die Spenden auch für seine eigenen politischen Ziele einsetzt. Das Parteiengesetz ist bei einer deratigen Konstellation dann nicht anwendbar[41]. Hingegen ist die Spende eine Parteispende, wenn sie lediglich die allgemeine Parteitätigkeit fördern soll und deren Verwendung entsprechend dem Willen der zuständigen Parteiorgane erfolgt. Eine Parteispende liegt ebenfalls vor, wenn ein Parteimitglied eine Spende mit der Weisung der Weiterleitung an die Partei erhält und die Weiterleitung tatsächlich erfolgt.

Liegen keine Willensäußerungen des Spenders vor[42], soll nach den Umständen der Spende auf deren Zielrichtung geschlossen werden[43]. Der Zeitpunkt der Spende ist hier als Abgrenzungskriterium nur bedingt tauglich, denn selbst wenn ein Abgeordneter oder ein Parteimitglied eine Spende nicht

39 *Ipsen*, NVwZ 2003, S. 14, 15; *Küstermann*, Transparenzgebot, S. 130

40 *Morlok*, BT-Drucks. 14/6711, S. 49, 68

41 Für Spenden an Bundestagsabgeordnete gilt § 4 der Verhaltensregeln des Deutschen Bundestages, die auf der Grundlage des § 44a Abs. 1 und 2 Nr. 3 AbgG vom Bundestag erlassen worden sind und durch Ausführungsbestimmungen weiter konkretisiert werden, vgl. *Battis/Kersten*, JZ 2003, S. 655 und *Saliger*, Parteiengesetz, S. 81. Entsprechende Verhaltensvorschriften finden sich auch in den einzelnen Bundesländern für die Mitglieder der Landtage, vgl. hierzu die Übersicht bei *Ipsen*, NVwZ 2003, S. 14, 16 Fn. 7

42 Dies dürfte auch der Realität entsprechen, da sich in vielen, wenn nicht den meisten Fällen der Spender gar nicht bewusst ist, dass er zwei unterschiedliche Spendenmöglichkeiten in Form von Partei- oder Abgeordnetenspende hat.

43 *Battis/Kersten*, JZ 2003, S. 655, 656; *Kersten*, JA 2005, S. 360

in unmittelbarem zeitlichen Zusammenhang mit einer Wahl zugewandt bekommt, schließt dies eine Direktspende nicht aus[44]. Politische Aktivitäten sind nicht auf die Zeit unmittelbar vor der Wahl beschränkt, sondern erfordern eine finanziell aufwendige, andauerende politische Präsenz während der gesamten Legislaturperiode. Besser geeignet erscheint es deshalb, mit *Ipsen* nach der Funktion des Empfängers zu differenzieren[45], wobei im Zweifel Parteispenden vorliegen sollen: Beschränken sich Spenden sowohl nach Größenordnung als auch Verwendung auf den Wahlkreis, haben die Zuwendungen den Charakter einer personengebundenen Spende. Erst Spenden, die für darüber hinausgehende Aufgaben eingesetzt werden, sollen der Partei zuzurechnen sein, insbesondere wenn die Zuwendung an Parteivorsitzende oder führende Parteifunktionäre erfolgt. Kritiker dieser Unterscheidungsweise räumen ein, dass damit sicherlich in einer Vielzahl von Fällen brauchbare Ergebnisse erzielt werden könnten, melden aber aus strafrechtlicher Sicht meines Erachtens zurecht Bedenken gegen die Zweifelsregel an[46], insbesondere mit Blick auf den Grundsatz in dubio pro reo. An ihre Grenzen stößt die Zweifelsregel auch bei spendenträchtigen prominenten Wahlkämpfern, da Zuwendungen an diese Personen sowohl der Partei als auch ihnen selbst zugerechnet werden können[47]. Eine Vermutung zugunsten der Parteispenden rechtfertigt sich in diesem Fall aber zumindest aus der wirtschaftlichen Sicht des Spenders. Er wird seine Mittel eher der Partei als dem Abgeordneten selbst zuwenden wollen, da ausschließlich Parteispenden steuerlich begünstigt werden (§§ 10b Abs. 2, 34g Abs. 1 S. 1 EStG). Allerdings treten auch bei dieser Vermutungsregel wieder strafrechtliche Bedenken zu Tage.

Als weitere, zusätzliche Auslegungsindizien sind deshalb der Eingang und Umgang mit der Spende auf der Empfängerseite heranzuziehen[48]. Leitet ein Parteimitglied eine Spende an die Partei weiter, handelt es sich um eine Parteispende, wohingegen eine Abgeordnetenspende anzunehmen ist, wenn der Wahlkämpfer die Spende für sich behält, auf ein nicht parteigebundenes Konto einzahlt und Schenkungssteuer entrichtet. *Saliger* rekurriert in diesem Zusammenhang auf das Zuflussprinzip[49]: Der Zuflusszeitpunkt habe nicht

44 Völlig zutreffend *Kersten*, JA 2005, S. 360, 361

45 *Ipsen*, NVwZ 2003, S. 14, 15; so auch *Küstermann*, Transparenzgebot, S. 131f.

46 *Saliger*, Parteiengesetz, S. 83

47 Dies erkennt *Ipsen*, wie seine Ausführungen zum „Möllemann-Flyer" zeigen, sogar selbst (NVwZ 2003, S. 14, 15); ihm folgend *Battis/Kersten*, JZ 2003, S. 655, 656

48 *Battis/Kersten*, JZ 2003, S. 655, 656; *Küstermann*, Transparenzgebot, S. 132; *Saliger*, Parteiengesetz, S. 83

nur Bedeutung für die Bestimmung des Kalenderjahres, in dem die Spende auszuweisen sei. Vielmehr sei das Zuflussprinzip als Tatbestandsmerkmal der Parteispende entscheidend für die Anwendbarkeit des Parteiengesetzes[50]. Zur Beantwortung der Frage, in welchem Zeitpunkt eine Spende einer Partei zugeflossen ist, richtet *Saliger* den Blick auf die Begründung zum Entwurf des Parteiengesetzes 1959 und macht als maßgebliches Kriterium das Zuflussprinzip des Einkommenssteuerrechts in § 11 Abs. 1 S. 1 EStG aus[51]. Maßgeblicher Zeitpunkt in diesem Sinne ist nach Rechtsprechung und Literatur die tatsächliche Erlangung der wirtschaftlichen Verfügungsmacht über die Einnahme, wobei Erlangung der zivilrechtlichen Inhaberschaft durch Barzahlung oder Hingabe eines Schecks ausreicht[52]. Seit Einführung von § 25 Abs. 1 S. 4 PartG muss diese wirtschaftliche Verfügungsmacht aber dem zuständigen Funktionsträger zukommen, d.h. einem für die Finanzangelegenheiten zuständigen Vorstandsmitglied oder einem hauptamtlichen Mitarbeiter der Partei.

Nehmen Parteimitglieder Spenden für die Partei entgegen, kann meines Erachtens aber nicht erst ab dem eben beschriebenen Zeitpunkt von einer „Parteispende“ gesprochen werden[53]. Da an derartige Zuwendungen die Pflicht anknüpft, sie unverzüglich an ein für Finanzangelegenheiten von der Partei satzungsmäßig bestimmtes Vorstandsmitglied weiterzuleiten (§ 25 Abs. 1 S. 3 PartG) und ein Verstoß hiergegen in § 31d Abs. 1 S. 1 Nr. 3 PartG strafbewehrt ist, rechtfertigt die Anwendbarkeit dieser Spendenregelung bereits hier von „Parteispenden“ zu sprechen[54]. Die Schwierigkeiten bei der Abgrenzung von Partei- und Abgeordnetenspende lassen sich also auch mittels des Zuflussprinzips und § 25 Abs. 1 S. 3, 4 PartG nicht wirklich beheben. Es wird daher immer im Einzelfall umfassend geprüft werden müssen, ob das Parteimitglied die Spende für sich selbst oder für die Partei entgegengenommen hat, wobei nur bei Nachweis des letzteren Falles das Regime des Parteiengesetzes Geltung beanspruchen kann. Gerade bei der Beurtei-

49 *Saliger*, Parteiengesetz, S. 83f.

50 *Saliger*, Parteiengesetz, S. 84

51 In BT-Drucks. 3/1509, S. 29 heißt es: „Als Zufluss ist jeder Übergang von Vermögenswerten in die wirtschaftliche Verfügungsmacht der Partei anzusehen. (...) Die Einzelfragen über den Begriff des Zufließens sind durch die Praxis und Rechtsprechung des Einkommenssteuerrechts hinreichend geklärt.“

52 *BFHE* 145, S. 538, 540; *BFHE* 150, S. 345, 347; *BFHE* 184, S. 505, 507; *Heinicke*, in: Schmidt, EStG, § 11 Rn. 12; *Kirchhof*, EStG, § 11 Rn. 11

53 So aber *Ipsen*, NVwZ 2003, S. 14

54 Im Ergebnis so wohl auch *Saliger*, Parteiengesetz, S. 517

lung von Wahlkampfspenden treten hierbei Abgrenzungsschwierigkeiten auf, da diese Zuwendungen letztlich immer dem Nominierten zugute kommen. Dessen Erfolg im Wahlkampf fällt aber wieder auf die Partei zurück, sodass Wahlkampfspenden insoweit eine „Zwitterstellung" zukommt.

3. Die unzulässige Einflussspende gemäß § 25 Abs. 2 Nr. 7 PartG

Die Frage, ob eine Parteispende vorliegt und damit das Parteiengesetz anwendbar ist, besagt aber noch nichts darüber, ob eine Spende parteienrechtlich zulässig ist oder nicht. Hierfür trifft § 25 Abs. 2 PartG entsprechende Regelungen und installiert verschiedene Spendenannahmeverbote. Es würde zu weit führen, und ist auch nicht Ziel dieser Arbeit, den gesamten Verbotskatalog zu durchleuchten. Vielmehr beschränkt sich die Darstellung auf die für diese Abhandlung bedeutsame Untersagung von Spenden mit spezifischer Zwecksetzung, sog. finalen Spenden, durch § 25 Abs. 2 Nr. 7 PartG. Danach sind alle Spenden unzulässig, die der Partei erkennbar in Erwartung oder als Gegenleistung eines bestimmten wirtschaftlichen oder politischen Vorteils gewährt werden. Grundsätzlich ist dabei zwischen zwei unterschiedlichen Arten der Einflussspende zu unterscheiden: Bei der Entlohnungsspende, auch bezeichnet als Dankeschönspende, wird die Zuwendung wegen eines bereits erbrachten wirtschaftlichen oder politischen Vorteils gegeben, während bei der Erwartungsspende der Spender für einen von der Partei in der Zukunft erst noch zu erbringenden Vorteil im Voraus eine Parteispende leistet[55].

Die Abgrenzung zwischen rechtmäßigen und nicht rechtmäßigen Zuwendungen ist dabei weder bei der Entlohnungs- noch bei der Erwartungsspende ohne weiteres zu treffen. Die Gesetzesbegründung ist insoweit kaum hilfreich. Dort heißt es lediglich: *„Der Tatbestand des Absatzes 2 Nr. 7 (...) wird klarer gefasst und erweitert. Er wird dadurch besser und einfacher anwendbar."*[56] Dieses Ziel hat der Gesetzgeber nur bedingt erreicht. In der Literatur sind bis zum heutigen Tage nur wenige Versuche einer weitergehenden Präzisierung unternommen worden. So schlagen *Lenz* und ihm folgend *Saliger* vor,

55 § 25 Abs. 1 S. 2 Nr. 6 PartG a.F. sah noch lediglich ein Verbot von Erwartungsspenden vor. Unter dem Eindruck der Millionenspende des Ehepaars Ehlerding an die CDU im Jahr 1998 wurde das Spendenverbot auf Dankeschönspenden erweitert, vgl. hierzu BT-Drucks. 14/6710 S. 36 sowie *Morlok*, BT-Drucks. 14/6711, S. 69. Ausführlich zur Ehlerding-Spende auch *Adams*, Parteienfinanzierung, S. 313f.

56 Vgl. BT-Drucks. 14/8778, S. 17

bei der Auslegung der Einflussspende auf strafrechtliche Grundsätze entsprechend zurückzugreifen[57]. Dies ist meines Erachtens schon ob des Wortlautes von § 25 Abs. 2 Nr. 7 PartG („*als Gegenleistung*") ein praxisgerechter und konsequenter Ansatz. Bis zum Korruptionsbekämpfungsgesetz 1997 fand sich in allen Bestechungsdelikten noch eine Formulierung, wonach ein Vorteil „*als Gegenleistung für eine Diensthandlung*" strafrechtlich verboten war. Auf dieses Beziehungsverhältnis von Zuwendung und Gegenleistung wurde zwar bei der neuen Fassung des § 331 Abs. 1 StGB bewusst verzichtet, gleichwohl findet sich diese Formulierung noch in zahlreichen Bestechungsdelikten. Ein derartige Verknüpfung sehen nach dem Korruptionsbekämpfungsgesetz die Tatbestände der §§ 331 Abs. 2, 332, 333 Abs. 2 und 334 StGB immer noch vor. Ein weiteres Argument für eine Nutzbarmachung der strafrechtlichen Grundsätze ist der zumindest mittelbare Strafcharakter, der § 25 Abs. 2 Nr. 7 StGB zukommt. Dem in der Vorschrift normierten Verbot wird durch die in § 31c Abs. 1 S. 1 PartG vorgesehene Sanktion zur Durchsetzung verholfen.

Unzulässig im Sinne des § 25 Abs. 2 Nr. 7 PartG ist eine Spende demnach, wenn ihr eine „Unrechtsvereinbarung" im klassischen, strafrechtlichen Sinne zwischen Spender und Partei zugrunde liegt, in der sich das synallagmatische Beziehungsverhältnis zwischen dem bestimmten wirtschaftlichen oder politischen Vorteil und der Parteispende widerspiegelt. Ein sachwidriger Einfluss finanzkräftiger Interessenten durch eine Spende im Verständnis des Parteiengesetzes ist damit gegeben, wenn konkrete politische und wirtschaftliche Entscheidungen nicht mehr auf sachlichen Erwägungen basieren, sondern aufgrund der Zuwendung finanzieller Mittel getroffen werden und es in Folge dessen als möglich erscheint, sich politischen Einfluss zu erkaufen. Die Unrechtsvereinbarung wird konkretisiert durch die Kriterien der Erkennbarkeit, der Bestimmtheit des Vorteils und des Gegenleistungskonnexes. Diese Tatbestandsmerkmale des § 25 Abs. 2 Nr. 7 PartG tragen der Spendenautonomie der Parteien und dem subjektiven Recht des Bürgers auf Teilhabe an der politischen Willensbildung Rechnung. Das Verbot von Einflussspenden wird dadurch eingeschränkt und Zuwendungen, die aufgrund allgemeiner Programm- und Werbeaussagen geleistet werden, sind zumindest nach dem Parteienrecht nach wie vor zulässig[58]. Selbiges gilt für Spenden, die allgemein, aus Anlass oder bei Gelegenheit von bestimmten wirtschaftlichen oder poli-

57 *Lenz*, NVwZ 2002, S. 769, 772; *Saliger*, Parteiengesetz, S. 530
58 *Küstermann*, Transparenzgebot, S. 155; *Lenz*, NVwZ 2002, S. 669, 772

tischen Vorteilen erbracht werden, etwa zur „politischen Landschaftspflege", „Klimapflege" oder zum „Anfüttern"[59]. Gegen ein synallagmatisches Verhältnis spricht auch, wenn der Spender regelmäßig an die Partei in gleicher oder vergleichbarer Höhe spendet[60] oder in ähnlicher Weise konkurrierende Parteien bedenkt[61]. Zu widersprechen ist der Ansicht im Schrifttum[62], wonach ein Gegenleistungsverhältnis generell dann ausgeschlossen sein soll, wenn ein zeitlicher Abstand von über einem Jahr zwischen Vorteil und Spende liege[63]. Damit hätten es nämlich Spendengeber und -empfänger selbst in der Hand, durch eine zeitliche Streckung ihres „Geschäfts" die Vorschrift des § 25 Abs. 2 Nr. 7 PartG zu umgehen.

Als Ausdruck der Spendenautonomie kommt den Parteien selbst die Aufgabe zu, Spenden nicht unreflektiert entgegenzunehmen, sondern Anlass und Intention der Spendenzahlung zu untersuchen und kritisch zu hinterfragen. Auch das Bundesverfassungsgericht hat den Parteien – unter Berufung auf den Grundsatz der Staatsfreiheit – diese Verantwortung für die Unterscheidung sachwidriger und sachgemäßer finanzieller Zuwendungen zugewiesen[64]. Mit dieser Übertragung der Veranwortung wird den Parteien selbstverständlich nicht die Möglichkeit eingeräumt, eigentlich unzulässige Einflussspenden aus eigener Machtvollkommenheit als rechtmäßig und damit zulässig im Sinne des Parteiengesetzes zu qualifizieren. Vielmehr soll den Parteien die Pflicht auferlegt werden, dem auf sie eindrängenden sachwidrigen Druck von Interessenten, die mit größeren Spenden Einfluss erstreben, zu widerstehen. § 25 Abs. 2 Nr. 7 PartG soll den Parteien die Erfüllung dieser Aufgabe erleichtern[65]. Gleichzeitig mit dieser rechtlich zugewiesenen Pflicht erhöht das Verbot finaler Spenden auch den politischen Druck auf die Parteien, anrüchi-

59 Mit „Anfüttern" werden diejenigen Praktiken zusammengefasst, bei denen anfangs geringwertige, später dann auch umfangreichere Zuwendungen gemacht werden, um beim Empfänger ein allgemeines Wohlwollen hervorzurufen, sich seine Geneigtheit zu sichern und damit seine Manipulierbarkeit vorzubereiten. Hierzu werden nach dem „Gießkannenprinzip" Aufmerksamkeiten an zahlreiche Personen ausgeschüttet, um deren Empfänglichkeit zu testen. Vgl. hierzu: *Kerner/Rixen*, GA 1996, S. 355, 381; *Schaupensteiner*, Kriminalistik 1997, S. 699, 700; *Vahlenkamp/Knauß*, Korruption, S. 298ff.; *Wentzell*, Tatbestandsproblematik, S. 134

60 *Küstermann*, Transparenzgebot, S. 155; *Lenz*, NVwZ 2002, S. 669, 772

61 *Saliger*, Parteiengesetz, S. 531 Fn. 82

62 *Lenz*, NVwZ 2002, S. 669, 772

63 So auch *Saliger*, Parteiengesetz, S. 531

64 *BVerfGE* 20, S. 56, 105f.; *BVerfGE* 52, S. 63, 86f.

65 *Saliger*, Parteiengesetz, S. 75 unter Hinweis auf den Bericht zur Neuordnung der Parteienfinanzierung, Bundesanzeiger Beilage Nr. 25/83, 1983, S. 193

ge Spenden sorgfältig zu prüfen und bei nicht ausräumbaren Zweifeln besser zurückzuweisen.

III. Steuergesetzliche Grundlagen

Darüber hinaus wird die Finanzierung der politischen Arbeit von Parteien durch Spenden steuerlich auf zweierlei Weise gefördert[66]. Spenden an Parteien werden einerseits durch einen Sonderausgabenabzug gemäß § 10b Abs. 2 EStG mit einer steuerlichen Entlastung honoriert[67]. Hiernach sind Spenden an politische Parteien im Sinne des § 2 PartG bis zu einer bestimmten Höhe vom Gesamtbetrag der Einkünfte abziehbar. Gegenwärtig betragen die Höchstgrenzen 1.650 Euro für Einzelpersonen bzw. 3.300 Euro für zusammenveranlagte Ehegatten (§ 10b Abs. 2 S. 1 EStG). Andererseits sehen § 34g S. 1 Nr. 1 und Nr. 2 EStG vor, dass sich die Einkommenssteuer bei Zuwendungen an Parteien und unabhängige Wählervereinigungen bis zum hälftigen Betrag der Zuwendung vermindert, begrenzt durch einen Höchstbetrag von 825 Euro bzw. im Falle der Zusammenveranlagung von Ehegatten von 1.650 Euro (§ 34g S. 2 EStG). Der Steuerabzug gemäß § 10b Abs. 2 EStG kommt dabei aber nur insoweit in Betracht, als nicht eine Steuerermäßigung nach § 34g EStG gewährt worden ist (§ 10b Abs. 2 S. 2 EStG)[68]. Ein Wahlrecht zwischen dem Abzug der Zuwendungen von der Steuerschuld und einem Sonderausgabenabzug hat der Spender nicht[69].

Ohnehin sind aber die Tatbestandsvoraussetzungen beider Normen gleich. Eine steuerrechtliche Berücksichtigung der Spende kommt nur in Betracht, wenn die Zuwendung zur Förderung staatspolitischer Zwecke geleistet wurde[70]. Dies verlangt, dass die Zuwendung freiwillig und unentgeltlich erfolgt und von der Partei bzw. Wählervereinigung auch tatsächlich für derartige Zwecke[71] Verwendung findet. Für beide Varianten der steuerlichen Geltend-

66 Zum Sonderausgabenabzug im geschichtlichen Rückblick vgl. *Schreiber*, FS Kaufmann, S. 819ff.

67 Nach *Brandt*, in: Hermann/Heuer/Raupach, EStG, § 10b Anm. 4 kommt der Vorschrift deshalb eine Lenkungsfunktion zu.

68 § 10 Abs. 2 S. 1 EStG ist also subsidiär zu § 34g S. 1 EStG

69 *Kirchof*, EStG, § 10b Rn. 74

70 *Brandt*, in: Hermann/Heuer/Raupach, EStG, § 34g Anm.8; *Kirchhof*, EStG, § 34g Rn. 8

71 Eine zweckmäßige Verwendung liegt bei Parteien immer dann vor, wenn sie zur Erfüllung der im Parteiengesetz vorgesehenen Aufgaben (§ 1 Abs. 2, Abs. 4 PartG –

machung hat der Steuerpflichtige, um in den Genuss des Parteispendenabzugs zu kommen, eine besondere Spendenbestätigung der bedachten Partei beim Veranlagungsfinanzamt einzureichen, die neben Angaben zum Empfänger, zur Person des Spenders sowie Art und Höhe der Zuwendung auch eine Bescheinigung über die zweckentsprechende Verwendung enthält[72]. Schließlich muss die Spende auch dem Vermögen der Partei oder demjenigen der Wählervereinigung zuzuordnen sein[73]. Dadurch soll verhindert werden, dass Spenden durch den bloßen „Umweg" über eine politsche Partei bzw. Wählervereinigung zu steuerbegünstigten Spenden werden, obwohl die Zuwendung aufgrund des Letztempfängers eigentlich nicht steuerlich privilegiert ist[74]. Letztlich dient die steuerliche Entlastung dazu, den Bürger zur finanziellen Unterstützung der politischen Parteien zu animieren.

IV. Ergebnis

Im Rahmen der verfassungsrechtlich, partei- und steuergesetzlich vorgesehenen Erscheinungsformen sind Parteispenden – mit Ausnahme der Einflussspenden gemäß § 25 Abs. 2 Nr. 7 PartG – nicht mit dem „Makel der Korruption" belegt, sondern sind erwünschte Formen politischer Willensbetätigung. Dies muss auch innerhalb der nun zu treffenden strafrechtlichen Bewertung der Spendenpraxis im Rahmen des Tatbestandes der Vorteilsannahme zum Ausdruck kommen.

Mitwirkung an der politischen Willensbildung) eingesetzt werden (*Kirchhof*, EStG, § 10b Rn. 72). Für andere Wählervereinigung ergibt sich die Zweckausrichtung aus dem ausweislichen Satzungszweck der Teilnahme an Wahlen zu demokratischen Vertretungen im Sinne des Art. 38 Abs. 1 S. 1 oder Art. 28 Abs. 2 S. 2 GG. (*Kirchhof*, EStG, § 34g Rn. 20). Allerdings bestimmen sowohl Parteien als auch Wählervereinigungen autonom, mit welchen Mitteln und in welcher Art und Weise sie an der politischen Willensbildung mitwirken wollen. Sie dürfen sich hierbei lediglich nicht in einen offenkundigen Widerspruch zur Beschlusslage oder dem vom Spender bestimmten Verwendungszweck stellen (*Glockemann*, BB 2003, S. 503, 507)

72 *Glockemann*, BB 2003, S. 503, 504 (auch ausführlich zur Rechtsnatur der Spendenbestätigung); *Kirchhof*, EStG, § 10b Rn. 73.

73 wohl a.A. *Glockemann*, BB 2003, S. 503, 505.

74 *Glockemann*, BB 2003, S. 503, 505

Kapitel 2

Die Vorteilsannahme im allgemeinen Verständnis von Rechtsprechung und Lehre

A. Einführung

Nach dem einführenden Blick in die verfassungsrechtlichen, parteien- und steuergesetzlichen Grundlagen der Spendenpraxis, stellt sich nunmehr die Frage, ob und inwiefern die Spendenbeziehungen zwischen einem Politiker bzw. seiner Partei und dem Bürger mit Blick auf den Straftatbestand der Vorteilsannahme von Bedeutung sind. Die Unsicherheiten bei der Beantwortung der Frage, der sich juristische Lehre und Rechtsprechung bisher nur rudimentär gewidmet haben[75], liegen in der Schwierigkeit der Tatbestandsinterpretation des § 331 Abs. 1 StGB begründet. Der objektive Tatbestand der Vorteilsannahme erfordert, dass ein Amtsträger oder ein für den öffentlichen Dienst besonders Verpflichteter als Gegenleistung für eine Dienstausübung einen Vorteil für sich oder einen Dritten fordert, sich versprechen lässt oder annimmt. Durch das Gesetz zur Bekämpfung der Korruption vom 13.8.1997[76] wurde im Vergleich zu § 331 StGB a.F. nunmehr ausdrücklich klargestellt, dass auch jene Fälle erfasst werden sollen, in denen der Amtsträger den Vorteil für einen Dritten erstrebt. Gleichzeitig kam es zu einer „Lockerung der Unrechtsvereinbarung"[77], indem der Tatbestand durch den Täter bereits dann verwirklicht wird, wenn er den Vorteil nicht als Gegenleistung für eine bestimmte Diensthandlung, wohl aber für seine Dienstausübung zu erreichen versucht. Damit sollten all diejenigen Fälle in die Strafdrohung mit einbezogen werden, bei denen nicht nachzuweisen ist, dass der Vorteil für eine hinreichend konkretisierte Diensthandlung gefordert oder angenommen wird[78]. So sollte es ausweislich der Gesetzesbegründung insbesondere auch

75 Bis dato lediglich: *BGH*, NJW 2004, S. 3569ff.; *LG Wuppertal*, NJW 2003, S. 1405ff.; *Deiters*, NStZ 2003, S. 453ff.; *ders.*, MIP 2004/2005, S. 18ff.; *Kaiser*, NJW 1981, S. 321ff.; *Rudolphi*, NJW 1982, S. 1417ff.; *Saliger/Sinner*, NJW 2005, S. 1073ff.;

76 BGBl. I, S. 2038ff.

77 So u.a. *Kuhlen*, in: NK-StGB, § 331 Rn. 79

möglich gemacht werden, Parteispenden vom Tatbestand des § 331 Abs. 1 StGB zu erfassen. Die verfassungsrechtliche und einfachgesetzliche Legitimation verschiedener Erscheinungsformen von Parteispenden lässt jedoch bereits erahnen, dass eine generelle Inkriminierung auch vom Gesetzgeber nicht beabsichtigt gewesen sein kann. Insoweit ist also zwischen zulässigen und unzulässigen Parteispenden zu differenzieren. Um aber beurteilen zu können, welche Erscheinungsformen mit Blick auf § 331 StGB strafwürdig sind, ist zunächst festzustellen, welches Rechtsgut mittels des Tatbestandes der Vorteilsannahme überhaupt geschützt werden soll. Es ist deshalb von Nöten, bevor das Verständnis der einzelnen Tatbestandsmerkmale in Rechtsprechung und Lehre durchleuchtet werden kann, eine grundsätzliche Betrachtung über das Rechtsgut der Vorteilsannahme voranzustellen.

B. Das Rechtsgut

I. Das Rechtsgutdogma im Allgemeinen

Bis heute ist es nicht gelungen, in den Grundfragen der Rechtsgutslehre einen allgemeinen Konsens zu finden[79]. Die Zweifel an der Eignung des Rechtsgutsbegriffs, den Kern einer Straftat zu beschreiben, sind ungebrochen und fußen auf der Behauptung, dass es dem Rechtsgutsbegriff an einer hinreichend präzisen Bestimmung mangle[80]. Gleichwohl hat sich die Lehre vom Rechtsgut trotz aller Gegenreden durchgesetzt[81] und ihm wird basierend auf dem

78 BT-Drucks. 13/8079, S. 15

79 Eine umfassende Darstellung der Dogmengeschichte des Rechtsguts liefert *Erb*, Parteiverrat, S. 27ff.; allgemein zum Rechtsgut vgl. auch *Amelung*, Rechtsgüterschutz und Schutz der Gesellschaft, 1972; *Baumann/Weber/Mitsch*, AT, § 3 Rn. 10ff.; *Goessel*, FS-Oehler, S. 97; *Hassemer*, Theorie und Soziologie des Verbrechens, 1973; *ders.*, NStZ 1989, 553; *Heinrich*, Amtsträgerbegriff, S. 257ff.; *Höltkemeier*, Sponsoring, S. 62ff.; *Hohmann*, Das Rechtsgut der Umweltdelikte, 1991; *Jäger*, Strafgesetzgebung und Rechtsgüterschutz bei Sittlichkeitsdelikten, 1957; *Lampe*, FS Welzel 1974, S. 151; *Marx*, Zur Definition des Begriffs „Rechtsgut“, 1972; *Maurach/Zipf*, AT 1, § 19 Rn. 4ff.; *Müssig*, Schutz abstrakter Rechtsgüter und abstrakter Rechtsgüterschutz, 1994; *Hassemer*, in: NK-StGB, vor § 1 Rn. 255ff.; *Otto*, in: Strafrechtsdogmatik und Kriminalpolitik, S. 1; *Roxin*, AT I, § 2; *Rudolphi*, FS Honig 1970, S. 151ff.; *Sina*, Die Dogmengeschichte des strafrechtlichen Begriffs „Rechtsgut“, 1962; *Suhr*, JA 1990, S. 303ff.; *Traumann*, Bestechungsdelikte, S. 100ff.;

80 *Frisch*, FS Stree/Wessels, S. 69, 71f.; *ders.*, in: Hefendehl/von Hirsch/Wohlers (Hrsg.), Rechtsgutstheorie, S. 215, 216; *Krüger*, Entmaterialisierungstendenz, S. 78ff.; *Stratenwerth/Kuhlen*, AT I, § 2 Rn. 7ff.

81 *Jescheck/Weigend*, AT, S. 7; *Maurach/Zipf*, AT 1, S. 266; *Roxin*, AT I, § 10 Rn. 1ff.

herrschenden „systemkritischen Ansatz"[82] die Aufgabe zugeschrieben, einen Beitrag zur Begrenzung des Strafgesetzgebers zu leisten. Auch der Gesetzgeber hat sich beim Entwurf des Korruptionsbekämpfungsgesetzes ausdrücklich dem Rechtsgüterschutz als Aufgabe verschrieben[83].

Innerhalb des Rechtsgutsdogmas ist anerkannt, dass bestimmte Rechtsgüter wie das Leben, die körperliche Unversehrtheit, das Eigentum und die Ehre als Individualrechtsgüter dem Einzelnen zustehen, während andere Rechtsgüter wie die Staatssicherheit und die Rechtspflege als kollektive, und damit nicht-individuelle (Universal-) Rechtsgüter der Allgemeinheit zu eigen sind. Das Verhältnis von Individual- und Universalrechtsgütern erfreut sich dabei einer lebhaften Auseinandersetzung, bei der sich zwei Positionen in Form der „monistischen" und der „dualistischen" Rechtsgutslehre gegenüberstehen.

1. Dualistische Rechtsgutslehre

Bei der „dualistischen" Rechtsgutslehre, die in *Tiedemann* und *Hefendehl*[84] ihre prominentesten Befürworter gefunden hat, wird zwischen Individual- und Universalrechtsgütern trenngenau unterschieden. Die beiden unterschiedlichen Rechtsgutstypen stehen sich hier unverbunden und konträr gegenüber[85]. Staat und Allgemeinheit treten verselbständigt auf, als eigenständige Träger des Interesses an „Bestand und Funktionieren der Wirtschaftsordnung"[86]. Der Schutz der kollektiven Rechtsgüter, insbesondere die Wahrung der Interessen der Gesellschaft am Erhalt einer leistungsstarken Wirtschaft wird quasi zum Selbstzweck erhoben. Dies sei nötig, so jedenfalls *Tiedemann*, um insbesondere im Wirtschaftsstrafrecht der Abstraktheit der Rechtsgüter Rechnung zu tragen, da diese nicht auf das Individuum bezogen werden könnten[87].

2. Monistische Rechtsgutslehre

Der „monistische" Rechtsgutsansatz hingegen setzt Individual- und Universalrechtsgüter zueinander in Bezug und gelangt so zu einer hierarchischen

82 Statt vieler *Haft*, AT, S. 75; *Roxin*, AT I, § 2 Rn. 7; *Rudolphi*, FS Honig, S. 151, 153f.
83 BT-Drucks. 13/5584 S. 16
84 *Tiedemann*, Tatbestandsfunktion, S. 113ff.; aber auch *Hefendehl*, Kollektive Rechtsgüter, S. 74ff.; *Kuhlen*, ZStW 105 (1993), S. 697, 704
85 *Tiedemann*, Tatbestandsfunktionen, S. 6, 120, 125
86 *Tiedemann*, Tatbestandsfunktionen, S. 119
87 *Tiedemann*, Tatbestandsfunktionen, S. 119

Anordnung derselben. Dabei konzipieren die Vertreter einer „monistisch-etatischen“ Lehre die Rechtsgüter vom Staat her, verstehen sie als Werte der Sozialordnung, als Güter der Gesamtheit oder des Staates.[88] Die Individualrechtsgüter werden hier lediglich aus Staatsfunktionen abgeleitet oder diesen zugeteilt[89]. Ihre Existenz rechtfertigt sich nach dieser Auffassung nur aus ihrer Wichtigkeit für das Bestehen des Staates, nicht dagegen aufgrund ihrer Bedeutung für das Individuum. Den umgekehrten Ansatz verfolgt die „monistisch-personale“ Rechtsgutslehre. Hier werden die Rechtsgüter von der Person her verstanden und die Universalrechtsgüter gegebenenfalls von diesen abgeleitet[90]. Kollektive Interessen werden nicht um ihrer selbst Willen, sondern nur mittelbar aufgrund ihrer Funktion für den einzelnen Bürger als Rechtsgut anerkannt[91].

3. Stellungnahme

Zwar erlaubt die dualistische Rechtsgutslehre eine klare Differenzierung zwischen Individual- und Universalrechtsgut, allerdings bleibt die Frage offen, warum der Rechtsgüterschutz Aufgabe des Staates sein soll. Der dualistische Ansatz bleibt die Antwort hinsichtlich der Reichweite der Legitimation des Strafrechts schuldig, da eine Aussage über die Rangfolge und damit Schutzwürdigkeit der einzelnen Rechtsgüter nicht getroffen wird. Somit kann auch das Wesen des Verbrechens nicht genau beschrieben werden. Dies ist vielmehr nur aufgrund eines einheitlichen, monistischen Rechtsgutsverständnisses möglich. Hierbei ist eine Tendenz weg vom etatischen hin zum personalen Ansatz zu beobachten. Kam es im Zuge der nationalsozialistischen Herrschaft noch zu einer – bedauerlichen – Überhöhung des Gemeinschaftsprinzips mittels ideologischer Werte, sind in unserer modernen, durch das Grundgesetz vorgegebenen Staats- und Gesellschaftsform, der sich die Strafgesetzgebung und insoweit auch die Lehre vom Rechtsgut unterzuordnen haben, nunmehr die Rechte des Einzelnen allen anderen staatlichen und gesellschaftlichen Interessen vorangestellt. Gleich in Art. 1 GG wird der besondere Wert jeder einzelnen Person in den Mittelpunkt gerückt. Indem sich das Grundgesetz

88 *Jescheck/Weigend*, AT, S. 259; *Maurach/Zipf*, AT I, S. 268 Rn. 8
89 *Jescheck/Weigend*, AT, S. 259; *Maurach/Zipf*, AT I, S. 268 Rn. 8
90 *Marx*, Rechtsgut, S. 79ff.; *Otto*, AT, § 8 Rn. 38 ; *ders.*, in: Müller-Dietz (Hrsg.), Strafrechtsdogmatik, S. 1, 5ff., 8
91 *Hassemer*, FS Kaufmann, S. 85ff.; *Hohmann*, Rechtsgut, S. 117;

zu den Menschenrechten als Grundlage der menschlichen Gemeinschaft bekennt, wird dem Staat der Selbstzweck abgesprochen und ihm eine dienende Rolle, nämlich Gewährung der größtmöglichen Freiheit und Gleichheit seiner Bürger[92], zugewiesen. Da das Grundgesetz damit die Interessen des Einzelnen gegenüber den Interessen von Gesellschaft und Staat stärker betont, wird der monistisch-personalen Rechtsgutslehre der Boden bereitet.

II. Der Meinungsstand zum Rechtsgut der Vorteilsannahme

So umstritten das Rechtsgutsdogma an sich ist, so kontrovers wird auch die allgemeine Frage des Rechtsguts der Amtsdelikte bzw. jenem der Bestechungsdelikte diskutiert. Hierzu haben sich zwei grundsätzliche Positionen in der Lehre entwickelt: Nicht selten wird von einem gemeinsamen Rechtsgut aller Amtsdelikte ausgegangen, wenngleich dessen exakte Bestimmung erhebliche Schwierigkeiten bereitet[93]. Meist wird als gemeinsamer Unrechtsgehalt neben der Verletzung der dem Staat obliegenden Verpflichtung zu einer ordnungsgemäßen Amtsführung die Beeinträchtigung des Vertrauens der Allgemeinheit in die Reinheit der Amtsführung angesehen[94]. Andere Autoren lehnen die Annahme eines einheitlichen Rechtsguts ab[95] und postulieren das Erfordernis, die konkreten Gefahren und Schädigungsmöglichkeiten zu analysieren, um nicht die Unterschiede zwischen den einzelnen Amtsdelikten einzuebnen[96]. Die vorliegende Arbeit kann und will, da sie sich der Erörterung der Vorteilsannahme als eines Straftatbestandes des Besonderen Teils verschrieben hat, naturgemäß keine erschöpfende Behandlung der Aspekte und Problemstellungen des Rechtsguts aller Amts- und Bestechungsdelikte

92 *Hefendehl*, Kollektive Rechtsgüter, S. 59

93 Zu den einzelnen Ansichten in der historischen und aktuellen Diskussion vgl. *Heinrich*, Amtsträgerbegriff, S. 209ff. sowie die Übersichten bei *Schröder P.*, Beamtenbegriff, S. 151ff. und *Wagner*, Amtsverbrechen, S. 28ff. Ob allen Amtsdelikten respektive allen Bestechungsdelikten ein einheitliches Rechtsgut zu Grunde liegt, ist nicht Gegenstand der vorliegenden Untersuchung.

94 *Traumann*, Bestechungsdelikte, S. 98 mit zahlreichen Nachweisen

95 Früher: *Oppenheim*, Rechtsbeugungsverbrechen, S. 22; *Wagner*, Amtsverbrechen, S. 50ff.; neuerdings: *Haft*, BT, S. 293; *Jescheck*, in: LK-StGB, vor § 331 Rn. 8; *Epp*, Abgeordnetenbestechung, S. 158; wohl auch: *Arzt/Weber*, BT, § 49 Rn. 3; *Cramer*, in: Schönke/Schröder, vor §§ 331ff. Rn. 1

96 Jescheck, in: LK-StGB, vor § 331 Rn. 8; für Überhofen, Korruption, S. 75, ist eine „allgemeingültige Einordnung (...) praktisch unmöglich"

leisten. Vielmehr soll die Konzentration bei der nun folgenden historischen Darstellung auf die Fragestellung gelegt werden, die für die anstehende Begutachtung des § 331 StGB bedeutsam ist.

1. Frühere Auffassungen

Bis ins späte 19. Jahrhundert herrschte die Ansicht vor, dass das besondere Gewaltverhältnis zwischen dem Beamten und dem Staat besondere Dienstpflichten hervor bringe. Aufgrund der dem Beamten obliegenden Treuepflicht müssten diesbezügliche Verstöße auch strafrechtlich geahndet werden. Demnach wurde die Verletzung der dem Staat geschuldeten Dienstpflicht bei § 331 StGB ebenso wie bei sämtlichen anderen Amtsdelikten als Grundlage für eine Bestrafung angesehen[97]. Letztlich wurde § 331 StGB damit als Disziplinarvergehen charakterisiert. Auch das Reichsgericht legte in seiner Rechtsprechung das Augenmerk auf die ordnungsgemäße Amtsausübung als solche und benannte die „Reinheit der Amtsausübung“[98] als das zu schützende Gut. Zeitweilen formulierte es den Zweck des Gesetzes auch dahin, die „Makellosigkeit des Amtes nach außen“[99] zu sichern.

Aus der Diktion des Reichsgerichts entwickelte sich die Auffassung, die Unverfälschtheit des Staatswillens als zu schützendes Gut zu betrachten[100]. Eine Verfälschung des Staatswillens liegt nach dieser Ansicht dann vor, wenn bei dem Beamten unter dem Einfluss des gebotenen Vorteils im Hinblick auf seine Amtshandlung ein anderer Willensinhalt entsteht, als es einem unbeeinflussten Verlauf entspräche[101]. Die Strömungen, die als geschütztes Rechtsgut die „Lauterbarkeit des öffentlichen Dienstes“ proklamieren[102], dürften sich

97 *Geerds*, Bestechungsdelikte, S. 43; *Karstedt*, Amtsdelikte, S. 17; *Munzinger*, Amtsdelikte, S. 6f.; *Oppenheim*, Rechtsbeugungsverbrechen, S. 11f.; *Rohlff*, Amtsdelikte, S. 38; *Stephan*, Amtsverbrechen, S. 29; *Stock*, Amtsverbrechen, S. 242f.

98 *RGSt* 63, S. 433, 444; *RGSt* 72, S. 174, 175f.

99 *RGSt* 39, S. 139, 201

100 *Arzt/Weber*, BT II, § 49 Rn. 18; *Bockelmann*, ZStW 72 (1960), S. 251, 257; *Kaufmann A.*, JZ 1959, S. 375, 377; *Klug*, JZ 1960, S. 724, 725; *Schmidt*, Bestechungstatbestände, S. 81; *ders.*, NJW 1960, S. 802, 804; vgl. auch *Geerds*, JR 1996, S. 309, 310; *Heinrich*, Amtsträgerbegriff, S. 244f.; *Höltkemeier*, Sponsoring, S. 55f.; *Jaques*, Bestechungstatbestände, S. 42f.; *König*, DRiZ 1996, S. 357, 362; *Lüderssen*, StV 1997, S. 318, 322;

101 *Henkel*, JZ 1960, S. 507, 509

102 *Arzt/Weber*, BT, § 49 Rn. 18; *Kirschbaum/Schmitz*, GA 1960, S. 321; *Küper*, BT, § 4 Rn. 5; *Krey*, BT 1, Rn. 660; *Tröndle/Fischer*, § 331 Rn. 3 (neben dem Vertrauen der Allgemeinheit); *Lackner/Kühl*, § 331 Rn. 1 (als Teilaspekt eines komplexen Rechts-

mit Ausnahme geringer Akzentverschiebungen[103] die Ansicht des Reichsgerichts zu eigen gemacht haben. Die Staatstätigkeit als solche wird auch bei derjenigen Konzeption zu Grunde gelegt, die bei den Bestechungsdelikten das „ungestörte Funktionieren der Staatsverwaltung"[104] bzw. die „Gefährdung der verwaltenden Staatstätigkeit"[105] als geschütztes Gut ansehen will. Dadurch sollte der Anwendungsbereich von § 331 StGB wohl auf den Bereich der Exekutive beschränkt und damit deutlich von der Richterbestechung und entsprechenden Delikten der Legislative abgegrenzt werden.

Teilweise wurde in der Vergangenheit auch die „Unentgeltlichkeit bzw. Unkäuflichkeit der Amtshandlung"[106] als Schutzgut bezeichnet. Begründet wurde dies damit, dass § 331 StGB die Vorteilsannahme auch dann unter Strafe stelle, wenn die vorgenommene oder vorzunehmende Diensthandlung nicht pflichtwidrig sei. Einen ähnlichen, allerdings mehr subjektiven Weg schlägt in neuerer Zeit auch *Hardtung* ein. Er sieht, insbesondere im Hinblick darauf, dass der vorteilsnehmende Amtsträger „an sich" korrekt handele (freilich mit der Ausnahme, dass er einen persönlichen Vorteil für seine dienstliche Tätigkeit annimmt), das Gebot der „Uneigennützigkeit der Amtsträger" als von § 331 StGB geschützt an[107]. Der in den §§ 36 S. 2 BRRG, 54 S. 2 BBG normierte Grundsatz des öffentlichen Dienstes bestehe nicht nur um seiner selbst Willen, sondern folge aus dem Gerechtigkeits- und Gleichheitsgebot. Die Uneigennützigkeit solle den Amtsträger vor Befangenheit und dem Anschein der Parteilichkeit bewahren.

---

guts); BT-Drucks. 7/550, S. 269; BR-Drucks. 553/96, S. 33, 35; BR-Drucks. 298/95, S. 4, 6, 8 und 10; *BGHSt* 30, S. 46, 48; *BGH* NStZ 1985, S. 497, 499; *BGH* NJW 1987, S. 1340, 1342; *OLG* Koblenz wistra 1985, S. 83

103 So bereits *Geerds*, Bestechungsdelikte, S. 44;

104 *Dölling*, JuS 1980, S. 570, 573; anders *ders.*, NJW 1996, Beilage zu Heft 23, S. 16, 17: „Schutz der Sachlichkeit der Amtsführung"; wiederum anders *ders.*, ZStW 112 (2000), S. 334, 335: „Lauterbarkeit des öffentlichen Dienstes"; *Heinrich*, Amtsträgerbegriff, S. 247; *Loos*, FS Welzel 1974, S. 879, 887; *Ransiek*, StV 1996, S. 446, 450 ; im Rahmen eines komplexen Rechtsguts auch *Rudolphi/Stein*, in SK-StGB, § 331 Rn. 4; *Traumann*, Bestechungsdelikte, S. 113

105 *Geerds*, Bestechungstatbestände, S. 51f., 56

106 *Baumann*, Bestechungstatbestände, S. 7; *ders.*, BB 1961, S. 1057, 1058; *Birkmeyer*, Bestechung, S. 309, 311; *Dölling*, JuS 1980, S. 570; weitere Nachweise bei *Geerds*, Bestechungsdelikte, S. 44, Fn. 250, 251 sowie *Heinrich*, Amtsträgerbegriff, S. 242, Fn. 487, 488

107 *Hardtung*, Vorteilsannahme, S. 43; auch *Bank*, NJW 1962, 85; zur Eigennützigkeit vgl. *Geerds*, Bestechungsdelikte, S. 50, 63ff.

2. Moderne Strömungen

Auf eine Entscheidung des Bundesgerichtshofs aus dem Jahr 1960 geht die sog. „Vertrauensschutzlehre" zurück. Danach ist für die Strafbewehrung ausschlaggebend, dass jedes Fordern, Sichversprechenlassen oder Annehmen eines Vorteils in der Öffentlichkeit oder zumindest beim Vorteilsgeber Zweifel an der Sachlichkeit staatlicher Entscheidungen weckt[108]. Dieser Gedanke wird – mit geringen Nuancierungen – von der Rechtsprechung seitdem kontinuierlich aufgegriffen[109] und findet sich auch in einer stark vertretenen Ansicht in der Literatur wieder[110]. So wird das Vertrauen der Allgemeinheit „in die Reinheit der Amtsführung"[111] oder „in die Lauterbarkeit des öffentlichen Dienstes"[112] bzw. in die „Unkäuflichkeit von Diensthandlungen"[113] sowie „in die Sachlichkeit der Entscheidungen der Amtsträger und Richter[114] als auch in die „Unbestechlichkeit von Amtsträgern"[115] oder letztlich in die „Integrität und Funktionsfähigkeit der Verwaltung"[116] als geschütztes Rechtsgut ausgemacht. *Geerds*[117] misst dieser Entwicklung keine große Bedeutung bei, sondern sieht darin lediglich eine Verschiebung auf den Vertrauensgesichtspunkt bei den überkommenen Ansichten zum Rechtsgut.

---

108 BGHSt 15, S. 88, 96f.: „Die Makellosigkeit des Amtes nach außen soll gesichert werden; mit der Ehrenhaftigkeit und vor allem Unbestechlichkeit der Beamten soll die Grundlage für das Vertrauen der Bevölkerung erhalten werden, dessen die Staatsverwaltung für eine gedeihliche Wirksamkeit bedarf."

109 *BGHSt* 15, S. 88, 96f.; *BGHSt* 15, S. 352, 354; *BGHSt* 30, S. 46, 48; *BGH*, NJW 1987, S. 1340, 1342; *BGH*, NStZ 1984, S. 24, 25; *BGH*, NStZ 1985, S. 497, 499

110 *Dingeldey*, NStZ 1984, S. 503, 504; *Dornseifer*, JZ 1973, S. 267, 269; *Fuhrmann*, ZStW 72 (1960), S. 534, 537; *Geppert*, Jura, 1981, S. 42, 46; *Krey*, BT 1, Rn. 660; *Jescheck*, in: LK-StGB, vor § 331 Rn. 17; *Otto*, BT, § 99 Rn. 1; *Schaupensteiner*, NStZ 1996, S. 409, 414; *Schmidhäuser*, BT, 24/1; *Cramer*, in: Schönke-Schröder, § 331 Rn. 3; *Schröder*, GA 1961, S. 289, 291; *Wessels/Hettinger*, BT 1, Rn. 1106; *Wiedemann*, NJW 1976, S. 852, 854

111 *BGHSt* 15, S. 352, 354; *Fuhrmann*, ZStW 72 (1960), S. 537, 539; *Wiedemann*, NJW 1976, S. 852, 854

112 *BGHSt* 30, S. 46, 48; *BGH*, NJW 1987, S. 1340, 1342; *BGH*, NStZ 1985, S. 497, 499; *OLG* Karlsruhe, NJW 1989, S. 1989, S. 238f.; *Geppert*, Jura 1981, S. 42, 46; *Haft*, BT, S. 293; *ders.*, NJW 1995, S. 1113, 1116; *Krey*, BT 1, Rn. 660; *Schaupensteiner*, NStZ 1996, S. 409 (414)

113 *OLG Karlsruhe*, NJW 1989, S. 238f.; *Jescheck*, in: LK-StGB, vor § 331 Rn. 17; *Wessels/Hettinger*, BT 1, Rn. 1058

114 *OLG Frankfurt*, NJW 1989, S. 847, 848; *OLG Koblenz*, wistra 1985, S. 83; *Graupe*, Bestechungsdelikte, S. 116; *Otto*, BT, § 99 Rn. 1; *Cramer*, in: Schönke-Schröder, § 331 Rn. 3; *Wagner*, JZ 1993, S. 473, 474

115 *Wessels/Hettinger*, BT 1, Rn. 1058; *Geppert*, Jura 1981, S. 42, 46

116 *OLG Hamm*, NJW 1973, S. 716, 718; *Lenckner*, ZStW 106 (1994), S. 502, 539

117 *Geerds*, Bestechungsdelikte, S. 58; ihm folgend *Kargl*, ZStW 114 (2002), S. 763, 782

Gegen eine eindimensionale Schutzzweckbestimmung und für ein komplexes Rechtsgut spricht sich schließlich eine letzte Auffassung aus, die sowohl das Interesse des Staates als auch das Interesse der Allgemeinheit in den Mittelpunkt der Betrachtung rückt[118]. Geschützt sind nach dieser Ansicht durch § 331 StGB das „Vertrauen der Allgemeinheit und die Sicherung der Funktionsfähigkeit der Verwaltung"[119]. Es müsse den zwei Funktionsbedingungen der Verwaltung Rechnung getragen werden: Die innere Funktionsbedingung in Form eines „Amtsethos", geprägt von einer generellen Bereitschaft zur ordnungsgemäßen Erfüllung der Amtspflichten[120], sei notwendig, um eine im wesentlichen effektive und zugleich der Rechtsordnung entsprechende Verwaltungs- bzw. Rechtspflegetätigkeit zu ermöglichen[121]. Als äußere Funktionsbedingung stelle aber auch die verbreitete Vorstellung der Allgemeinheit, dass die Amtsführung entsprechend diesem Amtsethos erfolge, ein notwendiges Kriterum für das ordnungsgemäße Funktionieren der Verwaltung dar[122]. Denn je mehr das Vertrauen der Allgemeinheit schwinde, desto stärker verbreite sich erfahrungsgemäß die Neigung, das staatliche Gewaltmonopol zu missachten oder umgekehrt aus Furcht vor staatlicher Willkür von eigenen Rechten keinen Gebrauch zu machen[123]. Der Bürger wäre schneller zu einem Bestechungsversuch geneigt, wenn er von der Integrität und Uneigennützigkeit der Beamtenschaft nicht mehr überzeugt ist[124].

118 *Heinrich*, Amtsträgerbegriff, S. 253

119 *Arzt/Weber*, BT, § 49 Rn. 2; *Blei*, BT, S. 454ff.; *Dölling*, Gutachten, S. 49; *Haft*, BT, S. 293; *Heinrich*, Amtsträgerbegriff, S. 287f.; *Kargl*, ZStW 114 (2002), S. 763, 787; *Krey*, BT 1, Rn. 660; *Kuhlen*, in: NK-StGB, § 331 Rn. 12; *Maurach/Schröder/Maiwald*, BT 2, § 79 Rn. 2; *Lackner/Kühl*, § 331 Rn. 1; *Rudolphi*, in: SK-StGB, § 331 Rn. 4; *Schlüchter*, FS Geerds, S. 713, 715; *Tröndle/Fischer*, § 331 Rn. 3; *Wessels/Hettinger*, BT I, S. 20; auch der Gesetzgeber scheint von einem komplexen Rechtsgut auszugehen (vgl. BT-Drucks. 13/6424, S. 1; BT-Drucks. 13/5584, S. 1; BT-Drucks. 13/8709, S. 2; BT-Drucks 13/4118, S. 2) indem er die Bedeutung des *„Vertrauens der Bürger in die Integrität des Staates als einer der Eckpfeiler unserer Gesellschaft auch in Zukunft"* hervorhebt.

120 *Rudolphi/Stein*, in SK-StGB, vor § 331 Rn. 7a

121 In diese Richtung auch *Loos*, FS Welzel 1974, S. 879, 889f.; *Traumann*, Bestechungsdelikte, S. 113

122 *Loos*, FS Welzel 1974, S. 879, 889f.; *Rudolphi/Stein*, in: SK-StGB, vor § 331 Rn. 7b und § 331 Rn. 4

123 *Rudolphi/Stein*, in: SK-StGB, vor § 331 Rn. 7b. *Hardtung*, Vorteilsannahme, S. 44, stimmt dem im Ergebnis zu, sieht als Konsequenz des Misstrauens des Bürgers aber nicht die Abkehr von der Wahrnehmung der eigenen Rechte, sondern im Gegenteil werde *„die Arbeit der Verwaltung allein durch vermehrte Widersprüche, Klagen, Beschwerden, Gegenvorstellung und andere 'Gegenwehr' greifbar mühsamer"*.

124 *Hardtung*, Vorteilsannahme, S. 44

III. Kritik

1. Gewährleistung der Dienstpflicht durch Disziplinarrecht

Als wesentlicher Kritikpunkt gegen die öffentlich-rechtliche Dienstpflicht als von § 331 Abs. 1 StGB geschütztes Rechtsguts lässt sich anführen, dass die Erfüllung der Dienstpflicht im wesentlichen durch das Disziplinarrecht gewährleistet werden soll[125]. Wäre nun auch dem Tatbestand der Vorteilsannahme dieses Rechtschutzziel immanent, hätte dies zur Folge, dass eine trennscharfe Abgrenzung von Kriminal- und Disziplinarrecht nicht mehr aufrechterhalten werden kann[126]. Die Dienstpflichtverletzung könnte dann sowohl als Grundlage der Kriminal- als auch der Disziplinarmaßnahme anzusehen sein. Letztlich bestünde zwischen den Sanktionen damit kein wesensmäßiger Unterschied mehr[127]. Nicht wenige Stimmen in der juristischen Lehre sehen darin einen Verstoß gegen den Grundsatz „ne bis in idem“, sollte sowohl von der disziplinarrechtlichen als auch der strafrechtlichen Möglichkeit einer Ahndung des Dienstvergehens Gebrauch gemacht werden[128]. Darüber hinaus verlangt § 331 Abs. 1 StGB gerade keine pflichtwidrige Diensthandlung, sondern stellt nur auf die Dienstausübung ab[129], so dass dieses Rechtsgutverständnis eine Strafbarkeit wegen Vorteilsannahme nicht rechtfertigen kann.

2. Reinheit des Amtes als allgemeiner Grundsatz

Die Ansicht, die den Schutz der Reinheit der Amtsausübung als Aufgabe des § 331 Abs. 1 StGB erachtet, muss sich entgegenhalten lassen, dass die Reinheit der Amtsausübung letztlich allen Amtsdelikten zu Grunde liegt und daher nicht den spezifischen Unrechtsgehalt von § 331 StGB zu erfassen in der Lage ist[130]. Das Merkmal ist zu unbestimmt[131]. *Heinrich* kritisiert zu-

125 *Geerds*, Bestechungsdelikte, S. 48

126 *Rohlff*, Amtsdelikte, S. 38; *Schröder P.*, Beamtenbegriff, S. 134

127 *Heinrich*, Amtsträgerbegriff, S. 211

128 *Karstedt*, Amtsdelikte, S. 18f.; *Oppenheim*, Rechtsbeugungsverbrechen, S. 22; *Schröder P.*, Beamtenbegriff, S. 141

129 Wie hier: *Geerds*, Bestechungsdelikte, S. 48; *Graupe*, Bestechungsdelikte, S. 76; *Heinrich*, Amtsträgerbegriff, S. 240

130 *Baumann*, Bestechungstatbestände, S. 7; *ders.*, BB 1961, S. 1057; *Geerds*, Bestechungsdelikte, S. 47; *Graupe*, Bestechungsdelikte, S. 77; *Geppert*, Jura 1981, S. 42, 46; *Hardtung*, Vorteilsannahme, S. 42; *Heinrich*, Amtsträgerbegriff, S. 241; *Henkel*, JZ 1960, S. 507; *Kaufmann*, JZ 1959, S. 375, 376; *Cramer*, in: Schönke/Schröder, § 331 Rn. 2; *Schröder*, GA 1961, S. 289, 290; *Traumann*, Bestechungsdelikte, S. 109

dem, dass es überhaupt fraglich sei, ob der Schutz der Amtsausübung um ihrer selbst willen mit dem Schutzzweck strafrechtlicher Rechtsgüter zu vereinbaren sei[132].

3. Gebührenpflichtigkeit staatlicher Leistungen

Mit dem Rechtsgutsbefund einer Unentgeltlichkeit der Amtsführung lässt sich wiederum nicht erklären, dass viele staatlichen Leistungen gebührenpflichtig sind[133]. *Geerds*[134] versucht diesen Widerspruch zwar dadurch zu lösen, indem er auf die „Unverkäuflichkeit" der Amtshandlung abstellt, der Amtsträger die Diensthandlung also nicht für eigene Rechnung verkaufen dürfe. In dieselbe Richtung geht der Ansatz *Wagners*[135], der die „Ordnung des staatlichen Gebühren- und Abgabenwesens" als geschütztes Rechtsgut ausmacht. Allerdings setzen beide Autoren damit das unmittelbare Regelungsziel mit dem Rechtsgut gleich, klären aber nicht die im Grunde entscheidende Frage, warum nur die gesetzlich zulässigen Gebühren angenommen werden dürfen[136]. Defizite weist dieses Rechtsgutsverständnis auch beim Versuch der Erklärung des immateriellen Vorteilsbegriffs auf[137].

4. Uneigennützigkeit des Amtsträgers als einfachgesetzlicher Grundsatz

Der Theorie der Uneigennützigkeit des Amtsträgers als geschütztes Rechtsgut ist zuzugestehen, dass dies sicherlich als Grundsatz des Beamtenrechts anzuerkennen ist, jedoch nicht die Qualität eines strafrechtlich schützenswerten Rechtsguts erreicht. Vielmehr liegt das Verbot eigennützigen Verhaltens den meisten Strafnormen zugrunde[138]. Zu denken ist hier insbesondere an

131 *Haft*, BT, S. 293

132 *Heinrich*, Amtsdelikte, S. 241, 255ff.

133 *Geppert*, Jura 1981, S. 42, 46; *Graupe*, Bestechungsdelikte, S. 78, 95; *Hardtung*, Vorteilsannahme, S. 42

134 *Geerds*, Bestechungsdelikte, S. 48f.

135 *Wagner*, Amtsverbrechen, S. 233f., 271; anders jedoch *ders.*, JZ 1993, S. 473, 474

136 Richtig erkannt haben dies bereits auch *Graupe*, Bestechungsdelikte, S. 78; *Hardtung*, Vorteilsannahme, S. 42; hierzu auch *Heinrich*, Amtsträgerbegriff, S. 243; *Rudolphi/Stein*, in: SK-StGB, § 331 Rn. 2; *Traumann*, Bestechungsdelikte, S. 110; *Wentzell*, Tatbestandsproblematik, S. 80

137 *Heinrich*, Amtsträgerbegriff, S. 243 mit zahlreichen Nachweisen zum Begriff des „immateriellen Vorteils"

138 So bereits *Geerds*, Bestechungsdelikte, S. 49; *Heinrich*, Amtsträgerbegriff, S. 243, 244

die Delikte, die eine Bereicherungsabsicht des Täters als (subjektives) Tatbestandsmerkmal aufweisen, etwa § 263 StGB. Auf der anderen Seite ist das Streben nach dem eigenen Vorteil nicht von vornherein mit einem Unwerturteil belegt. Im Gegenteil: Eigennütziges Handeln ist dem Einzelnen nicht grundsätzlich verwehrt, sondern wird durch das in Art. 2 Abs. 1 i.V.m. Art. 1 Abs. 1 GG eingeräumte Recht der Entfaltung der Persönlichkeit verfassungsrechtlich geschützt.

5. Keine Verfälschung des Staatswillens

Gegen die Auffassung, welche mit § 331 Abs. 1 StGB den Staatswillen vor einer Verfälschung bewahren möchte, ist vorzubringen, dass sie das Wesen aller Bestechungsdelikte, und insbesondere das der Vorteilsannahme, nicht hinreichend zu erklären versteht[139]. In § 331 Abs. 1 StGB wird auch die nachträgliche Belohnung unter Strafe gestellt. In diesen Fällen wurde die bereits vorgenommene Amtshandlung jedoch nicht durch den Bestechungsakt beeinflusst und kann denknotwendig hierdurch auch nicht verfälscht werden[140]. Unvereinbar mit dieser Ansicht ist darüber hinaus, dass eine Verfälschung des Staatswillens nur bei einer pflichtwidrigen Diensthandlung vorliegen kann, das Wesen der Vorteilsannahme sich aber gerade dadurch auszeichnet, dass ein Vorteil für eine pflichtgemäße Handlung gewährt wurde[141].

6. Keine Schutzwürdigkeit des Vertrauens allein

Auch die Ansicht, die das Vertrauen der Allgemeinheit als geschütztes Rechtsgut der Vorteilsannahme definiert, ist nicht frei von Ungereimtheiten. Im Grunde dient das Vertrauen der Allgemeinheit nur dazu, das ordnungsgemä-

139 So auch *Heinrich*, Amtsträgerbegriff, S. 246;

140 a.A. *Hardtung*, Vorteilsannahme, S. 43, Fn. 33: „*Das überzeugt nicht: Wer als Amtsträger erst einmal auf den Geschmack von Belohnungen gekommen ist, mag durchaus versucht sein, (...) 'vorzuleisten', um erst danach eine Belohnung dafür zu fordern.*"; ebenso *Höltkemeier*, Sponsoring, S. 56

141 *Blei*, BT, S. 454; *Heine*, in: Schönke-Schröder, § 331 Rn. 2; *Heinrich*, Amtsträgerbegriff, S. 246; *Schröder*, GA 1961, S. 289, 290; *Tröndle/Fischer*, § 331 Rn. 3; *aA* wiederum *Hardtung*, Vorteilsannahme, S. 44, wonach die Vorteilsannahme zu leicht in echte Bestechlichkeit umschlagen könne, als dass sie unbeachtet bleiben könnte, eine abstrakte Gefahr für die Sachlichkeit staatlicher Maßnahmen sei nämlich nicht zu übersehen; so auch *Höltkemeier*, Sponsoring, S. 56; in diese Richtung bereits *Schmidt, Eb.*, Bestechungstatbestände, S. 149;

ße Funktionieren der Staatsverwaltung zu gewährleisten und ist daher nicht als Selbstzweck zu schützen[142]. Das Vertrauen der Allgemeinheit erfährt lediglich mittelbar über den eigentlichen Unrechtskern einen strafrechtlichen Schutz. Eine Bestrafung des reinen Vertrauensverlusts geht zu weit. Ob in allen Fällen, in denen Vertrauen trotz Korrektheit der Amtsführung beeinträchtigt wird, letztlich nur ein falscher Eindruck mit Mitteln des Strafrechts auf Kosten desjenigen, der ihn hervorruft, geschützt wird, ist aber zweifelhaft[143]. Der Konstruktion eines reinen Vertrauensrechtsguts wird zudem entgegengehalten, dass man die Tathandlung nur verheimlichen müsse, da dann das Vertrauen nicht erschüttert werden könne und die deliktische Handlung folgenlos bliebe[144].

7. Überdehnung der Schutzgutbestimmung

Mit einem komplexen Rechtsgut wird schließlich die Schutzgutbestimmung überdehnt. Eine zu viele Aspekte umfassende Zusammenfassung von geschützten Interessen und Gütern macht eine dogmatische Einordnung nicht mehr möglich[145]. Letztlich wird nur zwischen den verschiedenen (inneren und äußeren) Faktoren für eine Störung der Funktionsfähigkeit der Verwaltung unterschieden, wobei am Ende wieder die Funktionsfähigkeit der staatlichen Verwaltung im Mittelpunkt steht[146].

IV. Eigener Rechtsgüterbefund

Die vorstehenden Ausführungen haben gezeigt, dass eine Bestimmung des Rechtsguts schwer zu treffen ist und sich einige Ansichten besser, andere Ansichten schlechter begründen lassen. Für jede Theorie sind beachtenswer-

142 *Dölling*, JuS 1981, S. 570, 573; *Ransiek*, StV 1996, 446, 450; *Traumann*, Bestechungsdelikte, S. 113; *Wentzell*, Tatbestandsproblematik, S. 83

143 So aber *Höltkemeier*, Sponsoring, S. 58, der einen weiteren Kritikpunkt darin sieht, dass die Vertrauensschutzlehre die Genehmigung gem. § 331 Abs. 3 StGB nicht hinreichend erklären könne. Zwar sei eine Genehmigung an sich geeignet, den durch eine Vorteilsnahme entstandenen Vertrauensverlust in der Öffentlichkeit auszugleichen. Dies setze aber voraus, dass die Öffentlichkeit von dieser Genehmigung erfahre, was in den seltensten Fällen der Fall sei.

144 *Graupe*, Bestechungsdelikte, S. 106; *Jaques*, Bestechungstatbestände, S. 50

145 *Rohlff*, Amtsträger, S. 44; vgl. auch *Heinrich*, Amsträgerbegriff, S. 254; *Jaques*, Bestechtungstatbestände, S. 53 spricht von *„tatbestandlicher Unbestimmtheit"*

146 *Heinrich*, Amtsträgerbegriff, S. 254

te Gegenargumente vorhanden. Erkennbar ist jedenfalls ein zu begrüßender Wandel im Verständnis des geschützten Rechtsguts, weg vom Schutz der staatlichen Verwaltung als Selbstzweck hin zu den Auswirkungen des deliktischen Verhaltens für den Einzelnen und die Allgemeinheit.

1. Individuelles oder kollektives Rechtsgut

Abgeleitet aus dem heutigen Verfassungsverständnis mit dem einzelnen Menschen im Mittelpunkt kann der Rechtsgüterschutz letztlich nur dem Bürger zukommen[147]. Interessen der Allgemeinheit oder des Staates sind nicht um ihrer selbst Willen als Rechtsgüter anzuerkennen. Legitim sind derartige kollektive Rechtsgüter neben den Individualrechtsgütern jedoch, soweit sie den Bürgern individuelle Freiheitsräume zur Verfügung stellen und deren Verwirklichung fördern[148]. Letztlich muss also eine Beeinträchtigung der verfassungsrechtlich garantierten Rechte des Einzelnen durch Akte des Staates oder seiner Repräsentanten vorliegen.

Es ist zwar richtig, dass bei den Amtsdelikten eine generelle und gleichsam eindeutige Zuordnung in Delikte, die sich gegen ein Individualrechtsgut richten und solche, die lediglich ein nicht-individuelles Rechtsgut verletzen, nicht zu treffen ist[149]. Denn die Verwirklichung einer Vielzahl von Tatbeständen ist in einer Weise denkbar, dass durch die Tat unmittelbar (auch) in Rechte Einzelner eingegriffen wird. Ebenso ist aber vielfach auch möglich, dass eine solche unmittelbare Rechtsverletzung ausscheidet und lediglich Rahmenbedingungen menschlichen Zusammenlebens gestört werden. Nicht zu widersprechen ist jedenfalls der These, dass ein starkes individuelles Interesse einer Vielzahl von Personen an einer lauteren Amtsführung besteht[150]. Doch bleibt damit völlig offen, welche individuellen Rechtsgüter infolge eines weitgehend korrupten Staatswesens, wie es §§ 331ff StGB verhindern wollen und sollen, betroffen sein können. Insbesondere eine Vorteilsannahme gem. § 331 Abs. 1 StGB kann gar nicht unmittelbar in Rechte Dritter eingreifen bzw. diese gefährden, da die Dienstausübung rechtmäßig erfolgt (Beispiel: Bei der Erteilung einer rechtmäßigen Baugenehmigung wird der Nachbar nicht in

147 Zum Dienst am Menschen als Funktion des Staates siehe auch *Erb*, Parteiverrat, S. 58f.; *Roxin*, AT I, § 2 Rn. 33

148 *Hassemer*, FS Kaufmann, S. 85, 91

149 *Heinrich*, Amtsträgerbegriff, S. 270

150 *Kuhlen*, ZStW 105 (1993), S. 697, 704

seinen Rechten verletzt.). Auch die Vermögensinteressen des Dienstherrn als zu schützendes Individualrechtsgut scheiden aus[151], so dass das Schutzgut von § 331 StGB letztlich nur ein Universalrechtsgut sein kann.

2. Endgültige Rechtsgutsbestimmung

Ausgangspunkt für die Bestimmung dieses Universalrechtsguts muss der Eigennutz des Amtsträgers[152] sein. Diesem kommt hierbei aber - wie gezeigt - nicht die Qualität eines Rechtsguts zu. Vielmehr ist eine Verknüpfung mit weiteren Elementen vorzunehmen. Es ist zu fragen, welche Auswirkungen das eigennützige Verhalten des Amtsträgers mit sich bringt, sprich ob dadurch Rechte der Bürger mittelbar beeinträchtigt werden, indem in Freiheitsräume eingegriffen wird, welche die Grundlage dafür liefern, dass der Einzelne seine ihm durch das Grundgesetz garantierten Rechte überhaupt wahrnehmen kann[153]. Ein Staatsdiener hat die Pflicht, sachgerechte Entscheidungen zu treffen. Dabei hat er sein Verhalten und seine Entscheidung ohne sachfremde Gesichtspunkte an dem jeweiligen Gegenstand zu orientieren. Denn die staatlichen Organe können nur dann ordnungsgemäß funktionieren, wenn die handelnden Amtsträger entsprechend der gesetzlichen Vorgaben tätig werden. Orientiert sich das Verhalten des Amtsträgers jedoch nicht mehr ausschließlich an Gesetz, Recht und öffentlichem Interesse, sondern auch an seinem persönlichen Vorteil, so wird der ordnungsgemäße Ablauf der Verwaltungstätigkeit gestört. Infolgedessen wird das Vertrauen des Einzelnen in die staatliche Entscheidung erschüttert. Dessen Existenz ist aber eine Bedingung für das ordnungsgemäße Funktionieren des Verwaltungssystems.

Zwar ist das Vertrauen nicht um seiner selbst schützenswert, doch ist es integraler Bestandteil des von § 331 StGB geschützten Rechtsguts. Somit zählt die ordnungsgemäße Funktion der Verwaltungstätigkeit zur Gruppe der kollektiven Vertrauensrechtsgüter[154]. Das ordnungsgemäße Funktionieren der staatlichen Verwaltung konstituiert sich erst über das Vertrauen[155].

---

151 *BGHSt* 30, S. 46ff.; *BGH* NStZ 1999, S. 560ff.; *BGH* NJW 2001, S. 2560ff.; *OLG Nürnberg*, NJW 1997, S. 1320ff.

152 In diese Richtung bereits *Geerds*, Bestechungsdelikte, S. 50ff.; *Schlüchter*, FS Geerds, S. 713

153 *Heinrich*, Amtsträgerbegriff, S. 269

154 Zum kollektiven Vertrauensrechtsgut *Hefendehl*, Kollektive Rechtsgüter, S. 116f.

155 Dass Vertrauensgesichtspunkte beim Rechtsgut der Bestechungsdelikte eine tragende Rolle spielen, zeigt auch ein Blick in die einschlägigen Gesetzesmaterialien sowohl

Ohne Vertrauen in ihren Bestand kann eine staatliche Verwaltung letztlich nicht ordnungsgemäß existieren. Die Besorgung einer Angelegenheit wird regelmäßig nämlich nur jemandem anvertraut, der über die fachliche Qualifikation zur sachgemäßen Erfüllung des ihm obliegenden Auftrags verfügt. Dabei spielt die Erwartung, der Vertrauensempfänger werde sich der Angelegenheit sorgsam und im Interesse des Vertrauenden annehmen, eine wesentliche Rolle. Der Bürger vertraut in die Kompetenz und die Integrität des Amtsträgers[156]. Da der Staat die Rechte seiner Bürger im Rahmen der staatlichen Verwaltung beschneidet und die Regelung gesellschaftsrelevanter Aufgaben selbst übernimmt, sind die Bürger verpflichtet, die staatliche Institution zur Durchsetzung ihrer Rechte in Anspruch zu nehmen. Dabei sind sie gezwungen, eine Vertrauens(vor)leistung zu erbringen. Anders als bei der Kompetenz des Amtsträgers, die zumeist anhand objektiver Kriterien messbar sein wird, kann sich der Vertrauende hinsichtlich der Integrität des Amtsträgers nur auf eigene Erfahrungswerte stützen[157]. Aufgrund unseres komplexen Gemeinschaftswesens, in dem der Staat dem Bürger als ein System von Ämtern[158] bzw. ein Gefüge von Funktionsbereichen[159] erscheint, ist das Vertrauen jedoch nicht durchgängig zwischenmenschliches Vertrauen. Schlussendlich wird das Vertrauen „entpersonalisiert" und damit zu einer Art Systemvertrauen[160]. Das Amt löst sich von der menschlichen Persönlichkeit des Amtsträgers, der es innehat[161]. Das Vertrauen gründet sich damit nicht mehr auf der Erwartung in die Fähigkeiten und die Vertrauenswürdigkeit eines einzelnen Vertrauensempfängers, sondern vielmehr in das Funktionieren des Systems „staatliche Verwaltung". Haben die Bürger das Vertrauen in die Funktionsfähigkeit des Systems verloren, werden sie auf die Inanspruchnahme der staatlichen Institution verzichten und versuchen, sich selbst zu helfen. Zwangsläufig gewinnt das Recht des Stärkeren an Bedeutung und die Funktionsfähigkeit der Verwaltung kommt infolge dessen zum Erliegen[162].

---

zum Regierungsentwurf eines Strafgesetzbuches aus dem Jahre 1962 (BT-Drucks. IV/650, S. 648f.) als auch zum Korruptionsbekämpfungsgesetz aus dem Jahre 1997 (BT-Drucks. 13/6424, S. 1)

156 Die Unterscheidung eines Vertrauens in Kompetenz und eines Vertrauens in Integrität geht zurück auf *Erb*, Parteiverrat, S. 86

157 *Erb*, Parteiverrat, S. 87

158 *Herzog*, Staatslehre, S. 95, 100; *Krüger*, Staatslehre, S. 253f.

159 *Zippelius*, Staatslehre, § 14 I 1

160 *Luhmann*, Vertrauen, S. 64

161 *Krüger*, Staatslehre, § 19 III 1

162 Im Ergebnis so auch *Loos*, FS Welzel, S. 879, 890

Der Einwand gegen die Konstruktion eines Vertrauensrechtsguts, wonach die Vertrauensschutzlehre die Genehmigung gem. § 331 Abs. 3 StGB nicht hinreichend erklären könne, weil die Öffentlichkeit von dieser Genehmigung meist nichts erfahre[163], greift zu kurz. Entsprechendes gilt für die These, man müsse eine Tathandlung nur verheimlichen, da dann das Vertrauen nicht erschüttert werden könne und die deliktische Handlung folgenlos bliebe[164]. Vertrauensrechtsgüter können selbst durch so genannte heimliche Delikte tatsächlich beeinträchtigt werden. Denn Rechsgüter umschreiben nicht nur einen bestimmten Status, sondern auch Entwicklungspotentiale, d. h. die Möglichkeit sich jederzeit des im Rechtsgut zum Ausdruck kommenden Wertes bedienen zu können[165]. Dies bedeutet im vorliegenden Fall, dass nur wenn völlig ausgeschlossen ist, dass wegen fehlender öffentlicher Kenntnisnahme der deliktischen Handlungen Vertrauen sich zu Misstrauen wandeln kann, eine Rechtsgutbeeinträchtigung nicht zu erwarten ist. Damit würde aber außer Acht gelassen, dass mit zunehmender Bedeutung und Sensibilität des Rechtsguts, insbesondere solchen, die wie das Vertrauen Funktionsbedingungen des Staates darstellen, die öffentliche Aufmerksamkeit hinsichtlich des Verhaltens der Vertrauensträger zunimmt. Gerade vor diesem Hintergrund wird ein deliktisches Verhalten eines Vertrauensträgers kaum zu verheimlichen sein. Aufgrund dieser gesteigerten Aufmerksamkeit wird die Öffentlichkeit auch von einer Genehmigung erfahren, selbst wenn diese in der Regel nur intern erteilt wird. Heutzutage werden in unserer hochkommunikativen Gesellschaft derart „brisante" Informationen nämlich unverzüglich weitergeleitet und gestreut. Zudem darf ein Täter sich nicht darauf berufen können, die Allgemeinheit hätte von seinem Handeln nichts gewusst, denn schließlich ist der Umstand der Informationsverbreitung der individuellen Beherrschungsmöglichkeit des Täters entzogen[166].

3. Fazit

Als Ergebnis lässt sich somit festhalten, dass das „ordnungsgemäße Funktionieren der staatlichen Verwaltung" als das von § 331 StGB geschützte Rechts-

163 *Höltkemeier*, Sponsoring, S. 58

164 *Graupe*, Bestechungsdelikte, S. 106; ihm folgend *Jaques*, Bestechungstatbestände, S. 50

165 *Erb*, Parteiverrat, S. 94; *Hefendehl*, Kollektive Rechtsgüter, S. 80, 137; *Otto*, ZStW 96 (1984), S. 339, 344

166 *Hefendehl*, Kollektive Rechtsgüter, S. 138

gut angesehen werden kann. Dieses Rechtsgut hat bei der Inaugenscheinnahme der Parteispendenproblematik im Hinblick auf die Deliktsmerkmale des § 331 StGB als Gradmesser zu dienen.

C. Die Deliktsnatur

Eine strafbewehrte Handlung muss grundsätzlich geeignet sein, das tatbestandlich geschützte Rechtsgut zu beeinträchtigen. Diesbezüglich werden die Straftatbestände herkömmlicherweise unter anderem in Verletzungs- und Gefährdungsdelikte unterteilt[167]. Die Unterscheidung richtet sich nach der Intensität der Beeinträchtigung der betreffenden Rechtsgutsobjekte. Es stellt sich somit die Frage, ob die ordnungsgemäße Funktion der staatlichen Verwaltung durch eine Tathandlung im Sinne des § 331 Abs. 1 StGB unmittelbar verletzt wird oder ob die entsprechende Verwirklichung des Tatbestandes nur zu einer mehr oder weniger intensiven Bedrohung der staatlichen Verwaltung führt[168]. Denn erst wenn die Deliktsnatur der Vorteilsannahme feststeht, ist das Schutzinteresse des § 331 Abs. 1 StGB derart hinreichend geklärt, dass sich die einzelnen Tatbestandsmerkmale definieren lassen.

I. Dogmatische Grundlagen

Besteht die Beeinträchtigung im Verletzungserfolg, der unmittelbar aus der Tathandlung resultiert, so handelt es sich um ein Verletzungsdelikt. Es kommt durch die Verwirklichung des Tatbestandes also zu einer finalen Werteinbuße am Rechtsgutsobjekt. Führt die Tathandlung zu einer Bedrohung des Handlungsobjektes, liegt ein Gefährdungsdelikt vor, wobei je nach deren Ausmaß zwischen konkreten und abstrakten Gefährdungsdelikten zu unterscheiden ist[169]. Charakteristisch für die konkreten Gefährdungsdelikte ist die ausdrückliche Aufführung der Verursachungen einer Gefahr als Merkmal des objektiven Tatbestandes[170]. Bei den abstrakten Gefährdungsdelikten bildet

167 Zur Einordnung der Delikte in Erfolgs- und Tätigkeitsdelikte sowie Verletzungs- und Gefährdungsdelikte statt vieler *Roxin*, AT I, § 10 Rn. 102ff., Rn. 122ff.

168 Zur Frage, ob die Bestechungsdelikte allgemein in Verletzungs- und Gefährdungsdelikte aufgespalten werden müssen etwa *Kaufmann*, JZ 1959, S. 375, 377; krit. *Kargl*, ZStW 114 (2002), S. 763, 786f.

169 Ausführlich hierzu vgl. *Roxin*, AT I, § 11 Rn. 121ff., Rn. 127ff.

170 *Heine*, in: Schönke/Schröder, § 306 Rn. 1; *Horn*, in: SK-StGB, § 306 Rn. 2

die Verursachung einer konkreten Gefahrenlage hingegen kein Tatbestandsmerkmal. Es erfährt lediglich die typische Gefährlichkeit der Handlung eine Pönalisierung, ohne dass die Strafbarkeit im konkreten Einzelfall vom wirklichen Eintritt einer Gefahr abhängig gemacht wird. Der Gesetzgeber regelt so bestimmte Lebensbereiche ganz generell und nimmt in besonderem Maße eine Ordnungsfunktion wahr[171].

Sowohl die konkreten als auch die abstrakten Gefährdungsdelikte sind jedoch problembehaftet. Bei Ersteren liegt die Hauptschwierigkeit im Nachweis des Eintritts einer konkreten Gefahrenlage. Während der Begriff der Gefahr nach heute einhelliger Auffassung für beide Gruppen der Gefährdungsdelikte einheitlich als der Zustand zu verstehen ist, in welchem der Eintritt der Verletzung des Rechtsguts wahrscheinlich ist[172], besteht das grundsätzliche Problem darin, welche Tatsachen in die nachträglich anzustellende Gefahrdiagnose bei den konkreten Gefährdungsdelikten einzustellen sind[173]. Weiterhin ist der Eintritt einer konkreten Gefahr für das geschützte Rechtsgut wie jeder Erfolgseintritt bis zu einem gewissen Maße vom Zufall abhängig[174]. Diese Schwachpunkte der konkreten Gefährdungsdelikte kristallisieren sich bei den abstrakten Gefährdungsdelikten im Gegenzug als deren „Stärken" heraus. Da bei diesen regelmäßig schon die Vornahme der im Tatbestand beschriebenen Handlung zur Strafbarkeit führt, sieht sich der Tatrichter den Beweisschwierigkeiten im Hinblick auf den Eintritt einer konkreten Gefahr nicht ausgesetzt[175] und für das Zufallsmoment bezüglich des Gefahreintritts verbleibt kein Raum[176]. Da bereits die Vornahme einer Handlung verboten ist, ohne dass es auf die dadurch ausgelösten Folgen ankommt, ist für den jeweiligen Adressaten der Vorschrift auch der Normbefehl leicht nachvollziehbar[177]. Diesen „Stärken" stehen besonders aus Sicht des potentiellen Täters aber auch schwerwiegende Nachteile gegenüber. So kommt es zu einer Vor-

171 *Bohnert*, JuS 1984, S. 182, 185; *Kratzsch*, Verhaltenssteuerung, S. 115f., 231f., 277ff., 370ff.

172 Vgl. *Marxsen*, Strafbarkeitseinschränkung, S. 4 mit zahlreichen Nachweisen aus der Rspr.

173 Vgl. hierzu *BGHSt* 8, S. 28, 31; *BGHSt* 18, S. 271, 272f.; *Demuth*, Gefahrbegriff, S. 184ff.; *Geppert*, NStZ 1985, S. 264, 266; *Schünemann*, JA 1975, S. 787, 793ff.

174 *Schneider*, Jura 1988, S. 460, 462

175 Ähnlich *Bohnert*, JuS 1984, S. 182, 184; *Schneider*, Jura 1988, S. 460, 462; *Zieschang*, Gefährdungsdelikte, S. 376

176 *Berz*, Tatbestandsverwirklichung, S. 57f., S. 100; *Kratzsch*, Verhaltenssteuerung, S. 113ff., 278f., 292 spricht in diesem Zusammenhang von *„Zufallsindifferenz"*

177 *Berz*, Tatbestandsverwirklichung, S. 63f.

verlagerung der Strafbarkeitsgrenze in ein sehr frühes Ausführungsstadium der Tat[178]. Durch diese freiheitseinschränkende Tendenz, bedingt durch eine gesetzgeberische Gefahrbeurteilung, wird dem Täter der eigene Beurteilungsspielraum genommen[179]. Selbst wenn der Täter die im entsprechenden Tatbestand eines abstrakten Gefährdungsdelikts beschriebene Handlung in dem sicheren, durch entsprechende Vorkehrungen gestützten Wissen vornimmt, dass durch die Tat das geschützte Rechtsgut nicht konkret gefährdet werden kann, soll er regelmäßig aus dem abstrakten Gefährdungsdelikt bestraft werden, selbst wenn sich seine individuelle Gefahrprognose im Nachhinein als richtig herausstellt und der Eintritt einer wirklichen Gefahr für das Rechtsgut ausbleibt[180]. Hierin erkennt das überwiegende strafrechtliche Schrifttum auch für den Bereich der kollektiven Rechtsgüter[181] einen Verstoß gegen das verfassungsrechtlich verankerte Schuldprinzip und will den Anwendungsbereich der abstrakten Gefährdungsdelikte in Fällen beschneiden, in denen jede Art von Verletzung des Rechtsguts aufgrund einer absoluten, individuell nachvollzogenen Ungefährlichkeit der Handlung ausgeschlossen ist[182]. Ein Verhalten stelle nämlich nur dann Unrecht im strafrechtlichen Sinne dar, wenn es den Normgeboten zuwider laufe und geeignet sei, das strafrechtlich geschützte Rechtsgut real zu gefährden[183].

Die folgenden Überlegungen erkennen die Existenz abstrakter Gefährdungsdelikte, die sich praktisch fest eingebürgert haben und unverzichtbar sind[184], jedenfalls an. Gleichzeitig ist die von zahlreichen Autoren erachtete Reduktionsbedürftigkeit der abstrakten Gefährdungsdelkite auch für den vorliegenden Fall der Wahlkampf- und Parteispenden, nicht unproblematisch und bedarf an anderer Stelle noch einer vertieften Auseinandersetzung.

178 *Schneider*, Jura 1988, S. 460, 462

179 *Kratzsch*, Verhaltenssteuerung, S. 113ff.

180 Vgl. *BGHSt* 26, S. 121ff. und *BGHSt* 34, S. 115ff. zu § 306 StGB; *Bohnert*, JuS 1984, S. 182, 186f., *Kratsch*, Verhaltenssteuerung, S. 113ff.; *Krey*, BT, Rn. 759ff

181 *Kuhlen*, ZStW 105 (1993), S. 697, 712ff.

182 *Heine*, in: Schönke-Schröder, Vorbem § 306 Rn. 3a ff.; *Horn*, in: SK-StGB, vor § 306 Rn. 15ff.;

183 *Demuth*, Gefahrbegriff, S. 13; *Gallas*, FS Bockelmann, S. 155, 159; *Schünemann*, JA 1975, S. 787, 797; *Wolter*, Zurechnung, S. 25ff., S. 276ff.

184 *Kuhlen*, ZStW 105 (1993), S. 697, 712; *ders.*, GA 1994, S. 347, 362ff.

II. Die Vorteilsannahme als Gefährdungsdelikt

Die weit überwiegende Auffassung versteht die Vorteilsannahme als abstraktes Gefährdungsdelikt[185]. Die Begründungen, soweit solche überhaupt gegeben werden, orientieren sich dabei an den unterschiedlichen Ansichten zum Rechtsgut: So liege der Unrechtscharakter der Bestechungsdelikte in den durch das Täterhandeln hervorgerufenen Wirkungen „nach innen". Ein Erfolg in Gestalt der Erschütterung der Funktionsfähigkeit bzw. des Vertrauens der Allgemeinheit werde im Tatbestand nicht vorausgesetzt[186]. Während pflichtwidriges Handeln im Rahmen der Bestechlichkeit (§ 332 StGB) den Schutzgegenstand, nämlich die sachliche Richtigkeit der Amtsführung, verletze, komme es durch das tatbestandsmäßige Handeln im Rahmen von § 331 StGB allenfalls zu einer Bedrohung des Zustands der ordnungsgemäßen Amtsführung. Außerdem müsse der Nachweis der tatsächlichen Vornahme einer Diensthandlung nicht erbracht werden. Bereits das einseitige Zuerkennengeben des Amtsträgers, einen Vorteil im Gegenzug für die Diensausübung anzunehmen, könne beispielsweise in der Alternative des Forderns zur Vollendung des Tatbestandes führen[187]. Bei einer Zuwendung für eine in der Vergangenheit liegende Diensthandlung bestehe die Gefahr für das Rechtsgut darin, dass der Amtsträger sich auf die Zukunft gesehen bei seinen Entscheidungen aus dem Gefühl der Dankbarkeit oder schlicht um des Vorteils willen[188] heraus leiten lasse und seine Unabhängigkeit innerhalb von Entscheidungsvorgängen aufgegeben habe[189].

III. Die Vorteilsannahme als Verletzungsdelikt

Soweit ersichtlich war *Kargl*[190] der Einzige, der bis vor kurzem § 331 StGB als Verletzungsdelikt begriffen hat. Er sah bereits – ausgehend von einem Vertrauensrechtsgut – bei einer tatbestandlichen Vorteilsannahme das Ver-

---

185 *Geerds*, JR 1981, S. 301, 302; *Höltkemeier*, Sponsoring, S. 56; *Kaufmann*, JZ 1959, S. 375, 377; *Loos*, FS Welzel 1974, S. 879, 880; wohl auch *Rudolphi/Stein*, in: SK-StGB, § 331 Rn. 4; *Schmidt Eb.*, Bestechungstatbestände, S. 149; *Schreier*, Drittvorteil, S. 66; *Tröndle/Fischer*, § 331 Rn. 3; *Wentzell*, Tatbestandsproblematik, S. 84

186 *Schreier*, Drittvorteil, S. 68

187 *Wentzell*, Tatbestandsproblematik, S. 84

188 *Loos*, FS Welzel 1974, S. 879, 880

189 *Arzt/Weber*, BT, Rn. 446; *Blei*, BT, S. 455; Ransiek, StV 1996, S. 450

190 *Kargl*, ZStW 114 (2002), S. 763, 786

trauen in die Integrität und Funktionstüchtigkeit der Verwaltung nachhaltig erschüttert, sobald sich der Einzelne genötigt sehe, auch rechtmäßiges Handeln zusätzlich zu entlohnen, um sich das Wohlwollen des Amtsträgers zu sichern oder gar um künftige rechtswidrige Diensthandlungen zu vermeiden[191]. Ferner glaubte er, dass bereits der Schein der Käuflichkeit das Ansehen und daher die Funktionsfähigkeit der staatlichen Verwaltung untergrabe[192]. Nun revidierte *Kargl* seine Auffassung, indem er nicht mehr das Vertrauen des Einzelnen sondern das der Allgemeinheit als Anknüpfungspunkt definierte und teilt nun die Ansicht, dass es ich bei der Vorteilsannahme um ein abstraktes Gefährdungsdelikt handelt, weil das tatbestandsmäßige Handeln keine Verletzungskausalität aufweist[193].

IV. Stellungnahme

Die Definition des von § 331 StGB geschützten Rechtsguts als kollektives Vertrauensrechtsgut lässt, im Einklang mit der weit überwiegenden juristischen Lehre, nur eine Einordnung der Vorteilsannahme als abstraktes Gefährdungsdelikt zu.

Beim Tatbestand des § 331 Abs. 1 StGB handelt es sich um ein „Kumulationsdelikt“[194], bei dem das geschützte kollektive Rechtsgut durch eine einzige Handlung in seiner Unversehrtheit in der Regel weder real beeinträchtigt noch konkret gefährdet werden kann. Gleichzeitig ist eine Beeinträchtigung des Rechtsguts aber nicht auszuschließen, wenn sich eine Vielzahl von Amtsträgern entsprechend deliktisch verhalten würde. Die einzelne deliktische Handlung eines Amtsträgers ist, von Extremfällen abgesehen, nicht geeignet, die Funktionsbedingungen der staatlichen Verwaltung zu beeinträchtigen. Sie tangiert weder auf Seiten des Beamtenapparates noch auf Seiten der Bevölkerung das soziale Handlungsgefüge. Somit kann erst durch häufiges Auftreten von Bestechungsfällen das Funktionieren der Verwaltung relevant und messbar beeinträchtigt werden. Die einzelne Zuwendung eines betuchten Gönners an einen Amtsträger (bzw. dessen Partei) allein kann abgesehen

191 *Kargl*, ZStW 114 (2002), S. 763, 786

192 *Kargl*, ZStW 114 (2002), S. 763, 787 mit Hinweis auf *Heinrich*, Amtsträgerbegriff, S. 288

193 *Kargl*, JZ 2005, S. 503, 510

194 *Loos*, FS Welzel, S. 879, 892; *Kuhlen*, ZStW 105 (1993), S. 697, 719; *Wohlers*, Deliktstypen, S. 142, 318

davon, dass sie den gesellschaftlichen Gesamtnutzen mehrt, das Universalgut des ordnungsgemäßen Funktionierens der staatlichen Verwaltung damit kaum in Gefahr bringen[195]. Allerdings würde ohne sanktionsbewehrtes Verbot der Vorteilsannahme das Rechtsgut wegen der dann zu erwartenden Häufigkeit solcher Handlungen eben doch in Gefahr geraten.

Der früheren Ansicht *Kargls* ist zuzubilligen, dass sich die Zerstörung von Vertrauen in der Regel zwar nicht graduell sondern schlagartig vollzieht. Da Vertrauen in verschiedenen Abstufungen schwer vorstellbar ist, man vielmehr ganz oder gar nicht vertraut, gleicht das Umschlagen von Vertrauen in Misstrauen dem Überschreiten einer Schwelle, ähnlich einem Verletzungserfolg. Allerdings können vereinzelte „Ausreißer" das Vertrauen in die Funktionsfähigkeit der staatlichen Verwaltung nicht per se gefährden. Es steht bekanntlich nicht mehr das einzelne Vertrauensverhältnis zwischen Bürger und Amtsträger im Fokus, sondern ein entpersonalisiertes Systemvertrauen. Andererseits wird aber dem konkreten Anlass, der „das Fass zum Überlaufen bringt", eine größere Bedeutung beigemessen, als ihm isoliert betrachtet zukommen dürfte[196]. Empirische Erhebungen in der Bevölkerung über die Beeinträchtigung des Rechtsguts sind zwar in jedem einschlägigen Strafverfahren theoretisch möglich, lassen sich aber praktisch kaum umsetzen[197]. Oder um es anhand der hier zu beurteilenden Parteispendenfrage zu exemplifizieren: Wie soll festgestellt werden, ob die Annahme einer Spende durch einen Wahlkandidaten für seine Partei, der sich nach der Wahl für die Belange des Spenders einsetzt, das Vertrauen in das System Verwaltung beeinträchtigt hat. Möglich wäre allenfalls eine stichprobenartige oder repräsentative Umfrage. Deren Ergebnis würde aber wohl von vielen Faktoren abhängen, so unter anderem von Höhe und Anlass der Zuwendung. Die 100 Euro-Spende des Familienvaters, der sich erhofft, der neue Bürgermeister werde den dringend benötgten Kinderhort am Ort errichten, wird dabei weit weniger Aufsehen erregen, als ein fünf- oder sechsstelliger Betrag eines Industrieunternehmens in Anbetracht der investorenfreundlichen Politik des Stadtoberhauptes.

195 *Kuhlen*, ZStW 105 (1993), S. 697, 723

196 *Kargl* hat in JZ 2005, S. 503, 510 seinen diesbezüglichen Irrtum erkannt, und konstatiert nun selbst, dass der einzelne Täter außerstande ist, durch sein tatbestandsmäßiges Handeln das Rechtsgut zu verletzen. Dieser vermöge weder das Vertrauen der Allgemeinheit zu erschüttern, noch sei die Sachlichkeit der Amtsführung tangiert, sofern der Amtsträger die Grenze zur pflichtwidrigen Diensthandlung nicht überschritten habe.

197 Vgl. *Radtke*, Brandstiftungsdelikte, S. 31

Bereits aus diesem Grund muss die staatliche Verwaltung in einer Weise konzipiert und geschützt werden, die das allgemeine Vertrauen in die Integrität der Institution möglichst umfassend bewahrt. Es ist deshalb Aufgabe des Strafrechts, und damit der Norm der Vorteilsannahme, das Vertrauen der Bevölkerung in die Sachgerechtigkeit und Rechtsstaatlichkeit des Staatshandelns nicht durch den Eindruck eines kollusiven, besondere Vorteile verschaffenden Agierens von Machtträgern und Gunstsuchern zu schwächen[198]. Deshalb genügt für eine Strafbarkeit der bloße Anschein oder die nicht unbegründete Vermutung eines Vertrauensmissbrauchs. Die Mitglieder einer modernen pluralistischen Gesellschaft sind nämlich darauf angewiesen bzw. müssen sich darauf verlassen können, dass die ordnungsgemäße Funktion der staatlichen Verwaltung bereitgestellt und erhalten wird. Deshalb gilt es ganz generell sicherzustellen, dass sich kein Amtsträger eine Rechtsposition anmaßt, die Misstrauen bezüglich des Systems der staatlichen Verwaltung begünstigt und es irgendwann zu einem Überschreiten der genannten Schwelle kommt.

D. Die einzelnen Tatbestandsmerkmale des § 331 Abs. 1 StGB

I. Der Täterkreis

§ 331 StGB ist ein Sonderdelitkt, genauer gesagt ein echtes Amtsdelikt, d.h. Täter kann nur sein, wer den vom Tatbestand verlangten Status hat. Ein Politiker kann sich bei der Einwerbung von Spenden für seine Partei damit nur dem Vorwurf der Vorteilsannahme aussetzen, wenn er ein deutscher Amtsträger oder sonst für den öffentlichen Dienst Verpflichteter im Sinne von § 11 Abs. 1 Nr. 2 bzw. Nr. 4 StGB. Unproblematisch gegeben ist die Amtsträgereigenschaft nach § 11 Abs. 1 Nr. 2a StGB immer dann, wenn der zuständige Entscheidungsträger Beamter im staatsrechtlichen Sinne ist. Weit schwieriger zu beantworten ist die Frage nach der Tätereigenschaft, wenn der Spendenempfänger ein parlamentarischer Abgeordneter oder ein kommunaler Mandatsträger ist. Sowohl Abgeordnete als auch kommunale Mandatsträger werden nach allgemeiner Meinung nämlich nicht in ein staatsrechtliches Be-

198 *Bottke*, ZRP 1998, S. 215, 217 sieht in der sozial intolerablen Dysfunktionalität solcher Verhaltensweisen die Ursache einer staatszersetzenden Demokratiekataplexie.

amtenverhältnis übernommen. Während ein Parlamentarier in erster Linie gesetzgeberische Aufgaben wahrnimmt, sieht sich ein Gemeinderat sowohl mit Verwaltungsaufgaben als auch mit Erlass von Rechtsnormen - beispielsweise in Form kommunaler Satzungen - konfrontiert. Gerade vor dem Hintergrund dieser legislativen Tätigkeit stellt sich die Frage, ob diese beiden Personengruppen Aufgaben der öffentlichen Verwaltung in einer Form wahrnehmen, die es rechtfertigt, sie als Amtsträger zu qualifizieren. Daneben ist besonders für den Fall der Wahlkampfspenden zu fragen, ob der Wahlkandidat bzw. der Herausforderer eines Amtsinhabers, obwohl er noch kein Amt innehat, etwa aus Gleichheitsgrundsätzen als Amtsträger zu behandeln ist. Denn nur bei Erfüllung der Amtsträgereigenschaft ist es ihnen unter Umständen verwehrt, Parteispenden einzuwerben.

1. Der Amtsträgerbegriff des § 11 Abs. 1 StGB

Allgemein gesprochen sind Amtsträger Personen, die in einem bestimmten Dienst- oder Auftragsverhältnis zu einer öffentlichen Stelle stehen und deren Bestellung auf deutschem Recht beruht[199]. Legaldefiniert ist der Begriff des Amtsträgers in § 11 Abs. 1 Nr. 2 StGB. Durch § 11 Abs. 1 Nr. 4 StGB wird mit der Person des für den öffentlichen Dienst besonders Verpflichteten die Strafbestimmung der Vorteilsannahme auf das nähere Umfeld der öffentlichen Verwaltung ausgedehnt[200].

a. Der Beamtenbegriff gem. § 11 Abs. 1 Nr. 2a StGB

Gemäß § 11 Abs. 1 Nr. 2a StGB zählen zu den Amtsträgern *Beamten* und *Richter*[201]. Bei den dort genannten „Beamten" handelt es sich ausschließlich um Beamten im staatsrechtlichen Sinn. Zur Begriffsbestimmung kann dabei auf die Vorschriften des öffentlichen Rechts zurückgegriffen werden, womit derjenige als Beamter zu kategorisieren ist, der in ein Beamtenverhältnis berufen wurde[202]. Der Beamtenbegriff ist verwaltungsakzessorisch ausgestal-

199 *Eser*, in: Schönke/Schröder, § 11 Rn. 16; *Gribbohm*, in: LK-StGB, § 11 Rn. 20

200 *Lenckner*, ZStW 106 (1994), S. 505, 540

201 Da die richterliche Amtsträgereigenschaft für die Beurteilung der Parteispendenproblematik ohne Relevanz ist, wird im Folgenden bei der Behandlung von § 11 Abs. 1 Nr. 2a StGB die Person des „Richters" ausgespart und nurmehr von den „Beamten" gesprochen.

202 BT-Drucks. 7/550, S. 209; *Eser*, in: Schönke-Schröder, § 11 Rn. 17f.; *Geppert*, Jura

tet[203]. Gesetzliche Regelungen hierzu finden sich in den jeweiligen beamtenrechtlichen Vorschriften des Bundes[204] und der Länder[205]. Ob der Beamte auf Lebenszeit, auf Zeit, auf Widerruf oder auf Probe[206] ernannt ist, spielt dafür ebenso wenig eine Rolle, wie seine Eigenschaft als Wahlbeamter[207]. Entscheidend ist lediglich, dass ein öffentlich-rechtliches Gewaltverhältnis begründet wurde[208], womit auch eine ehrenamtliche Tätigkeit als sog. „Ehrenbeamter"[209] den Beamtenstatus und damit die Amtsträgereigenschaft nicht ausschließt. Auch die Art der zu verrichtenden Tätigkeit ist ohne Bedeutung[210].

b. Sonstiges öffentlich-rechtliches Amtsverhältnis gem. § 11 Abs. 1 Nr. 2b StGB

Ebenfalls als Amtsträger zu qualifizieren sind Perosonen, die in einem *sonstigen öffentlich-rechtlichen Amtsverhältnis* stehen. Damit setzt § 11 Abs. 1 Nr. 2 b StGB Beziehungen von einer Person zu einem Hoheitsträger voraus, die einem öffentlich-rechtlichen Dienst- und Treueverhältnis vergleichbar sind[211], wobei nicht bereits jedes irgendwie geartete Dienstverhältnis erfasst wird,

1981, S. 42, 44; *Gribbohm*, in: LK-StGB, § 11 Rn. 23; *Heinrich*, Amtsträgerbegriff, S. 319; *Krey*, BT 1, Rn. 662; *Lackner/Kühl*, § 11 Rn. 4; *Lemke*, in: NK-StGB, § 11 Rn. 14; *Rudolphi*, in: SK-StGB, § 11 Rn. 14, 17; *Traumann*, Bestechungsdelikte, S. 49; *Tröndle/Fischer*, § 11 Rn. 12; *Welp*, FS Lackner, S. 761, 762

203 *Radtke*, in: MünchKomm, § 11 Rn. 19

204 Bei den unmittelbaren und mittelbaren Bundesbeamten wird das Beamtenverhältnis mit der Ernennung durch die zuständige Behörde und der Aushändigung einer Ernennungsurkunde begründet, vgl. §§ 6 Abs. 2 S. 1, 10 Abs. 2 S. 1, 11 Abs. 1 S. 1 BBG

205 Für Bayern vgl. Art. 8 Abs. 1 S. 1 BayBG, Art. 14 Abs. 1 S. 1 BayBG

206 § 5 BBG; für Bayern Art. 6 BayBG

207 *Gribbohm*, in: LK-StGB, § 11 Rn. 18; *Kuhlen*, NStZ 1988, S. 433; *Tröndle/Fischer*, § 11 Rn. 14

208 *Heinrich*, Amtsträgerbegriff, S. 322; *Lemke*, in NK-StGB, § 11 Rn. 18; *Tröndle/Fischer*, § 11 Rn. 12

209 §§ 3 Abs. 2 BRRG, 5 Abs. 3 BBG; für Bayern vgl. Art. 140 BayBG bzw. Art. 152 BayBG i.V.m. Art. 1 KWBG

210 *BGHSt* 37, S. 191, 192; *Eser*, in: Schönke-Schröder, § 11 Rn. 19; *Geppert*, Jura 1981, S. 42, 44; *Gribbohm*, in: LK-StGB, § 11 Rn. 25; *Heinrich*, Amtsträgerbegriff, S. 333; *Lackner-Kühl*, § 11 Rn. 4; *Lemke*, in: NK-StGB, § 11 Rn. 15; *Rudolphi*, in: SK-StGB, § 11 Rn. 17; *Tröndle/Fischer*, § 11 Rn. 13; *Weiser*, NJW 1994, S. 968, 969; davon abweichend *Rohlff*, Täter, S. 164, der die Wahrnehmung einer amtlichen Tätigkeit zusätzlich zum formellen Kriterium der Beamteneigenschaft fordert, um Elemente eines Sondertäters inhaltlich beschreiben zu können.

211 *Eser*, in: Schönke-Schröder, § 11 Rn. 20; *Welp*, FS Lackner, S. 761, 764; krit. *Rohlff*, Täter, S. 167

sondern nur solche aus dem Bereich der vollziehenden Gewalt[212]. Geboten ist dabei eine einschränkende Auslegung, die in erster Linie auf das Innenverhältnis, also die personale Beziehung zu einem Träger hoheitlicher Gewalt, abstellt[213]. Etwas anderes wäre sowohl mit der Intention des Gesetzgebers[214], der eine Nähe zu Aufgaben der staatlichen Verwaltung fordert, als auch mit dem Wortlaut der Norm nicht zu vereinbaren, die von einem *Amts*verhältnis spricht und gerade nicht von einem *Dienst*verhältnis[215].

c. Die sonstige Bestellung gem. § 11 Abs. 1 Nr. 2 c StGB

Ergibt sich die Amtsträgerstellung des Vorteilsnehmers nicht schon aufgrund der personalen Beziehung zum Träger hoheitlicher Gewalt, ist zu prüfen ob eine funktionelle Betrachtung[216] eine solche Einordnung rechtfertigt. Gemäß § 11 Abs. 1 Nr. 2 c StGB sind Personen Amtsträger, die sonst dazu *bestellt sind, bei einer Behörde oder bei einer sonstigen Stelle oder in deren Auftrag Aufgaben der öffentlichen Verwaltung unbeschadet der zur Aufgabenerfüllung gewählten Organisationsform wahrzunehmen.* Erst das materielle Kriterium der tatsächlichen Wahrnehmung von „Aufgaben der öffentlichen Verwaltung", entscheidet also über die Amtsträgereigenschaft[217]. Die rechtliche Ausgestaltung des Innenverhältnisses spielt dabei grundsätzlich keine Rolle[218]. Denn ausweislich der Formulierung *„unbeschadet der zur Aufgabenerfüllung gewählten Organisationsform"* soll die staatliche Aufgabenwahrnehmung gerade nicht davon abhängen, welcher Organisationsform sich die Verwaltung bedient, um ihre Aufgaben auszuführen[219]. Einer weiten Auslegung

212 *Gribbohm*, in: LK-StGB, § 11 Rn. 28; *Höltkemeier*, Sponsoring, S. 86 spricht von „Geschäftskreis"

213 *Heinrich*, Amtsträgerbegriff, S. 350; *Höltkemeier*, Sponsoring, S. 86; *Lackner/Kühl*, S. 11 Rn. 5; *Lenckner*, ZStW 106 (1994), S. 502, 523; *Traumann*, Bestechungsdelikte, S. 49; *Welp*, FS Lackner, S. 761, 763f.

214 BT-Drucks. 7/550, S. 209

215 *Heinrich*, Amtsträgerbegriff, S. 350

216 Radtke, in: MünchKomm, § 11 Rn. 17

217 *Eser*, in: Schönke/Schröder, § 11 Rn. 21; *Gribbohm*, in: LK-StGB, § 11 Rn. 30; *Heinrich*, Amtsträgerbegriff, S. 366; *Weiser*, NJW 1994, S. 968, 969; differenzierend zwischen Tätigkeit *bei* einer Behörde und *für* eine Behörde: *Haft*, NJW 1995, S. 1113; *Lenckner*, ZStW 106 (1994), S. 502, 521f.; *Tröndle/Fischer*, § 11 Rn. 21; ähnlich auch *Eser*, in: Schönke-Schröder, § 11 Rn. 21; *Rudolphi*, in: SK-StGB, § 11 Rn. 28f.; kritisch hierzu: *Heinrich*, Amtsträgerbegriff, S. 423ff.; *Ransiek*, NStZ 1997, S. 519, 522

218 *Deiters*, NStZ 2003, S. 453, 455; *Haft*, NJW 1995, S. 1113; *Heinrich*, Amtsträgerbegriff, S. 314; *Tröndle-Fischer*, § 11 Rn. 18

folgend sind alle Aufgaben, die nicht Gesetzgebung oder Rechtsprechung sind, solche der öffentlichen Verwaltung[220].

Ob jemand tatsächlich auch dazu „bestellt" ist, Aufgaben der öffentlichen Verwaltung wahrzunehmen, ist nicht gleichbedeutend mit der qualitativen Einordnung der Tätigkeit als derartige Aufgabe[221]. Erforderlich ist ein gesonderter Bestellungsakt[222], wobei eine konkludente[223] und somit formfreie[224] Bestellung ausreichend ist. Etwas anderes gilt, wenn sich der Betroffene die amtliche Stellung lediglich anmaßt[225]. Für eine Bestellung kommen dabei als organisatorischer Träger sowohl eine *Behörde*, als auch eine *sonstige Stelle* in Betracht. Selbst im öffentlichen Recht ist jedoch der Begriff der Behörde nicht eindeutig geklärt[226]. Der funktional-verfahrensrechtliche Behördenbegriff des § 1 Abs. 4 VwVfG lässt sich jedenfalls nicht auf das Strafrecht übertragen, da die Unterscheidung von Behörden und sonstigen Stellen in § 11 Abs. 1 Nr. 2 c StGB damit obsolet wäre[227].

219 *Heinrich*, Amtsträgerbegriff, S. 402;*Lemke*, in: NK-StGB, § 11 Rn. 21; *Ossenbühl*, JR 1992, S. 473, 474; *Tröndle/Fischer*, § 11 Rn. 22

220 BT-Drucks. 7/550, S. 209; *Eser*, in: Schönke-Schröder, § 11 Rn. 22; *Gribbohm*, in: LK-StGB, § 11 Rn. 36; *Lemke*, in: NK-StGB, § 11 Rn. 21; *Tröndle/Fischer*, § 11 Rn. 22; krit. *Heinrich*, Amtsträgerbegriff, S. 391ff.; *Höltkemeier*, Sponsoring, S. 86, 88ff.; *Hoferecht*, JR 1961, S. 510, 511; *Jutzi*, NStZ 1991, S. 105; *Traumann*, Bestechungsdelikte, S. 67ff., 89ff.; *Weiser*, NJW 1994, S. 968, 970; *Welp*, FS Lackner, S. 761, 782ff.; *Wiedemann*, NJW 1965, S. 852, 853

221 *Heinrich*, Amtsträgerbegriff, S. 423

222 *Heinrich*, Amtsträgerbegriff, S. 520; *Leckner*, ZStW 106 (1994), S. 502, 524; *Tröndle/Fischer*, § 11 Rn. 20; a.A. *Krey*, BT 1, Rn. 666b; *Otto*, Jura, 1997, S. 47, 48

223 *Gribbohm*, in LK-StGB, § 11 Rn. 33; *Lackner/Kühl*, § 11 Rn. 6; *Leckner*, ZStW 106 (1994), S. 502, 521; *Rudolphi*, in: SK-StGB, § 11 Rn. 76; *Tröndle/Fischer*, § 11 Rn. 20; a.A. *Dingeldey*, NStZ 1984, S. 503, 504; *Krey*, BT 1, Rn. 666b; *Martin*, JuS 1998, S. 182; *Otto*, Jura, 1997, S. 47, 48; *Ransiek*, NStZ 1997, S. 519, 524

224 *Blei*, BT, § 113 III 1 c; *Eser*, in: Schönke-Schröder, § 11 Rn. 27; *Gribbohm*, in: LK-StGB, § 11 Rn. 32; *Heinrich*, Amtsträgerbegriff, S. 527; *Lackner/Kühl*, § 11 Rn. 6; *Lemke*, in: NK-StGB, § 11 Rn. 25; *Maurach/Schröder/Maiwald*, BT 2, § 69 Rn. 15; *Rengier*, BT 2, § 59 Rn. 11; *Rudolphi*, in: SK-StGB, § 11 Rn. 26; *Traumann*, Bestechungsdelikte, S. 64; *Tröndle/Fischer*, § 11 Rn. 20; *Welp*, FS Lacker, 1987, S. 761, 764; *Weiser*, NJW 1994, S. 968; 970; krit. *Dingeldey*, NStZ 1984, S. 503, 504; *Zeiler*, MDR 1996, S. 439, 441

225 *Eser*, in: Schönke-Schröder, § 11 Rn. 27; *Geppert*, Jura 1981, S. 42, 44; *Heinrich*, Amtsträgerbegriff, S. 520; *Lemke*, in: NK-StGB, § 11 Rn. 25; *Traumann*, Bestechungsdelikte, S. 67; a.A. *BGHSt* 43, S. 370, 380 für den Fall, dass es sich bei der betreffenden Stelle zwar um eine juristische Person des Privatrechts handle, diese aber kraft öffentlichen Vertrages mit einem staatlichen Träger zur Wahrnehmung von Aufgaben der öffentlichen Verwaltung berufen sei

226 Vgl. *Erichsen*, Verwaltungsrecht, § 12 Rn. 9; *Eser*, in: Schönke-Schröder, § 11 Rn. 57; *Gribbohm*, in: LK-StGB, § 11 Rn. 99; *Maurer*, VerwR, § 21 Rn. 31; *Wolff/Bachof*, VerwR II, § 76

227 Ausführlich *Heinrich*, Amtsträgerbegriff, S. 369f.; *Welp*, FS Lackner 1987, S. 761,

Ansatzpunkt für den im Strafrecht verwendeten Behördenbegriff ist ein verwaltungsorganisatorisches Verständnis[228]. Danach ist eine Behörde im Sinne des § 11 Abs. 1 Nr. 2 c StGB ein Organ der Staatsgewalt, das organisatorisch verselbständigt, von der Person des Inhabers unabhängig und mit bestimmten Mitteln für eine gewisse Dauer ausgestattet und dazu berufen ist, unter öffentlicher Autorität für staatliche Zwecke tätig zu sein[229]. Es muss sich hierbei aber nicht um klassische „Verwaltungsbehörden" handeln[230]. Nehmen Stellen, die organisatorisch der Regierung, der Gesetzgebung oder der Rechtsprechung angehören, im Einzelfall Aufgaben der öffentlichen Verwaltung wahr, sind sie ebenfalls Behörden im so verstandenen Sinne[231], wie etwa die Dienststellen des Bundes und der Länder sowie der Gemeinden und der Gemeindeverbände[232].

Neben der Bestellung bei einer Behörde kommt eine solche auch bei einer sonstigen Stelle in Betracht. Da die Begrifflichkeit der *sonstigen* Stelle diese bereits in die Nähe der Behörde verortet[233] und somit ein Verständnis als behördenähnliche Instanz[234] nahe legt, wird eine enge Auslegung befürwortet. Begründet wird dies mit der sonst nicht mehr zu treffenden Differenzierung der Tätigkeit *bei* einer sonstigen Stelle und der Tätigkeit *im Auftrag* einer sonstigen Stelle[235]. Weitere Argumente sind der Wortlaut des § 11 Abs. 1 Nr. 4 a StGB[236] sowie die in der Gesetzesbegründung für die *sonstigen Stellen* angeführten Beispiele[237]. Letztlich sind unter den *sonstigen Stellen* somit

765f.; zur Verwaltungsakzessorietät des Strafrechts vgl. auch *Lenckner*, ZStW 106 (1994), S. 502, 510f.

228 *Haft*, NJW 1995, S. 1113, 1115; *Heinrich*, Amtsträgerbegriff, S. 370; *Lenckner*, ZStW 106 (1994), S. 502, 523f.; *Traumann*, Bestechungsdelikte, S. 52; vgl. auch die Gesetzesbegründung BT-Drucks. 5/770, S. 209; a.A. *Zeiler*, MDR 1996, S. 439, 440

229 *Eser*, in: Schönke-Schröder, § 11 Rn. 25, 29; *Gribbohm*, in: LK-StGB, § 11 Rn. 99; *Lackner/Kühl*, § 11 Rn. 20; *Lemke*, in: NK-StGB, § 11 Rn. 24; *Rudolphi*, in: SK-StGB, § 11 Rn. 30; *Traumann*, Bestechungsdelikte, S. 51; *Tröndle/Fischer*, § 11 Rn. 25; *Zeiler*, MDR 1996, S. 439, 440 sowie *Heinrich*, Amtsträgerbegriff, S. 370f. mit zahlreichen Beispielen aus der Rspr.

230 *Heinrich*, Amtsträgerbegriff, S. 370

231 *Heinrich*, Amtsträgerbegriff, S. 371; *Zeiler*, MDR 1996, S. 439, 440

232 *Eser*, in: Schönke-Schröder, § 11 Rn. 60; vgl. die Nachweise zur Rspr. bei *Heinrich*, Amtsträgerbegriff, S. 372

233 *Heinrich*, Amtsträgerbegriff, S. 377; *Lenckner*, ZStW 106 (1994), S. 502, 515; *Traumann*, Bestechungsdelikte, S. 53

234 *Haft*, NJW 1995, S. 1113, 1114; *Heinrich*, Amtsträgerbegriff, S. 377; *Lenckner*, ZStW 106 (1994), S. 502, 515; *Maurach/Schröder/Maiwald*, BT 2, § 69 Rn. 15; *Rudolphi*, in: SK-StGB, § 11 Rn. 31; *Schramm*, JuS 1999, S. 333, 334; *Tröndle/Fischer*, § 11 Rn. 19; krit. *Traumann*, Bestechungsdelikte, S. 55

235 *Heinrich*, Amtsträgerbegriff, S. 377 sowie ausführlich S. 386ff.

236 *Lenckner*, ZStW 106 (1994), S. 502, 515

solche Instanzen zu verstehen, die ohne selbst Behörde zu sein, in den staatlichen Verwaltungsapparat eingegliedert oder zumindest aufgrund öffentlichrechtlicher Vorschriften daran angebunden sind, wobei kennzeichnend für sie ist, dass sie regelmäßig rechtlich dazu befugt sind, bei der Ausführung von Gesetzen mitzuwirken[238]. In Betracht kommen insbesondere Koordinationsgremien wie Ausschüsse, Arbeitskreise und Beiräte sowie Körperschaften und Anstalten des öffentlichen Rechts[239].

d. Der besonders Verpflichtete für den öffentlichen Dienst gem. § 11 Abs. 1 Nr. 4 StGB

§ 11 Abs. 1 Nr. 4 StGB definert den für den öffenltichen Dienst besonders Verpflichteten. Hierzu zählt, wer ohne Amtsträger zu sein, bei einer Behörde oder einer sonstigen Stelle, die Aufgaben der öffentlichen Verwaltung wahrnimmt (Nr. 4 a) oder bei einem Verband oder sonstigen Zusammenschluss, Betrieb oder Unternehmen, die für eine Behörde oder für eine sonstige Stelle Aufgaben der öffentlichen Verwaltung ausführen (Nr. 4 b), beschäftigt oder für sie tätig ist. Hinzukommen muss, dass er auf die gewissenhafte Erfüllung seiner Obliegenheiten auf Grund eines Gesetzes förmlich verpflichtet ist. Damit wird der Anwendungsbereich der Vorteilsannahme auf Personen erstreckt, die keine Amtsträger sind und auch nicht in eigener Person Aufgaben der öffentlichen Verwaltung wahrnehmen[240]. Solche Personen üben trotz Tätigkeit für eine Behörde oder in deren Auftrag also eher untergeordnete Arbeiten aus[241]. Allerdings fallen auch Personen in herausgehobenen Positionen unter § 11 Abs. 1 Nr. 4 StGB, wenn sie unabhängig von der Ranghöhe ihrer Tätig-

237 BT-Drucks. 7/550, S. 209; vgl. auch *Haft*, NJW 1995, S. 1113, 1114; *Lenckner*, ZStW 106 (1994), S. 502, 515

238 *Gribbohm*, in: LK-StGB, § 11 Rn. 35; *Haft*, NJW 1995, S. 1113, 1114; *Heinrich*, *Amtsträgerbegriff*, S. 379; *Lackner/Kühl*, § 11 Rn. 8; *Lenckner*, ZStW 106 (1994), S. 502, 515; *Moelter*, Funktionswandel, S. 205; *Rudolphi*, in: SK-StGB, § 11 Rn. 31; *Traumann*, Bestechungsdelikte, S. 55; *Tröndle/Fischer*, § 11 Rn. 19

239 *Eser*, in: Schönke-Schröder, § 11 Rn. 25; *Blei*, BT 113 III 1 c; *Gribbohm*, in: LK-StGB, § 11 Rn. 35; *Heinrich*, Amtsträgerbegriff, S. 379, 380; *Krey*, BT 1, Rn. 664; *Lackner/Kühl*, § 11 Rn. 8; *Lemke*, in: NK-StGB, § 11 Rn. 24; *Lenckner*, ZStW 106 (1994), S. 502, 515; *Maurach/Schröder/Maiwald*, BT 2, § 69 Rn. 15; *Moelter*, Funktionswandel, S. 205; *Rengier*, BT 2, § 59 Rn. 9; *Rohlff*, Täter, S. 71; *Schramm*, JuS 1999, S. 333, 334; *Tröndle/Fischer*, § 11 Rn. 19; ausführlich hierzu siehe auch Heinrich, Amtsträgerbegriff, S. 377ff.

240 *Eser*, in: Schönke/Schröder, § 11 Rn. 37; *Lenckner*, ZStW 106 (1994), S. 505, 542

241 *Höltkemeier*, Sponsoring, S. 87; *Radtke*, in: MünchKomm, § 11 Rn. 71; *Tröndle/Fischer*, § 11 Rn. 25

keit nicht selbst Aufgaben der öffentlichen Verwaltung wahrnehmen[242]. Die Ausdehnung der Strafbarkeit auf die genannten Personenkreise rechtfertigt sich nach Ansicht des Gesetzgebers aus dem kriminalpolitischen Bedürfnis, dass sich der Staat zur Erfüllung seiner Aufgaben in immer stärkerem Umfang nichtstaatlicher Organisationen bedient, deren Bedienstete wegen der rechtlichen Organisationsform nicht selbst Amtsträger sein können, aber dennoch in einem diesen vergleichbaren Maß Einfluss auf das Verwaltungshandeln des Staates nehmen können[243].

Gegenstück zur Bestellung des Amtsträgers ist dabei die förmliche Verpflichtung nach dem Verpflichtungsgesetz[244]. Diese förmliche Verpflichtung muss hinzukommen, da im Gegensatz zu § 11 Abs. 1 Nr. 2 c StGB die Aufgaben der öffentlichen Verwaltung nicht dem förmlich Verpflichteten selbst übertragen sind, sondern durch die Stelle bei der er beschäftigt ist oder für die er tätig ist, wahrgenommen werden. Erst so rückt die Person derart in die Nähe eines Amtsträgers, dass eine Gleichbehandlung gerechtfertigt ist[245].

2. Amtsträgereigenschaft und Parteispenden

Die gesetzlichen Definitionen des § 11 StGB verdeutlichen, dass um § 331 StGB auf eine Spendenbeziehung zwischen einem Politiker, seiner Partei und einem Bürger anwenden zu können, in irgendeiner Form eine staatliche Stelle in den Spendenvorgang eingebunden sein muss.

a. Politische Partei kein Verwaltungsorgan

Für die rechtliche Beurteilung gänzlich unerheblich ist die politische Partei als Spendenbegünstigte selbst. Parteien stellen keine staatlichen Institutionen und damit auch keine Verwaltungsorgane dar. Sie sind frei gebildete, im gesellschaftlich-politischen Bereich wurzelnde Gruppen[246], die zwar als ver-

242 *Radtke*, in: Münchkomm, § 11 Rn. 71; *Rohlff*, Täter, S. 74; *Petri*, NStZ 1991, 471

243 BT-Drucks. 7/550, S. 210. Die Gesetzesbegründung erwähnt hier berufsständische Organisationen, Personenvereinigungen des Handelsrechts, Kartelle und wirtschaftliche Verbände

244 Die formalen Voraussetzungen der förmlichen Verpflichtung regelt § 1 Abs. 2 VerpflG. Insbesondere muss der Betreffende auf die strafrechtlichen Folgen einer Pflichtverletzung hingewiesen werden (S. 2)

245 *Radtke*, in: MünchKomm, § 11 Rn. 74; *Tröndle/Fischer*, § 11 Rn. 26

246 *BVerfGE* 1, S. 208, 224; *BVerfGE* 3, S. 383, 393; *BVerfGE* 20, S. 56, 101

fassungsrechtlich notwendige Instrumente für die politische Willensbildung des Volkes anerkannt sind und denen der Rang einer verfassungsrechtlichen Institution zukommt[247]. Aber sie wirken in den Bereich institutionalisierter Staatlichkeit nur hinein, ohne dass sie selbst diesem Bereich zuzuordnen wären, was durch die in § 21 GG verankerte Staatsfreiheit zum Ausdruck kommt. Aus der Mitgliedschaft in einer Partei folgt damit keinesfalls eine Amtsträgerstellung gemäß § 11 Abs. 1 StGB. Zwar eröffnet eine Partei – je nach ihrem Einfluss – einem Parteimitglied erst wirtschaftliche und berufliche Positionen, wozu auch Stellen in der staatlichen Verwaltung zählen. Nicht selten wird diese Förderungswirkung sogar den eigentlichen Grund für eine Parteimitgliedschaft darstellen. Gleichwohl werden Partein dadurch nicht aus ihrem gesellschaftlich-politischen Bereich herausgelöst und zur staatlichen Institution.

b. Diverse politische Amtsträger

Entscheidend für die Anwendbarkeit des Tatbestands der Vorteilnahme ist einzig die Position des jeweiligen Politikers im staatlichen Verwaltungsaufbau. So ergibt sich die Amtsträgerstellung eines Bürgermeisters, Landrates, Bezirkstagspräsidenten samt deren Stellvertretern sowie eines berufsmäßigen Gemeinderatsmitglieds[248] aus § 11 Abs. 1 Nr. 2a StGB. Minister der Bundes- und Landesregierungen[249] sowie Parlamentarische Staatssekretäre[250] sind Amtsträger gemäß § 11 Abs. 1 Nr. 2b StGB. Die Relevanz von unter § 11 Abs. 1 Nr. 4 StGB fallenden Personen dürfte für die typischen Fälle der

247 *BVerfGE* 11, S. 266, 273

248 Vgl. Art. 34 GO (Bayern) i.V.m. Art. 1 KWBG. Eine Ernennung findet nicht statt, vielmehr wird der Gewählte mit Beginn der Amtszeit kommunaler Wahlbeamter (auf Zeit oder Ehrenbeamter), wenn er die Wahl schriftlich angenommen hat, Art. 4 KWBG.

249 § 1 BMinG; für Bayern: Art. 1 des Gesetzes über die Rechtsverhältnisse der Mitglieder der Staatsregierung

250 Auf Bundesebene nur soweit die parlamentarischen Staatssekretäre Mitglieder des Deutschen Bundestages sind, § 1 Abs. 1, Abs. 3 ParlStG; anders für Bayern, vgl. Art. 1 des Gesetzes über die Rechtsverhältnisse der Mitglieder der Staatsregierung: Dort sind parlamentarische Staatssekretäre gem. Art. 43 Abs. 2 BV Mitglieder der Regierung. Siehe zum Ganzen ferner: *Eser*, in: Schönke/Schröder, § 11 Rn. 20; *Geppert*, Jura 1981, S. 42, 44; *Gribbohm*, in: LK-StGB, § 11 Rn. 28; *Heinrich*, Amtsträgerbegriff, S. 355; *Höltkemeier*, Sponsoring, S. 86; *Jutzi*, NStZ 1991, S. 105 Fn. 5; *Krey*, BT 1, Rn. 663; *Lackner/Kühl*, § 11 Rn. 5; *Lemke*, in: NK-StGB, § 11 Rn. 19; *Maurach/Schröder/Maiwald*, BT 2, § 69 Rn. 14; *Rengier*, BT 2, § 59 Rn. 7; *Rohlff*, Täter, S. 22, 71, 103, 165; *Rudolphi*, NJW 1982, S. 1417, 1418; *ders*, in: SK-StGB, § 11 Rn. 20; *Tröndle/Fischer*, § 11 Rn. 16; *Welp*, FS Lackner 1987, S. 761, 764 Fn. 16

Parteispendenakquisition hingegen als gering anzusehen sein. Während zur Variante des § 11 Abs. 1 Nr. 4 a StGB („bei") in erster Linie Schreibkräfte, Boten, Praktikanten, oder Reinigungspersonal[251] zählen, beschreibt die Konstellation des § 11 Abs. 1 Nr. 4 b StGB („für") die mittelbare Wahrnehmung von Aufgaben der öffentlichen Verwaltung, gleichsam als verlängerter Arm des Staates[252]. Folglich fallen hierunter vor allem Mitarbeiter von privatrechtlichen Betrieben und Unternehmen der Daseinsvorsorge, die in die kommunale bzw. staatliche Aufgabenerfüllung eingeschaltet sind[253], sowie von Industrie- und Handelskammern oder Wirtschaftsverbänden[254]. Auch an sonstige Zusammenschlüsse wie Beiräte, Ausschüsse oder vergleichbare Organisationsformen[255] und Beliehene[256] ist hier zu denken. Spender werden aber meist über die politischen Entscheidungsträger versuchen, eine Spende zu platzieren. Nur diese verfügen über das nötige „politische Gewicht", das verwaltungsrechtliche Handeln in eine unter Umständen gewünschte Richtung zu beeinflussen.

Neben diesen dargestellten „eindeutigen" Fällen der Amtsträgereigenschaft im politischen Bereich, gibt es noch eine Reihe von Personengruppen, die in der Spendenpraxis eine gewichtige Rolle spielen, deren strafrechtliche Klassifizierung aber äußerst problematisch ist und kontrovers diskutiert wird. Allein die Regierungstätigkeit als politische Staatsführung bzw. politische Aktivität rechtfertigt jedenfalls keine Klassifizierung als Amtsträger im Sinne der Vorschrift[257]. Der Status von parlamentarischen Abgeordneten, kommunalen Mandatsträgern und Wahlkandidaten bedarf deshalb der nachfolgenden genauen Untersuchung.

251 Für weitere Beispiele siehe *Radtke*, in: MünchKomm, § 11 Rn. 75; *Tröndle/Fischer*, § 11 Rn. 25

252 *Radtke*, in: MünchKomm, § 11 Rn. 76; *Tröndle/Fischer*, § 11 Rn. 26

253 *Heinrich*, Amtsträgerbegriff, S. 575

254 *Eser*, in: Schönke/Schröder, § 11 Rn. 37

255 *Geppert*, Jura 1981, S. 42, 45; *Radtke*, in: Münchkomm, § 11 Rn. 76; *Rohlff*, Täter, S. 73; *Tröndle/Fischer*, § 11 Rn. 25

256 *Heinrich*, Amtsträgerbegriff, S. 575

257 *Tröndle/Fischer*, § 11 Rn. 23

c. Der Abgeordnete als Amtsträger

(1) Aktueller Streitstand

Die Abgeordneten werden nach allgemeiner Meinung nicht in ein staatsrechtliches Beamtenverhältnis übernommen, so dass eine Amtsträgereigenschaft gem. § 11 Abs. 1 Nr. 2 a Alt. 1 StGB ausscheidet[258]. Allerdings ist in Art. 48 Abs. 2 S. 1 GG vom „Amt" des Abgeordneten die Rede und auch in der juristischen Literatur wird meist der Begriff des „Amtes" in diesem Zusammenhang verwendet[259]. Über eine mögliche Eigenschaft als Amtsträger gem. § 11 Abs. 1 Nr. 2 b StGB und die Frage, ob der Abgeordnetenstatus ein „öffentlich-rechtliches Amtsverhältnis" begründet, ist damit aber noch nichts gesagt. Erforderlich ist, worüber weitgehend Einigkeit besteht, eine, einem öffentlich-rechtlichen Dienst- und Treueverhältnis vergleichbare - quasi beamtenähnliche - Beziehung zum Hoheitsträger. Allerdings nimmt ein Abgeordneter in erster Linie gesetzgeberische Aufgaben wahr. Aus der grundsätzlichen Differenzierung zwischen Gesetzgebung und Verwaltung ergibt sich, dass (einfache) Abgeordnete des Bundestages oder der Landtage jedenfalls nicht als Amtsträger angesehen werden können, soweit sie ausschließlich im Bereich der Legislative tätig sind[260]. Eine Einbeziehung der Abgeordneten in den Amtsträgerbegriff entspricht auch nicht dem Willen des Gesetzgebers[261], weil dies der Tätigkeit der Abgeordneten nicht gerecht werde und auch rechtspolitisch unangebracht sei. Die Abgeordneten seien nämlich an Aufträge und

258 Vgl. *BGHSt* 5, S. 100, 106 wonach ein Abgeordneter zwar öffentlich-rechtliche Befugnisse, die staatlichen Zwecken diene, ausübe, aber gleichwohl kein Beamter im strafrechtlichen Sinne sei; vgl. hierzu auch Art. 29ff des Bayerischen Abgeordnetengesetzes für die Unvereinbarkeit von Amt und Mandat

259 Statt vieler vgl. *Maunz*, in: Maunz/Dürig, GG, Art. 38 Rn. 8

260 Dies entspricht der h.M.: *Eser*, in: Schönke/Schröder, § 11 Rn. 23; *Geppert*, Jura 1981, S. 42, 44; *Graupe*, Bestechungsdelikte, S. 39f.; *Gribbohm*, in: LK-StGB, § 11 Rn. 29, 37; *Heinrich*, Amtsträgerbegriff, S. 670; *Krey*, BT 1, Rn. 663, 666; *Lackner/Kühl*, § 11 Rn. 11; *Lemke*, in: NK-StGB, § 11 Rn. 19, 22; *Maurach/Schröder/Maiwald*, BT 2, § 69 Rn. 20; *Moelter*, Funktionswandel, S. 204; *Rengier*, BT 2, § 59 Rn. 7, 15; *Rohlff*, Täter, S. 22, 71, 104, 165; *Rudolphi*, in: SK-StGB, § 11 Rn. 21; *ders*, NJW 1982, S. 1417, 1418; *Tröndle/Fischer*, § 11 Rn. 18, 22

261 Vgl. BT-Drucks. 7/550, S. 209: „Dadurch dass die Aufgaben der Gesetzgebung hier nicht in Betracht kommen, werden die Abgeordneten der Parlamente aus dem Amtsträgerbegriff ausgeschieden (...). Die allgemeine Einbeziehung der Abgeordneten würde zur Anwendung vieler Amtstatbestände führen, was der Tätigkeit der Abgeordneten nicht gerecht würde und daher rechtspolitisch unangebracht erscheint."; zustimmend Gribbohm, in: LK-StGB, § 11 Rn. 37; krit. Maurach/Schröder/Maiwald, BT 2, § 69 Rn. 20

Weisungen nicht gebunden und nur ihrem Gewissen unterworfen (Art. 38 Abs. 1 S. 2 GG)[262]. Für eine derartige Beurteilung spricht vor allem auch die in Art. 46 Abs. 1 GG normierte parlamentarische Indemnität[263]. Darüber hinaus findet diese Ansicht eine Stütze in der fehlenden Staatshaftung für legislatives Unrecht[264]. Eine Bindung des Abgeordneten besteht nur gegenüber der verfassungsmäßigen Ordnung im Sinne des Art. 20 Abs. 3 GG.

Entsprechend einer materiellen Betrachtungsweise wird teilweise gefordert, Abgeordnete als Amtsträger im Sinne des § 11 Abs. 1 Nr. 2 c StGB zu qualifizieren, wenn sie innerhalb der gesetzgebenden Körperschaft besondere Funktionen ausüben oder interne Verwaltungsaufgaben wahrnehmen, etwa das Amt des Bundestags- oder Landtagspräsidenten[265] oder eines Vorsitzenden eines Ausschusses[266]. In diesem Fall würden sie eine vom Abgeordnetenstatus zu trennende Funktion ausüben, die eine Einordnung als Amtsträger rechtfertige[267]. Eine Amtsträgerstellung solle auch vorliegen, wenn Abgeordnete in Ausnahmefällen Bürgern wie staatliche Organe gegenüberstünden und die Tätigkeit als Legislativorgan zurücktrete[268], beispielsweise in einem parlamentarischen Untersuchungsausschuss im Rahmen der Zeugenvernehmung[269]. Hier kämen Abgeordnete wegen Art. 44 GG in gewissem Maße hoheitliche Befugnisse übertragen und sie würden insoweit eine behördenähnliche Stellung einnehmen[270].

262 Vgl. für Bayern Art. 13 Abs. 2 S. 2 BV

263 Vgl. für Bayern Art. 27 BV; *Heinrich*, Amsträgerbegriff, S. 672

264 a.A. *Dagtoglu*, in: BK-GG, Art. 34 Rn. 432; krit. auch *Heinrich*, Amtsträgerbegriff, S. 672; *Wagner*, Amtsverbrechen, S. 140; allgemein hierzu *Ossenbühl*, Staatshaftungsrecht, S. 104ff;

265 *Paeffgen*, JZ 1997, S. 178, 180; *Rudolphi*, in: SK-StGB, § 11 Rn. 21; *Wagner*, Amtsverbrechen, S. 140; unklar *Geppert*, Jura 1981, S. 42, 44

266 *Heinrich*, Amtsträgerbegriff, S. 672

267 *Heinrich*, Amtsträgerbegriff, S. 673; *Radtke*, in: MünchKomm, § 11 Rn. 48; a.A. *Deiters*, NStZ 2003, S. 453, 454; *Eser*, in: Schönke/Schröder, § 11 Rn. 23; *Gribbohm*, in: LK-StGB, § 11 Rn. 37; *Lackner/Kühl*, § 11 Rn. 11; *Lemke*, in: NK-StGB, § 11 Rn. 22

268 *Heinrich*, Amtsträgerbegriff, S. 672, 673

269 *Wagner*, Amtsverbrechen, S. 140f.

270 *Lüttger*, JZ 1969, S. 578, 581, *Maunz*, in: Maunz/Dürig, GG, Art. 44 Rn. 27; *Wagner*, Amtsverbrechen, S. 140

(2) Stellungnahme

(i) Systematik

Zwar wurde die Herausnahme des Abgeordneten aus dem Amtsträgerbegriff vor allem vor Einführung der Strafvorschrift des § 108e StGB im Hinblick auf Unregelmäßigkeiten bei Wahlen und Abstimmungen in parlamentarischen Gremien und Fällen von Abgeordnetenbestechung kritisiert[271]. Jedoch kann die Aufnahme dieses Tatbestandes in das Strafgesetzbuch als klares Signal dahin verstanden werden, dass für Abgeordnete eine Amtsträgerstellung unabhängig von der im konkreten Fall ausgeübten Tätigkeit gerade ausscheidet. Würde der Abgeordnete bereits § 11 Abs. 1 Nr. 2 StGB unterfallen, hätte es jener neuen Strafnorm gerade nicht bedurft. Das dort strafbewehrte Verhalten, nämlich der Stimmenkauf und -verkauf, wäre nämlich bereits durch §§ 331 und 332 StGB mit Strafe bedroht. Dass der neue Tatbestand vielfach als nicht ausreichend kritisiert wird[272] und es „*verwundern*“[273] mag, dass nach Art. 2 § 2 Abs. 1 IntBestG die Bestechung ausländischer Abgeordneter oder von Abgeordneten internationaler Organisationen in bestimmten Fällen strafbar ist, so dass der Korruptionsanfälligkeit des Deutschen Bundestages oder eines Landtages weniger stark vorgebeugt wird als der eines ausländischen Parlaments[274], soll an dieser Stelle nicht näher vertieft werden[275]. Außerdem soll nach den Intentionen des Gesetzgebers die gesetzgebende Gewalt, derer der Parlamentarier unstreitig zuzuordnen ist, vollkommen aus dem Amtsträgerbegriff ausgenommen sein[276]. Dies wird der besonderen verfassungsrechtlichen Stellung der Abgeordneten auch am ehesten gerecht.

(ii) Legislativfunktion des Abgeordneten

Im Übrigen wäre eine Differenzierung der Amtsträgereigenschaft eines Abgeordneten im Einzelfall je nachdem ob er legislativ handelt oder in anderer

271 Vgl. *Rohlff*, Täter, S. 72 und die dortigen Nachweise in Fn. 297

272 *Barton*, NJW 1994, S. 1098; *Krey*, BT 1, Rn. 666; *Lackner/Kühl*, § 108e Rn. 1; *Rudolphi*, in: SK-StGB, § 108e Rn. 1; *Schaupensteiner*, Kriminalistik 1996, S. 306, 310; *Tröndle/Fischer*, § 108e Rn. 1

273 *Heinrich*, Amtsträgerbegriff, S. 675

274 Kritisch auch *Gänßle*, NStZ 1999, S. 543, 544; *Korte*, wistra 1999, S. 81, 87; *Zieschang*, NJW 1999, S. 105, 107

275 Vgl. zur internationalen Ebene *Schreier*, Drittvorteil, S. 9ff.

276 BT-Drucks. 5/770, S. 209

Funktion tätig wird, mit dem Wortlaut des § 331 StGB, der nur einen Zusammenhang mit der „Dienstausübung“ fordert, schwerlich zu vereinbaren. Darüber hinaus ist die Annahme einer Parteispende von einem Vorteilsgeber, um das Abstimmungsverhalten des Amtsträgers zu beeinflussen, gerade kein völlig außerhalb der Legislativfunktion stehender Vorgang. Die Teilnahme an Beratungen und Abstimmungen ist im Gegenteil eigentlicher Kern der parlamentarischen Arbeit.

(iii) Fazit

Im Ergebnis bleibt also festzuhalten, dass parlamentarische Abgeordnete des Bundestages oder eines Landesparlaments in keinem Fall, selbst wenn sie besondere Funktionen innerhalb der gesetzgebenden Körperschaft ausüben, Amtsträger im Sinne des § 11 Abs. 1 Nr. 2 StGB sind. Werben Parlamentarier für die Partei, der sie mitgliedschaftlich verbunden sind, Spenden ein, setzen sie sich einer Gefahr der Strafbarkeit wegen Vorteilsannahme also nicht aus – unabhängig davon, ob die Spendenzusage nur unter der Voraussetzung eines bestimmten Abstimmungsverhaltens des Abgeordneten erfolgte. Ob bei Weiterleitung der Spende an die Partei, ein Stimmenverkauf im Sinne des § 108e StGB vorliegt, ist nicht Gegenstand dieser Untersuchung und kann deshalb dahingestellt bleiben.

d. Der kommunale Mandatsträger als Amtsträger

Der Streit um die Amtsträgereigenschaft von gewählten, ehrenamtlichen Mitgliedern kommunaler Selbstverwaltungskörperschaften, etwa eines Stadt- oder Gemeinderates, resultiert aus der Ambivalenz der Aufgaben. Kommunale Mandatsträger sind – wie der Begriff kommunale Selbst*verwaltung* bereits impliziert – Teil der öffentlichen Verwaltung, wirken andererseits aber auch beim Erlass von Rechtsnormen (z.B. kommunale Satzungen) mit. Insoweit kommt ihnen also auch eine legislative Funktion zu[277]. In den wenigen hierzu ergangenen untergerichtlichen Entscheidungen bejahte die Rechtsprechung fast durchgehend die Amtsträgereigenschaft[278], während die Literatur, soweit

277 *Epp*, Abgeordnetenbestechung, S. 105; *Heinrich*, NStZ 2005, S. 197, 202; auch im öffentlichen Recht ist die Einordnung nicht eindeutig, vgl. hierzu *BVerfGE* 32, S. 346, 361; *BVerfGE* 65, S. 283, 289; *BVerfGE* 78, S. 344, 348; *BVerwG*, NJW 1993, S. 411, 412

sie dieser Problematik bisher überhaupt Beachtung geschenkt hat, differenziert. Überwiegend wird dort die Meinung vertreten, dass Gemeinde- und Stadträte keine Amtsträger sind. Allerdings könne dann eine Amtsträgereigenschaft befürwortet werden, wenn ein Gemeinde- oder Stadtrat in zusätzlicher Funktion unmittelbar zu Verwaltungstätigkeiten bestellt sei und sie mit übernehme[279]. Diese Auffassung vertritt neuerdings auch der Bundesgerichtshof, der sich – im Zuge des „Kremendahl-Verfahrens“ – jüngst mit dieser Frage zu befassen hatte[280]. Es komme jeweils auf den Einzelfall an, ob sich die konkrete Tätigkeit mehr als Gesetzgebung oder mehr als Verwaltung darstelle[281]. Jedenfalls wenn der kommunale Mandatsträger mit konkreten Verwaltungsaufgaben betraut werde, die über die Vertretung in der kommunalen Volksvertretung hinausgehen, sei der Amtsträger[282]. Einzelne Stimmen lehnen eine Amtsträgereigenschaft generell ab[283] oder befürworten diese uneingeschränkt[284]. Begründungen für diese oder jene Ansicht fehlen jedoch meist. Insbesondere die Kommentarliteratur bedient sich lediglich thesenartiger Feststellungen.

(1) Die Ansicht der untergerichtlichen Rechtsprechung

Die untergerichtliche Rechtsprechung qualifiziert Gemeinderatsmitglieder als Amtsträger im Sinne des § 11 Abs. 1 Nr. 2 c StGB und stützt ihre Ansicht auf die Rechtsnatur des Gremiums des Gemeinderates. Dieser sei gerade kein Parlament und habe nicht nach Art eines Landtags gesetzgeberische Aufgaben zu erledigen[285]. Dem Rat einer Gemeinde obliege vielmehr die Verwaltung des Gemeinwesens. Der Erlass von örtlichen Verordnungen oder Satzungen stelle lediglich die Ausnahme dar. Der Gemeinderat sei vor allem ein Organ

278 *OLG Braunschweig*, MDR 1950, S. 629f. ; *OLG Celle*, MDR 1962, S. 671f. ; *LG Krefeld*, NJW 1994, S. 2036f.; *OLG Stuttgart*, NJW 2003, S. 228f.; differenzierend *OLG Stuttgart*, Justiz 1989, S. 198f.; zuletzt mit ausführlicher Begründung *LG Köln*, NStZ-RR 2003, S. 364f.

279 *Eser*, in: Schönke/Schröder, § 11 Rn. 23; *Gribbohm*, in: LK-StGB, § 11 Rn. 37; *Hartmann*, DVBl. 1966, S. 809, 812 (zu § 359 StGB a. F.); *Heinrich*, Amtsträgerbegriff, S. 667f.; *ders.*, NStZ 2005, S. 197, 202; *Lackner/Kühl*, § 11 Rn. 11; *Marel*, StraFo 2003, S. 259; *Radtke*, in: MünchKomm, § 11 Rn. 48; *Rudolphi*, in: SK-StGB, § 11 Rn. 21

280 *BGH* NJW 2006, S. 2050ff.

281 *Eser*, in: Schönke/Schröder, § 11 Rn. 23; *Schreiber/Rosenau/Combé/Wrackmeyer*, GA 2005, S. 265, 267

282 *BGH* NJW 2006, S. 2050ff.

283 Nicht ganz eindeutig *Deiters*, NStZ 2003, S. 453f.

284 *Epp*, Abgeordnetenbestechung, S. 103ff., 110

285 *LG Krefeld*, NJW 1994, S. 2036, 2037

der Exekutive, seine Mitglieder könnten schon wegen der ihnen obliegenden Verwaltungsaufgaben nicht den Abgeordneten gleichgestellt werden[286]. Dass die Tätigkeit eines Ratsmitglieds in mancher Hinsicht legislatorischen Charakter aufweise, ändere nichts an der Zuordnung zum Bereich der Verwaltung im System der staatlichen Gewaltenteilung[287]. Bei Gemeindesatzungen handele es sich nämlich nicht um formelle Gesetze, sondern nur um materielle Gesetzgebung[288]. Der verwaltungstechnische Charakter der Stellung der Ratsmitglieder zeige sich auch an deren Verschwiegenheitspflicht[289], der Vereidigung[290], dem Verbot der Mitwirkung bei Befangenheit[291], der möglichen Ahndung von Pflichtverletzungen[292] und der Schadensersatzpflicht bei vorsätzlicher oder grob fahrlässiger Pflichtverletzung[293]. Auch stünden den kommunalen Mandatsträgern Rechte, wie Immunität, Indemnität[294] und Zeugnisverweigerungsrechte[295], die den unstreitig nicht als Amtsträger zu qualifizierenden Abgeordneten zukämen, gerade nicht zu[296]. Im Übrigen gehe die Gemeindeordnung durchweg davon aus, dass Gemeinderatsmitglieder dem Bereich der kommunalen Verwaltung zuzuordnen seien[297].

Auch stütze die Begründung zum Entwurf des EGStGB diese Auffassung, wonach nur „Abgeordnete der Parlamente" aus dem Amtsträgerbegriff des § 11 StGB auszuscheiden seien. Daran könne auch die Einführung von § 108e StGB nichts ändern[298], da sich aus dessen Gesetzesmaterialien nicht ergebe, dass damit eine Einschränkung des Anwendungsbereichs der §§ 331ff. StGB angestrebt worden wäre. Mit § 108e StGB habe der Gesetzgeber eine Re-

286 *LG Krefeld*, NJW 1994, S. 2036, 2037
287 *BVerfGE* 65, S. 283, 289; dem folgend *BVerwG*, NJW 1993, S. 411, 412; anders noch *BVerfGE* 32, S. 346, 361 wonach der Gemeinderat als demokratisch gewähltes Beschlussorgan dem Bereich der Legislative zuzuordnen sei
288 *LG Köln*, NStZ-RR 2003, S. 364
289 *LG Köln*, NStZ-RR 2003, S. 364; *LG Krefeld*, NJW 1994, S. 2036, 2037 betrafen die Gemeindeordnung Nordrhein-Westfalens; für Bayern siehe Art. 20 GO
290 Für Bayern siehe Art. 31 Abs. 5 GO
291 Für Bayern siehe Art. 49 GO
292 Für Bayern siehe Art. 20 Abs. 4 S. 1 GO
293 Für Bayern siehe Art. 20 Abs. 4 S. 2, 34 Abs. 6 GO i.V.m. Art. 49 KWBG
294 Vgl. Art. 46 GG; Ausnahme: In Bayern darf kein Mitglied des Gemeinderats zu irgendeiner Zeit wegen seiner Abstimmung gerichtlich oder dienstlich verfolgt oder sonst außerhalb des Gemeinderats zur Verantwortung gezogen werden, vgl. Art. 51 Abs. 2 BV
295 Vgl. § 53 Abs. 1 Nr. 4 StPO
296 *LG Köln*, NStZ-RR 2003, S. 364
297 *LG Köln*, NStZ-RR 2003, S. 364 unter Hinweis auf § 1 Abs. 1, § 2, § 40, § 41 Abs. 1 und 3; § 43 Abs. 1, 2 und 4 GO NRW
298 *LG Köln*, NStZ-RR 2003, S. 364, 365

gelungslücke im Hinblick auf die Abgeordnetenbestechung schließen und die Strafbarkeit damit erweitern und nicht einschränken wollen[299]. Dass Gemeinderatsmitglieder durch die Einführung der neuen Vorschrift im Rahmen von §§ 331ff. StGB entgegen der bis dato ergangenen Rechtsprechung[300] nicht mehr als Amtsträger zu qualifizieren seien, sei den Gesetzesmaterialien nicht zu entnehmen[301]. Auch aus dem Gesetzeszweck des § 108e StGB könne nicht gefolgert werden, dass Gemeinderatsmitglieder keine tauglichen Täter der Bestechungsdelikte sein können[302].

(2) Der Meinungsstand der Literatur und des Bundesgerichtshofs

Einigkeit besteht in der Lehre, der nunmehr auch der BGH folgt, dahingehend, dass eine Subsumtion unter § 11 Abs. 1 Nr. 2a Alt. 1 StGB in jedem Fall ausscheidet, weil Gemeinderäte nicht allein aufgrund ihrer Stellung als staatsrechtliche Beamte anzusehen seien[303]. Auch stünden Mitglieder von kommunalen Körperschaften nicht in einem sonstigen öffentlich-rechtlichen Amtsverhältnis gem. § 11 Abs. 1 Nr. 2 b StGB[304] (wobei dies vereinzelt unter bestimmten Voraussetzungen in Betracht gezogen wird[305]). Mit Blick auf § 11 Abs. 1 Nr. 2 c StGB divergieren die Ansichten.

(i) Zusätzliche Funktionsausübung zum Mandat

So vertritt *Marel*[306], wie die überwiegende Meinung[307], und neuerdings auch der BGH[308] die Auffassung, dass eine Strafbarkeit eines kommunalen Man-

299 *LG Köln*, NStZ-RR 2003, S. 364, 365

300 *OLG Braunschweig*, MDR 1950, S. 629; *OVG Münster*, DVBl. 1954, S. 750f.; *OLG Celle*, MDR 1962, S. 671; *LG Krefeld*, NJW 1994, S. 2037; *OLG Stuttgart*, NJW 2003, S. 228; *OLG Stuttgart*, Justiz 1989, S. 198

301 *LG Köln*, NStZ-RR 2003, S. 364, 365

302 *LG Köln*, NStZ-RR 2003, S. 364, 366

303 *Epp*, Abgeordnetenbestechung, S. 386; *Heinrich*, Amtsträgerbegriff, S. 676; *Marel*, StraFo 2003, S. 259, 260; *BGH* NJW 2006, S. 2050, 2052

304 *Heinrich*, Amtsträgerbegriff, S. 676; *Marel*, StraFo 2003, S. 259, 260; *Deiters*, NStZ 2003, S. 453, 455 spricht hierbei allerdings kritisch von einer „apodiktischen Behauptung“, eine Begründung bietet aber auch er nicht an

305 Siehe die Beispiele bei *Rudolphi*, in: SK-StGB, § 11 Rn. 20; vgl. hierzu bereits *ders.*, NJW 1982, S. 1417, 1418

306 *Marel*, StraFo 2003, S. 259f.

307 *Eser*, in: Schönke/Schröder, § 11 Rn. 23; *Geppert*, Jura 1981, S. 42, 45; *Heinrich*, Amtsträgerbegriff, S. 676; *Krey*, BT 1, Rn. 666; *Lackner/Kühl*, § 11 Rn. 11; *Lemke*, in: NK-StGB, § 11 Rn. 22; *Rengier*, BT 2, § 59 Rn. 15; *Rohlff*, Täter, S. 23; *Rudolphi*, in: SK-StGB, § 11 Rn. 21; *Schreiber/Rosenau/Combé/Wrackmeyer*, GA 2005, S. 265, 267

datsträgers wegen Vorteilsannahme zumindest für den Fall nicht in Betracht komme, dass dieser keine zusätzlichen Funktionen zum Mandat ausübe. Eine Qualifizierung von Ratsmitgliedern gemäß § 11 Abs. 1 Nr. 2 c StGB sei mit dem Gesetzgebungsverfahren, Rechtsprechung des Bundesverfassungsgerichts und der Auslegung der §§ 11, 108e, 331 StGB nicht zu vereinbaren[309]. Amtsausübung sei etwas anderes als Mandatsausübung. Zwischen dem typischen Verwaltungshandeln in behördlichen oder behördlichen Strukturen und dem politischen Handeln in Volksvertretungen gebe es strukturelle Unterschiede, die eine differenzierte Behandlung beider Handlungsformen öffentlicher Gewalt rechtfertigten[310]. Der kommunale Mandatsträger sei Volksvertreter, da er ebenso wie der Bundestags- und Landtagsabgeordnete in geheimer, freier, allgemeiner, unmittelbarer und gleicher Wahl gewählt werde. Es bestehe in beiden Fällen ein freies Mandat, die Möglichkeit der Fraktionsbildung und deren Finanzierung aus Haushaltsmitteln. Ferner hätten Gemeinderatsmitglieder das Recht auf freie Rede, Information, Antragstellung und Abstimmung[311]. Ihnen komme durch Mitwirkung am demokratischen Prozess der Willensbildung innerhalb der Gemeinde ein verfassungsmäßiger Auftrag zu[312]. Ein eine Satzung beschließender Gemeinderat könne deshalb nicht der Exekutive zugerechnet werden[313], da der Satzungserlass von Gemeinden sich auf Art. 28 GG gründe und damit eine Rechtssetzungsbefugnis innerhalb der Legislative darstelle[314]. Da Beschlüsse des Rates im Außenverhältnis durch den Bürgermeister ausgeführt und vollzogen würden, sei dieser und nicht der Rat die Behörde der Gemeinde[315]. Unterschiede bei Bundes- und Landtagsabgeordneten einerseits und kommunalen Mandatsträgern andererseits, die sich

308 *BGH* NJW 2006, S. 2050, 2052f.

309 *Marel*, StraFo 2003, S. 259; *BGH* NJW 2006, S. 2050, 2052

310 *BGH* NJW 2006, S. 2050, 2052

311 *Marel*, StraFo 2003, S. 259, 260 führt daneben noch die seit 1994 in NRW weggefallene Vereidigung als Voraussetzung für die Ausübung des Mandats an. Die gem. § 67 Abs. 3 GO NRW vorgesehene Einführung und Verpflichtung habe lediglich deklaratorischen Charakter. In Bayern ist eine Vereidigung von Gemeinderatsmitgliedern dagegen nach wie vor vorgesehen, vgl. Art. 31 Abs. 5 GO

312 *Marel*, StraFo 2003, S. 259, 260; so auch *Deiters*, NStZ 2003, S. 453 („abgeordnetenähnliche Funktion")

313 In seiner Entscheidung hatte das *LG Köln*, NStZ-RR 2003, S. 364ff den Satzungserlass durch den Gemeinderat mit dem Erlass einer Rechtsverordnung eines Ministers aufgrund einer entsprechenden gesetzlichen Ermächtigung nach Art. 80 GG oder einer Vorschrift einer Landesverfassung gleichgesetzt und damit dem Bereich der Exekutive zugeordnet.

314 *Marel*, StraFo 2003, S. 259, 261 unter Hinweis auf *BVerfGE* 21, S. 54, 62 u. *BVerfGE* 32, S. 346, 361

315 *Marel*, StraFo 2003, S. 259, 262

aus der unterschiedlichen Aufgabenstellung in Bund, Ländern und Gemeinden ergäben, rechtfertigten keine Differenzierung im strafrechtlichen Bereich, sondern seien lediglich im verwaltungsrechtlichen Bereich von Bedeutung[316].

(ii) Vorgang der Entscheidungsfindung

Deiters rekurriert bei der Abgrenzung der Aufgaben der öffentlichen Verwaltung zur gesetzgebenden Tätigkeit nicht auf die Art der Regelung, trifft also nicht eine Unterscheidung zwischen Erledigung konkreter Verwaltungsaufgaben und dem Erlass abstrakter Normen[317], sondern stellt auf den Vorgang der Entscheidungsfindung ab[318]. Kennzeichnend für eine Verwaltungstätigkeit sei, dass die Wertung gesetzlicher Regelungen im Einzelfall nachzuvollziehen sei, während gesetzgebende Organe in ihrem Zuständigkeitsbereich vorbehaltlich höherrangigen Rechts die Kompetenz zur freien Entscheidung hätten[319]. Im Hinblick auf eine Amtsträgereigenschaft von Ratsmitgliedern werde in § 11 Abs. 1 Nr. 2 c StGB nur vorausgesetzt, dass eine Person dazu bestellt wurde, Aufgaben der öffentlichen Verwaltung wahrzunehmen, jedoch nicht, dass sie notwendig ausschließlich mit der Wahrnehmung solcher Aufgaben betraut sei oder ein Schwerpunkt hierin liege[320]. Mit dem Begriff der Bestellung sollten nach dem Willen des Gesetzgebers lediglich alle möglichen Arten von Dienst- und Auftragsverhältnissen erfasst werden[321]. So verblieben beispielsweise auch Abgeordneten Reste von Exekutivaufgaben, gleichwohl würden diese nicht als dazu bestellt angesehen, Aufgaben der öffentlichen Verwaltung wahrzunehmen. Der Gemeinderat sei innerhalb der Grenzen höherrangigen Landes- und Bundesrechts ebenfalls zur Wertsetzung befugt und habe nicht die Aufgabe gesetzliche Wertentscheidungen nachzuvollziehen[322]. Damit seien Mitglieder kommunaler Gemeindevertretungen grundsätzlich keine Amtsträger, weil sie wie Abgeordnete keine Aufgaben der öffentlichen Verwaltung wahrnähmen[323].

---

316 *Marel*, StraFo 2003, S. 259, 260

317 So aber der überwiegende Teil der Literatur: vgl. *Eser*, in: Schönke-Schröder, § 11 Rn. 23; *Heinrich*, Amtsträgerbegriff, S. 676; *Marel*, StraFo 2003, S. 259f.; *Lackner/Kühl*, § 11 Rn. 11; *Rudolphi*, in: SK-StGB, § 11 Rn. 23; *Schreiber/Rosenau/Combé/Wrackmeyer*, GA 2005, S. 265, 267

318 *Deiters*, NStZ 2003, S. 453, 456; dem stimmt nun auch der *BGH* zu (NJW 2006, S. 2050, 2053)

319 *Deiters*, NStZ 2003, S. 453, 456

320 *Deiters*, NStZ 2003, S. 453, 456, 457

321 *BGH* NJW 2006, S. 2050, 2053

322 *Deiters*, NStZ 2003, S. 453, 457

(iii) Indizielle Bedeutung von § 108e StGB

Unisono wird die Ablehnung der Amtsträgereigenschaft auch auf die Einführung des § 108e StGB gestützt, wodurch der Gesetzgeber eine Gleichstellung der Volksvertreter in Bund, Ländern und Gemeinden vorgenommen habe[324]. Im Tatbestand werde nämlich ausdrücklich die Volksvertretung der Gemeinden und Gemeindeverbände erwähnt neben denjenigen des Bundes und der Länder[325]. Die Bestimmung des § 108e StGB sei abschließend, so dass auch die Bestechung bzw. Bestechlichkeit kommunaler Mandatsträger ausschließlich in diesem Zusammenhang strafbar sei[326]. Andernfalls hätte es nämlich der Aufnahme kommunaler Volksvertreter in die Vorschrift nicht bedurft, da das fragliche Verhalten bereits von § 331 StGB erfasst gewesen wäre[327]. Auch aus einer systematischen Auslegung folge, dass der Gesetzgeber eine Strafbarkeit des Volksvertreters in den Gemeinden und Gemeindeverbänden gem. § 331 StGB erkennbar nicht gewollt habe, denn der Stimmenverkauf sei in § 108e StGB bewusst unter eine mildere Strafandrohung gestellt worden[328]. Die Grenze zwischen rechtlich zulässigem Lobbyismus und strafrechtlich unzulässiger Korruption für die am Prozess demokratischer Willensbildung beteiligten Personen ergebe sich allein aus § 108e StGB und nicht zusätzlich aus § 331 ff. StGB[329].

323 Hier zeigt sich *Deiters*, NStZ 2003, S. 453, 458 inkonsequent, weil der doch wieder eine Amtsträgereigenschaft zulassen will, „*wenn sie (scil. die Ratsmitglieder) über die Wahrnehmung ihres Mandats hinaus, innerhalb der Gemeinde dazu bestellt sind, Aufgaben der öffentlichen Verwaltung im Sinne des Vollzugs einer gesetzlichen Entscheidung wahrzunehmen*". Letztlich unterscheidet er sich damit von den anderen Autoren nicht.

324 Vgl. auch *BGH* NJW 2006, S. 2050ff.; *Deiters*, NStZ 2003, S. 453, 456: Zur Vermeidung einer zugleich aus § 108e StGB und § 332 StGB begründeten Strafbarkeit müsste der Anwendungsbereich des § 108e StGB aber entgegen seinem weitergehenden Wortlaut auf die Fälle von Wahlen und Abstimmungen teleologisch reduziert werden.

325 *Marel*, StraFo 2003, S. 259, 260

326 *BGH* NJW 2006, S. 2050ff.

327 *Marel*, StraFo 2003, S. 259, 260

328 *Deiters*, NStZ 2003, S. 453, 454; *Heinrich*, NStZ 2005, S. 197, 202, der von „kaum lösbaren Wertungswidersprüchen" (allerdings ohne weitergehende Begründung) spricht; *Marel*, StraFo 2003, S. 259, 260

329 *Deiters*, NStZ 2003, S. 453, 458

(iv) Stellung des Gemeinderats im Staatsaufbau

Die gegenteilige Auffassung, geprägt von einer Betrachtung des Staatsaufbaus, vertritt *Epp*[330]. Die Gemeinden als Teil der Exekutive der Länder[331] bedienten sich zur Wahrnehmung ihres in Art. 28 Abs. 2 GG verfassungsmäßig garantierten Rechts der Selbstverwaltung ihrer Organe. Dem Gemeinderat oblägen einerseits typische Parlamentsaufgaben wie Normsetzung und Verwaltungskontrolle, andererseits aber auch Verwaltungsaufgaben wie Verwaltungssteuerung und Einzelfallentscheidungen[332]. Allerdings sei die Satzungsautonomie als Ausfluss des Art. 28 Abs. 2 GG im Vergleich zur Gesetzgebungskompetenz der Parlamente des Bundes und der Länder erheblich beschränkt[333]. Bei den gemeindlichen Satzungen und Rechtsvorschriften handle es sich nur um materielle Gesetze, deren Erlass auf die Angelegenheiten der örtlichen Gemeinschaft reduziert sei. Grundrechtsrelevante Gesetze seien durch die Satzungsautonomie des Art. 28 Abs. 2 GG nicht gedeckt, sondern bedürften einer weitergehenden formell-gesetzlichen Ermächtigung[334]. Die Zulässigkeit der Vermischung von Gesetzgebungsautonomie und Verwaltungsaufgaben ergebe sich daraus, dass die gesamte kommunale Ebene des Staatsaufbaus Teil der Landesexekutive sei und innerhalb dieser das Gewaltenteilungsprinzip keine Wirkung entfalte. Letztlich sei die Amtsträgereigenschaft der Gemeinderatsmitglieder im Sinne von § 11 Abs. 1 Nr. 2 c StGB unabhängig von ihrer konkreten Tätigkeit zu bejahen[335].

(3) Stellungnahme

Gemeinderatsmitglieder sind und bleiben, auch wenn sie materielles Recht in Form von Satzungen und Rechtsvorschriften setzen, nach hiesiger Auffassung Teil der Exekutive und sind damit generell als Amtsträger gem. § 11 Abs. 1 Nr. 2 c StGB zu qualifizieren. Soweit ihnen Normsetzungsbefugnisse zukommen, sind diese rein administrativ und damit Teil der Verwaltungstätigkeit.

330 *Epp*, Abgeordnetenbestechung, S. 103ff.
331 *Epp*, Abgeordnetenbestechung, S. 103, unter Hinweis auf *BVerfGE* 2, S. 1, 76; *BVerfGE* 7, S. 155, 167; *BVerfGE* 65, S. 283, 289; *Gern*, Kommunalrecht, Rn. 55; *Schmidt-Aßmann*, in: v. Münch, Besonderes Verwaltungsrecht, S. 62
332 *Epp*, Abgeordnetenbestechung, S. 105
333 *Epp*, Abgeordnetenbestechung, S. 106
334 *Epp*, Abgeordnetenbestechung, S. 106
335 *Epp*, Abgeordnetenbestechung, S. 388

(i) Ergebnisorientierte Argumentation

Nicht zum Ziel führt die häufig praktizierte Aufzählung von Gemeinsamkeiten und Unterschieden von Abgeordneten und Gemeinderatsmitgliedern. Während die Rechtsprechung den verwaltungstechnischen Charakter der Stellung der Ratsmitglieder hervorhebt und als Begründung für eine Amtsträgereigenschaft heranzieht, versucht die Literatur durch Nennung möglichst vieler abgeordnetengleicher Rechte ihre Auffassung zu untermauern. Weder aufgrund der Quantität noch der Qualität der vorgetragenen Argumente lässt sich diesbezüglich eine sichere Entscheidung treffen, sind doch beide Argumentationsstränge ergebnisorientiert. Dass die Unterscheidung danach, ob der Mandatsträger in der konkreten Entscheidungssituation ersetzbar ist oder ob es rechtlich zwingend aus seine persönliche Entscheidung ankommt, hilft hier genauso wenig weiter wie die Frage, ob die Entscheidung inhaltlich eher dem politischen oder dem verwaltenden Bereich zuzuordnen ist[336].

(ii) Wortlaut von § 11 Abs. 1 Nr. 2 c StGB

Die Lösung liefert § 11 Abs. 1 Nr. 2 c StGB mit der Formulierung „*Aufgaben* der öffentlichen Verwaltung“ im Grunde selbst: Die Gemeinden sind Teil der Exekutive der Länder und haben das in Art. 28 Abs. 2 GG verfassungsmäßig garantierte Recht, alle Angelegenheiten der örtlichen Gemeinschaft im Rahmen der Gesetze in eigener Verantwortung durch verselbständigte juristische Personen des öffentlichen Rechts im eigenen Namen und mit eigenen Organen zu regeln[337]. Darüber hinaus gewährleistet das Selbstverwaltungsprinzip den Gemeinden die Rechtssetzungsbefugnis in allen Angelegenheiten der örtlichen Gemeinschaft[338], soweit sie sich nicht im Widerspruch zu Bundes- und Landesgesetzen befinden.

Damit unterfällt die Regelung der örtlichen Angelegenheiten den *Aufgaben* der Gemeinde als kommunale Selbstverwaltungskörperschaft. Selbst wenn die örtlichen Angelegenheiten nicht durch Einzelfallentscheidungen (Verwaltungsakten) sondern durch abstrakt-generelle Normen (Satzungen) geregelt werden, erfolgt diese legislative Tätigkeit im Rahmen der *Aufgaben* der

336 So aber *BGH* NJW 2006, S. 2050, 2055
337 *Stober*, Kommunalrecht, § 3 I 2; *Stern*, Staatsrecht I, § 12 I, II
338 *BVerfGE* 12, S. 235f.; *BVerwGE* 6, S. 247f.

öffentlichen Verwaltung. Der Gemeinderat wird nicht als Organ der Gesetzgebung, sondern als rechtsetzende Verwaltungsbehörde tätig.

(iii) Exekutive Tätigkeit des Gemeinderates

Auch das Argument *Deiters*'[339], wonach dem Gemeinderat nicht die Nachvollziehung gesetzlicher Wertentscheidungen obliege, sondern er zur Wertsetzung befugt sei, ist nicht stichhaltig. Er räumt selbst ein, dass dies nur „*innerhalb der Grenzen höherrangigen Landes- und Bundesrechts*" möglich sei. Letztlich macht der Gemeinderat aber dann doch nichts anderes, als durch seine Rechtsvorschriften, mögen sie auch abstrakt-generellen Charakter haben, die Wertentscheidungen des Bundes- und Landesgesetzgebers zu befolgen. Wenig gewichtig ist auch das Argument, dass Abgeordneten Reste von Exekutivaufgaben verblieben und sie deshalb dennoch nicht der öffentlichen Verwaltung zugeordnet würden[340]. Vielmehr stärkt es die hier vertretene Auffassung: Wenn Abgeordnete, die grundsätzlich Teil der Legislative sind, vereinzelt exekutiv tätig werden, rechtfertigt dies zutreffender Maßen keine Zurechnung zu einer anderen Gewalt im Sinne der Gewaltenteilungslehre. Selbiges gilt aber auch für einen kommunalen Mandatsträger. Dieser ist grundsätzlich Teil der Exekutive und wird durch die Ausübung einiger weniger legislativer Tätigkeiten nicht einem Abgeordneten gleich Teil der gesetzgebenden Gewalt. Abzustellen ist ausweislich des Wortlauts von § 11 Abs. 1 Nr. 2 c StGB auf die Aufgabe und nicht die innerhalb dieser Aufgabe anfallenden Tätigkeiten. Dies verkennen all jene Stimmen, die im Einzelfall auf den Schwerpunkt der Tätigkeit abstellen[341].

(iv) Überprüfung anhand von § 108e StGB

Diesem Verständnis steht auch der - ohnehin missglückte[342] - § 108e StGB nicht entgegen. Anders als bei Abgeordneten ist die Einführung des Tatbestandes der Abgeordnetenbestechung in diesem Fall kein Indiz für die fehlen-

339 *Deiters*, NStZ 2003, S. 453, 456

340 *Deiters*, NStZ 2003, S. 453, 456

341 *Eser*, in: Schönke/Schröder, § 11 Rn. 23; *Schreiber/Rosenau/Combé/Wrackmeyer*, GA 2005, S. 265, 267

342 Zur Kritik an der Legitimität von § 108e StGB vgl. u.a. *Barton*, NJW 1994, S. 1098, 1100; *Dölling*, Gutachten, S. 82, 83; *Rudolphi*, in: SK-StGB, § 108e Rn. 1f.; *Schaupensteiner*, NStZ 1996, S. 409, 415; *Schlüchter*, FS Geerds, S. 713, 731

de Amtsträgereigenschaft. Ausweislich der Gesetzesbegründung diente die Vorschrift dazu, Strafbarkeitslücken zu schließen, die im Hinblick auf den Stimmenkauf und -verkauf von Abgeordneten seit der Aufhebung des früheren § 109 StGB a.F. im Jahre 1953 entstanden waren[343]. Bis zur Einführung von § 108e StGB wurden aber Gemeinderatsmitglieder vom Anwendungsbereich der §§ 331ff. StGB bereits erfasst[344]. Anzeichen, dass sich hieran etwas geändert haben könnte, sind nicht ersichtlich. Der Tatbestand der Abgeordnetenbestechung wurde vielmehr bewusst eng gehalten[345]. Dass sich ein Gemeinderatsmitglied beim Verkauf einer Stimme im Rahmen der Rechtssetzung ausweislich des Wortlauts von § 108e StGB sowohl nach dieser Vorschrift als auch wegen Vorteilsannahme strafbar machen kann, ist ein Problem, das – unter Vorrang von § 331 StGB[346] – auf der Konkurrenzebene zu lösen ist. Außerdem wären bei allen Wahlen und Abstimmungen, die nicht mit der Setzung materiellen Rechts zu tun haben, Gemeinderatsmitglieder auch nach der Ansicht, die zwischen Rechtssetzung und Verwaltungstätigkeit differenziert, Amtsträger und unterfielen beiden Tatbeständen. Warum ein Mandatsträger ausgerechnet bei legislativen Tätigkeiten in den „Genuss" eines milderen Strafrahmens kommen sollte, ist nicht zu erklären. Der Erlass einer abstrakt-generellen Regelung dürfte meist Auswirkungen gegenüber einer Vielzahl von Bürgern haben und im Gegensatz zu einer Einzelfallentscheidung in Form eines Verwaltungsakts sogar das „größere Unrecht" darstellen. Die Ausweitung des Anwendungsbereichs des § 108e StGB auf Gemeinden und Gemeindeverbände wird man insoweit als verfehlt anzusehen haben[347]. Korrigieren kann dieses redaktionelle Versehen letztlich aber nur der Gesetzgeber selbst. Dies erkennt auch der Bundesgerichtshof, den sein Ergebnis, kommunale Mandatsträger nur noch in den seltenen Fällen der zusätzlichen Betrauung mit konkreten Verwaltungsaufgaben als Amtsträger anzusehen, selbst nicht zufrieden stellt[348]. So sieht der BGH auch dringenden gesetzlichen Handlungsbedarf,

343 Zur Entstehungsgeschichte vgl. *Möhrenschlager*; FS Weber, S. 217ff.; *Schlüchter*, FS Geerds, S. 713, 726f.

344 *OLG Braunschweig*, MDR 1950, S. 629; *OVG Münster*, DVBl. 1954, S. 750f.; *OLG Stuttgart*, Justiz 1989, S. 198; offengelassen *OLG Stuttgart*, NJW 1966, S. 679; *OLG Celle*, MDR 1962, S. 671

345 *Wohlers*, in: NK-StGB, § 108e Rn. 1

346 So wie hier *Eser*, in: Schönke/Schröder, § 108e Rn. 6; *Tröndle/Fischer*, § 108e Rn. 14; a.A. *Lackner/Kühl*, § 108e Rn. 8; *Wohlers*, in: NK-StGB, § 108e Rn. 11 (Tateinheit)

347 So wie hier *Epp*, Abgeordnetenbestechung, S. 391; im Ergebnis wohl auch *LG Köln*, NStZ-RR 2003, S. 364, 366; a.A. *Heinrich*, NStZ 2005, S. 197, 202; für eine Streichung *Ransiek*, StV 1996, S. 446, 452f.

348 *BGH* NJW 2006, S. 2050, 2055

um nicht einen rechtfreien Raum entstehen zu lassen, der Ratsmitglieder zur Annahme von Schmiergeldern verleiten kann[349].

e. Der Kandidat als (noch zu wählender) Amtsträger

Der Täter muss die Eigenschaft des Amtsträgers zur Zeit der Tathandlung innehaben[350]. Scheidet er danach aus seinem Amt aus, ist er nicht zu bestrafen, auch wenn sie zum früheren Amt in Beziehung steht, da keine besondere Pflichtenstellung mehr gegeben ist[351]. Selbst wenn eine Beziehung zum früheren Amt besteht, kann eine Tathandlung, die nach dem Ausscheiden aus dem Amt begangen wird, aber keine Vorteilsannahme mehr sein[352]. Dies ist im Hinblick auf das Rechtsgut der Vorteilsannahme auch richtig, da die Funktionsfähigkeit der Verwaltung durch eine Person, die nicht mehr Amtsträger ist, nicht mehr beeinträchtigt werden kann.

Fraglich ist, ob das Gleiche auch für Personen gelten muss, die im Zeitpunkt des Forderns, Sichversprechenlassens oder Annehmens die Amtsträgereigenschaft noch nicht erfüllen. Ist also eine Person, die sich um das Amt des Bürgermeisters bemüht und sich für eine spätere „wohlgesonnene" Politik von Dritten den Wahlkampf finanzieren lässt, tauglicher Vorteilsnehmer? Einzelne Stimmen[353] gehen davon aus, dass der Tatbestand der Vorteilsannahme erfüllt sein kann, wenn die Tathandlung von einer Person erfolgt, die demnächst zum Amtsträger ernannt werden soll. Voraussetzung sei allerdings, dass die Unrechtsvereinbarung nach der Ernennung bestätigt oder die vereinbarte Diensthandlung tatsächlich mit Rücksicht auf die frühere Vereinbarung vorgenommen wird.

Mit Rücksicht auf das Schutzbedürfnis des Rechtsguts der Vorteilsannahme mag diese Auffassung nachvollziehbar und eine Strafbarkeit auch wünschenswert sein. Der Kandidat verfügt nämlich bereits zu Beginn seiner (möglichen) Amtstätigkeit unter dem Eindruck der Zuwendung nicht mehr über

349 Vgl. hierzu auch *Feinendegen*, NJW 2006, S. 2014, 2015

350 Allg. Meinung: vgl. *Heine*, in: Schönke-Schröder, Vorbem. § 331 Rn. 3; *Kuhlen*, in: NK-StGB, § 331 Rn. 14; *Rudolphi/Stein*, in: Sk-StGB, vor § 331 Rn. 18; *Tröndle/Fischer*, § 331 Rn. 4

351 *Heine*, in: Schönke/Schröder, Vorbem. § 331 Rn. 3; a.A. noch *Cramer*, in: Schönke/Schröder, 26. Aufl.,Vorbem. § 331 Rn. 2

352 Vgl. hierzu *RGSt* 35, S. 75; *BGHSt* 11, S. 345

353 *Cramer*, in: Schönke/Schröder, 26. Aufl., § 331 Rn. 34; *Jescheck*, in: LK-StGB, § 331 Rn. 27

die Fähigkeit zur sachgemäßen und unbeeinflussten Erfüllung der ihm obliegenden Aufgaben, so dass die Funktionsfähigkeit der Verwaltung zu diesem Zeitpunkt bereits gefährdet ist. Allerdings steht dieses Verständnis des Tatbestandes im eindeutigen Widerspruch zum Wortlaut der Norm und verstößt damit gegen das Gesetzlichkeitsprinzip der § 1 StGB und Art. 103 Abs. 2 GG[354]. Ein Kandidat oder ein sich um ein Amt Bewerbender ist vom umgangssprachlichen Wortsinn des insoweit deskriptiven Tatbestandmerkmals[355] „Amtsträger" nicht mehr erfasst. Dessen Einbeziehung in den Tatbestand des § 331 StGB würde einen unzulässigen Analogieschluss zu Ungunsten des Täters darstellen. Dass dies - wenn gleich unausgesprochen - auch die Vertreter einer ausdehnenden Handhabung des Amtsträgerbegriffs erkannt haben, zeigt ihr Versuch die Extension des Anwendungsbereichs wieder zu relativeren, indem sie zu einem Zeitpunkt in dem der Kandidat dann Amtsträger geworden ist, eine Bestätigung der Unrechtsvereinbarung fordern. Damit wird für die Tathandlung aber wieder auf einen Zeitpunkt abgestellt, zu dem die fragliche Person bereits die Amtsträgereigenschaft erfüllt - auf seine frühere Position als Wahlkandidat kommt es damit gerade nicht an. Der noch zu wählende Amtsträger ist von § 11 Abs. 1 Nr. 2 StGB also auch bei dieser Sichtweise im Grunde nicht erfasst.

II. Der Vorteil

1. Der Vorteilsbegriff

§ 331 StGB verlangt, dass der Täter für sich oder einen Dritten einen Vorteil fordert, sich versprechen lässt oder annimmt. Nach der sowohl in Rechtsprechung als auch Lehre herangezogenen Definition ist ein Vorteil jede Zuwendung, auf die die Amtsperson keinen Rechtsanspruch hat und die deren wirtschaftliche, rechtliche oder persönliche Lage objektiv verbessert[356]. Der

354 Vgl. *Eser*, in: Schönke/Schröder, § 1 Rn. 6ff.; *Jescheck*, AT, S. 113ff.; *Lackner/Kühl*, § 1 Rn. 2ff.; *Rudolphi*, in: SK-StGB, § 1 Rn. 5ff.; *Roxin*, AT I, § 5 Rn. 1ff.; *Tröndle/Fischer*, § 1 Rn. 2ff.; Heine, in: Schönke/Schröder, § 331 Rn. 34

355 Zur Unterscheidung von deskriptiven und normativen Tatbestandsmerkmalen vgl. *Jescheck*, AT, S. 242f.

356 *BGHSt* 31, S. 264, 279; *BGHSt* 33, S. 336, 339; *BGHSt* 35, S. 128, 133; *BGH*, NStZ 2001, S. 425, 426; *OLG Köln*, MedR 2002. S. 413, 414f.; *Heine*, in: Schönke-Schröder, § 331 Rn. 17; *Jescheck*, in: LK-StGB, § 331 Rn. 7; *Kuhlen*, in: NK-StGB, § 331 Rn. 33; *Lackner/Kühl*, § 331 Rn. 4; *Rudolphi/Stein*, in: SK-StGB, § 331 Rn. 19; *Tröndle/Fischer*, § 331 Rn. 11; vgl. ausführlich noch zu § 331 StGB a.F.: *Gribl*, Der

Sache nach geht es bei der Parteispendenakquisition damit um zwei von einander zu trennende Fragestellungen: Zum einen muss festgestellt werden, ob durch die Spende an die Partei überhaupt eine Besserstellung beim Amtsträger bzw. der Partei vorliegt, die mit dessen Dienstausübung gekoppelt werden könnte. Denn nur dieser Fall betrifft § 331 Abs. 1 StGB. Zum anderen lässt sich die Frage stellen, ob nicht bestimmte von der materiellen Zuwendung zu unterscheidende Vorteile, wie die Ansehensmehrung innerhalb der Partei oder die erweiterten Möglichkeiten politischer Arbeit, im Hinblick auf die vom Tatbestand geschützte Funktionsfähigkeit der Verwaltung unbedenklich sind[357].

a. Der immaterielle Vorteil

Der Vorteilsbegriff umfasst in erster Linie matierielle Zuwendungen, die zu einer vermögenswerten Besserstellung des Empfängers führen. Hierzu zählen vornehmlich Bargeld aber natürlich auch Sachleistungen jeglicher Art[358]. Neben diesen vermögenswerten Vorteilen können auch immaterielle Zuwendungen eine Person besser stellen. Die weit überwiegende Ansicht erkennt deshalb auch Begünstigungen denen kein eigener Vermögenswert innewohnt als tatbestandsmäßige Vorteile im Sinne des § 331 Abs. 1 StGB an[359]. Die wenigen kritischen Stimmen wollen die von ihnen favorisierte Beschränkung auf materielle Vorteile damit rechtfertigen, dass allein der vermögensrechtliche Bezug eine zuverlässige Möglichkeit biete, einen Vorteil objektiv messbar festzustellen. Nur so könne eine eindeutige und klare Grenze zwischen dem strafbaren und nicht strafbaren Bereich gezogen werden[360]. Den geäußerten

---

Vorteilsbegriff bei den Bestechungsdelikten, 1992; differenziert: *Rönnau*, JuS 2003, S. 232, 235; *Satzger*, ZStW 115 (2003), S. 469, 475; *Schwieger*, Vorteilsbegriff, S. 183ff., die den Vorteilsbegriff um das normative Element des fehlenden Anspruchs reduzieren und die Frage nach der Sachgerechtigkeit erst bei der Unrechtsvereinbarung beantworten

357 Vgl. *Satzger*, ZStW 115 (2003), S. 469, 475

358 Als Beispiele der umfangreichen Kasuistik hierzu vgl. *RGSt* 11, S. 219, 229 (Bratgans); *RGSt* 26, S. 424 (Paar Stiefel); *BGHSt* 16, S. 40 (Stundung des Kaufpreises); *BGH*, GA 59, S. 156 (Darlehen); *BGH*, GA 67, S. 154 (Mitgenuss von Speisen); *BGH*, NStZ 2000, 90 (Urlaubsreise)

359 Vgl. hierzu *Bauchrowitz*, Vorteilsbegriff, S. 25ff.; *Heine*, in: Schönke-Schröder, § 331 Rn. 19; *Jaques*, Bestechungstatbestände, S. 137ff.; *Jescheck*, in: LK-StGB, § 331 Rn. 9; *Kuhlen*, in: NK-StGB, § 331 Rn. 38; *Lackner/Kühl*, § 331 Rn. 5; *Maurach/Schröder/Maiwald*, BT/2 § 79 Rn. 12; *Tröndle/Fischer*, § 331 Rn. 11c; *Wentzell*, Tatbestandsproblematik, S. 112ff.

360 *Geerds*, Bestechungstatbestände, S. 65ff.; *ders.*, JR 1986, S. 253, 256; *Klug*, JZ 1960,

Bedenken sind sich auch die Befürworter eines immateriellen Vorteilsverständnisses bewusst, denn so sollen auch nach dort verbreiteter Auffassung mit Blick auf die Anforderungen des Bestimmtheitsgebotes in Art. 103 Abs. 2 GG nur jene nicht materiellen Begünstigungen im Tatbestand des § 331 Abs. 1 StGB Berücksichtigung finden, die einen objektiv messbaren Inhalt aufweisen und den Amtsträger in irgendeiner Weise erheblich besser stellen[361]. Ausschlaggebendes Kriterium sei dabei weniger, dass sich diese Begünstigung anhand eines wirtschaftlichen Wertes beziffern lasse, sondern vielmehr komme es darauf an, dass in irgendeiner Form der Nachweis für eine Besserstellung erbracht werden kann[362].

Trotz oder gerade wegen dieser Anforderungen an die Nachweisbarkeit ist es schwierig, strafrechtlich relevante immaterielle Vorteile von solchen abzugrenzen, die vor dem Strafgesetz ohne Bedeutung sind. Unsicherheiten bestehen vor allem auch hinsichtlich ihrer Qualität. Immer wieder findet sich in der Rechtsprechung dazu die Formulierung, dass ein immaterieller Vorteil auch schon in der bloßen Befriedigung des Ehrgeizes oder der Eitelkeit und des Ansehens liegen kann[363]. Dieses Vorteilsverständnis geht hingegen auch manchen Befürwortern des immateriellen Vorteilsbegriffs in der Literatur zu weit, da es gerade in diesen Fällen an einer objektiv messbaren Besserstellung fehle[364]. Sie weisen in diesem Zusammenhang auch völlig richtig darauf hin, dass es sich diesbezüglich um lediglich beiläufige Äußerungen der Rechtsprechung gehandelt hat, denen im jeweils konkreten Fall keine Entscheidungserheblichkeit zugekommen ist[365]. Andererseits soll auch nach Auffassung der Kritiker dem Amtsträger ein Vorteil zufließen, wenn er von seinem Vorgesetzten tatsächlich in nicht unerheblicher Weise bevorzugt wird oder seine Karrierechancen auf sonstige Weise steigen[366].

S. 724, 725; *Schmidt*, Bestechungstatbestände, S. 3ff.

361 *Heine*, in: Schönke/Schröder, § 331 Rn. 19; *Höltkemeier*, Sponsoring, S. 100; *Kuhlen*, in: NK-StGB, § 331 Rn. 39; *Rengier*, BT/2 § 60 Rn. 10; *Rudolphi/Stein*, in: SK-StGB, § 331 Rn. 21; *Satzger*, ZStW 115 (2003), S. 469, 478f.; *Tenckhoff*, JR 1989, S. 33, 34

362 *Satzger*, ZStW 115 (2003), S. 469, 478

363 *RGSt* 24, S. 294; RGSt 77, S. 78; *BGHSt* 14, S. 123, 128; *BGHSt* 33, S. 339f.; *BGHSt* 35, S. 128, 136; *OLG Zweibrücken*, NStZ 1982, S. 205; zuletzt *OLG Karlsruhe*, wistra 2001, S. 435

364 *Jescheck*, in: LK-StGB, § 331 Rn. 9; *Rudolphi/Stein*, in: SK-StGB, § 331 Rn. 21

365 *Heine*, in: Schönke/Schröder, § 331 Rn. 19; *Jescheck*, in: LK-StGB, § 331 Rn. 9; *Kaiser*, NJW 1981, S. 321, 322

366 *Bauchrowitz*, Vorteilsbegriff, S. 148ff.; diff. *Kuhlen*, in: NK-StGB, § 331 Rn. 40 Fn. 88; *Tröndle/Fischer*, § 331 Rn. 11c

War dieser Streit bis vor kurzem höchstrichterlich noch nicht entschieden, so äußerte sich der Bundesgerichtshof hierzu erstmals in der „Drittmittelentscheidung". Er erachtete es als eher fernliegend, Ansehensmehrung und Steigerung der (wissenschaftlichen) Reputation als Vorteile anzuerkennen, da eine solche Betrachtung den Bereich der objektiven Messbarkeit oder Darstellbarkeit eines Vorteils verlassen und ins Unbestimmte abgleiten würde[367]. Dieses eher restriktive Verständnis steht im Gegensatz zu einer Tendenz der unter- und obergerichtlichen Rechsprechung: Dort wurde in jüngeren Entscheidungen immer wieder hervorgehoben, dass auch die Steigerung des beruflichen Ansehens einen Vorteil darstellen kann. So sah es das OLG Karlsruhe als evident und keiner näheren Darstellung bedürfend an, dass gleichzeitig mit der kostenlosen Überlassung eines Ultraschallgeräts an einen Klinikarzt als Abteilungsleiter und Lehrstuhlinhaber sein Ansehen auch im Sinne einer konkreten Verbesserung seiner Karrierechancen gesteigert wurde[368]. Das OLG Hamburg sah etwa im „Fortbildungsgewinn" einen immateriellen Vorteil: Durch eine Kongressteilnahme komme es zu einer Wissensmehrung und Förderung der wissenschaftlichen Reputation, die messbar zu einer reputationsbeeinflussten Steigerung der Nachfrage für spätere entgeltliche Vortragsleistungen führe[369]. Diese Tendenz hin zu einem weiten Vorteilsverständnis ist jedoch nicht nur im medizinischen Bereich, sondern auch auf dem hier interessierenden politischen Sektor festzustellen. So hat das OLG Karlsruhe in einem Beschluss aus dem Jahre 2001 zwar die Ablehnung der Eröffnung des Hauptverfahrens gegen einen Bürgermeister, der für seine Gemeinde eine Spende zum Bau eines Brunnens angenommen hatte, wegen fehlender Unrechtsvereinbarung bestätigt, jedoch die Auffassung der Staatsanwaltschaft zum immateriellen Vorteil nicht ausdrücklich verworfen[370]. Die Staatsanwaltschaft sah einen Vorteil des Bürgermeisters darin, dass die Beschaffung des Geldes als kommunalpolitischer Erfolg und damit zugleich als Steigerung seines Ansehens als Bürgermeister zu werten sei.

Mit Blick auf das Rechtsgut der Vorteilsannahme ist die Einbeziehung dieser Zuwendungen ohne Vermögenswert in den Vorteilsbegriff auch zwingend geboten. Findet sich schon im Gesetzeswortlaut kein Anhaltspunkt für eine Beschränkung des Tatbestandes auf wirtschaftliche Vorteile, rechtfertigt

367 *BGH*, NJW 2002, S. 2801f.
368 *OLG Karlsruhe*, StV 2001, S. 288
369 *OLG Hamburg*, StV 2001, S. 285
370 *OLG Karlsruhe*, NStZ 2001, S. 654, 655

auch der Sinn und Zweck der Norm nur ein Verständnis im obigen Sinne. Denn es verstößt selbst der altruistisch handelnde Amtsträger objektiv gegen den Grundsatz der Sachlichkeit und Gesetzmäßigkeit der Verwaltung, so dass dessen Verhalten das Vertrauen der Bevölkerung in Kompetenz bzw. Integrität der Amtsträger im Allgemeinen beeinträchtigen und damit eine (abstrakte) Gefahr für die Funktionsfähigkeit der Verwaltung heraufbeschworen werden kann. Diese Sicht steht auch im Einklang mit dem Willen des Gesetzgebers, der bereits im Jahre 1974 die engere Gesetzesfassung „Geschenke oder andere Vorteile“ aufgegeben und sich für die bloße Nennung des „Vorteils“ entschieden hat, um immaterielle Vorteile zu erfassen[371]. Bestätigt wird dieses Verständnis durch einen Blick in die internationalen Rechtsinstrumente zur Korruptionsbekämpfung, die neben geldwerten immer auch ausdrücklich „andere Vorteile“ für die Tatbestandserfüllung genügen lassen[372]. Um die Auslegung aber nicht ausufern zu lassen, ist es bei immateriellen Werten wie der Karriere oder dem Ansehen geboten, sie nur dann als Vorteil zu begreifen, wenn sie einen gewissen Grad der Wahrscheinlichkeit ihres Eintretens und ein quantifizierbares Ausmaß angenommen haben[373].

b. Der mittelbare Vorteil

Vor Verabschiedung des Korruptionsbekämpfungsgesetzes 1997 war der Anwendungsbereich des § 331 StGB auf eigennütziges Verhalten des Amtsträgers beschränkt, so dass Zuwendungen von Vorteilen an vom Amtsträger verschiedene Personen – beispielsweise hohe finanzielle Zuwendungen an politische Parteien, die aufgrund der Änderung des Wortlautes jetzt Anlass für diese Abhandlung sind – trotz ihrer Konnexität zu einer (damals noch konkreten) Diensthandlung nicht vom Tatbestand der Vorteilsannahme erfasst wurden. Seit jeher waren Bestrebungen erkennbar, diese Zuwendungskonstellationen, die vom geradlinigen Regelfall des korruptiven Zweipersonenverhältnisses abwichen, strafrechtlich zu erfassen[374]. So führte bereits das Reichs-

371 BT-Drucks. 7/550, S. 271; *Ambos*, JZ 2003, S. 345, 348

372 So verweisen etwa *Höltkemeier*, Sponsoring, S. 100 und *Satzger*, ZStW 115 (2003), S.469, 478 auf die internationalen Vorgaben der Europaratskonvention vom 27.1.1999, die OECD-Konvention vom 17.12.1997 sowie das EU-Antikorruptionsabkommen vom 26.5.1997.

373 Ähnlich *Wentzell*, Tatbestandsproblematik, S. 119

374 Eine umfangreiche Analyse der einschlägigen Rechtsprechung findet sich bei *Gribl*, Vorteilsbegriff, S. 19ff.

gericht aus, dass Zuwendungen gegenüber einer einem Amtsträger nahestehenden Person in Form von geldwerten Vorteilen im Wege der Zurechnung zu einem mittelbaren materiellen Vorteil beim Amtsträger selbst führen[375] und erweiterte später seine Rechtsprechung allgemein auf dritte Personen[376]. Der Bundesgerichtshof setzte diese Diktion fort und erkannte für eine Zuwendung an eine Person, die im Lager des Amtsträgers steht, qua Zurechnung auf einen mittelbaren Vorteil des Amtsträgers selbst[377]. Der Vorteil musste lediglich in irgendeiner Form zu Buche schlagen.

Seit der Neufassung des § 331 Abs. 1 StGB und der ausdrücklichen Aufnahme der Drittvorteile in den Tatbestand hat die teils vehement kritisierte Rechtsprechung zum (immateriellen) mittelbaren Vorteil[378] viel von ihrer Brisanz verloren. Den Bedenken gegen die Lehre vom mittelbaren Vorteil wegen etwaiger Abgrenzungsprobleme und der Gefahr auf eine greifbare Besserstellung beim Amtsträger selbst zu verzichten und damit den Vorteilsbegriff zu verwässern, wurde die Grundlage entzogen. Gleichwohl ist die Unterscheidung zwischen mittelbarem Eigen- und Drittvorteil nicht obsolet. Hinsichtlich der Erfüllung des Tatbestandes hat der mittelbare Vorteil weiterhin Bedeutung, weil er neben dem primären Drittvorteil einen weiteren Ansatzpunkt für eine Bestrafung nach § 331 StGB bieten kann[379]. Eine Vorteilsannahme aus Eigennutz ist zudem regelmäßig gravierender als diejenige mit altruistischer Motivation, was folglich in der Strafzumessung entsprechenden Niederschlag finden wird[380]. Deshalb sah wohl auch der BGH in der „Kremendahl-Entscheidung" einen Anlass, die mittelbare Vorteilhaftigkeit der Wahlkampfunterstützung für den Amtsträger selbst nochmals herauszustellen[381].

375 *RGSt* 1, S. 404, 405; *RGSt* 13, S. 396, 397

376 In *RG*, HRR 1940, Nr. 872 sah es das Gericht als ausreichend an, dass die mittelbare Besserstellung des Amtsträgers – in diesem Fall durch die Anstellung des Bruders des Amtsträgers – immaterieller Natur sei und ließ die Steigerung des eigenen Ansehens genügen. In *RG*, DR 1943, S. 77 sah das Gericht in der Vermittlung eines Darlehens an einen Dritten einen eigenen mittelbaren Vorteil des Amtsträgers. Der Ruf der Zuverlässigkeit oder die Festigung von Freundschaften und die Erlangung der Gunst eines Vorgesetzen begründeten eine hinreichende persönliche Besserstellung. Vor allem die Zurechnung der mittelbaren immateriellen Vorteile hat sich bis in die heutige Zeit fortgesetzt, vgl. *BGHSt* 33, 336 (Sportheim), *BGHSt* 35, 128 (Parteispenden)

377 *BGH*, NJW 1959, S. 345 (Freundin); *BGHSt* 15, 286 (Tischtennisverein);ähnlich *OLG Düsseldorf*, NJW 1987, S. 1213, 1214 (Getränkekasse)

378 Etwa*Gribl*, Vorteilsbegriff, S. 60

379 BT-Drucks. 7/550, S. 271; *Satzger*, ZStW 115 (2003), S. 469, 478

380 *BGH*, NJW 2002, S. 2801ff.; *Heine*, in: Schönke/Schröder, § 331 Rn. 20a; *Kuhlen*, JR 2003, S. 231, 233; *Rönnau*, JuS 2003, S. S. 232, 234; deshalb zu undifferenziert *Knauer/Kasper*, GA 2005, S. 385, 391 („*Frage spielt (...) keine Rolle mehr*")

c. Der Drittvorteil

(1) Fremdnütziges Handeln

Seit der Novellierung von § 331 StGB genügt für die Tatbestandsverwirklichung der Vorteilsannahme nunmehr bereits eine Besserstellung eines Dritten[382]. Hierbei soll, wie es der Wortlaut der §§ 331ff. nahe lege[383], der Drittvorteil ohne Einschränkung dem Eigenvorteil des Amtsträgers gleich stehen, so dass alle Formen des eigen- und fremdnützigen Handelns gleichermaßen ausreichen würden[384]. Die geschützten Rechtsgüter seien bei korruptiven Zuwendungen an Dritte in gleicher Weise betroffen wie bei Zuwendungen, die dem Amtsträger selbst zu Gute kommen[385].

Dies wird teilweise kritisch gesehen und deshalb vorgeschlagen, dass die Zuwendung an den Dritten wenigstens mittelbar zu einer Besserstellung des Amtsträgers führen müsse[386]. Begründet wird dies mit den - in diesem Punkt allerdings nicht eindeutigen - Gesetzesmaterialien[387], die so zu verstehen seien, dass der Charakter der §§ 331ff. StGB als eigennützige Delikte aufrecht erhalten werden sollte. Der Begriff des „Dritten" sei einer derart einschränkenden Auslegung ohne weiteres zugänglich, da diesem keine Aussage darüber entnommen werden könne, in welchem Beziehungsverhältnis er zum Amtsträger stehen und welcher Natur dieses Verhältnis sein soll[388].

Zustimmung verdient hier schon aufgrund des unmissverständlichen Wortlautes der Norm die erstgenannte Auffassung[389]. Anderen Tatbeständen, die

381 *BGH*, NJW 2004, S. 3569, 3571

382 Vor der Novellierung war dies durchaus streitig, wobei die h.M. eine Einbeziehung von Drittvorteilen in § 331 StGB a.F. ablehnte; vgl. hierzu *Cramer*, in: Schönke/Schröder, 26. Aufl., § 331 Rn. 40; *Graupe*, Bestechungsdelikte, S. 27; sowie die Nachweise bei *Tröndle/Fischer*, § 331 Rn. 13; für die Einbeziehung der Drittvorteile in § 331 StGB a. F. bereits *Gribl*, Vorteilsbegriff, S. 93; *Rudolphi*, NJW 1982, S. 1417. In *BGHSt* 35, S. 128, 135f. bezog das Gericht einen Vorteil, der der eigenen Partei zugewandt wurde in den Tatbestand ein mit der Begründung, dass es sich um mittelbare Eigenvorteile des Amtsträgers handele.

383 *Kuhlen*, in: NK-StGB, § 331 Rn. 45

384 *OLG Karlsruhe*, StV 2001, S. 288, 290; *Dölling*, ZStW 112, (2000), S. 334, 345; *Rudolphi/Stein*, in: SK-StGB, § 331 Rn. 22; *Tröndle/Fischer*, § 331 Rn. 14

385 *Wolter*, JuS 1998, S. 1100, 1105

386 *Krey*, BT/1 Rn. 669b; *Korte*, NStZ 1997, S. 513, 515; *Ostendorf*, NJW 1999, S. 615, 617; *Wentzell*, Tatbestandsproblematik, S. 95, 122f.; *Winkelbauer/Felsinger*, BWGZ 99, S. 292; *dies.*, in: Winkelbauer/Felsinger/Dannecker, Gemeinnützig oder strafbar?, 2003, S. 1

387 BT-Drucks. 13/5584 S. 9

388 *Wentzell*, Tatbestandsproblematik, S. 95

ein Handeln für Dritte dem eigennützigen Handeln gleichstellen, wie etwa §§ 242, 246, 253 und 263 StGB, liegt ebenfalls kein derart eingeschränktes Begriffsverständnis zu Grunde. Im Übrigen ist das Unrecht der Vorteilsannahme durch die Verknüpfung der Dienstausübung mit einer Gegenleistung geprägt, die letztlich die Gefahr sachfremder Entscheidungen fördert. Wem der Vorteil, der die Entscheidungsfindung des Amtsträgers beeinflussen kann, zukommt, ob ihm selbst oder einem Dritten, spielt keine Rolle. Dieses Verständnis wird auch dem Rechtsgut der Vorteilsannahme am ehesten gerecht. Die Integrität des Beamtenkörpers und das Vertrauen darauf, dass die Handlungen der Staatsorgane nur von sachlichen Erwägungen beeinflusst werden, gebietet gleichen Strafschutz. Es ist dabei völlig gleichgültig, ob der Amtsträger den Vorteil einzig persönlich oder auf mittelbarem Wege erlangt oder ob sich der Vorteil ausschließlich zugunsten eines Dritten auswirkt.

(2) Abgrenzung zur Botenschaft

Jene Stimmen, die sich bei der strafrechtlichen Bewertung von Zuwendungen an Dritte von einer verwaltungsrechtlichen Betrachtung leiten lassen und all diejenigen Zuwendungen an andere Personen aus dem Vorteilsbegriff ausklammern wollen, bei denen der Amtsträger die ihm selbst erbrachten Vermögenswerte ohne eigene Sach- und Entscheidungsgewalt lediglich weiterleitet und im Grunde nur die Funktion eines Boten oder Übermittlers einnimmt[390], finden keine Stütze in der Rechtsprechung der Strafgerichte.

Ausgangspunkt ihrer Auffassung ist die beamtenrechtliche Vorgabe der §§ 70 BBG, 43 BRRG, die es dem Beamten ausdrücklich verbieten, Geschenke und Belohnungen[391] anzunehmen. Hinsichtlich dieser Normen hat sich nämlich das Bundesverwaltungsgericht in seiner disziplinarrechtlichen Rechtsprechung umfangreich mit der Abgrenzung der Verfügungsbefugnis des Beamten zu seinem eigenen Nutzen und der bloßen Botenschaft auseinandergesetzt. In den Fällen verbotener Geschenkannahme formulierte das Bundesverwaltungsgericht stets, dass die selbstlose, uneigennützige und auf keinen persönlichen Vorteil oder materiellen Gewinn bedachte Führung der Amtsge-

389 So auch *Satzger*, ZStW 115 (2003), S. 469, 477

390 *Kaiser*, NJW 1981, S. 321, 322; *Wentzell*, Tatbestandsproblematik, S. 120

391 Nach *Weiß/Niedermaier/Summer/Zängl*, BayBG, Art. 79 Anm. 5 wird der Begriff der Belohnung umfassender interpretiert als der Terminus des Geschenkes. Ersterer sei mit dem Begriff des Vorteils aus den §§ 331ff. StGB gleichzusetzen.

schäfte eine der wesentlichen ethischen Grundlagen des Berufsbeamtentums sei[392]. Außerdem seien die absolute Unbestechlichkeit und die Freiheit von durch materielle Vorteile etwa verursachten sachfremden Erwägungen bei amtlichen Entscheidungen unabdingbare Voraussetzungen für das ordnungsgemäße Funktionieren des öffentlichen Dienstes. Es gehöre deshalb zu den vornehmsten und selbstverständlichsten Pflichten eines Beamten, sein Amt uneigennützig zu versehen und Amtshandlungen nicht als käuflich erscheinen zu lassen[393]. Den Vorwurf einer Verletzung dieser Dienstpflichten erhebt das Bundesverwaltungsgericht jedoch immer nur dann, wenn Geschenke und Belohnungen dem Beamten unmittelbar oder zumindest mittelbar zugute kommen[394] bzw. wenn der Beamte aufgrund eigener Verfügungsbefugnis über zugewendete Gelder verfügen kann[395], selbst wenn ihm der wirtschaftliche Nutzen am Ende nicht verbleibt. Allerdings gelte Letzteres ausschließlich für die Verfügungsbefugnis zu eigenem Nutzen und mit eigener Entscheidungsbefugnis, nicht jedoch wenn der Beamte lediglich als Bote oder Übermittler einer Spende des Zuwendenden auftrete[396] oder umgekehrt als Beauftragter des Letztempfängers handle[397].

Dieses, die Bedeutung des persönlichen Vorteils heraushebende, verwaltungsrechtliche Verständnis mit der individuellen Persönlichkeit des Beamten als Bezugspunkt für die Zuwendung soll nun auch Grundlage für die strafrechtliche Bewertung sein[398]. Als Begründung hierfür verweist etwa *Wentzell* auf angeblich einschlägige Rechtsprechung des Reichsgerichts und des Bundesgerichtshofes. Allerdings vermögen die zum Beleg zitierten Urteile diese Auffassung nicht zu stützen. So ging es bei der reichsgerichtlichen Entscheidung RGSt 58, 263f. um die Frage, ob eine Annahme eines Vorteils im Sinne der Bestechungstatbestände vorliegt, wenn der Beamte diese zunächst ohne seine Kenntnis in seinen Machtbereich gelangte Zuwendung später wieder zurückgibt. Im Ergebnis kommt das Reichsgericht dann zu der Erkenntnis, dass eine Annahme nicht gegeben sei, wenn der Amtsträger die Zuwendung nicht als Gegenleistung behalten, sondern zurückgeben wollte. Die hierzu ausge-

392 *BVerwG*, Urt. v. 26.11.1987 - Az 1 D 23/86
393 *BVerwG*, RiA 1982, S. 198, 199
394 *BVerwG*, Urt. v. 25.2.1997, Az 1 D 22/96
395 *BVerwG*, RiA 1982, S. 198f.; *BVerwG*, DVBl. 1987, S. 253f.; *BVerwG*, Urt. v. 25.8.1987 - Az 1 D 7/87; *BVerwG*, Buchholz 232, § 70 BBG Nr. 7
396 *BVerwG*, NVwZ-RR 1989, S. 145, 164
397 *BVerwG*, NVwZ-RR 1989, S. 145, 146
398 *Wentzell*, Tatbestandsproblematik, S. 73 und 120 mit den dortigen Nachweisen

arbeitete Begründung lässt sich aber nicht für die Lösung des Problems der Eigennützigkeit bzw. eigenen Besserstellung des Amtsträgers nutzbar machen und als Beleg für ein Eigennutzerfordernis zugrundelegen[399]. Auch der Bundesgerichtshof verweist in BGHSt 14, 127 lediglich auf RGSt 58, 263, 266 und stellt deshalb für die Bejahung eines Vorteils darauf ab, dass das Erstreben des Vorteils auf Seiten des Amtsträgers den Willen voraussetzt, den Gegenstand der Zuwendung zu behalten oder zumindest über ihn als eigenen, für eigene Zwecke zu verfügen. Eine Begründung für die Prämisse vom Eigennutz ist das Zitat jedoch nicht und eine weitergehende Begründung bleibt der Bundesgerichtshof schuldig. Zwar unterstreicht der Bundesgerichtshof in BGHSt 15, 286 ausdrücklich, dass es erforderlich sei, dass der Amtsträger selbst einen Vorteil erhalte, bedient sich aber ebenfalls lediglich der Verweisungen auf frühere Entscheidungen[400], die ihrerseits keinen Aufschluss über die Notwendigkeit der eigenen Besserstellung geben. Bedeutung verbleibt der Frage der Eigennützigkeit des Amtsträgers somit nur noch im Rahmen der Strafzumessung, zur Erfüllung des Tatbestandes ist sie jedoch nicht mehr erforderlich.

2. Vorteil und Parteispenden

Ausgehend von diesem weiten Verständnis des Vorteilsbegriffs gilt es nun zu untersuchen, in welchen Konstellationen Parteispenden einen Vorteil im Sinne von § 331 StGB darstellen: Es liegt auf der Hand, dass die Gewährung einer Spende an einen Amtsträger persönlich einen materiellen Vorteil für diesen darstellt, ebenso wie die Zuwendung an die Partei als Drittvorteil zu subsumieren ist. Eine Direktspende an den Amtsträger bleibt dabei solange ein Eigenvorteil, bis dieser sie in Erfüllung satzungsgemäßer Pflichten an die Partei abführt[401]. Durch die faktische Möglichkeit, das Geld vor der Weiterleitung, irgendwie – insbesondere als eigenes – zu behandeln, hat der Amtsträger mit dessen Aushändigung einen unmittelbaren Vorteil erlangt[402]. Auf die Höhe einer Zuwendung kommt es nicht an, so dass auch Leistungen

399 So bereits völlig richtig *Gribl*, Vorteilsbegriff, S. 32

400 *BGHSt* 15, S. 184f; *RGSt* 65, S. 52f.

401 Hierzu auch *Battis/Kersten*, JZ 2003, S. 655; *Ipsen*, NVwZ, 2003, S. 14; *Saliger*, Parteiengesetz, S. 80ff., 515ff.; vgl. auch *Saliger/Sinner*, NJW 2005 S. 1073 Fn. 6 wonach die Zweifel des BGH (NJW 2004, S. 3569, 3573) am Vorliegen einer Parteispende unbegründet sind

402 So bereits *BGH*, NStZ 1988, S. 460; krit. *Kuhlen*, NStZ 1988, S. 433, 436

von ganz geringem Wert grundsätzlich (erst einmal) einen Vorteil darstellen[403] - egal ob sich die Zuwendung auf 5 Euro oder 50.000 Euro beläuft. Ob die Geringwertigkeit eines Vorteils oder dessen Verwendung im Zusammenspiel mit anderen Kriterien zu einer Negierung des Tatbestandes führen können, ist eine Frage, die jedoch noch eingehend zu betrachten sein wird.

a. Ansehensmehrung als messbarer Vorteil

Spenden stellen aber auch, selbst wenn sie nicht zweckgebunden für Anschaffungen oder zur Wahlkampffinanzierung des Amtsträgers konkret bestimmt sind, mithin vom Amtsträger nicht einmal persönlich genutzt werden und direkt an die Partei fließen, für diesen einen immateriellen Vorteil dar. Die Chancen auf einen Erfolg bei der (Wieder-) Wahl sowie die politischen Wirkungsmöglichkeiten hängen vielfach vom Wohlwollen der Mitglieder der eigenen Partei, im kommunalen Bereich gar von der Kooperation aller Rathausparteien ab. Politische Karrieren sind immer auch Parteikarrieren und es ist Ausfluss allgemeiner Lebenserfahrung, dass gerade solche Funktionsträger einer Partei hohes Ansehen genießen, die es verstehen, die Parteikassen zu füllen. Dieses Argument der Ansehensmehrung gilt wiederum in besonderem Maße auf kommunaler Ebene, wo Exekutive und Legislative eng miteinander verzahnt sind. Gerade dort spielen die persönlichen Beziehungen eine große Rolle für die Förderung der eigenen politischen Karriere. Der Nutzen solcher „Seilschaften" ist nicht eine bloß vage Exspektanz, sondern ein anhand von Wahlprognosen und letzlich anhand des Wahlergebnisses objektiv messbares Kriterium. Der Ruf als Geldbeschaffer ist mit einem handfesten materiellen Vorteil also durchaus vergleichbar[404]. Man kann sogar ohne Übertreibung behaupten, dass ein Amtsträger als aktives Parteimitglied ein eigenes wirtschaftliches Interesse daran hat, dass seiner Partei eine Spende zufließt. Denn hat der Amtsträger als verdientes Parteimitglied gesteigerte Chancen auf einen gut dotierten Posten, bringt dieses berufliche Fortkommen auch

403 *Heine*, in: Schönke/Schröder, § 331 Rn. 18; *Fuhrmann*, GA 1959, S. 98; *Jescheck*, in: LK-StGB, § 331 Rn. 8; *Kuhlen*, in: NK-StGB, § 331 Rn. 35; Otto, GA 1994, S. 186, 188; *Rudolphi/Stein*, in: SK-StGB, § 331 Rn. 20; a.A. *Gribl*, Vorteilsbegriff, S. 134ff.; *Kaiser*, NJW 1981, S. 321, 322

404 So bereits *Tenckhoff*, JR 1989, S. 33, 35; vgl. auch *OLG Karlsruhe*, NStZ 2001, S. 654, 655 wenngleich im dortigen Fall wegen fehlender Unrechtsvereinbarung eine Strafbarkeit (wg. § 332 StGB) verneint wurde; kritisch *Geerds*, JR 1987, S. 169, 170, der von einer *„auf Gefühlen anderer basierenden Spekulation"* spricht; ihm folgend *Wentzell*, Tatbestandsproblematik, S. 119

finanzielle Vorteile für ihn mit sich. Die Förderung der politischen Ziele der Partei, die mit den politischen Zielen des Amtsträgers zumeist im Einklang stehen werden, kommen auch den eigenen Ambitionen des Amtsträgers zugute[405]. Das Handeln eines politischen Amtsträgers ist nämlich in vielen Fällen parteibezogen und häufig mit der Programmatik der Partei untrennbar verbunden.

b. Verbesserte Wirkungs- und Werbemöglichkeiten als Vorteil

Im Falle einer finanziellen Zuwendung an den Ortsverband einer politischen Partei etwa zur Finanzierung des Wahlkampfes ihres Kandidaten werden dessen persönliche Wirkungs- bzw. Wahlwerbemöglichkeiten ohnehin durch die vermehrt zur Verfügung stehenden Mittel messbar materiell verbessert, so dass man ohne weiteres auch zu der Annahme eines mittelbaren Eigenvorteils gelangt[406]. Entsprechendes gilt auch bei nicht zweckgebundenen Parteispenden, von denen der Amtsträger nicht direkt finanziell profitiert. Sie erweitern den wirtschaftlichen und damit auch politischen Spielraum der Partei und schlagen letztlich auf das einzelne Parteimitglied durch, das von der guten finanziellen Ausstattung der Partei profitiert[407].

III. Die Unrechtsvereinbarung

Als Kernelement der Bestechungsdelikte – und damit auch von § 331 StGB – bezeichnet wird die so genannte Unrechtsvereinbarung, die darin zum Ausdruck kommt, dass der Vorteil *„für die Diensausübung"* gefordert, versprochen oder angenommen werden muss[408]. Für die Strafbarkeit des politischen Amtsträgers bei der Parteispendenakquisition ist dabei zu untersuchen, welche seiner Tätigkeitsfelder überhaupt zur Dienstausübung als Anknüpfungspunkt für eine Strafbarkeit zählen. Da die Formulierung „für die Dienstaus-

405 *Gribl*, Vorteilsbegriff, S. 43; *Kuhlen*, NStZ 1988, S. 433, 437; *Scheu*, NJW 1981, S. 1195, 1196

406 So bereits *BGHSt* 35, S. 128f.; jetzt auch *BGH*, NJW 2004, S. 3569, 3571; *Tenckhoff*, JR 1989, S. 33, 34

407 Vgl. *BGHSt* 33, S. 336, 340; *BGHSt* 35, S. 128, 135

408 *Dölling*, ZStW 112 (2000), S. 334, 343; *Kindhäuser/Goy*, NStZ 2003, S. 291, 293; *Kuhlen*, in: NK-StGB, § 331 Rn. 76; *Möhrenschlager*, JZ 1996, S. 822, 825; *Satzger*, ZStW 115 (2003), S. 469, 479; *Schreiber/Rosenau/Combé/Wrackmeyer*, GA 2005, S. 265, 268; *Schünemann*, FS Harro, S. 777ff.

übung“ wenig aussagekräftig ist, gilt es in einem weiteren Schritt zu fragen, welcher Zusammenhang zwischen der Tathandlung und der Dienstausübung bestehen muss, damit die Spendeneinwerbung dem § 331 StGB unterfällt.

1. Begriff der Dienstausübung

Im Gegensatz zur aktuellen Formulierung von § 331 Abs. 1 StGB verlangte das alte Recht bis zum Korruptionsbekämpfungsgesetz 1997 noch einen Vorteil als „*Gegenleistung für eine Diensthandlung*“. Dies setzte eine zur Zeit der Tathandlung vorliegende oder zugleich mit ihr geschlossene Vereinbarung darüber voraus, dass der Vorteil um einer bestimmten zukünftigen oder vergangenen Diensthandlung willen gewährt wurde[409]. Zurückgehend auf einen Vorschlag *Döllings* ist die Bezugshandlung des Tatbestands der Vorteilsannahme in seiner nunmehr geltenden Fassung wesentlich erweitert worden[410]. Bereits die Rechtsprechung hatte es bis dato hinsichtlich künftiger Diensthandlungen genügen lassen, dass diese nicht mehr nach Zeitpunkt, Anlass und Ausführungsweise in allen Einzelheiten zum Zeitpunkt der Zuwendung feststehen mussten, sondern nur ihrem sachlichen Gehalt nach in groben Umrissen erkennbar und festgelegt waren[411]. Die Neufassung des Tatbestandes fußte letztlich auf der Problematik, dass auch unter Zugrundelegung dieser Rechtsprechung ein wesentlicher Teil der als strafwürdig erachteten Praktiken, wie die „Klimapflege“ und das „Anfüttern“, nicht erfasst werden konnten, da eine konkretisierbare Diensthandlung als Gegenleistung hierbei regelmäßig noch nicht erwartet oder verlangt wird[412]. Dieser beklagten Rechtslage sollte durch den neuen Wortlaut entgegengewirkt und die Strafbarkeit auf diese Korruptionspraktiken der unspezifischen Zuwendungen, die nicht eine konkrete Diensthandlung honorieren, sondern allgemeines „Wohlwollen“ und „Entgegenkommen“ schaffen sollen, erweitert werden[413]. Gleichwohl wird die-

---

409 *BGHSt* 4, S. 297; *BGHSt* 10, S. 241; *BGHSt* 30, S. 45, 46; *BGHSt* 33, S. 336, 339; *BGHSt* 39, S. 48; *BGH*, NStZ 1994, S. 488; *BGH*, NStZ 1999, S. 561; *Cramer*, in: Schönke/Schröder, § 331 Rn. 27; *Lackner/Kühl*, § 331 Rn. 10; *Tröndle/Fischer*, § 331 Rn. 22

410 *Dölling*, Gutachten, S. 65f.

411 *BGHSt* 32, S. 291

412 *BGHSt* 15, S. 239, 25of.; *BGH*, NStZ 1984, S. 24, 25; *BGH*, NStZ 1999, S. 561, 562; *BGH*, wistra 2000, S. 97, 98

413 *Kuhlen*, in: NK-StGB, § 331 Rn. 74; *Bauer/Gmel*, in: LK-StGB Nachtr., § 331 Rn. 12;*Tröndle/Fischer*, § 331 Rn. 24. Einige Autoren sehen dagegen durch den neuen Wortlaut keine Veränderung gegenüber der alten Rechtslage, so etwa *König*, JR 1997,

ser Öffnung des Tatbestandes vorgeworfen, dass sie mit erheblicher Unschärfe im Randbereich erkauft worden sei[414].

Jedenfalls gehören reine Privathandlungen unstrittig nicht zur Dienstausübung. Gleiches gilt für bloße Nebentätigkeiten des Amtsträgers[415]. Auf jeden Fall zur amtlichen Dienstausübung zählt die Wahrnehmung einer durch Gesetz oder Dienstanweisung übertragenen Dienstaufgabe. Dies gilt unabhängig davon, ob die jeweilige Handlung abschließenden oder nur vorbereitenden Charakter hat[416]. Für alle anderen Tätigkeiten kommt es nach herrschender Auffassung nur darauf an, ob ein *„funktionaler Zusammenhang"*[417] zwischen der Tätigkeit des Amtsträgers und den ihm übertragenen Aufgaben besteht. Damit ist vom Begriff der Dienstausübung jede nach altem Recht tatbestandsmäßige Diensthandlung nach wie vor erfasst, da die Dienstausübung letztlich die Summe aller einzelnen Diensthandlungen darstellt[418]. Erweitert werden diese Diensthandlungen im engeren Sinne um jedes zur Diensttätigkeit in Beziehung stehende Verhalten[419], wozu vergangenes oder künftiges dienstliches Verhalten gleichermaßen zählt[420]. Auch steht es einer Dienstausübung im Sinne des Tatbestandes nicht entgegen, dass der Amtsträger außerhalb seiner örtlichen oder sachlichen Zuständigkeit handelt[421]. Trotz des Abstellens lediglich auf den „funktionalen Zusammenhang" muss aber nach wie vor konstatiert werden, ob eine pflichtgemäße oder pflichtwidrige Diensttätigkeit vorliegt. Diese Feststellung ist ob des unterschiedlichen Unrechtsgehalts des jeweiligen Verhaltens und der dementsprechend unterschiedlichen Straf-

S. 397, 399; *Wolters*, JuS 1998, S. 1100, 1105.

414 *König*, JR 1997, S. 397, 399; *Bauer/Gmel*, in: LK-StGB Nachtr., § 331 Rn. 13, *Tröndle/Fischer*, § 331 Rn. 24

415 *Kuhlen*, in: NK-StGB, § 331 Rn. 62 mit Beispielen aus der Rspr.; *Satzger*, ZStW 115 (2003), S.. 469, 480; vgl. auch die Beispiele bei *Höltkemeier*, Sponsoring, S. 110 und *Schreier*, Drittvorteil, S. 88

416 BT-Drucks. 13/8079, S. 15;*Cramer*, in: Schönke-Schröder, § 331 Rn. 7; *Kuhlen*, in: NK-StGB, § 331 Rn. 61; *Küper*, BT, Rn. 410; *Lackner/Kühl*, § 331 Rn. 8; *Rudolphi/Stein*, in: SK-StGB, § 331 Rn. 9; *Tröndle/Fischer*, § 331 Rn. 6

417 *Heine*, in: Schönke/Schröder, § 331 Rn. 9; *Höltkemeier*, Sponsoring, S. 112; *Jescheck*, in: LK-StGB, § 331 Rn. 11; *Kuhlen*, in: NK-StGB, § 331 Rn. 60; *Maurach/Schröder/Maiwald*, BT/2, § 79 Rn. 14

418 Ausführlich zur begrifflichen Struktur vgl. *Kuhlen*, in: NK-StGB, § 331 Rn. 57ff

419 BT-Drucks. 13/8079, S. 15;*Heine*, in: Schönke-Schröder, § 331 Rn. 7; *Kuhlen*, in: NK-StGB, § 331 Rn. 61; *Küper*, BT, Rn. 410; *Lackner/Kühl*, § 331 Rn. 8; *Rudolphi/Stein*, in: SK-StGB, § 331 Rn. 9; *Tröndle/Fischer*, § 331 Rn. 6

420 *Korte*, NStZ 1997, S. 513, 514; *Krey*, BT 1, Rn. 669a; *Küper*, BT, Rn. 410; *Lackner/Kühl*, § 331 Rn. 10a; *Rengier*, BT 2, § 60 Rn. 20; *Schreier*, Drittvorteil, S. 80; *Wessels/Hettinger*, BT 1, Rn. 1109;

421 *Heine*, in: Schönke/Schröder, § 331 Rn. 9; *Kuhlen*, in: NK-StGB, § 331 Rn. 60; *Rudolphi/Stein*, in: SK-StGB, § 331 Rn. 11; *Tröndle/Fischer*, § 331 Rn. 6

androhungen in § 331 StGB und § 332 StGB keineswegs obsolet geworden. Da die zu treffende Unterscheidung die Existenz eines wenigstens konkretisierbaren dienstlichen Handelns regelrecht bedingt, muss auch künftig – wenn auch geringer ausgeprägt als früher – eine gewisse Richtung erkennbar sein, in die der Amtsträger tätig werden soll[422].

Nicht verbunden ist mit der funktionalen Sichtweise eine Beschränkung auf den Inhalt der Dienstausübung. Kam es nach alter Rechtslage noch allein auf die sachliche Entscheidung selbst an, erfasst der Wortlaut nun auch die äußeren Begleiterscheinungen einer dienstlichen Tätigkeit[423]. Hierzu zählen etwa die Umstände des Entscheidungsvorgangs und die Art und Weise der Ausführung. Wenn diesem Verständnis mit Blick auf ein zugrunde gelegtes Rechtsgut der Sachlichkeit der Amtsführung[424] entgegengehalten wird, dass belohnende Zuwendungen für die eine Dienstausübung nur begleitenden Umstände niemals für sich gesehen Einfluss nehmen können auf die Sachlichkeit der Amtsführung im Sinne einer inhaltlichen Richtigkeit[425], mag dies für eine Gratifikation anlässlich der freundlichen Art und Weise des Amtsträgers gelegentlich seiner Dienstverrichtung noch zutreffen. Allerdings stößt diese Argumentation schnell an ihre Grenzen, insbesondere wenn es um die Zügigkeit der Vornahme einer dienstlichen Tätigkeit geht. Ein Amtsträger wird sich zukünftig der Anliegen eines Bürgers schneller annehmen, wenn er weiß, dass die Schnelligkeit, weil in der Vergangenheit bereits geschehen, von jenem entsprechend entlohnt wird[426]. Legt man das in dieser Abhandlung herausgearbeitete Rechtsgut der ordnungsgemäßen Funktion der staatlichen Verwaltung zugrunde, erhellt, dass gerade derartige Verhaltensweisen zu einer Gefährdung des Rechtsguts führen, wenn sich Bürger genötigt sehen, eine zeitnahe Bearbeitung ihrer Angelegenheiten mittels finanzieller Zuwendungen sicherstellen zu müssen. Zudem verkennen die Kritiker, dass die inhaltliche Tadellosigkeit der Dienstausübung kein Entscheidungskriterium hinsichtlich der Strafbarkeit sein kann, da von ihr der Tatbestand des § 331 StGB vielmehr ausgeht. Andernfalls wäre § 332 StGB einschlägig.

422 So völlig zutreffend auch *Wentzell*, Tatbestandsproblematik, S. 142

423 *Rengier*, BT II, § 60 Rn. 31

424 Dieser Abhandlung liegt mit der Funktionsfähigkeit der staatlichen Verwaltung ein anderes Verständnis des Rechtsguts der Vorteilsannahme zugrunde, vgl. 2. Kapitel.B.IV.2

425 *Wentzell*, Tatbestandsproblematik, S. 144

426 Diesen zukunftsorientierten Gedanken übersieht *Schreier*, Drittvorteil, S. 89, der von der Statthaftigkeit eines derartigen Verhaltens ausgeht.

2. Das regelwidrige Beziehungsverhältnis

Mit dem Passus *„für die Dienstausübung“* und der Einbeziehung jeglicher Drittvorteile in den Tatbestand des § 331 StGB ist die Unrechtsvereinbarung – was auf den ersten Blick nahe liegen mag – nicht aufgegeben, jedoch in erheblichen Maße gelockert worden[427]. Die Verwendung des Wortes *„für“* ist zwar insoweit ambivalent: Einerseits kann hiermit die Zweck-Mittel-Beziehung der finanziellen Zuwendung, andererseits das Gegenseitigkeits- bzw. Äquivalenzverhältnis im Sinne eines *do ut des* gemeint sein. Es ist mit Blick auf den Willen des Gesetzgebers, der das in § 331 StGB a. F. mit der Formulierung *„als Gegenleistung dafür“* zum Ausdruck kommende Äquivalenzverhältnis auch nach 1997 aufrecht erhalten wollte[428], unstreitig, dass letzteres Wortlautverständnis vorzuziehen ist und auch nach der Neufassung des Tatbestandes uneingeschränkt Beachtung findet[429]. Der Vorteil muss somit der Gegenwert für die Dienstausübung sein. Damit bildet eine Zuwendung, die lediglich als Mittel zur Durchführung der Dienstausübung gewährt wird, keine Gegenleistung in dem so verstandenen Sinn[430]. Erforderlich ist vielmehr eine sachwidrige Kopplung von Vorteil und Dienstausübung[431] dergestalt, dass Vorteilsnehmer und Vorteilsgeber durch eine gegenseitige, vertragsmäßige[432] Übereinkunft bestimmen, worin die „Gegenleistung“ für eine Handlung des Amtsträgers besteht. Erst dann ist das tatbestandliche Beziehungsgeflecht von Vorteil, Dienstausübung, Äquivalenz und Handlungs-

427 König, JR 1997, S. 397, 399; Tröndle/Fischer, § 331 Rn. 23; vgl. auch BT-Drucks. 13/8709 S. 15: „Mit dieser Formulierung wird klargestellt, dass weiterhin eine Beziehung zwischen der Vorteilsannahme und den Diensthandlungen des Amtsträgers bestehen muss. Lediglich eine hinreichend bestimmte Diensthandlung als 'Gegenleistung' muss nicht mehr nachgewiesen werden.“

428 BT-Drucks. 13/8079, S. 15

429 *Höltkemeier*, Sponsoring, S. 112; *Jescheck*, in: LK-StGB, § 331 Rn. 13; *Kuhlen*, in: NK-StGB, § 331 Rn. 77; *Lackner/Kühl*, § 331 Rn. 10; *Maurach/Schröder/Maiwald*, BT/2, Rn 79; *Rudolphi/Stein*, in: SK-StGB, § 331 Rn. 27; *Tröndle/Fischer*, § 331 Rn. 23; *Walter*, ZRP 1999, S. 292, 294; *Wentzell*, Tatbestandsproblematik, S. 141; eine Übersicht *„typischer Zuwendungsmuster“* findet sich bei *Schreier*, Drittvorteil, S. 82ff.

430 *Kuhlen*, NStZ 1988, S. 433, 439; *ders.*, in: NK-StGB, § 331 Rn. 80; *Lackner/Kühl*, § 331 Rn. 5; *Rudolphi/Stein*, in: SK-StGB, § 331 Rn. 27; *Tröndle/Fischer*, § 331 Rn. 12; *Zieschang*, StV 2001, S. 290, 292

431 *Schreier*, Drittvorteil, S. 80 spricht von „illegitimer Zuwendungsübereinkunft“

432 Nach *Wentzell*, Tatbestandsproblematik, S. 138 wird ein Vorteil „gleichsam einem synallagmatischen Vertrag des Zivilrechts in ein wechselseitiges Abhängigkeitsverhältnis (...) zu einer Dienstausübung gestellt“; weitergehend *Maurach/Schröder/Maiwald*, BT/2, § 79 Rn. 14 wonach die §§ 331ff. StGB nicht voraussetzen, dass eine Unrechtsvereinbarung wirklich abgeschlossen wurde

alternativen mit einer negativen Bewertung belegt, die die Sachlichkeit der Entscheidungsfindung des Amtsträgers und als Folge hiervon (das Vertrauen in) die ordnungsgemäße Funktion der staatlichen Verwaltung in strafwürdiger Weise zu erschüttern vermag. Folglich genügt es nicht, wenn das Amt bzw. die Amtsstellung ausschließlich zum Anlass genommen wird, dem Amtsträger eine Zuwendung zukommen zu lassen. Nicht alle im Zusammenhang mit dem Amt stehenden Vorteile für den Amtsträger selbst oder einen Dritten können nämlich für die Erfüllung des Tatbestandes ausreichen[433], denn ansonsten entspräche § 331 Abs. 1 StGB vollends der beamtenrechtlichen Regelung in § 70 S. 1 BBG, wonach die Annahme von Geschenken *„in bezug auf das Amt“* untersagt wird[434]. Die ultima-ratio-Funktion des Strafgesetzes wäre nicht mehr gewahrt.

Aufgrund dieser Feststellungen ist es – zumindest in der häufig behaupteten Absolutheit[435] – nicht richtig, dass unspezifische Zuwendungen zur „Klimapflege“ in jedem Falle vom Tatbestand der Vorteilsannahme in seiner jetzigen Fassung erfasst sind[436]. Derartige Vorteile erfolgen meist nicht nur ohne Erwartung einer zeitnahen Gegenleistung, oftmals wird eine solche Gegenleistung noch nicht einmal thematisiert worden sein. Aufgrund des Erfordernisses einer gewissen Erkennbarkeit der Richtung der dienstlichen Tätigkeit muss zwischen Geber und Nehmer zumindest stillschweigend Einvernehmen darüber bestehen, dass die Zuwendung in irgendeiner Form mit der künftigen bzw. vergangenen Dienstausübung verknüpft wird. Fehlt dieses Beziehungsverhältnis als verbindendes Element, bildet allenfalls das vom Empfänger bekleidete Amt den Ausschlag für die Zuwendung. Welche dieser beiden Konstellationen letztlich vorliegt, kann nur anhand einer sorgfältigen Überprüfung des jeweiligen Einzelfalles festgestellt werden[437]. Eine mögliche Abgrenzung kann sich zumindest grob daran orientieren, ob eine Zuwendung

433 So aber noch ein vom Bundesrat 1995 eingebrachter Gesetzesentwurf (BT-Drucks. 13/3353 S. 11)

434 *Kerner/Rixen*, GA 1996, S. 355, 381; *Wentzell*, Tatbestandsproblematik, S. 136

435 Etwa *BGH*, NJW 2004, S. 3569, 3572; *Rudolphi/Stein*, in: SK-StGB, § 331 Rn. 28a; *Saliger/Sinner*, NJW 2005, S. 1073, 1074

436 Hierzu sogleich ausführlich unter 2. Kapitel D. III. 3. a

437 Die Unrechtsvereinbarung erlangt damit eine eigenständige Bedeutung. Aufgrund dieser normativen Komponente ist sie nach *Ambos*, JZ 2003, S. 345, 349; *Höltkemeier*, Sponsoring, S. 117; *Kuhlen*, in: NK-StGB, § 331 Rn. 86; *Rudolphi/Stein*, in: SK-StGB, § 331 Rn. 29; *Satzger*, ZStW 115 (2003), S. 469, 481 ein ungeschriebenes Tatbestandsmerkmal; anders die wohl h.M.: vgl. *Küper*, BT, S. 407; *Rengier*, BT II, § 60 Rn. 22ff.; *Tröndle/Fischer*, § 331 Rn. 21ff.; *Wessels/Hettinger*, BT 1, Rn. 1100

gerade deshalb erfolgte, weil eine dienstliche Tätigkeit im Raume stand oder ob sie lediglich erbracht wurde, als eine solche stattgefunden hat[438]. Die Zuwendung darf also nicht zielgerichtet auf eine bestimmte Motivation des Empfängers hinwirken, denn dann unterfällt sie § 331 Abs. 1 StGB. Strafrechtlich unbedenklich ist es aber, wenn die Zuwendung selbst lediglich zeitlich, aus den Umständen heraus motiviert ist[439]. Es hilft hier insoweit auch der Blick auf das geschützte Rechtsgut. Denn die Funktionsfähigkeit der staatlichen Verwaltung und das hierauf gerichtete Vertrauen der Allgemeinheit können letztlich nur durch Koppelungen tangiert werden, die sich als sachwidrig bzw. regelwidrig darstellen[440].

3. Unrechtsvereinbarung und Parteispenden

Für Parteispenden gilt, dass deren Akquisition jedenfalls nicht zusammenhanglos neben den Tätigkeiten des Amtsträgers steht. Auch hat das Erfordernis einer sachwidrigen Kopplung im Spendenbereich erhebliche Konsequenzen. Bei Spenden ensteht ein für den Tatbestand relevantes Gegenleistungsverhältnis erst, wenn sich über die zweckgebundene Spendenzahlung eine weitergehende Unrechtsvereinbarung wölbt, auf Grund derer der Vorteil mit der Dienstausübung sachwidrig verknüpft wird.

a. Politische Einflussnahme als Dienstausübung

Im Zusammenhang mit dem Begriff der Dienstausübung wird vereinzelt gefordert, dass die parteipolitischen Aktivitäten eines Amtsträgers bzw. seine Überzeugungsarbeit zur Durchsetzung bestimmter politischer Vorstellungen innerhalb seiner eigenen Partei als private Tätigkeit einzuordnen und damit aus dem dienstlichen Kontext auszuklammern sind[441]. Dieses Verständnis verkennt aber meines Erachtens die Mechanismen der politischen Entscheidungsfindung. Gerade im kommunalen Bereich sind Exekutive und Legislative beinahe untrennbar miteinander verbunden und die Einflussmöglichkeiten

438 Vgl. hierzu *Wentzell*, Tatbestandsproblematik, S. 140f.

439 *Wentzell*, Tatbestandsproblematik, S. 141 spricht hier von „*modaler Motivation*"

440 *Ambos*, JZ 2003, S. 345, 349f.; *Kindhäuser/Goy*, NStZ 2003, S. 291, 204; *Satzger*, ZStW 115 (2003), S. 469, 481; *Volk*, GS Zipf, S. 419, 421

441 So bereits *Rudolphi*, NJW 1981, S. 1417, 1421; ihm folgend *Saliger/Sinner*, NJW 2005, S. 1073, 1074

eines Funktionsträgers auf seine „Parteifreunde“ oder andere parteifremde Ratsmitglieder zur Erreichung eines politischen Konsenses können je nach dessen (Amts-)Stellung und Reputation beachtlich sein. Letzteres gilt freilich nicht nur im „Kleinen“, sondern auch bei bundesweit bekannten Politikern, deren Wort in der Partei bis hinunter zur Basis Gewicht hat. Da einer solchen Einflussnahme bezüglich späterer dienstlicher Entscheidungen zumindest vorbereitender Charakter zukommt und Vorbereitungshandlungen vom Begriff der Dienstausübung mitumfasst sind, unterfällt die Zusage eines Amtsträgers, innerhalb seiner Partei politischen Einfluss nehmen zu wollen, dem dienstlichen und nicht dem privaten Bereich. Ohne weiteres zur Diensttätigkeit des Amtsträgers gehört in diesem Zusammenhang, wenn er über die eigenen Parteigrenzen hinaus danach strebt, politische Einigkeit zu erzielen, um eine Dienstausübung in eine gewisse Richtung durch entsprechende Beschlüsse von Kollektivgremien (z.B. Gemeinderat) voranzutreiben, er also im Sinne des Zuwendenden „Politik betreibt“.

So erachtete es der BGH in seiner „Kremendahl-Entscheidung“ als entscheidende Kriterien, dass der Spendenempfänger die Wahlkampfunterstützung vom Zuwendenden auf Grund seiner dienstlichen Stellung als Oberbürgermeister und seiner investorenfreundlichen Politik erhalten hat[442]. Dienstausübung im Sinne des § 331 Abs. 1 StGB ist aus Sicht des BGH also gerade die Politik des Oberbürgermeisters, mit welcher der Zuwendende Planungssicherheit verband[443]. Dabei soll es ohne Belang sein, in welcher Form innerhalb der gesetzlich vorgesehenen Zuständigkeiten der Oberbürgermeister dieser Politik im Einzelnen Geltung zu verschaffen suchte.

Gegen das Ergebnis des BGH ist letztlich nichts einzuwenden, allerdings ist dessen Herleitung bzw. Begründung nicht ganz überzeugend. Der BGH schreibt hier zunächst seine früher geäußerte Rechtsauffassung, wonach es für die Dienstausübung nicht erforderlich ist, dass deren Einzelheiten, wie Zeitpunkt, Anlass und Ausführungsweise, in allen Einzelheiten zum Zeitpunkt der Zuwendung feststehen[444], fort. Dies korreliert auch mit der durch das Korruptionsbekämpfungsgesetz intendierten Lockerung der Unrechtsvereinbarung. Wenn der BGH zur Begründung seiner Entscheidung jedoch wiederholt unter vermeintlicher Zitierung des Berichtes des Rechtsausschusses[445] darauf

442 *BGH*, NJW 2004, S. 3569, 3572
443 *BGH*, NJW 2004, S. 3569, 3570
444 *BGHSt* 32, S. 291

abstellt, dass Leistungen zur „allgemeinen Klimapflege"[446] vom Tatbestand erfasst werden, weil sie als Handlungen im Vorfeld der Korruption als gefährlich einzustufen sind, so trägt diese Argumentation nicht. Sie lässt sich insbesondere nicht auf die Gesetzesbegründung stützen.

Nach Auffassung des Gesetzgebers soll nämlich für die Erfüllung des seit 1997 neu gefassten Tatbestandes der bloße Bezug bzw. Zusammenhang des Vorteils zum Amt gerade nicht genügen. Bei Zuwendungen, die nicht in der Erwartung einer zeitnahen Gegenleistung erfolgen, mit denen aber Nähe-und Abhängigkeitsverhältnisse aufgebaut (sog. Anfüttern) oder erhalten (sog. Klimapflege) werden sollen, kommt es für die Strafbarkeit nach neuem Recht gerade darauf an, ob zwischen Geber und Nehmer Einvernehmen darüber besteht, dass die Zuwendung als Gegenleistung für eine künftige Dienstausübung erfolgen bzw ein solches Einvernehmen hergestellt werden soll[447]. Der Gesetzgeber hat insoweit eine eindeutige Entscheidung getroffen, wie sich bereits aus dessen Behandlung der verschiedenen Entwurfsvarianten im Rahmen des Gesetzgebungsverfahrens ersehen lässt. So fand die Entwurfsfassung des Bundesrates aus dem Jahre 1995[448] keinen Anklang, wonach die Unrechtsvereinbarung völlig gestrichen werden und stattdessen die Annahme eines Vorteils ohne Nachweis einer Gegenleistung genügen sollte[449]. Auf Ablehnung stieß auch der Vorschlag, tatbestandsmäßig nur solche Vorteile zu erfassen, die geeignet sind, den Amtsträger bei der lauteren Wahrnehmung seiner dienstlichen Aufgaben zu beeinflussen[450]. Zustimmung fand hingegen der Vorschlag des 61. Deutschen Juristentages, wonach § 331 StGB eingreifen sollte, wenn der Vorteil für die dienstliche Tätigkeit gewährt wird oder gewährt werden soll, ohne dass die Vereinbarung einer bestimmten Diensthandlung erforderlich ist[451]. Dieser findet sich letztlich auch in der Gesetzesbegründung wieder, wo es – und dies scheint der BGH im Kremendahl-Fall misszuinterpretieren – heißt: *„Mit dieser Formulierung wird klargestellt, dass weiterhin eine Beziehung zwischen der Vorteilsannahme und den Diensthand-*

445 BT-Drucks. 13/8079, S. 15
446 *BGH*, NJW 2004, S. 3569, 3571, 3575
447 vgl. *Dölling*, ZStW 112 (2000), S. 334, 344
448 BR-Drucks. 298/95
449 vgl. hierzu *Wagner*, Juristentag Diskussion, L 118f.; *Möhrenschlager*, Juristentag Diskussion, L 130f.
450 *Schlicht*, Juristentag Diskussion, L 116; *Böttcher*, Protokoll des Rechtsausschusses, S. 2
451 *Dölling*, Gutachten C 65

lungen des Amtsträgers bestehen muß. Lediglich eine hinreichend bestimmte Diensthandlung als 'Gegenleistung' muss nicht mehr nachgewiesen werden."[452] Verfolgen also Zuwendungen zunächst den alleinigen Zweck, beim Amtsträger ein allgemeines Wohlwollen gegenüber dem Zuwendenden hervorzurufen, so genügt dies für sich genommen noch nicht zur Erfüllung des Tatbestandes. Gerade hierauf scheint der BGH jedoch abzustellen, wenn er mit Verweis auf die dienstliche Stellung als Oberbürgermeister wiederholt den Begriff der Klimapflege bemüht. Allein in dieser Pauschalität trifft die Argumentation des BGH damit nicht zu und die Stellung als Oberbürgermeister für sich genommen ist keinesfalls ausreichend, um eine Unrechtsvereinbarung zu bejahen. Die Funktion als (Ober-)Bürgermeister begründet lediglich die Amtsträgerstellung. Vielmehr ist hier als entscheidendem Kriterium auf die Investitionspolitik als Dienstausübung abzustellen, die jedoch einer genauen Prüfung zu unterziehen ist. Diese Einzelfallprüfung unternimmt der BGH hier allenfalls halbherzig, wenn er lediglich schlagwortartig auf die investorenfreundliche Politik des Oberbürgermeisters abstellt, ohne näher zu konkretisieren, worin diese letztlich im zu entscheidenden Fall bestand, und letztlich in den Begriff der „Klimapflege" abdriftet.

Die Ausübung des Dienstes des Oberbürgermeisters, mithin dessen Investitionspolitik, war hier in ihrem sachlichen Gehalt bereits mehr als in groben Umrissen erkennbar und festgelegt. Es stand hier nicht lediglich eine Aufgeschlossenheit für irgendwelche nicht näher umrissenen Investitionen, sondern bereits ein konkretes bauliches Projekt, nämlich die Errichtung eines Factory Outlet Centers, in Rede, dessen Realisierung sich der Spender erhoffte. Da es weder auf die örtliche noch auf die sachliche Zuständigkeit für die Qualifizierung als Dienstausübung ankommt, konnte der BGH offen lassen, wie der Oberbürgermeister als Leiter der Geschäfte der Stadtverwaltung schließlich die Umsetzung bewerkstelligen wollte. Als entscheidend für die Qualifiktaion als Dienstausübung ist damit weniger die tatsächliche Erteilung einer baulichen Genehmigung für das FOC erachten, für die der Oberbürgermeister hier auch alleine gar nicht zuständig wäre, sondern seine politische Einflussnahme in den zuständigen Entscheidungsgremien. In diesem Sinne ist wohl

452 BT-Drucks. 13/8079, S. 15. Ganz ähnlich auch Dölling, Gutachten, C 64f.: „Vertretbar erscheint es demgegenüber, mit den Bestechungstatbeständen auch Zuwendungen zu erfassen, die – ohne Vereinbarung einer bestimmten Diensthandlung als Gegenleistung – in dem Bewußtsein vorgenommen werden, daß der Amtsträger hierfür irgendeine dienstliche Tätigkeit vorgenommen hat oder künftig vornehmen werde."

auch die Wortwahl des BGH hinsichtlich der *„dienstlichen Stellung als Oberbürgermeister und seiner investorenfreundlichen Politik"* zu verstehen. Auch bereits *Dölling* hat den § 331 Abs. 1 StGB in der hier angedachten Weise auf dem Juristentag interpretiert, als er ausführte, dass mit dem Tatbestand auch der Fall erfasst werden könne, dass ein Bauunternehmer einem Bürgermeister mit den Worten „auf gute Zusammenarbeit" 100.000 DM überreiche, ohne auf ein bestimmtes Vorhaben anzuspielen[453].

Unschädlich ist nach Ansicht des BGH hier, dass das Motiv der Spende erst in der auf die Wahl folgenden – und damit neuen – Amtszeit des Amtsträgers zum Tragen kommt, die Zuwendung also auf eine künftige investorenfreundliche Politik abzielt. Schließlich habe der Oberbürgermeister das Amt, zu dessen Ausübung die in Frage stehenden Vorteile in Beziehung standen, bereits innegehabt, als er sich diese versprechen bzw. gewähren ließ. Die Wahlkampfunterstützung wurde ihm also gerade für die Erhaltung der Amtsstellung und damit für die künftige Ausübung desselben Dienstes versprochen[454]. Damit sei das Vertrauen der Allgemeinheit in die Lauterbarkeit des öffentlichen Dienstes bereits beeinträchtigt, unabhängig davon, ob die Amtsträgerstellung und damit die Möglichkeit der Dienstausübung erst durch die erfolgreiche Wiederwahl zu erreichen sind[455]. Diese Auffassung des BGH kann hier überzeugen. Sie ist bereits vom Wortlaut der Strafnorm gedeckt, denn der Oberbürgermeister hat hier in der Funktion eines Amtsträgers als Gegenleistung für eine Dienstausübung einen Vorteil in Form der Wahlkampfspende angenommen. Letztlich diente die Wahlkampfunterstützung hier dazu, dass der Oberbürgermeister seine Wiederwahl bewerkstelligen und damit seine investorenfreundliche Politik fortsetzen konnte. Der Zuwendende selbst konnte so Planungssicherheit erreichen.

Die – grundsätzlich eine Strafbarkeit rechtfertigende – Rechtsgutsrelevanz ist damit gegeben. Schließlich vertraut die Bevölkerung darauf, dass die handelnden Amtsträger generell entsprechend der gesetzlichen Vorgaben tätig werden, wodurch letztlich ein Vertrauen in ein Ämtersystem bzw. ein Gefüge von Funktionsbereichen[456] generiert wird. Dieses Vertrauen wird lediglich dann nicht beeinträchtigt, wenn die gegenwärtige Dienstausübung ebenso

453 *Dölling*, Gutachten, C 64f.
454 *BGH*, NJW 2004, S. 3569, 3572
455 *BGH*, NJW 2004, S. 3569, 3572
456 vgl. 2. Kapitel B. IV. 2

wie rückblickend die vergangene Amtstätigkeit gesetzes- und regelkonform erfolgte und wenn zu erwarten ist, dies auch in Zukunft geschieht. Wenn ein Amtsträger sich während seiner „alten Amtstätigkeit" bereits Vorteile im Sinne des § 331 StGB sichert, die ihm eine künftige Dienstausübung ermöglichen sollen, so ist das Systemvertrauen gleichermaßen beeinträchtigt, auch wenn die Erlangung der „neuen Amtsstellung" von einer (Wieder-)wahl abhängt. Dies gilt besonders, wenn diese Ausübung des Dienstes in der Zukunft gerade im Sinne des Zuwendenden erfolgen soll. In dem zur Zeit der Zuwendung noch unsicheren Wahlausgang eine Zäsur zu sehen, die dazu führt, den Anwendungsbereich des § 331 StGB zu verneinen, würde zu dem kaum zu erklärenden Ergebnis führen, dass ein Amtsinhaber mit Blick auf eine weitere, künftige Amtszeit straflos Übereinkünfte mit Spendern hinsichtlich seiner Dienstausübung treffen könnte. Er könnte sich mit dem Argument exkulpieren, dass aufgrund des unsicheren Wahlausganges für ihn gar nicht abzusehen gewesen wäre, ob es zu einer Dienstausübung in der gewünschten Richtung überhaupt kommt. Dies konsequent zu Ende geführt, würde bedeuten, die zukünftige Dienstausübung gänzlich aus dem Tatbestand auszuklammern. Schließlich ist es bei einer Zuwendung für ein zukünftiges Verhalten im Zeitpunkt der Hingabe nie mit aller Sicherheit absehbar, ob sich die Dienstausübung – und somit das gewünschte Ergebnis – tatsächlich so wie gewollt, bewerkstelligen lassen wird. Voraussetzung für eine Unrechtsvereinbarung ist lediglich, dass Vorteilsnehmer und Vorteilsgeber durch eine gegenseitige, vertragsmäßige Übereinkunft bestimmen, worin die „Gegenleistung" in Form der Dienstausübung für eine Handlung des Amtsträgers besteht. Ob diese Dienstausübung noch von weiteren Kriterien oder künftigen Ereignissen, etwa einer Wiederwahl, abhängig ist, spielt keine Rolle.

Entsprechendes gilt – was der BGH in der Kremendahl-Entscheidung noch ausdrücklich offengelassen hat – auch dann, wenn der Amtsträger sich um ein anderes Amt als das derzeit bekleidete bewirbt. Dass sich der Amtsträger in einem solchen Fall darum bemüht, im Rahmen einer anderen örtlichen oder sachlichen Zuständigkeit künftig ein neues Amt zu bekleiden, kann eine andere Beurteilung nicht rechtfertigen. Zuständigkeitsfragen sind für die Qualifikation als Dienstausübung ohne Einfluss und mit Blick auf das hier geschützte Rechtsgut kann es keinen Unterschied machen, ob die Wahlkampfunterstützung für die „Sicherung" des derzeit noch bekleideten Amtes oder für die Wahl in ein neues Amt, in dem dann die Möglichkeit der Dienstausübung erreicht wird, vereinnahmt wird. Das Vertrauen der Allgemeinheit in das ordnungsgemäße Funktionieren der staatlichen Verwaltung ist in beiden Fällen gleichermaßen beeinträchtigt, eine das Systemvertrauen erschütternde „Vorbelastung" ist gleichermaßen gegeben. Damit kommt es weder auf das konkrete Amt noch auf die konkrete Person des Amtsträgers an, so dass § 331 StGB auch auf einen Amtsträger anwendbar ist, der für ein anderes Wahlamt kandidiert und sich für die dortige künftige Dienstausübung Vorteile gewähren bzw. versprechen lässt.

b. Unrechtsbeziehung zwischen Spender und politischem Amtsträger

Eine Unrechtsbeziehung zwischen Parteispende und Dienstausübung liegt nicht schon deshalb vor, weil die Parteispende aus Anlass oder bei Gelegenheit der Dienstausübung übergeben wird. Trifft der Spender also den Amtsträger bei einer Amtshandlung an und überreicht eine Parteispende allein deshalb, weil dieser gerade vor Ort ist und die Gelegenheit zur Spendenübergabe günstig ist, begründet die Entgegennahme der Zuwendung durch den Amtsträger kein regelwidriges Beziehungsverhältnis. Erst „spendenfremde" Hintergedanken begründen eine Sachwidrigkeit. Übergibt etwa der Spender dem Amtsträger seine Zuwendung bei einem Termin, bei dem über sein Bauvorhaben gesprochen und nach Genehmigungsmöglichkeiten gesucht werden soll, lässt sich eine zielgerichtete kausale Motivation des Spenders nur schwerlich von der Hand weisen. Dementsprechend wird eine Parteispende anders zu beurteilen sein, wenn sie der Spender etwa bei der Einweihung des neuen Kindergartens dem Amtsträger übergibt, weil er ihn hier zufällig persönlich antrifft und mit der Spende dessen Arbeit – wie unter Umständen schon länger beabsichtigt – ganz generell honorieren will. Gleiches gilt für Parteispenden, die dem Amtsträger allein deshalb zugewandt werden, weil sie der Geber dort „in guten Händen" glaubt. Sie erfolgen in einer derartigen Konstellation wohl nur mit allgemeiner Rücksicht auf die Dienststellung. Eine Unrechtsbeziehung fehlt auch, wenn die Spende lediglich Ausdruck der politischen Gesinnung des Stifters ist. Deshalb dürften auch Spenden zur „politischen Landschaftspflege" strafrechtlich unbedenklich sein, wenn sie an mehrere Parteien in vergleichbarer Höhe geleistet und Amtsträger in den Spendenvorgang eingeschaltet werden.

Als problematischer erweisen sich jedoch Parteispenden, die aufgrund der allgemeinen Programm- und Werbeaussagen des Amtsträgers, die regelmäßig mit denen der Partei identisch sein werden, erfolgen. Da solche Vorteile oftmals (noch) ohne Thematisierung einer Gegenleistung der Partei zugewendet werden, muss zumindest eine Richtung erkennbar sein, in welcher sich die künftige dienstliche Tätigkeit des Amtsträgers bewegen soll. Diese Richtungsweisung wird umso deutlicher ausfallen, desto konkreter sich die zukünftigen politischen und wirtschaftlichen Entscheidungen des Amtsträgers bereits abzeichnen und je stärker der Spender von den entsprechenden Voten profitieren wird. Hierbei ist ein deutlicher Unterschied zwischen dem kommunalen und dem überörtlichen Bereich auszumachen. Bei der programmatischen Aussage des Bürgermeisters einer Stadt, durch sein Amtshandeln die Ansiedlung neuer Industrien und Investoren am Ort zu fördern, kommt die künftige Dienstausübung bereits sehr viel deutlicher zur Geltung als etwa bei der Ankündigung einer investorenfreundlichen Politik für ein ganzes Bundesland durch einen Landesminister. Gerade im ersten Fall spricht sehr viel dafür, dass zwischen einem Unternehmer, der bereits zuvor Interesse an einen bestimmten Projekt bekundet hat, und dem Stadtoberhaupt zumindest ein stillschweigendes Einvernehmen darüber besteht, dass die Zuwendung mit der künftigen Politik in Zusammenhang steht[457]. Im zweiten Beispiel drängt sich ein solches Einvernehmen zumindest nicht sofort auf, da die Realisierung der politischen Zielvorgabe meist noch von zahlreichen – vom Minister nicht beeinflussbaren – anderen Faktoren abhängt. Sowohl in der einen als auch der anderen Alternative wird stets eine genaue Einzelfallprüfung erforderlich sein, doch zeigt sich, dass Amtsträger, die Parteispenden aufgrund von Werbe- und Programmaussagen annehmen, sich umso eher dem Vorwurf einer Unrechtsvereinbarung ausgesetzt sehen, je regional begrenzter deren politischer Wirkungskreis ist. Die Richtung der Dienstausübung ist hierbei nämlich zumindest im Regelfall weit früher zu erkennen.

Die Bejahung eines regelwidrigen Beziehungsverhältnisses ist aber nicht die einzige Schwierigkeit. Insbesondere bei Spenden im Wahlkampf scheint auf den ersten Blick ein für eine Unrechtsvereinbarung nötiges Äquivalenzverhältnis zu fehlen. Schließlich wird die finanzielle Unterstützung bloß als Mittel zur künftigen Dienstausübung nach erfolgreichem Wahlkampf und daraus resultierender Wiederwahl gewährt. Allerdings ist hier zu berücksichtigen, dass

457 So völlig richtig *BGH*, NJW 2004, S. 3569, 3571

sich die Zuwendung nicht darin erschöpft, sondern auch - als Zwischenziel - die Amtsstellung erhalten werden soll, die dann eine künftige Ausübung desselben oder eines anderen Dienstes ermöglicht. Dies reicht aus, um eine Rechtsgutsrelevanz zu begründen.

c. Immaterielle und mittelbare Vorteile als Bestandteil der Unrechtsvereinbarung zwischen Spender und politischem Amtsträger

War die Weiterleitung der Spende an die Partei für den Amtsträger objektiv vorteilhaft, lässt dies nicht automatisch den Schluss zu, dass die Gewährung dieser Vorteile auch Teil der Unrechtsvereinbarung geworden ist. Bereits zu § 331 StGB a.F. wurde vertreten, dass Gegenstand der Übereinkunft nur derjenige Vorteil sei, der direkt an den Zuwendungsempfänger geleistet wird[458]. Die gleichzeitig auftretende indirekte Verbesserung der Position des Amtsträgers sei nur ein Reflex bzw. Motiv des unmittelbaren Vorteils[459]. Auch nach Einführung des Drittvorteils durch das Korruptionsbekämpfungsgesetz 1997 wurde diese Ansicht vom OLG Karlsruhe weiterverfolgt, wonach aus der Vereinbarung eines Drittvorteils nicht notwendig auf eine objektiv vorteilhafte Auswirkung beim Amtsträger selbst geschlossen werden könne, die für diesen auch erkennbar war[460]. In derartigen Fällen soll deshalb keine Unrechtsvereinbarung im Sinne einer gegenseitigen Übereinkunft vorliegen, sondern vielmehr ein Dissens zwischen Geber und Empfänger bestehen. Ein solche Uneinigkeit ist im Fall von Parteispenden aber regelmäßig nicht anzunehmen. Denn hier wissen sowohl der Spender als auch der mit der Weiterleitung der Zuwendung betraute Amtsträger, dass Letzterem als Parteimitglied selbst ein Vorteil zugute kommt. Mag es sich bei der immateriellen oder mittelbaren Besserstellung des Amtsträgers auch nur um einen Reflex handeln, wohnt dieser „Kehrseite der Medaille"[461] ein Automatismus inne, der nicht nur für Geber und Empfänger offensichtlich ist, sondern sich auch für jeden Außenstehenden aus den Umständen ohne weiteres ergibt[462]. Der mittelbare bzw. immaterielle Vorteil ist mit dem unmittelbaren Vorteil quasi mitvereinbart worden.

458 *Gribl*, Vorteilsbegriff, S. 24f.; *Kuhlen*, NStZ 1988, S. 433, 437
459 *Gribl*, Vorteilsbegriff, S. 24f.
460 *OLG Karlsruhe*, wistra 2001, S. 434, 435
461 *Wentzell*, Tatbestandsproblematik, S. 123
462 Ähnlich bereits *BGH* wistra 2000, S. 97ff.; *BGHSt* 15, S. 239ff.; *RGSt* 39, S. 199

IV. Die Tathandlungen

Den Tatbestand der Vorteilsannahme erfüllt derjenige, der für die Dienstausübung einen Vorteil *„fordert"*, *„sich versprechen lässt"* oder *„annimmt"*. Grob gesprochen meint die erste Alternative der Tathandlungen das einseitige Angebot zum Abschluss einer Unrechtsvereinbarung, die zweite den Abschluss selbst und die letzte Handlungsalternative deren Vollzug.

1. Fordern

Ein Fordern liegt vor, wenn der Amtsträger ausdrücklich oder konkludent[463] erkennen lässt, dass er einen Vorteil für die Dienstausübung begehrt. Die ernsthafte und willentliche Initiative zum Abschluss der Unrechtsvereinbarung muss also von ihm ausgehen. Ob der potentielle Vorteilsgeber dieser Aufforderung nachkommt, ist dabei ohne Bedeutung[464]. In jedem Falle muss er als Adressat davon Kenntnis nehmen[465]. Ob erforderlich ist, dass der Vorteilsgeber die Bedeutung der an ihn gerichteten Forderung versteht oder hätte verstehen können, ist fraglich[466]. Zwar ist die Unrechtsvereinbarung als gegenseitige, einem Vertragsschluss strukturell entsprechende Übereinkunft zu charakterisieren, doch ist gleichzeitig zu berücksichtigen, dass der Tathandlung des Forderns – ausgehend von einem wörtlichen Verständnis – ein einseitiges Verlangen innewohnt. Von einer (Unrechts-) *Vereinbarung* im wörtlichen Sinne kann hier also noch nicht gesprochen werden[467]. Vielmehr handelt es sich lediglich um das Streben nach dem Abschluss einer Übereinkunft, in der sich Amtsträger und Vorteilsgeber über die Gewährung eines Vorteils für die Dienstausübung einig werden[468]. Mit der herrschenden Meinung ist

---

463 *Heine*, in: Schönke/Schröder, § 331 Rn. 22; Kargl, ZStW 114 (2002), S. 763, 773; *Rudolphi/Stein*, in: SK-StGB, § 331 Rn. 25; *Tröndle/Fischer*, § 331 Rn. 18

464 *Kuhlen*, in: NK-StGB, § 331 Rn. 18; *Tröndle/Fischer*, § 331 Rn. 18

465 *RGSt* 39, S. 193, 198; *BGHSt* 15, S. 88, 97; *Heine*, in: Schönke/Schröder, § 331 Rn. 22; *Jescheck*, in: LK-StGB, § 331 Rn. 4; *Kuhlen*, in: NK-StGB, § 331 Rn. 18; *Rudolphi/Stein*, in: SK-StGB, § 331 Rn. 25; *Tröndle/Fischer*, § 331 Rn. 18

466 Ablehnend die inzwischen h. M.: vgl. *Heine*, in: Schönke/Schröder, § 331 Rn. 22; *Jescheck*, in: LK-StGB, § 331 Rn. 4; *Rudolphi/Stein*, in: § 331 Rn. 25; *Tröndle/Fischer*, § 331 Rn. 18; anders noch *BGHSt* 8, S. 214, 215 und *Schmidt Eb.*, Bestechungsdelikte, Rn. 183ff.

467 Ähnlich im Verständnis *Kargl*, ZStW 114 (2002), S. 763, 764; *Rengier*, BT II, § 60 Rn. 24

468 Vgl. zum Verständnis der Bestechungsdelikte als „deliktischen Vertrag" bereits *BGHSt* 39, S. 45, 46

es damit richtigerweise als ausreichend anzusehen, dass der Amtsträger mit dem Willen handelt, dass der potentielle Vorteilsgeber und „deliktische Vertragspartner" sein Ansinnen erkennt bzw. erkennen kann[469]. Da in der ersten Tatalternative eine Übereinstimmung der Willenserklärung damit noch gar nicht vorzuliegen braucht, ist es auch nicht erforderlich, dass der Adressat der Äußerung deren Inhalt versteht.

2. Sichversprechenlassen

Ein Amtsträger lässt sich einen Vorteil versprechen, wenn er – wiederum ausdrücklich oder konkludent – das Angebot eines noch ausstehenden und damit in der Zukunft zu gewährenden Vorteils annimmt[470]. Dabei muss dieser mit dem Willen handeln, den Vorteil wirklich anzunehmen und darüber für eigene Zwecke zu verfügen[471]. Soll ein Dritter in den Genuss des Vorteils kommen, genügt es, wenn der Amtsträger will, dass der Dritte den Vorteil erhält und darüber verfügt[472]. Nach wohl herrschender Auffassung ist im Rahmen des Sichversprechenlassens eine objektive Willensübereinstimmung von Vorteilsgeber und Vorteilsnehmer erforderlich[473]. Andere Stimmen in der Literatur sehen es als ausreichend an, wenn die Willensübereinstimmung lediglich subjektiv, sprich nach Auffassung des Amtsträgers, vorliegt[474]. Diese Ansicht wird der zweiten Tatalternative aber nicht gerecht. Der Vorteilsnehmer *lässt* sich einen Vorteil für die Zukunft in Aussicht stellen, nimmt also einen eher passiven Part ein. Die Initiative zum Abschluss der Unrechtsvereinbarung

469 Vgl. auch *Höltkemeier*, Sponsoring, S. 107f.; *BGHSt* 10, S. 237 (242); *BGHSt* 15, S. 88, 98; a. A. *Kuhlen*, NStZ 1988, S. 433, 434 (Fn. 14), wonach der objektive Gehalt der Aufforderung erkennbar sein müsse und nur eine Erkennbarkeit für den konkreten Adressaten nicht verlangt werden könne, sofern es um dessen nur individuell fehlende („unterdurchschnittliche") Verständniskompetenz gehe; ähnlich *ders.*, in: NK-StGB, § 331 Rn. 20

470 *Heine*, in: Schönke/Schröder, § 331 Rn. 23; *Jescheck*, in: LK-StGB, § 331 Rn. 6; *Kuhlen*, in: NK-StGB, § 331 Rn. 20; *Rudolphi/Stein*, in: SK-StGB, § 331 Rn. 25a; *Tröndle/Fischer*, § 331 Rn. 19

471 *BGHSt* 14, S. 123, 127; *Heine*, in: Schönke/Schröder, § 331 Rn. 23; *Kuhlen*, in: NK-StGB, § 331 Rn. 20; *Rudolphi/Stein*, in: SK-StGB, § 331 Rn. 25a; *Tröndle/Fischer*, § 331 Rn. 19

472 *Küper*, BT, S. 406

473 *Jescheck*, in: LK-StGB, § 331 Rn. 5; *Küper*, BT, S. 405f.; *Kuhlen*, in: NK-StGB, § 331 Rn. 21; *Lackner/Kühl*, § 331 Rn. 7; *Tröndle/Fischer*, § 331 Rn. 19; a. A. *Rudolphi/Stein*, in: SK-StGB, § 331 Rn. 25a

474 *Cramer*, in: Schönke/Schröder, 26. Aufl., § 331 Rn. 29d; *Hardtung*, Erlaubte Vorteilsannahme, S. 63ff; *Höltkemeier*, Sponsoring, S. 108; *Kargl*, ZStW 114 (2002), S. 763, 774

geht hier nicht wie bei der Tathandlung des Forderns vom Amtsträger aus, sondern vom potentiellen Vorteilsgeber. Es geht hierbei nicht mehr um eine *einseitige* Aktivität, sondern um einen zweiseitigen Akt: Der Vorteilsgeber verspricht den Vorteil und der Vorteilsnehmer lässt sich diesen versprechen im Sinne von Angebot und Annahme. Ob tatsächlich ein *Versprechen* eines Vorteils vorliegt, lässt sich aber nur anhand des objektiven Sinns der Erklärung des Vorteilsgebers beurteilen.

Es muss hier eine Abrede zwischen den Beteiligten zu Stande kommen. Eine solche ist allerdings nur möglich, wenn eine Willensübereinstimmung vorliegt und beiden die Beziehung zwischen Vorteilsgewährung und Dienstausübung bewusst ist. Zwar mag im Hinblick auf das abstrakt bedrohte Rechtsgut der Funktionsfähigkeit der staatlichen Verwaltung erstrebenswerter sein, auf einen korrespondierenden Willen von Vorteilsgeber und Vorteilsnehmer zu verzichten, doch lässt der Wortlaut diese Deutung nicht zu[475]. Dies ist im Hinblick auf das weitere Verständnis der ersten Tatalternative auch keineswegs inkonsequent, da dieser aufgrund der Eigeninitiative des Amtsträgers ein größerer Unrechtsgehalt innewohnt. Letzlich zeigt sich dies auch an der fehlenden Genehmigungsmöglichkeit in § 331 Abs. 3 StGB[476].

3. Annehmen

Beim tatsächlichen Empfang des Vorteils für die Dienstausübung wird dieser angenommen, mit dem Willen ihn zu behalten und über ihn als eigenen für eigene Zwecke zu verfügen oder an Dritte weiterzuleiten[477]. Ist der Amtsträger an der unmittelbaren Zuwendung an einen Dritten jedoch nicht beteiligt und wird der Vorteil direkt an Letzteren geleitet, nimmt der Amtsträger diesen, was bereits dem Wortlaut zu entnehmen ist, nicht an[478]. In Betracht kommt aber dann die Tatalternative des Sichversprechenlassens[479]. Die Anforderun-

475 *Kuhlen*, in: NK-StGB, § 331 Rn. 22; a. A. *Hardtung*, Erlaubte Vorteilsannahme, S. 68; *Höltkemeier*, Sponsoring, S. 108

476 So wie hier *Kuhlen*, in: NK-StGB, § 331 Rn. 25

477 *Heine*, in: Schönke/Schröder, § 331 Rn. 24; *Jescheck*, in: LK-StGB, § 331 Rn. 6; *Kuhlen*, in: NK-StGB, § 331 Rn. 25; *Lackner/Kühl*, § 331 Rn. 7; *Rudolphi/Stein*, in: SK-StGB, § 331 Rn. 26; *Tröndle/Fischer*, § 331 Rn. 20

478 *Heine*, in: Schönke/Schröder, § 331 Rn. 25; *Kuhlen*, in: NK-StGB, § 331 Rn. 25; *Maurach/Schroeder/Maiwald*, BT/2, § 79 Rn. 17; a. A. *Tröndle/Fischer*, § 331 Rn. 20

479 Insoweit zu undifferenziert damit *LG Wuppertal*, NJW 2003, S. 1405

gen an die Unrechtsvereinbarung sind im Fall des Annehmens dieselben: Der Vorteilsgewährung ebenso wie der Entgegennahme des Vorteils muss der objektive Erklärungswert beigemessen werden können, dass beides in Erfüllung der zwischen den Beteiligten getroffenen Abrede erfolgt[480].

4. Tathandlungen bei der Parteispendenakquisition

Gewiss sind bei der Parteispendenakquisition alle drei Handlungsalternativen von Relevanz. Allerdings ist zu bedenken, dass nicht in jedem Fall, in dem die Initiative der Spendeneinwerbung vom Amtsträger ausgeht, ein „Fordern" im Sinne des § 331 Abs. 1 StGB vorliegt. Nur wenn der Amtsträger bei der Bitte um Spenden zugleich die Möglichkeit einer Verknüpfung mit der Dienstausübung ins Spiel bringt, liegt eine tatbestandliche Handlung vor[481]. Allgemein gehaltene Schreiben etwa mit der Bitte um die finanzielle Unterstützung der Partei begründen noch kein „Fordern". Entsprechendes gilt für das Inaussichtstellen einer Spende gegenüber dem Amtsträger. Allein hierin liegt noch kein Sichversprechenlassen. Auch hierbei müsste zugleich die Verknüpfung mit der dienstlichen Tätigkeit des Amtsträgers durch den Spender hergestellt werden. Entscheidend ist also für die Tathandlung immer, von wem die Initiative zur Unrechtsvereinbarung ausgeht. In der Praxis wird es jedoch meist so sein, dass sich das Fordern bzw. Sichversprechenlassen schwer nachweisen lassen und dem tatsächlichen Fluss des Geldes, also der Annahme, die größte strafrechtliche Bedeutung zukommt.

E. Zusammenfassung der bisherigen Erkenntnisse

I. Erfüllung des Deliktstatbestandes

Als Zwischenergebnis lässt sich damit festhalten, dass ein Amtsträger bei der Entgegennahme von Wahlkampf- und Parteispenden den Tatbestand der Vorteilsannahme gem. § 331 Abs. 1 StGB erfüllt.

Taugliche Täter sind insbesondere kommunale Wahlbeamte (z.B. Bürgermeister), Minister der Bundes- und Landesregierung oder Parlamentarische

480 *Kuhlen*, in: NK-StGB, § 331 Rn. 24; *Rudolphi/Stein*, in: SK-StGB, § 331 Rn. 26

481 Für eine restriktive Handhabung ebenso *Höltkemeier*, Sponsoring, S. 107, 109; *Satzger*, ZStW 115 (2003) S. 469ff.

Staatssekretäre. Daneben wurde aufgezeigt, dass – entgegen einer verbreiteten Auffassung – auch Gemeinderatsmitglieder die Amtsträgereigenschaft erfüllen, wohingegen sich um ein Amt bemühende Kandidaten noch nicht dem Kreis der Amtsträger im Sinne des § 11 Abs. 1 Nr. 2 StGB zuzuordnen sind.

Bei der Betrachtung des Vorteilsbegriffs wurde festgestellt, dass neben Zuwendungen für den Wahlkampf, die zu einer Verbesserung der eigenen Werbe- und Wirkungsmöglichkeiten führen, auch Parteispenden, die nicht zweckgebunden für Anschaffungen oder zur Wahlkampffinanzierung bestimmt sind und vom Amtsträger persönlich nicht genutzt werden, nicht nur einen Drittvorteil sondern für den Amtsträger selbst einen messbaren immateriellen bzw. mittelbaren Vorteil darstellen.

Allerdings zeigte sich, dass die zur Erfüllung des Tatbestandes notwendige Unrechtsvereinbarung nicht in allen Fällen gegeben ist. Zwar fallen die parteipolitischen Aktivitäten eines Amtsträgers zur Durchsetzung bestimmter politischer Vorstellungen in den Bereich der Dienstausübung. Doch begründen Parteispenden, die gelegentlich einer Amtshandlung erbracht werden, ebenso wie Zuwendungen, die nur mit Rücksicht auf die Stellung des Amtsträgers erfolgen, kein regelwidriges Beziehungsverhältnis. Gleiches gilt für Spenden an mehrere Parteien zur politischen Landschaftspflege. Anders liegt der Fall jedoch bei Spenden aufgrund von Programm- und Werbeaussagen: Je konkreter die programmatischen Aussagen die künftige Dienstausübung bereits widerspiegeln und je prognostizierbarer der für den Spender hieraus resultierende Nutzen zu Tage tritt, desto näher liegt eine Unrechtsvereinbarung. Es wurde dargelegt, dass gerade im kommunalen Bereich deshalb häufig bereits bei Spenden aufgrund werbender Aussagen im Wahlkampf eine Unrechtsbeziehung – und damit eine strafbare Vorteilsannahme – vorliegen wird.

II. Diskrepanz zu verfassungsrechtlichen und einfachgesetzlichen Vorgaben

Auf der einen Seite steht somit die grundsätzliche Anwendbarkeit des § 331 Abs. 1 StGB bei der Spendenakquisition durch einen Amtsträger für die Partei. Auf der anderen Seite existiert aber der verfassungsrechtliche Wunsch nach auf Spenden basierender Parteienfinanzierung. Wie gezeigt, ist die Spendenannahme der Parteien nicht nur einfachgesetzlich durch § 25 Abs. 1 S. 1 PartG erlaubt, sondern erfreut sich – neben einer Anerkennung im Steuerrecht – einer doppelten verfassungsrechtlichen Legitimation. Der Grundsatz der Staatsfreiheit der Parteien, der eine fortdauernde Verwurzelung der Parteien in der Gesellschaft zur Erfüllung ihrer Mitwirkungsaufgabe bei der politischen Willensbildung aus Art. 21 Abs. 1 GG gebietet, und dessen Spiegelbildlichkeit zum Spendenrecht des Bürgers – als Ausfluss seines Rechts auf Teilhabe an der politischen Willensbildung – begründen ein Spendenannahmerecht. Dabei muss jedoch im Blick bleiben, dass die Parteien dieses Recht nicht grenzenlos für sich beanspruchen können und das Parteiengesetz den Parteien die Annahme finaler Spenden in § 25 Abs. 2 Nr. 7 PartG untersagt. Ein Vergleich mit § 331 StGB zeigt allerdings, dass die Verletzungsschwelle des Verbots von Einflussspenden deutlich höher angesiedelt ist als bei der korrespondierenden strafrechtlichen Norm[482]. Als Konsequenz dieser Erkenntnisse gilt es im weiteren Fortgang der Arbeit nun zu untersuchen, ob ein Bedürfnis besteht und gegebenenfalls welche Möglichkeiten sich bieten, die zu Tage geförderte Diskrepanz zwischen Verfassung, Parteienrecht und Strafgesetz aufzulösen.

482 Zu dieser Erkenntnis gelangen auch *BGH*, NJW 2004, S. 3569, 3574; *v. Arnim*, DVBl. 2002, S. 1065, 1069; *Ipsen*, NJW 2002, S. 1909, 1915; *Saliger*, Parteiengesetz, S. 531

Kapitel 3

Strafbarkeitsreduktion bei Parteispenden

A. Bedürfnis einer Strafbarkeitsreduktion von § 331 StGB

Das Landgericht Wuppertal sowie im Anschluss daran der Bundesgerichtshof erachteten im „Kremendahl"-Verfahren ein Bedürfnis für die Einschränkung der Strafbarkeit wegen Vorteilsannahme bei der Annahme von Wahlkampfspenden, wenn auch nicht von Parteispenden insgesamt, aus unterschiedlichen Erwägungen heraus als gegeben. Während das Landgericht eine mit der Spannungslage bei der Einwerbung von Drittmitteln vergleichbare Situation des Zuwendungsempfängers erkennen wollte[483], sah der BGH den Anlass der Strafbarkeitsreduktion in der grundrechtlich garantierten Gleichheit des passiven Wahlrechts[484]. Im Folgenden gilt es deshalb zu untersuchen, ob überhaupt ein derartiges Bedürfnis der Strafbarkeitsreduktion besteht bzw. woraus es gegebenenfalls zu rechtfertigen ist.

I. Strafbarkeitsreduktion bei Wahlkampfspenden

1. LG Wuppertal: Ähnliche Spannungslage wie bei der Einwerbung von Drittmitteln

Die Wuppertaler Richter lehnten sich bei ihrer Argumentation ausdrücklich an eine Entscheidung des 1. Senats des Bundesgerichtshofs zur Reduzierung des Tatbestandes bei Einwerbung von Drittmitteln für Forschung und Lehre an Hochschulen an, die zum besseren Verständnis der Diktion des Landgerichts zunächst dargestellt wird.

483 *LG Wuppertal*, NJW 2003, S. 1405, 1406
484 *BGH*, NJW 2004, S. 3569, 3573

a. Exkurs: Die Drittmittel-Entscheidung des Bundesgerichtshofs

In seiner Entscheidung vom 23.05.2002[485] hatte der Bundesgerichtshof über die strafrechtlichen Auswirkungen der Zusammenarbeit zwischen universitären medizinischen Einrichtungen und der Medizingeräte- und Pharmaindustrie zu befinden[486]. Im konkreten Fall ging es um einen Arzt, der als Leiter einer kardiologischen Abteilung für die Auswahl und den Einsatz der in der Klinik verwendeten Herzklappen und Herzschrittmacher zuständig war. Dieser kaufte die Produkte zu einem Preis, der dem tatsächlichen Wert entsprach, bei einer Medizintechnikfirma ein, die dem Arzt hierfür zusätzliche, umsatzunabhängige Bonusleistungen gewährte. Diese zusätzlichen finanziellen Mittel

485 *BGH*, NJW 2002, S. 2801ff.; fortgeführt von *BGH*, NJW 2003, S. 763ff.

486 Zum möglichen Spektrum der Kooperation vgl.: *Bannenberg*, Korruption, S. 153f., 166; *Dauster*, NStZ 1999, S. 63, 63; *Diettrich/Schatz*, MedR 2001, S. 614; *Haeser*, MedR 2002, S. 55f.; *Verrel*, MedR 2003, S. 319, 320; zu den verschiedenen Fallgruppen des sog. Pharmasponsorings vgl. *Höltkemeier*, Sponsoring, S. 205ff. Wenngleich der BGH in der zitierten Entscheidung noch § 331 StGB a.F. zugrunde zu legen hatte, wurde die juristische Diskussion um die Zulässigkeit der Kooperation von Medizin und Industrie insbesondere seit Neufassung des § 331 StGB und der damit verbundenen Erweiterung des Tatbestandes auf Drittvorteile vorangetrieben. Im Brennpunkt standen Zuwendungen an die in den jeweiligen Kliniken für Beschaffungsentscheidungen verantwortlich zeichnenden Ärzte, seltener in Form von Geld oder persönlichen Geschenken, viel häufiger durch die kostenlose Ausstattung mit technischem Gerät sowie die Finanzierung der Grundlagenforschung oder von Fortbildungsveranstaltungen mit dem Ziel, die so bedachten Personen bei Kaufentscheidungen der Krankenhäuser zu ermuntern und ihren Einfluss zugunsten der Produkte der jeweiligen Firmen geltend zu machen. *Dauster* (NStZ 1999, S. 64) sprach deswegen von *„schattierten Näheverhältnissen"*, *Verrel* (MedR 2003, S. 319, 321) von der *„dunklen Seite"* der medizinischen Forschung. Die strafrechtliche Brisanz erschöpfte sich dabei nicht in einer theoretischen Diskussion, vielmehr wurden wegen der unterschiedlichen Kooperationsformen mehr als 1500 Ermittlungsverfahren (*Höltkemeier*, Sponsoring, S. 190) eingeleitet. Andere sprechen von 1800 auszumachenden Zahlungen an Ärzte (*Diettrich/Schatz*, MedR 2001, S. 614) oder gar mehr als 2000 Ermittlungsverfahren (*dies.*, ZRP 2001, S. 521). Allesamt wurden hauptsächlich wegen des Verdachts der Vorteilsannahme angestrengt, wobei sich die Ermittlungen daneben auch noch auf die (für diese Abhandlung nicht relevanten) Delikte des Betruges (§ 263 StGB) und der Untreue (§ 266 StGB) sowie der Bestechlichkeit (§ 332 StGB) erstreckten. Mit Ausnahme von Fällen der persönlichen Bereicherung als eindeutig korruptem Verhalten stieß sowohl unter Medizinern als auch Rechtswissenschaftlern die vermeintliche Kriminalisierung der Forschung mit Drittmitteln ob ihrer zentralen Bedeutung auf harsche Kritik, da sich Universitäten mit medizinischen Einrichtungen zu 10 % und Fachhochschulden zu 4 % aus Drittmitteln finanzieren, so jedenfalls *Kindhäuser/Goy* (NStZ 2003, S. 291) und *Wienke/Lippert* (WissR 2002, S. 233, 234). *Diettrich/Schatz* (MedR 2001, S. 614) gehen von einem zehnprozentigen Anteil der drittmittelfinanzierten Forschung am gesamten Forschungsaufkommen aus, wobei im medizinischen Bereich der Anteil höher liege. *Lüderssen* (JZ 1997, S. 112, 113) vermutete bereits, dass die Mittel, welche die Universitätskliniken aus staatlichen Haushalten über projektgebundene Förderungen erhalten, unter dem Betrag bleiben, der aus Drittmitteln gewährt wird.

ließ der Arzt unter Umgehung der Universitätsverwaltung einem von ihm selbst gegründeten Verein zukommen. Dessen einziger Zweck bestand darin, die Förderung der herzchirurgischen Abteilung, der der Mediziner vorstand, zu fördern. Mit den Zuwendungen wurden Kongressreisen der Mitarbeiter der kardiologischen Abteilung bezahlt, verschiedene Forschungsprojekte finanziert und büro- und medizintechnische Ausstattung erworben. Teilweise kam es aber auch zu direkten materiellen Zuwendungen an die Abteilung des Chirurgen in Form medizinischer Geräte und einer Computeranlage sowie der Übernahme von Rechnungen für entsprechende Anschaffungen.

Der Bundesgerichtshof bestätigte in seinem Urteil die Auffassung der Vorinstanz, wonach sich der angeklagte Arzt wegen Vorteilsannahme nach § 331 StGB a.F. schuldig gemacht habe. Der Senat ließ es dahingestellt, ob dem Arzt als Amtsträger ein eigener Vorteil in Form von verbesserten Karrierechancen oder aufgrund der Verfügungsmacht über die zugewandten Gelder zugeflossen war. Jedenfalls sei es mittelbar durch die im Kern ersichtlich ganz überwiegend fremdnützige Vorteilsannahme auch zu einer Verbesserung der Arbeits- und Forschungsbedingungen gekommen und damit eine objektiv messbare Verbesserung seiner persönlichen Wirkungsmöglichkeiten eingetreten[487]. Der Bundesgerichtshof stellte aber Wertungsbrüche fest, wenn die Einwerbung und Annahme von Drittmitteln hochschulrechtlich zur Dienstaufgabe gemacht wird, gleichzeitig aber strafrechtlich unter den Tatbestand der Vorteilsannahme zu subsumieren ist[488]. Der systematische Einklang kön-

487 *BGH*, NJW 2002, S. 2801, 2804

488 *BGH*, NJW 2002, S. 2801, 2805. Die Berechtigung zur Drittmittelforschung für den universitären Bereich ergibt sich aus § 25 HRG sowie den entsprechenden Landesgesetzen, für Bayern etwa Art. 10ff. BayHSchG, in Ausfüllung der in Art. 5 Abs. 3 GG garantierten Wissenschaftsfreiheit. Darüber hinaus wird teilweise die Drittmitteleinwerbung zur Dienstaufgabe von Hochschullehrern und Medizinern erklärt (vgl. § 59 Abs. 1 Universitätsgesetz Baden-Württemberg). Hinzu kommt, dass einerseits nicht nur die immer rückläufigere staatliche Mittelausstattung das Erschließen neuer Finanzierungsquellen durch die forschenden Mediziner von Nöten macht, sondern sich die interne Verteilung der ohnehin knappen Mittel zunehmend nach den vom jeweiligen Institut eingeworbenen Drittmitteln richtet. Dass sich Forscher aufgrund der notwendigen Nähe zur Industrie, die von Seiten des Staates auch noch in vielfältiger Weise gefördert und gefordert wird (§§ 40ff. Arzneimittelgesetz, § 19ff Medizinproduktegesetz), und dem bei bestimmten Konstellationen auftretenden Konflikt mit dem Korruptionsstrafrecht in einem Spannungsverhältnis befinden, erkannte nicht nur der BGH. Dies ist auch in der Literatur sowie der ober- und untergerichtlichen Rechtsprechung weitgehend unumstritten. Hierzu: *Ambos*, JZ 2003, S. 345ff; *Bernsmann*, WissR 2002, S. 1ff; *Bruns*, ArztR 1998, S. 237ff; *ders.*, ArztR 2003, S. 103ff; *ders.*, ArztR 2003, S. 260ff; *Dahm*, MedR 1992, S. 250ff; *Dieners*, JZ 1998, S. 181ff; *Dauster*, NStZ 1999, S. 63ff; *Dieners/Lembeck/Taschke*, PharmaR 1999, S. 156ff; *Die-*

ne zwar nicht durch Verneinung des „unrechten“ Beziehungsverhältnisses erreicht werden, mit der Folge dass die Einwerbung und Verwendung der Mittel nicht tatbestandsmäßig im Sinne des § 331 StGB (a.F.) wäre, nur weil die gewährten Vorteile für Wissenschaft und Forschung verwendet würden[489]. Doch hielt auch der Bundesgerichtshof eine einschränkende Auslegung des Beziehungsverhältnisses zwischen Vorteil und Dienstausübung für geboten. Bei dessen Bewertung sei zu berücksichtigen, dass das Verhältnis zwischen Vorteilsgeber und Empfänger durch eine vom Dienstherrn an sich erwünschte und grundsätzlich genehmigungsfähige Einwerbung von Drittmitteln beeinflusst und mit geprägt werde. Im Vordergrund stehe deshalb nicht die Gewährung der Fördermittel „als Gegenleistung“ respektive – nach neuem Recht – „für die Dienstausübung“, sondern dass sie zur Förderung von Forschung und Lehre eingeworben, angenommen und eingesetzt würden[490]. Allerdings rechtfertige sich die einschränkende Auslegung nicht allein daraus, dass die Zuwendungen ihrem sachlichen Gehalt nach Drittmittel seien. Vielmehr müssten im Interesse des Schutzguts der Strafvorschrift auch die hochschulrechtlich vorgeschriebenen Verfahrensregeln beachtet werden. Demnach sei eine Offenlegung und Anzeige der Mitteleinwerbung bei den verwaltungsinternen Stellen und die Einholung einer Genehmigung im dafür vorgesehenen Verfahren erforderlich[491]. Mangels Einhaltung der hochschulrechtlichen formalen Vorschriften wurde der Mediziner im zugrunde liegenden Fall deshalb verurteilt.

---

ners/Taschke, PharmaR 2000, S. 309ff; *Diettrich/Schatz*, MedR 2001, S. 614ff; *Einbecker*, MedR 2001, S. 597ff; *Erlinger*, MedR 2002, S. 419ff; *Fürsen/Schmidt*, JR 2004, S. 57ff; *Göben*, MedR 1999, S. 345ff; *Günter*, MedR 2001, S. 457ff; *Güntner/Schmidt*, NJW 2004, S. 471ff; *Kindhäuser/Goy*, NStZ 2003, S. 291ff; *Kuhlen*, JR 2003, S. 231ff; *Laufs*, NJW 2002, S. 1170ff; *Lippert*, VersR 2000, S. 158ff; *Lüderssen*, JZ 1997, S. 112ff; *Michalke*, NJW 2002, S. 3381ff; *Rönnau*, NJW 2002, S. 2801ff; *Räpple*, Werben und Zuwenden, S. 63ff; *Runge*, PharmaR 2001, S. 86ff; *Taschke*, PharmaR 2002, S. 417ff; *Tag*, JR 2004, S. 50ff; *Tondorf/Waider*, MedR 1997, S. 102ff; *Weimer*, PharmaR 2001, S. 357ff; *Wessing/Böttger*, f&w 1999, S. 444ff; *Zieschang*, WissR 1999, S. 291ff;*OLG Hamburg*, StV 2001, S. 284ff.; *OLG Hamburg*, StV 2001, S. 277ff.; *OLG Köln*, NStZ 2002, S. 35ff.

489 *BGH*, NJW 2002, S. 2801, 2805, 2806

490 *BGH*, NJW 2002, S. 2801, 2805

491 Die Entscheidung des Senats erfuhr in der Literatur ob ihres vielfach als praktikabel erachteten Weges zur Behandlung der Drittmittelproblematik weitgehend Zuspruch. Siehe hierzu: *Ambos*, JZ 2003, S. 345, 353; *Gatzweiler*, WissR 35, S. 342ff.; *Heinrich*, NStZ 2005, S. 256; *Korte*, NStZ 2003, S. 157; *Kuhlen*, JR 2003, S. 231; 233f.; *Michalke*, NJW 2002, S. 3381; *Rönnau*, Jus 2003, S. 232, 236f.; *Tholl*, wistra 2003, S. 181; *Wasserburg*, NStZ 2003, S. 353, 358. Kritisch, teilweise ablehnend: *Höltkemeier*, Sponsoring, S. 218f.; *Kindhäuser/Goy*, NStZ 2003, S. 291, 294; *Wentzell*, Tatbestandsproblematik, S. 47

In einer weiteren Entscheidung vom 23.10.2002[492] führte der *Bundesgerichtshof* den von ihm im „Heidelberger Fall" eingeschlagenen Weg fort. Hierbei bestätigte der 1. Senat die Verurteilung eines Universitätsprofessors und Leiters der Abteilung für Herzchirurgie wegen Vorteilsannahme und Bestechlichkeit, weil dieser ohne Einhaltung des drittmittelrechtlichen Verfahrens (Anzeige und Genehmigung) von Lieferfirmen Zuschüsse für Weihnachtsfeiern seiner Abteilung und für Kongressteilnahmen erhalten hatte. Diese Zuwendungen waren wie die ebenfalls erfolgte Überlassung eines Gerätes für Herztransplantationen an die Beschaffung medizintechnischer Geräte gekoppelt. Zudem machte das Gericht deutlich, dass das unrechte Beziehungsverhältnis auch nicht deshalb entfalle, weil entsprechende Vorteilsgewährungen im Tatzeitraum „branchenüblich" gewesen seien[493]. In gewissem Umfang übliche und deswegen sozialadäquate Vorteile von der Strafbarkeit auszunehmen, komme allenfalls bei gewohnheitsmäßig anerkannten, relativ geringwertigen Aufmerksamkeiten aus gegebenen Anlässen in Betracht[494].

b. Übertragung auf Wahlkampfspenden

Diese formale Betrachtungsweise legte auch das Landgericht Wuppertal seiner Entscheidung zu Grunde: Soweit bei der Annahme einer Parteispende das Parteiengesetz eingehalten werde, sei der Tatbestand der Vorteilsannahme bei einem hieran beteiligten Amtsträger einschränkend auszulegen[495]. Auf diesem Wege würde ein Wertungswiderspruch zwischen Parteienrecht und Strafrecht vermieden und Rechtssicherheit geschaffen.

Das Gericht sah den Angeklagten als Oberbürgermeister und Spitzenkandidat seiner Partei für die anstehende Kommunalwahl nämlich einer vergleichbaren Spannungslage ausgesetzt wie einen Hochschullehrer[496]. Zwar stelle es – im Unterschied zum Hochschullehrer – für einen Oberbürgermeister keine Dienstaufgabe dar, sich an der Einwerbung von Fremdmitteln zu beteiligen, allerdings sei ein Spitzenkandidat im Rahmen des Wahlkampfes faktisch gehalten, sich einer Spendeneinwerbung nicht zu verschließen, um seiner Partei die Fremdfinanzierung zu erleichtern[497]. Damit bewege er sich

492 *BGH*, NJW 2003, S. 763ff.
493 *BGH*, NJW 2003, S. 763, 765
494 Vorliegend standen jedoch Zuwendungen von mehr als DM 26.000,- im Raum
495 *LG Wuppertal*, NJW 2003, S. 1405, 1406
496 *LG Wuppertal*, NJW 2003, S. 1405, 1406

in einem Spannungsfeld zwischen einer regelmäßig in Betracht kommenden Konfrontation mit einer Spendenzusage von Bürgern oder Unternehmen und einer hierbei gleichzeitig bestehenden Beziehung zu seiner Diensttätigkeit“[498]. Denn es liege nahe, dass die Spender entweder als Einwohner oder in anderer Weise von der Politik des Spitzenkandidaten betroffen seien und somit ein Bezug zur Dienstausübung gegeben ist. Zudem sei eine solche Spendenannahme für Zwecke des Wahlkampfes auf Grund der vom Grundgesetz vorausgesetzten Staatsfreiheit der Parteien nicht nur zulässig, sondern sogar verfassungsrechtlich erwünscht. Die Parteien sollten von Verfassungs wegen auf die finanzielle Unterstützung ihrer Aktivitäten durch ihre Mitglieder und andere Bürger angewiesen bleiben und sich um diese Unterstützung auch bemühen müssen. Andernfalls liefen sie Gefahr, sich aus ihrer gesellschaftlichen Verwurzelung zu lösen[499]. Dies belege auch die durch § 18 Abs. 5 PartG festgelegte relative, wie auch absolute, Obergrenze der staatlichen Teilfinanzierung.

2. BGH: Grundsatz der Gleichheit der Wahl

Auch der Bundesgerichtshof votierte in zweiter Instanz des „Kremendahl“-Verfahrens für eine Restriktion von § 331 StGB. Er urteilte aber gleichzeitig, dass die vom Landgericht vorgenommene Betrachtung der Rechtslage und insbesondere den für die rechtliche Bewertung von Wahlkampfspenden zugunsten von Amtsträgern maßgeblichen Rechtsprinzipien nicht gerecht werde[500]. Gleichwohl kamen auch die Richter des 3. Senates zu der Erkenntnis, dass durch das Verfassungsgebot der Staatsfreiheit der Parteien und die Grundsätze der staatlichen Parteienfinanzierung, einfachrechtlich umgesetzt durch das Parteiengesetz, die Parteien ein Interesse daran haben, dass ihre Mitglieder Spenden einwerben[501]. Gerade Parteimitglieder, die aufgrund einer Wahl Amtsträgereigenschaft besitzen und denen innerhalb der Partei eine exponierte Stellung zukommt, sähen sich einem erheblichen Erwar-

497 *LG Wuppertal*, NJW 2003, S. 1405, 1406

498 *LG Wuppertal*, NJW 2003, S. 1405, 1406

499 *LG Wuppertal*, NJW 2003, S. 1405, 1406. Ausführlich zur diesbezüglichen Rechtsprechung des Bundesverfassungsgerichts in *BVerfGE* 73, S. 40, 88 und *BVerfGE* 85, S. 264, 287

500 *BGH*, NJW 2004, S. 3569, 3570

501 *BGH*, NJW 2004, S. 3569, 3572. Ausführlich zum Grundsatz der Staatsfreiheit der Parteien und die staatliche Parteienfinanzierung bereits 1. Kapitel.B. und C.

tungsdruck ausgesetzt und fühlten sich in gesteigertem Maße aufgefordert, Spenden für die Partei zu akquirieren[502]. Dadurch werde für parteigebundene Amtsträger in besonderer Weise die Gefahr begründet, mit den Korruptionstatbeständen des Strafgesetzes in Konflikt zu geraten. Allerdings vermag der Bundesgerichtshof hierin keinen rechtlichen Widerspruch zu erkennen und die allgemeine Erwartung innerhalb der Partei, sich um Spenden zur Finanzierung des Wahlkampfes zu bemühen, wiege nicht derart schwer, um den Normbefehl des § 331 Abs. 1 StGB außer Kraft zu setzen[503].

Das Bedürfnis für eine einschränkende Auslegung des Tatbestandes des § 331 StGB machte der Bundesgerichtshof vielmehr in dem dem Demokratieprinzip immanenten Grundsatz der Wahlgleichheit aus. Dieser umfasse auch das passive Wahlrecht und gewährleiste den zur Wahl antretenden Parteien und den einzelnen Kandidaten gleiche Wettbewerbschancen[504]. Diese Wettbewerbschancen hingen unter anderem wesentlich davon ab, in welchem Umfang finanzielle Mittel für Wahlkampfmaßnahmen und Wahlwerbung zur Verfügung stünden, um die Wähler für sich einzunehmen. Ein Kandidat, der keine Amtsträgerstellung innehabe, sei unbeschränkt befugt, Mittel zur Finanzierung seines Wahlkampfes einzuwerben. Es wäre ihm mangels Amtsträgereigenschaft sogar möglich, zur Erlangung entsprechender Mittel ohne das Risiko strafrechtlicher Verfolgung für den Fall seiner Wahl dem Zuwendenden künftige pflichtwidrige Diensthandlungen in Aussicht zu stellen oder sich bereit zu zeigen, sich bei Ermessensentscheidungen wegen der Wahlkampfunterstützung zugunsten seines Förderers beeinflussen zu lassen[505]. Demgegenüber sei der sich um die Wiederwahl bewerbende Amtsträger wegen § 331 Abs. 1 StGB grundsätzlich rechtlich davon ausgeschlossen, sich für die Dienstausübung nach der Wahl im Wahlkampf von Dritten finanziell unterstützen zu lassen und damit in der Effizienz seines Wahlkampfes benachteiligt[506]. Deshalb müssten die Korruptionsdelikte für diese Sondersituation in einer Weise ausgelegt werden, die der grundrechtlich garantierten Gleichheit des passiven Wahlrechts gerecht werde.

502 *BGH*, NJW 2004, S. 3569, 3572
503 *BGH*, NJW 2004, S. 3569, 3573
504 *BGH*, NJW 2004, S. 3569, 3573
505 *BGH*, NJW 2004, S. 3569, 3574
506 *BGH*, NJW 2004, S. 3569, 3573

3. Eigene Stellungnahme

Beide Gerichte sind sich ersichtlich darüber einig, dass eine Restriktion der Strafbarkeit zu Gunsten des Amtsträgers vorgenommen werden müsse. Hierbei diagnostizieren sowohl das Landgericht Wuppertal als auch der Bundesgerichtshof ein Spannungsfeld bzw. Spannungsverhältnis, das es gebiete, den Tatbestand der Vorteilsannahme einzuschränken mit der Folge, dass sich ein Amtsträger bei der Einwerbung von Parteispenden nicht von vornherein gemäß § 331 Abs. 1 StGB strafbar macht. Zumindest die vom Landgericht Wuppertal vorgetragene Begründung vermag hier jedoch allenfalls im Ansatz zu überzeugen.

a. Zur Ansicht des Landgerichts Wuppertal

(1) Lediglich faktischer Erwartungsdruck

Es ist richtig, dass ein Amtsträger innerhalb der Partei hinsichtlich der Spendenakquise mit einer gewissen Erwartungshaltung der anderen Mitglieder konfrontiert wird. Ein politisches Emporkommen ist zwar immer nur bei einem Aufstieg innerhalb der Partei und einem entsprechenden Ansehen bei den Parteimitgliedern möglich. Das Parteiengesetz gebietet dem Inhaber eines Wahlamtes aber gerade nicht, den hochschulrechtlich verankerten Dienstaufgaben von Ärzten zur Drittmittelakquise ähnlich, Parteispenden einzuwerben. Ebensowenig verpflichten die parteienrechtlichen Vorschriften den Amtsträger zur Kooperation mit der Wirtschaft, wie dies das Medizinproduktegesetz oder das Arzneimittelgesetz für medizinische Einrichtungen und Industrie vorsehen[507]. Nichts desto trotz wurzeln Parteien zumindest teilweise im politisch-gesellschaftlichen Bereich und sind deshalb nicht nur politisch, sondern auch wirtschaftlich auf die Zustimmung und Unterstützung der Bevölkerung angewiesen. Auch soll bekanntlich der Partei das Risiko des Fehlschlagens ihrer Bemühungen um eine hinreichende Unterstützung in der Wählerschaft, die mit den Bestrebungen des Amtsträgers meist korrespondieren werden, nicht durch die Gewährung öffentlicher Mittel abgenommen werden. Allerdings wird aufgrund der staatlichen Teilfinanzierung eine ge-

507 Vgl. §§ 40ff. Arzneimittelgesetz, §§ 17ff. Medizinproduktegesetz. Zur Kooperationsverpflichtung in der Medizin auch *Pfeiffer*, NJW 1997, S. 782, 783 und *Verrel*, MedR 2003, S. 319, 321.

wisse Unabhängigkeit der Partei und damit auch des Amtsträgers von privaten Geldgebern erreicht, und zumindest die Funktionsfähigkeit des Parteiensystems bleibt erhalten[508]. Die Erwartungshaltung, der sich ein Amtsträger ausgesetzt sieht, begründet damit keinen normativen, sondern lediglich einen faktischen Akquisitionsdruck. Das Spannungsverhältnis bei der Einwerbung von Drittmitteln zu Forschungszwecken und der Gewinnung von Spenden für die Partei ist folglich nicht in einer Weise vergleichbar, die es rechtfertigen würde, die vom Bundesgerichtshof in der Drittmittelentscheidung entwickelten Grundsätze auf den vorliegenden Sachverhalt zu übertragen[509].

Auch gebietet es die Situation des Wahlkampfes keinesfalls, die Anwendbarkeit des Tatbestands der Vorteilsannahme generell abzulehnen. Wiederum der Bundesgerichtshof hat in der Drittmittelentscheidung nämlich deutlich gemacht, dass selbst der normative Erwartungsdruck im Bereich von Wissenschaft und Forschung nicht zu einer Herausnahme derartiger Konstellationen aus dem Anwendungsbereich des § 331 Abs. 1 StGB führen könne. Umso mehr muss dies dann für Situationen gelten, in denen lediglich eine tatsächliche Drucksituation vorliegt.

(2) Trennung von Amt und Parteimitgliedschaft

Auch wenn die Mitgliedschaft in einer Partei meist „condicio sine qua non" für ein politisches Fortkommen und den Zugang zu den unterschiedlichsten Ämtern darstellt, darf nicht außer Acht gelassen werden, dass der Amtsträger der Partei als Privatmann verbunden ist. Die Partei ist einschließlich ihrer Landes- und Ortsverbände in Form eines rechtsfähigen oder nichtrechtsfähigen Vereins organisiert[510]. Die dortige Mitgliedschaft ist ein privatrechtliches Verhältnis, das durch das Vereinsrecht des BGB, das PartG und die Satzungen der jeweiligen Parteien näher ausgestaltet ist. Die Amtsträgereigenschaft hingegen ist verwaltungsakzessorisch ausgestaltet und von einem öffentlichrechtlich geregelten, teils auf Ernennung basierenden, Dienst- und Treueverhältnis zum staatlichen Hoheitsträger geprägt. Von einem Amtsträger ist trotz der karrierefördernden Wirkung der Zugehörigkeit zur Partei aber zu erwarten, dass er Amt und Parteimitgliedschaft und die jeweils damit ein-

508 *Jarass/Pieroth*, GG, Art. 21 Rn. 14, 20; *Morlok*, in: Dreier, GG, Art. 21 Rn. 44
509 a.A. *Deiters*, MIP 2004/05, S. 18, 21
510 *Heinrichs*, in: Palandt, BGB, Einf. v. § 21 Rn. 16

hergehenden, gegebenenfalls sogar gebotenen Handlungsanforderungen strikt trennt. Zwar mag dies wegen der grundgesetzlich (Art. 21 Abs. 1 GG) hervorgehobenen Stellung von Parteien nicht der Realität entsprechen, ist aber aus verfassungsrechtlicher Sicht mit Blick auf den gleichen Zugang zu öffentlichen Ämtern (Art. 33 Abs. 2 GG) und die Mandatsfreiheit (Art. 38 Abs. 1 S. 2 GG) zwingend zu fordern.

b. Zur Ansicht des Bundesgerichtshofs

Überzeugend ist trotz der lückenhaften Begründung die Auffassung des Bundesgerichtshofs, die Strafbarkeitsrestriktion auf den verfassungsrechtlichen Grundsatz der Gleichheit der Wahl zu stützen.

(1) Schutzbereich des Gleichheitsgrundsatzes

Der Schutzbereich des Grundsatzes der Gleichheit der Wahl ist in sachlicher, zeitlicher und personaler Hinsicht eröffnet. Zwar beziehen sich die in Art. 38 Abs. 1 S. 1, 28 Abs. 1 S. 2 GG (i.V.m. den entsprechenden Verfassungsvorschriften der Länder[511]) niedergelegten Rechte in erster Linie auf das Wahlverfahren, wodurch gewährleistet werden soll, dass die für die Wahl geltenden Regeln – das Prinzip der Gleichheit der Wahl besteht in Bund und allen Ländern neben den Wahlprinzipien der Allgemeinheit, Unmittelbarkeit, Freiheit und dem Prinzip der geheimen Wahl – eingehalten werden[512]. Dies gilt von der Erfassung der Wahlberechtigten über die Aufstellung der Bewerber bis hin zur Stimmabgabe und Feststellung des Wahlergebnisses[513]. Der Gleichheitsgrundsatz entfaltet – wie die übrigen Prinzipien auch – seine Wirkung nicht nur bei Wahlen zum Deutschen Bundestag und zu den Landtagen, sondern auch im kommunalen Bereich bei Wahlen in den Kreisen und Gemeinden. Die Wahlrechtsgrundsätze gelten darüber hinaus als „allgemeine Rechtsprinzipien"[514] für Wahlen zu allen Volksvertretungen[515]. Unter dem Begriff der Wahl sind dabei alle Abstimmungen zu verstehen, durch die eine

511 Für Bayern: Art. 14 Abs. 1 S. 1 Bayerische Verfassung

512 *Morlok*, in: Dreier, GG, Art. 38 Rn. 93; *Pieroth*, in:Jarass/Pieroth, GG, Art. 38 Rn. 6

513 *Morlok*, in: Dreier, GG, Art. 38 Rn. 52

514 *Pieroth*, in: Jarass/Pieroth, GG, Art. 38 Rn. 2

515 *BVerfGE* 51, S. 222, 234f.; *BVerfGE* 60, S. 162, 167

oder mehrere Personen aus einem größeren Kreis von Kandidaten ausgewählt werden[516]. Im Grundgesetz ist allerdings eine Wettbewerbsdemokratie etabliert[517], derzufolge auch das Wahlrecht als Wettbewerbsrecht ausgestaltet ist[518]. Diese Wettbewerbsidee basiert auf der Gleichheit der Chancen und Wettbewerbsbedingungen, der auch die Wahlrechtsgrundsätze als grundrechtsgleiche Rechte[519] Rechnung tragen. Im Kontext eines wettbewerblich relevanten Verhaltens erfasst ist somit auch der Zeitraum der Wahlvorbereitung[520] und des Wahlkampfes[521] als Vorfeld der politischen Willensbildung, jedenfalls solange noch ein greifbarer Zusammenhang mit der Wahl besteht[522]. In diesen Zeitraum der Wahlvorbereitung fällt auch der Wettbewerb um die Erlangung von Spenden[523]. Geschützt sind das aktive und das passive Wahlrecht, somit also auch die Chancengleichheit der Wahlvorschlagsträger und der Wahlbewerber[524]. Jedem Wahlbewerber müssen damit grundsätzlich die gleichen Möglichkeiten im Wahlkampf und im Wahlverfahren offen stehen. Jedem Wahlkandidaten ist die gleiche Chance im Wettbewerb um die Wählerstimmen einzuräumen[525].

(2) Eingriff

Bislang hat das Bundesverfassungsgericht eine unzulässige Verfälschung der Wettbewerbslage im Wahlkampf immer nur in Fällen bejaht, in denen Vorschriften speziell die Rechtspositionen der am politischen Wettbewerb beteiligten Personen regelten[526]. So hat es etwa den prinzipiellen Ausschluss parteiunabhängiger Wahlbewerber von der Wahlkampfkostenerstattung für

516 BVerfGE 47, S. 253, 276; *Achterberg/Schulte*, in: v. Mangoldt/Klein/Starck, GG, Art. 38 Abs. 1, Rn. 121; *Morlok*, in: Dreier, GG, Art. 38 Rn. 52

517 *Morlok*, in: Dreier, GG, Art. 38 Rn. 27; *Streinz*, in: v. Mangoldt/Klein/Starck, GG, Art. 21 Abs. 1 Rn. 19ff

518 Zur Bedeutung der Offenheit des Wettbewerbs zwischen den Parteien und der Entfaltung des Gesichtspunkts des Zugangs zum Wettbewerb vgl. auch *Morlok*, FS Tsatsos, S. 408, 432ff.

519 *Pieroth*, in: Jarass/Pieroth, GG, Art. 38 Rn. 1

520 stRspr., vgl.: *BVerfGE* 60, S. 162, 167; *BVerfGE* 69, S. 92, 106f.

521 stRspr., vgl.: *BVerfGE* 48, S. 64, 79f.; *BVerfGE* 57, S. 43, 56; *BVerfGE* 60, S. 162, 167; *BVerfGE* 63, S. 230, 242; *BayVerfGH*, NVwZ 1984, S. 34, 35

522 *Morlok*, in: Dreier, GG, Art. 38 Rn. 93

523 *BVerfG*, NJW 1985, S. 1017, 1018

524 *Achterberg/Schulte*, in: v. Mangoldt/Klein/Starck, GG, Art. 38 Abs. 1 Rn. 133. Eine dogmengeschichtliche und dogmatische Darstellung liefert *Wild*, Gleichheit der Wahl, passim.

525 *BVerfGE* 41, S. 399, 413

526 Vgl. *Deiters*, MIP 2004/2005, S. 18, 24

unzulässig erklärt[527]. Gleiches hat es entschieden für die steuerliche Begünstigung von Spenden und Beiträgen, wenn sie ein Ausmaß erreichen, durch das die vorgegebene Wettbewerbssituation verändert wird[528], sowie für die Änderung der Voraussetzungen für die Zuteilung staatlicher Mittel[529]. Nach Auffassung der Karlsruher Richter ist der Gesetzgeber aber nicht gehalten, vorgegebene Unterschiede in den Möglichkeiten der Wahlwerbung auszugleichen, allenfalls bestehende faktische Ungleichheiten dürften nicht verschärft werden[530]. Der Tatbestand der Vorteilsannahme bezieht sich nun als allgemeine Regelung des Strafrechts nicht speziell auf den Kontext des politischen Wettbewerbs.

Gleichwohl ist trotz der eigentlich „vorgefundenen" und nicht etwa „verschärften" Wettbewerbslage ein Eingriff in den Schutzbereich der Wahlgleichheit anzunehmen[531].

Erst jüngst hat nämlich das Bundesverfassungsgericht die Funktionalität des „*effektiven Wettbewerbs*" betont und die Bedeutung eines freien Zugangs zum „*politischen Markt*" hervorgehoben[532]. Gerade wegen der Ausgestaltung der Demokratie als Wettbewerbsordnung ist die Chancengleichheit aller Konkurrenten deshalb strikt zu verstehen[533]. Sie darf sich nicht nur auf verschärfende Ungleichbehandlungen beziehen, sondern muss auch die mittelbaren Auswirkungen einer allgemeinen Regel berücksichtigen. Es ist eine Auswirkungsneutralität des Rechts geboten[534], wobei dem Recht eine Schutzpflicht für die Erfüllung der Chancengleichheit aller Bürger und Parteien obliegt. Ihm kommt die Aufgabe zu, in einer durch die Heterogenität des Volkes und durch erhebliche gesellschaftliche Unterschiede gezeichneten Situation im Zeichen der Gleichheit der Wahl einen chancengleichen politischen Wettbewerb zu instituionalisieren[535]. Dementsprechend ist auch bei einer Norm des Strafgesetzbuches zu berücksichtigen, wie sich deren Anwendung auf die unterschiedlichen Kandidaten des Wahlkampfes auswirkt. Dies auch deshalb, weil der Wettbewerb der politischen Parteien nicht mehr nur ein vereinzelt zu

527 *BVerfGE* 41, S. 399ff.
528 *BVerfGE* 85, S. 264, 297
529 *BVerfG*, NVwZ 2004, S. 1473ff.
530 *BVerfGE* 20, S. 56, 118; *BVerfGE* 41, S. 399, 414
531 a.A. *Deiters*, MIP 2004/2005, S. 18, 26
532 *BVerfG*, NVwZ 2004, S. 1473, 1475
533 *Morlok*, NVwZ 2005, S. 157, 159
534 *Morlok*, NVwZ 2005, S. 157, 159
535 *Morlok*, NVwZ 2005, S. 157, 159

findender Ausdruck ist, sondern ihm immer mehr Bedeutung zugeschrieben wird und er zunehmend als dogmatische Figur fungiert[536].

Mit Blick auf den Tatbestand der Vorteilsannahme bei der Parteispendenakquisition tritt eine Ungleichbehandlung deutlich zu Tage: Weil Wahlbewerber und Wahlkandidaten ohne Amt nicht dem Tatbestand des § 11 Abs. 2 StGB unterfallen, können diese – im Gegensatz zu Amtsträgern – im Wahlkampf ohne Gefahr einer Strafbarkeit wegen § 331 Abs. 1 StGB um Spenden werben und gleichzeitig dem Spender eine günstige Dienstausübung versprechen. Es ist Ausdruck allgemeiner Lebenserfahrung, dass derjenige Kandidat, der als Gegenleistung oder im Zusammenhang mit einer Spende Versprechungen im Sinne des Spenders für bestimmte Personengruppen oder konkrete Einzelpersonen abgeben kann und darf, in der Lage ist, leichter und in höherem Umfang Spenden – insbesondere Großspenden – einzuwerben. Für denjenigen, der im Wahlkampf „nicht Farbe bekennt“ oder sich auf allgemeinpolitische Aussagen zurückzieht, ist es schwerer, Spenden zu akquirieren, da ein weit weniger ausgeprägter Identifikationsprozess bei den wahlberechtigten Bürgern einsetzt. Die damit zwangsläufig einhergehende Limitierung der finanziellen Mittel führt zu Beeinträchtigungen der Werbemöglichkeiten im Wahlkampf: Weniger Plakate oder Broschüren können gedruckt, weniger Wahlkampfreisen unternommen, weniger Zeitungsannoncen geschaltet werden. Dies wiederum bedingt eine verminderte Möglichkeit der Außendarstellung der eigenen Person und des politischen Programms, wodurch der Amtsträger im Verhältnis zu seinem Herausforderer im Wahlkampf weniger Beachtung unter den Wahlberechtigten findet. Die Chancen auf eine Wiederwahl werden nachhaltig negativ beeinflusst. Da der Grundsatz der passiven Wahlgleichheit in einem streng formalen Sinn zu verstehen ist[537], spielt es auch keine Rolle, dass ein Amtsträger sich möglicherweise im Amt etabliert hat und aufgrund eines „Bonus“' der Wahlberechtigten für seine bisherige Amtstätigkeit in der Summe über dieselben Chancen auf den Wahlsieg verfügt wie die anderen Kandidaten[538]. Im hier zu untersuchenden Fall sind die Handlungsmöglichkeiten des Amtsträgers als Wahlbewerber deshalb allein aufgrund seiner Amtsstellung und der damit einhergehenden Gefahr einer Strafbarkeit gemäß § 331 Abs. 1 StGB eingeschränkt.

536 Vgl. hierzu *Morlok*, NVwZ 2005, S. 157, 158
537 stRspr., vgl. *BVerfGE* 95, S. 335, 353; *BVerfGE* 95, S. 408, 417
538 a.A. *Kargl*, JZ 2005, S. 503, 509

c. Fazit

Da wegen des strafrechtlichen Analogieverbotes keine Möglichkeit besteht, die Ungleichbehandlung dadurch zu vermeiden, dass der Amtsträgerbegriff auf noch zu wählende Bewerber um das Amt ausgedehnt wird, würden die Wahlchancen eines Amtsträgers bei der überkommenen Anwendung von § 331 Abs. 1 StGB in nicht unerheblichem Maße verkürzt. Es besteht deshalb, wie vom Bundesgerichtshof in richtiger Weise erkannt, ein Bedürfnis, diese vom Gesetzgeber nicht bedachte Ungleichbehandlung aufzulösen.

II. Bedürfnis einer Strafbarkeitsrestriktion bei anderen Parteispenden

Der Bundesgerichtshof hat eine Strafbarkeitsrestriktion ausdrücklich nur bei Wahlkampfspenden für erforderlich gehalten. Zu allgemeinen Parteispenden außerhalb des Wahlkampfes hat er sich nicht geäußert. Dies zog vereinzelt die Kritik nach sich, dass die Rechtslage hinsichtlich deren Akquise durch einen parteigebundenen kommunalen Wahlbeamten nebulös bleibe[539]. Eine solche Unsicherheit besteht jedoch nur vordergründig. Das Bundesverfassungsgericht hat zwar die Unterscheidung zwischen allgemeiner Parteienfinanzierung und Wahlkampffinanzierung als wenig sachgerecht empfunden, weil sich die Tätigkeit im Wahlkampf inhaltlich nicht von der sonstigen Parteitätigkeit unterscheidet[540]. Gleichwohl kann der Grundsatz der Wahlgleichheit keine Begründung für ein Bedürfnis liefern, auch bei der Einwerbung allgemeiner Parteispenden, die Strafbarkeit eines Amtsträgers einzuschränken. Art. 38 Abs. 1 S. 1 GG ist hinsichtlich seines Schutzbereichs zu speziell, um auf die allgemeine Parteitätigkeit unabhängig von Wahlen übertragen und ausgedehnt werden zu können[541].

Daneben gilt es noch folgendes zu berücksichtigen: Innerparteilich wird die Position eines Amtsinhabers, der in der Lage ist, die Parteikassen zu füllen, bekanntlich erheblich gestärkt, mit der Folge, dass Parteimitglieder ihn

539 *Deiters*, MIP 2004/2005, S. 18, 24, der die Entscheidung des BGH deshalb allenfalls als ersten Schritt einer widerspruchsfreien Koordination zwischen den Maßstäben des Parteienrechts und denen des Korruptionsstrafrechts ansieht.

540 *BVerfGE 85*, S. 264, 286

541 *Streinz*, in: v. Mangoldt/Klein, GG, Art. 21 Abs. 1, Rn. 122

auch künftig unterstützen und sich letztendlich für seine Kandidatur einsetzen werden. Damit hat die Akquistionsfähigkeit gewichtigen Einfluss auf die Nominierunsentscheidung. Allerdings unterfallen derartige Voten innerhalb einer Partei als privatem Verein nicht dem Gleichheitsgrundsatz des Art. 38 Abs. 1 S. 1 GG, weil das zu legitimierende Organ, etwa die Mitgliederversammlung, keine hoheitlichen Befugnisse besitzt[542]. Wird im weiteren Verlauf der Schrift der Begriff „Spende" oder „Parteispende" verwendet, sind damit also nurmehr Zuwendungen im Rahmen der Wahlkampffinanzierung gemeint.

B. Möglichkeiten der Strafbarkeitsrestriktion

Nachdem nun ein Bedürfnis einer Strafbarkeitseinschränkung des § 331 Abs. 1 StGB bei der Einwerbung von Wahlkampfspenden durch einen Amtsträger herausgearbeitet wurde, sollen verschiedene Restriktionsmöglichkeiten beleuchtet werden. Es werden zunächst die von der Rechtsprechung im „Kremendahl"-Verfahren bereits entwickelten Konzeptionen näher beleuchtet, ehe verschiedene Ansätze der einschränkenden Auslegung einzelner Tatbestandsmerkmale untersucht und verschiedene Rechtfertigungsmodelle einer Prüfung unterzogen werden, ehe ein eigener Vorschlag zur Lösung unterbreitet wird.

I. Wege der Strafbarkeitseinschränkung durch den BGH und das LG Wuppertal

1. LG Wuppertal: Tatbestandsausschluss bei Transparenz

Das ausgemachte Spannungsfeld versuchte das Landgericht Wuppertal unter Bezugnahme auf das die Drittmittelforschung betreffende Grundsatzurteil des Bundesgerichtshofs aus dem Jahre 2002[543] auflösen. Darin hatte der 1. Strafsenat bekanntlich entschieden, dass die Unrechtsvereinbarung für die Fälle teleologisch eingeschränkt werden müsse, die dem Vertrauen in die Sachgerechtigkeit und Nichtkäuflichkeit der Entscheidung als Schutzgut des § 331 Abs. 1 StGB schon dadurch Rechnung tragen, dass das hochschulrechtliche Anzeige- und Genehmigungsverfahren für die Mitteleinwerbung eingehalten

542 Vgl. *Morlok*, in: Dreier, GG, Art. 38 Rn. 61
543 *BGH*, NJW 2002, S. 2801ff.

werde und demzufolge ein unrechtes Beziehungsverhältnis nicht gegeben sei. In diesem Zusammenhang erteilte der 1. Senat der Möglichkeit der Erreichung eines Wertungsgleichklanges zwischen hochschulrechtlicher Aufgabenstellung und der Strafvorschrift der Vorteilsannahme auf der Rechtfertigungsebene (§ 331 Abs. 3 StGB) eine Absage. Da die Rechtfertigungsbestimmung nicht eingreife, wenn die eingeworbenen Mittel gefordert würden, sei eine Tatbestandseinschränkung vorzugswürdig[544]. Dort stehe dann die Wertung im Vordergrund, dass die Fördermittel nicht „als Gegenleistung“ für eine Diensthandlung bzw. Dienstausübung gewährt, sondern zur Förderung von Forschung und Lehre eingeworben, angenommen und eingesetzt würden[545].

Diesem Verständnis der Unrechtsvereinbarung schloss sich das Landgericht Wuppertal an und transferierte es auf die Hingabe von Parteispenden: Da das Parteiengesetz die Zulässigkeit der Spendenannahme regelt und Veröffentlichungspflichten für bestimmte Spenden begründet, gelte für die Annahme von Parteispenden ebenfalls das Gebot einer einschränkenden Auslegung des Tatbestandes zugunsten des beteiligten Amtsträgers, wenn die parteigesetzlichen Vorschriften beachtet würden[546]. Das Spannungsfeld zwischen Parteienrecht und Strafrecht könne so aufgelöst werden und die für den Schutz des Rechtsguts des § 331 StGB notwendige Transparenz werde hergestellt. Da die parteiengesetzlich korrekte Verfahrensweise mit den Parteispenden deren Hingabe als ein in der Zukunft liegender Umstand zeitlich nachgelagert ist, müsse den am Spendenvorgang beteiligten Personen die einschränkende Auslegung des Tatbestandes bereits zum Zeitpunkt der Tatbestandserfüllung zugute kommen, soweit sie zu diesem Zeitpunkt beabsichtigen, das Parteiengesetz einzuhalten[547].

544 Ebenso *Michalke*, NJW 2002, S. 3381, 3382; *dies.*, FS Riess, S. 771

545 Weil aber der angeklagte Herzchirurg das hochschulrechtlich gebotene Anzeige- und Genehmigungsverfahren gerade nicht eingehalten hatte, war er aus § 331 StGB zu bestrafen. Im Anschluss an die ausgesprochene Zurückverweisung an die Vorinstanz, sprach das Landgericht Heidelberg gegenüber dem Angeklagten eine Verwarnung aus

546 *LG Wuppertal*, NJW 2003, S. 1405, 1406

547 *LG Wuppertal*, NJW 2003, S. 1405, 1407. Im Fall „Kremendahl“ waren diese Voraussetzungen objektiv zwar nicht erfüllt. Jedoch hielten die Wuppertaler Richter dem angeklagten Amtsträger zugute, dass er bei der Spendeneinwerbung subjektiv von der Einhaltung der parteiengesetzlichen Vorschriften ausgegangen sei. Im Gegensatz zum mitangeklagten Bauinvestor, der die Spende ausgereicht hatte, habe Ersterer deshalb gemäß § 16 Abs. 1 S. 1 StGB ohne Vorsatz gehandelt und wurde vom Vorwurf der Vorteilsannahme freigesprochen. Trotz der offensichtlichen Parallelität von § 331 und § 333 StGB wurde der Spender wegen Vorteilsgewährung verurteilt. Es gab diesem Urteil folgend damit kurioserweise einen „Bestecher“, aber keinen „Bestochenen“.

2. BGH: Tatbestandsausschluss bei unkonkretem Dienstbezug

Hingegen stellte der Bundesgerichtshof zur Entwicklung der Strafbarkeitsrestriktion eine vergleichende Betrachtung mit den Vorschriften an, in denen der Gesetzgeber finanzielle Zuwendungen an Politiker und Parteien mit Blick auf das Demokratie- und Rechtstaatsgebot als noch zulässig oder erwünscht erachtet[548]. Explizit berief er sich hier auf das parteiengesetzliche Verbot der Annahme von Einflussspenden in § 25 Abs. 2 Nr. 7 PartG und die Vorschrift des § 108e StGB über die Abgeordnetenbestechung[549]. Um den gesetzlichen Freiraum für die finanziellen Zuwendungen abzustecken, schlossen sich die Bundesrichter bei ihrem Urteil ersichtlich einer vorherrschenden Ansicht in der Literatur an, wonach Zuwendungen zur Unterstützung der allgemeinen politischen Einstellung eines Abgeordneten und zur Förderung seiner Arbeit nicht strafbar seien, folglich Spenden für die Wahlkreisarbeit oder den Wahlkampf nicht dem § 108e StGB unterfielen[550]. Dadurch werde das Anliegen des Gesetzgebers deutlich, die allgemeine Förderung der Politik einzelner Personen oder Parteien zuzulassen. Diese Differenzierung gelte auch für die Wahlkampffinanzierung, so dass es sich in besonderem Maße anbiete, jene für die Abgrenzung von strafbarer und erlaubter Einwerbung von Wahlkampfunterstützung durch Amtsträger fruchtbar zu machen[551].

Eine uneingeschränkte Gleichstellung von Amtsträgern mit sonstigen Berwerbern bei der Einwerbung von Wahlkampfmitteln lehnte der erkennende Senat ausdrücklich ab[552]. Er betonte, dass eine Einschränkung der Strafbarkeit nur angebracht sei, wenn die Förderung des Wahlkampfes allein dazu dienen soll, das nach erfolgreicher Wahl wiedererlangte Amt in einer Weise auszuüben, die den allgemeinen wirtschaftlichen oder politischen Vorstellungen des Vorteilsgebers entspreche. Zeige sich der Amtsträger dagegen bereit, als Gegenleistung eine konkrete, den Interessen des Vorteilsgebers förderliche Entscheidung zu dessen Gunsten zu treffen oder zu beeinflussen, ma-

548 *BGH*, NJW 2004, S. 3569, 3574

549 § 108e Abs. 1 StGB lautet: „Wer es unternimmt, für eine Wahl oder Abstimmung im Europäischen Parlament, einer Volksvertretung des Bundes, der Länder, Gemeinden oder Gemeindeverbände eine Stimme zu kaufen oder zu verkaufen, wird mit Freiheitsstrafe bis zu fünf Jahren oder mit Geldstrafe bestraft."

550 *BGH*, NJW 2004, S. 3569, 3574. So auch: *Tröndle/Fischer*, StGB, § 108e Rn. 8a; *Wohlers* in: NK-StGB, § 108e Rn. 6; *Rudolphi* in: SK-StGB, § 108e Rn. 3

551 *BGH*, NJW 2004, S. 3569, 3575

552 *BGH*, NJW 2004, S. 3569, 3574

che er sich der Vorteilsannahme schuldig[553]. Dies gelte, obwohl wegen der Unsicherheit des Wahlausgangs noch gar nicht feststehe, ob er überhaupt in die Lage versetzt werde, im Interesse des Spenders zu handeln. Nur im ersten Fall - also bei einer finanziellen Zuwendung wegen der allgemeinen wirtschaftlichen und politischen, nicht in bezug auf einzelne Amtshandlungen konkretisierten, dienstlichen Ausrichtung des Amtsträgers - sei wegen des vorrangigen Verfassungsprinzips der Chancengleichheit bei der Wahl das erforderliche rechtswidrige Gegenseitigkeitsverhältnis zwischen Vorteil und Dienstausübung, die Unrechtsvereinbarung, zu verneinen. Ansonsten überwiege dagegen die Pflichtenbindung des Amtsträgers aus seinem bisherigen Amt sein Interesse, seine Chancengleichheit mit anderen Wahlbewerbern dadurch herzustellen, dass er seine Wahlkampffinanzierung durch Zusagen einwirbt, die den Makel der Käuflichkeit amtlicher Entscheidungen tragen und daher unlauter und verwerflich sind.

Gleichzeitig betonte der BGH, das Eingreifen des Tatbestands des § 331 Abs. 1 StGB müsse mangels Möglichkeit einer schärferen Grenzziehung, die der derzeitigen Rechtslage geschuldet sei, auf die Fälle beschränkt werden, in denen die aufgezeigten Grundsätze eindeutig überschritten sind[554]. Dann sei auch der Grundsatz des Art. 103 Abs. 2 GG gewahrt. Eine solche eindeutige Grenzüberschreitung liege immer dann vor, wenn ein Zusammenhang der Spende zu einer konkreten - wenn auch nicht notwendig im Einzelnen bestimmten - Diensthandlung im Amt bestehe, die Diensthandlung allein dem Zuwendenden oder nur bestimmten Individualinteressen nütze und der Amtsträger zumindest bedingt vorsätzlich handele[555]. In allen anderen Fällen macht sich demzufolge ein Amtsträger also nicht wegen Vorteilsannahme strafbar, wenn er sich erneut um das von ihm derzeit ausgeübte Wahlmandat bewirbt und für seinen Wahlkampf die finanzielle oder sonstige Unterstützung für sich und/oder die ihn tragende Partei annimmt.

553 *BGH*, NJW 2004, S. 3569, 3575
554 *BGH*, NJW 2004, S. 3569, 3575
555 *BGH*, NJW 2004, S. 3569, 3575

3. Kritik

a. Kritik am Lösungsvorschlag des Landgerichts Wuppertal

Das Votum des Landgerichts Wuppertal, welches das Gericht mittels des Instrumentariums der teleologischen Auslegung verteidigt, erweist sich aus mehreren Gründen nicht als taugliche Rechtfertigung einer Strafbarkeitseinschränkung.

(1) Sachwidrige Kopplung trotz Transparenz

Es mag zutreffen, dass die Dokumentation und Offenlegung des Austauschs von Leistungen gegen eine Unrechtsvereinbarung von Zuwendungsgeber und Zuwendungsempfänger spricht[556]. Da die Heimlichkeit die Rechtsgutsverletzung mitprägt, kann die Einhaltung des Transparenzgebots gegen die Regelwidrigkeit eines Leistungsaustauschs sprechen, insbesondere weil der vernünftige Dritte stets darauf achten wird, den Eindruck der Käuflichkeit bereits durch größtmögliche Offenlegung zu vermeiden[557]. Jedoch gilt es zu bedenken, dass die Offenheit auch Ausdruck mangelnden Unrechtsbewusstseins sein kann. Dem entsprechend ist *Satzger* zuzustimmen, als auch die transparente sachwidrige Kopplung von Vorteil und Dienstausübung sachwidrig bleibt und weiterhin das Rechtsgut gefährden kann[558]. Das Rechtsgut der Vorteilsannahme basiert zu einem nicht unwesentlichen Teil auf dem Vertrauensgedanken. Durch die Offenlegung von Zuwendungen und durch die Einhaltung von prozeduralen Vorschriften kann das Vertrauen in Kompetenz und Integrität der staatlichen Verwaltung aber gar nicht sichergestellt werden[559]. Die Publizierung des Vorgangs kann unter Umständen vielmehr das

556 So *Bannenberg*, Korruption, S. 402; *Knauer/Kaspar*, GA 2005, S. 385, 396; *Michalke*, NJW 2002, S. 3382

557 *Knauer/Kaspar*, GA 2005, S. 385, 396

558 *Satzger*, ZStW 115 (2003) S. 469, 498; in diese Richtung auch *Kuhlen*, in: NK-StGB, § 331 Rn. 93

559 *Kargl*, JZ 2005, S. 503, 507 verweist die offensichtlich gegenteilige Annahme des LG Wuppertal gar „*in das Reich frommer Märchen*“. Gerade im „Kremendahl“-Verfahren bedürfe es keiner ausgeprägten Phantasie sich vorzustellen, wie es in der Bevölkerung ankommt, wenn ein Bauunternehmer, der bekanntermaßen ein konkretes, von der eigenen Partei eher abgelehntes Projekt verfolgt, den gesamten Wahlkampf eines Oberbürgermeisters finanziert, der zwar einer gegnerischen Partei angehört, dafür aber sein Wohlwollen hinsichtlich des geplanten Projekts bereits öffentlich kundgetan hat.

Gegenteil bewirken und zum Umschlagen von Vertrauen in Misstrauen gegenüber der Amtsführung führen, sollte die Bevölkerung die Parteispende als ungenierten Versuch der Einflussnahme deuten.

(2) Kein Einblick in Austauschverhältnis durch Vorschriften des Parteiengesetzes

Das Landgericht Wuppertal verkennt überdies, dass allein die formellen Transparenzvorschriften des Parteiengesetzes, wenngleich sie als konkretisiertes Verfassungsrecht „materiell durchwirkt" sind, gar nicht geeignet sind, dem Schutzgut des § 331 Abs. 1 StGB hinreichend Rechnung zu tragen[560]. So enthält § 25 Abs. 3 S. 1 PartG lediglich die Weisung, Spenden und Mandatsträgerbeiträge an eine Partei oder einen oder mehrere ihrer Gebietsverbände deren Gesamtwert in einem Kalenderjahr (Rechnungsjahr) zehntausend Euro übersteigt, unter Angabe des Namens und der Anschrift des Spenders im Rechenschaftsbericht zu verzeichnen. Weiterhin sind Spenden, die im Einzelfall fünfzigtausend Euro übersteigen, gemäß § 25 Abs. 3 S. 2 PartG unverzüglich dem Bundestagspräsidenten anzuzeigen, der diese dann zeitnah unter Angabe des Spenders als Bundestagsdrucksache veröffentlicht (§ 25 Abs. 3 S. 3 PartG). Ansonsten sind Spenden an politische Parteien lediglich in den Rechenschaftsbericht aufzunehmen (§ 24 Abs. 4 Nr. 3 und 4 PartG) und werden in der Folge als Bundestagsdrucksache veröffentlicht. Zwar kann damit aufgehellt werden, welche externen Personen und Gruppen hinter einer Partei stehen und diese finanziell unterstützen und wohl auch – wie in der Gesetzesbegründung angedacht[561] – Gewähr dafür geboten werden, dass die Öffentlichkeit über hohe Großspenden zeitnah informiert wird. Letztlich wird damit den Vorgaben des Grundgesetzes in Art. 21 Abs. 1 S. 4 GG entsprochen, wonach die Parteien über die Herkunft ihrer Mittel öffentlich Rechenschaft zu geben haben. Es wird damit zwar verhindert, dass anonyme Interessenten allein vermöge ihrer Kapitalmacht Einfluss auf die staatliche Willensbildung gewinnen[562], mehr aber auch nicht.

560 So wohl auch der *BGH*, NJW 2004, S. 3569, 3573 mit Blick auf die durch § 25 Abs. 2 Nr. 1 – 8 PartG gesetzten Schranken. Ebenso: *Deiters*, MIP 2004/05, S. 20, 23; *Kargl*, JZ 2005, S. 503, 508; *Saliger/Sinner*, NJW 2005, S. 1073, 1075. Gegen eine Anbindung an außerstrafrechtliche Regelungen sprachen sich bereits mehrere Autoren aus: *Ambos*, JZ 2003, S. 345, 353; *Lackner/Kühl*, § 331 Rn. 6b; *Dannecker*, in: Winkelbauer/Felsinger/Dannecker, Gemeinnützig oder strafbar?, S. 62

561 BT-Drucks. 14/8778, S. 17

Ob der Prozess der politischen Willensbildung damit durchschaubar bleibt bzw. wird, ist von meiner Warte aus sehr zweifelhaft. Gleiches gilt für die Frage, ob die Käuflichkeit politischer Entscheidungen hierdurch verhindert oder eingeschränkt werden kann[563]. Einerseits kann die 50.000 Euro-Grenze des § 25 Abs. 3 S. 2 PartG leicht umgangen werden, indem die Zuwendungen zeitlich gestreckt oder auf verschiedene Untergliederungen der bedachten Partei verteilt werden[564]. Andererseits geben weder die vorgesehenen Veröffentlichungen im Rechenschaftsbericht noch diejenigen in den Bundestagsdrucksachen Aufschluss über den Anlass einer finanziellen Zuwendung bzw. die ihr zugrunde liegende Absprache[565]. Damit lässt die Beachtung der Publizitätsvorschriften, da, wie das Bundesverfassungsgericht deutlich gemacht hat, keineswegs alle größeren Spenden mit dem Versuch gekoppelt sind, Einfluss auf die Entscheidungen der Partei zu nehmen[566], keine Rückschlüsse darauf zu, ob ein den Tatbestand der Vorteilsannahme begründendes Näheverhältnis zwischen Spender und Partei bzw. Spender und Amtsträger vorgelegen hat, das die Qualität einer strafrechtlich relevanten Unrechtsvereinbarung erreicht. Hinzu kommt, dass die Richtigkeit der von den Parteien gemachten Angaben weitgehend ungeprüft bleibt[567]. Zwar unterliegen die Angaben der Partei der Kontrolle durch Wirtschaftsprüfer, allerdings bezieht sich die Prüfung nur auf einen Teil der Gesamtparteien, nämlich auf die Bundesparteien, ihre Landesverbände sowie nach Wahl des Prüfers auf mindestens zehn nachgeordnete Gebietsverbände (§ 29 Abs. 1 S. 1 PartG). Damit ist im Ergebnis weniger als ein Promille[568] der Gebietsverbände jeder großen Partei[569] überhaupt einer Prüfung unterworfen, obgleich die unteren Ebenen den allergrößten Teil der Beiträge und Spenden einnehmen, die die Parteien erhalten[570]. Auch nimmt der Bundespräsident nur ausnahmsweise eine inhaltliche

562 So bereits die Forderung des Bundesverfassungsgerichts in *BVerfGE* 20, S. 56, 106

563 Insoweit zutreffend *v. Arnim*, DVBl. 2002, S. 1065, 1068; *Lenz*, NVwZ 2002, S. 769, 772; *Saliger*, Parteiengesetz, S. 536

564 Zur Frage einer Strafbarkeit gem. § 31d Abs. 1 S. 1 Nr. 2 PartG als mögliche Folge, vgl. *Saliger*, Parteiengesetz, S. 621ff.

565 So auch *Deiters*, MIP 2004/2005, S. 18, 21

566 *BVerfGE* 20, S. 56, 106

567 Vgl. *v. Arnim*, DVBl. 2002, S. 1065, 1075

568 *v. Arnim*, DVBl. 2002, S. 1065, 1075

569 Vgl. *Hans Feldmann*, FAZ vom 01.04.2000 („*Gegen illegale Machenschaften ist keine Partei gefeit*"), wonach große Volksparteien aus bis zu 15.000 Einheiten bestehen, wobei jede dieser Einheiten auch ihre Kasse mit ordentlicher Buchführung, Prüfung und Berichterstattung hat.

570 Vgl. hierzu *v. Arnim* DVBl. 2002, S. 1065, 1075 Fn. 69 mit weiteren Nachweisen

Prüfung des Rechenschaftsberichts vor, wenn ihm konkrete Anhaltspunkte dafür vorliegen, dass die in diesem Bericht enthaltenen Angaben einer Partei unrichtig sind (§ 23a Abs. 2 PartG). Im Endeffekt ist das parteiengesetzlich vorgesehene Verfahren damit gar nicht in der Lage, den durch eine Spende möglicherweise aufkommenden bösen Anschein der Käuflichkeit zu entkräften, sondern erweist sich vielmehr als intransparent. Durch das Abstellen auf die „Transparenz"-Vorschriften erreicht man lediglich die Degradierung des Unrechts der Vorteilsannahme zu einem formalen Verstoß[571].

(3) Abgrenzung der Parteispende zur Spende an ein Parteimitglied

Daneben übersieht das Landgericht, dass angesichts einer zu treffenden Differenzierung zwischen der Parteispende und der Spende an den Wahlkandidaten („Direktspende") nur ein Teil der Mitteleinwerbung überhaupt dem Parteiengesetz unterfällt. Das formulierte Ziel, dem Erwartungsdruck, dem sich ein Wahlkandidat hinsichtlich der Spendeneinwerbung ausgesetzt sieht, strafrechtlich ausreichend Rechnung zu tragen, kann somit nur begrenzt erreicht werden. Bereits die Begründung zum Parteiengesetz von 1967 sah eine Rechenschaftspflicht von Leistungen an Wahlbewerber und sonstige nach der Satzung an sich für die Partei nicht empfangsberechtigte Personen nicht vor, mit Ausnahme dass sie zu Parteizwecken gegeben und der Partei tatsächlich zugewendet wurden[572]. Eine Spende, die dem Wahlwerber – entsprechend des erkennbaren Willens des Spenders – zur Förderung der eigenen Kandidatur zukommen soll, stellt bekanntlich keine Parteispende im Sinne des Parteienrechts dar. Dies hat zur Folge, dass das Parteiengesetz mit der diesem immanente Publizitätspflicht nicht einschlägig ist und nicht einmal die parteienrechtliche Transparenz hergestellt werden kann. In diesem Fall besteht vielmehr ein unmittelbarer Zusammenhang zwischen der Spende und der Kandidatur des Amtsträgers.

(4) Ungleichbehandlung von parteiangehörigen und parteilosen Amt-strägern

Der Lösungsansatz der Wuppertaler Richter ist auch abzulehnen, weil er nur parteiangehörigen Amtsträgern erlaubt, unter Beachtung der Regeln des

571 *Deiters*, MIP 2004/2005, S. 18, 21; *Verrel*, MedR 2003, S. 319, 325
572 BT-Drucks. 3/1509, S. 29

Parteiengesetzes straflos Parteispenden einzuwerben[573]. Dem Anwendungsbereich des Parteiengesetzes und damit auch den Regelungen über Parteispenden unterfallen gem. § 2 PartG nämlich nur solche Vereinigungen, die in Abständen von höchstens sechs Jahren mit eigenen Wahlvorschlägen an einer Bundestags- oder Landtagswahl teilnehmen. Amtsträger einer kommunalen Wählervereinigung oder solche, die gar keiner auf Dauer angelegten politischen Organisation angehören, wären damit von der Möglichkeit ausgeschlossen[574], sich die - vom Landgericht Wuppertal unterstellte - Legalisierungswirkung des Parteiengesetzes zunutze zu machen, obwohl sie mit den parteiangehörigen Amtsträgern auf kommunaler Ebene im politischen Wettbewerb stehen[575]. Damit resultiert aus dem Lösungsweg der Wuppertaler Richter eine Ungleichbehandlung außerparteilicher Amtsträger, der schon allgemein mit dem Gleichheitssatz des Art. 3 Abs. 1 GG unvereinbar ist und zum anderen dem zum Demokratieprinzip gehörenden Grundsatz der (passiven) Wahlgleichheit, der auch die Beschaffung von Mitteln für die Wahlkampffinanzierung beinhaltet, nicht Rechnung trägt[576].

b. Lösungsvorschlag des Bundesgerichtshofs

Der Bundesgerichtshof orientiert sich bei seiner materiellen Tatbestandskorrektur des § 331 StGB am Grundsatz der Gleichheit des passiven Wahlrechts, um der Sondersituation bei der Einwerbung von Wahlkampfspenden durch Amtsträger Rechnung zu tragen, und bedient sich damit des Instruments der verfassungskonformen Auslegung. Der BGH entzieht sich damit der Kritik einer bloß formalen Grenzziehung zwischen erlaubten und verbotenem Verhalten für die Konstellation der Parteispendenakquisition. Der Senat hält allerdings keine vollständige Gleichstellung von Amtsträger und Herausforderer für richtig, sondern nähert die Situation des Beamten nur partiell der Situation des „freien“ Kandidaten an. Hat das Votum im Ergebnis noch verbreitet Zustimmung erfahren[577], wird die Herleitung der Lösung deutlich kritischer

573 So auch zutreffend *BGH*, NJW 2004, S. 3569, 3573; *Saliger/Sinner*, NJW 2005, S. 1073, 1075

574 Vgl. auch *BGH*, NJW 2004, S. 3569, 3573

575 Zur Benachteiligung außerparlamentarischer Konkurrenten hinsichtlich der staatlichen Teilfinanzierung vgl. auch *v. Arnim*, DVBl. 2002, S. 1065, 1067, 1073f.

576 Ebenso *BGH*, NJW 2004, S. 3569, 3573

577 *Eppner*, Korruptionsbekämpfung, S. 53; *Knauer/Kaspar*, GA 2005, S. 385, 399; *Saliger/Sinner*, NJW 2005, S. 1073, 1076

beurteilt. Teilweise wurden dem Ansatz des BGH dogmatische Schwächen attestiert[578], sogar eine eklatante Verletzung des Systems der Auslegungsregeln wurde dem 1. Senat vorgeworfen[579].

(1) § 108e StGB keine taugliche Grenze zwischen Lobbyismus und Korruption

Auf Kritik gestoßen ist etwa die Methode, zur Auslegung des § 331 StGB auf den Tatbestand der Abgeordnetenbestechung zurückzugreifen[580]. Zum einen wurde die Norm erst nach zähem Ringen 1994 (wieder) in das Strafgesetzbuch aufgenommen[581], zum anderen wird § 108e StGB ob seiner tatbestandlichen Enge nicht selten als symbolische Gesetzgebung kritisiert[582]. Da es nicht wenige Autoren gibt, die dem Tatbestand der Abgeordnetenbestechung Wirkungslosigkeit bescheinigen oder gar die Legitimität absprechen wollen[583], erscheint es meines Erachtens fraglich, ob der Gesetzgeber damit – freilich vom Grundgedanken des Demokratie- und Rechtsstaatsgebots geleitet – eine Grenze zwischen rechtlich zulässigem Lobbyismus und strafrechtlich unzulässiger Korruption für die am Prozess demokratischer Willensbildung beteiligten Personen hat ziehen können. Jedenfalls sollte eine derart umstrittene Norm, die nur den engsten Kern strafwürdigen Verhaltens erfasst und in erheblichem Maße Umgehungsmöglichkeiten schafft[584], nicht ohne weiteres als Leitprinzip für die Auslegung eines anderen, in seinen wesentlichen Grenzen nicht minder umstrittenen Tatbestandes, herangezogen werden. Zumal sich auch der Gesetzgeber der Probleme bei der Anwendung von § 108e StGB und letztlich dessen eingeschränkter Tauglichkeit zur Bekämpfung politischer Korruption bewusst ist[585].

578 *Deiters*, MIP 2004/2005, S. 18, 24; *Knauer/Kaspar*, GA 2005, S. 385, 398f.; *Saliger/Sinner*, NJW 2005, S. 1073, 1076

579 *Kargl*, JZ 2005, S. 503, 508

580 *Saliger/Sinner*, NJW 2005, S. 1073, 1076 zeigten sich darüber gar „*verblüfft*".

581 Als Vorgängernorm war § 109 a.F. im Jahre 1953 aus dem Strafgesetzbuch entfernt worden und die Frage der Abgeordnetenbestechung blieb bis zur Einführung von § 108e StGB ungeregelt, jedoch nicht wenig umstritten.

582 *Bottke*, ZRP 1998, S. 218, 220

583 Zur Kritik an der Legitimität von § 108e StGB vgl. u.a. *v. Arnim*, DVBl. 2002, S. 1065, 1069; *Barton*, NJW 1994, S. 1098, 1100; *Dölling*, Gutachten C 82/83; *Richter*, Lobbyismus, S. 65f.; *Rudolphi*, in: SK-StGB, § 108e Rn. 1f.; *Schaupensteiner*, NStZ 1996, S. 409, 415; *Schlüchter*, FS Geerds, S. 713, 731

584 *Rudolphi*, in: SK-StGB, § 108e Rn. 1; *Wohlers*, in: NK-StGB, § 108e Rn. 1

585 Vgl. BT-Drucks. 12/5927, S.4: „Durch die bei einem eng gefassten Tatbestand ent-

(2) Übertragbarkeit der Wertung des § 25 Abs. 2 Nr. 7 PartG

(i) Differierender Gesetzeszweck von PartG und StGB

Es ist fraglich, ob die Heranziehung des parteiengesetzlichen Verbots der Annahme von Einflussspenden (§ 25 Abs. 2 Nr. 7 PartG) überhaupt als ein tauglicher Anknüpfungspunkt für § 331 Abs. 1 StGB anzuerkennen ist. Nach Auffassung der Befürworter enthält der Wortlaut der parteiengesetzlichen Norm eine gesetzliche Wertung, die durchaus auf § 331 StGB übertragen werden kann. Vielmehr noch könne diese Wertung auch bei Amtsträgern herangezogen werden, die keiner Partei angehören. Damit wäre dann auch die vom Bundesgerichtshof vorliegend problematisierte Ungleichbehandlung ausgeräumt[586]. Zwar legt die Wahl der Formulierung von § 25 Abs. 2 Nr. 7 PartG mit Formulierung „in Erwartung" und „als Gegenleistung" es nahe, bei der Auslegung der parteigesetzlichen Regelung auf bekannte strafrechtliche Grundsätze zurückzugreifen und dementsprechend als Kern der Unzulässigkeit einer Einflussspende das Vorliegen einer „Unrechtsvereinbarung" zwischen Spender und Partei, wie sie vor der durch das Korruptionsbekämpfungsgesetz erfolgten Lockerung auch für § 331 StGB a.F. verlangt wurde, zu sehen. Allerdings soll mit der Regelung des § 25 Abs. 2 Nr. 7 PartG lediglich politischer Druck auf die Parteien ausgeübt werden, anrüchige Spenden trotz der ihnen zukommenden Spendenautonomie sorgfältig zu prüfen und gegebenenfalls zurückzuweisen. Das Bundesverfassungsgericht hat den Parteien zwar selbst die Verantwortung für die Unterscheidung sachwidriger und sachgemäßer finanzieller Zuwendungen übertragen, allerdings stellt die Beurteilung des strafrechtlichen Verhaltens eines Amtsträgers, selbst wenn dieser mitgliedschaftlich der Partei verbunden ist, eine davon getrennt zu beurteilende Rechtsfrage dar. Der Bundesgerichtshof sieht sich, indem er den weiteren parteienrechtliche „Spielraum" auf die nunmehr geltende Fassung des § 331 Abs. 1 StGB anwendet, dem Vorwurf ausgesetzt, dass er der Sache nach zur alten Rechtslage zurückkehrt und für den hier in Frage stehenden Sachverhalt an Stelle des Begriffs der „Dienstausübung" wieder auf das Merkmal der „Diensthandlung" rekurriert[587]. Mit der weiteren Einschränkung, dass die

stehenden Beweisschwierigkeiten kann die Strafnorm unpraktikabel werden und ihre abschreckende Wirkung verlieren. Auch können Umgehungsmöglichkeiten offenbar werden (...)."

586 *Knauer/Kaspar*, GA 2005, S. 385, 399 Fn. 100

587 *Kargl*, JZ 2005, S. 503, 508; *Saliger/Sinner*, NJW 2005, S. 1073, 1076; *Trönd-*

Spende allein dem Zuwendenden Nutzen bringen oder nur bestimmten Individualinteressen förderlich sein müsste, erhebt der Bundesgerichtshof zudem weitere Anforderungen an Bestimmtheit und Inhalt der Diensthandlung als sie sogar für § 331 StGB a.F. galten[588]. Damit setze sich der 3. Senat, so jedenfalls *Kargl*, über die allgemeinsprachliche Bedeutung der Norm, über die Absichten des Gesetzgebers und über den objektiven Sinn der Vorschrift hinweg[589]: § 331 Abs. 1 StGB n.F. bezwecke nämlich, dem Eindruck der Käuflichkeit des Amtsträgers unabhängig von konkreten Diensthandlungen entgegenzuwirken. Des weiteren fehle im Falle der Parteispendenakquisition durch den Amtsträger auch nicht die Unrechtsvereinbarung, denn was als rechtswidrige Einigung zu gelten habe, sei dem Gesetz und nicht den Gerechtigkeitsvorstellungen eines Gerichts zu entnehmen.

(ii) Einflussspende und Vorteilsannahme als voneinander unabhängige Rechtsfragen

Das Abstellen auf § 25 Abs. 2 Nr. 7 PartG für die strafrechliche Bewertung lässt sich auch aus einem weiteren Grund kritisieren. Die Frage des Vorliegens einer Einflussspende gem. § 25 Abs. 2 Nr. 7 PartG ist der strafrechtlichen Beurteilung des Verhaltens des Amtsträgers, der die Spende für die Partei fordert, sichversprechenlässt oder annimmt, nämlich nicht nur nachgelagert, sondern davon unabhängig. Dies zeigt ein Blick auf die Art und Weise, wie mit Einflussspenden zu verfahren ist: Eine Spende ist von der Partei dann erlangt, wenn sie in den Verfügungsbereich eines für Finanzangelegenheiten zuständigen Vorstandsmitglieds oder eines hauptamtlichen Mitarbeiters der Partei gelangt (§ 25 Abs. 1 S. 4 HS 1 PartG). Lediglich wenn die Zuwendung unverzüglich nach ihrem Eingang an den Spender zurückgeleitet wird, gilt die Spende als nicht von der Partei erlangt (§ 25 Abs. 1 S. 4 HS 2 PartG). Nach § 25 Abs. 2 PartG unzulässige Spenden, also auch Einflussspenden im Sinne der Nr. 7, sind unverzüglich, spätestens mit Einreichung des Rechenschaftsberichts an den Präsidenten des Deutschen Bundestags weiterzuleiten (§ 25 Abs. 4 PartG). Dieser Zeitraum, dient – angelehnt an die Legaldefinition des Zivilrechts – dazu, *ohne schuldhaftes Zögern* (§ 121 BGB) die parteiengesetzliche (!) Rechtmäßigkeit der Spende zu überprüfen. Die strafrechtliche Vor-

le/Fischer, § 331 Rn. 28

588 *Kuhlen*, in: NK-StGB, § 331 Rn. 94

589 *Kargl*, JZ 2005, S. 503, 508

teilsannahme durch den Amtsträger im Sinne des § 331 StGB ist in diesem Zeitpunkt bereits tatbestandlich vollendet bzw. beendet, es dreht sich nur noch um die Frage, wie die Partei als mit der Zuwendung bedachter Dritter mit dem Vorteil in Form der Spende parteienrechtlich verfährt. Der Anschein der Käuflichkeit des Amtsträgers und damit die Gefahr für die Funktionsfähigkeit der Verwaltung ist zu diesem Zeitpunkt längst begründet worden. Dass durch die Aufdeckung der unrechtmäßigen Spende durch die Partei und deren Weiterleitung an den Bundestagspräsidenten eine tatsächliche Schädigung des Vertrauens der Bevölkerung in die ordnungsgemäße Funktion der staatlichen Verwaltung möglicherweise abgewendet wurde, ändert nichts an dessen abstrakter Gefährdung[590] und kann dem Amtsträger meines Erachtens allenfalls im Rahmen der Strafzumessung zugute kommen.

(iii) Keine Anwendbarkeit auf Zuwendungen an parteilose Amtsträger

Schließlich sieht sich die Lösung des Bundesgerichtshof auch dem Einwand der Ungleichbehandlung parteiloser Amtsträger ausgesetzt, der schon gegen die Konzeption des Landgerichts Wuppertal vorgebracht wurde. Mangels Anwendbarkeit der Norm des § 25 Abs. 2 Nr. 7 PartG auf parteilose Amtsträger oder Angehörige von kommunalen Wählergruppen besteht nur ganz eingeschränkt die Möglichkeit, die Entstehung der vom Bundesgerichtshof zutreffend erkannten Ungleichbehandlung innerhalb des Grundsatzes der passiven Wahlgleicheit zu verhindern[591].

c. Zusammenfassung

Somit stellen also sowohl der Weg des Landgerichts Wuppertal über eine teleologische Auslegung die Transparenzvorschriften des Parteiengesetzes nutzbar zu machen, als auch die verfassungskonforme Auslegung des Bundesgerichtshofs mit dem Lösungsvorschlag, eine Unrechtsvereinbarung erst bei konkretem Dienstbezug zu bejahen, dogmatisch kritkwürdige Konzeptionen zur Einschränkung der Strafbarkeit wegen Vorteilsannahme bei der Einwerbung von Wahlkampfspenden dar. Zu betonen ist, dass die Bedenken allein die Herleitung des Ergebnisses, nicht das vollumfänglich zu begrüßende Ergeb-

590 Zu Rechtsnatur der Vorteilsannahme als abstraktes Gefährdungsdelikt vgl. 2. Kapitel.C.IV.

591 Anders *Knauer/Kaspar*, GA 2005, S. 385, 399 Fn. 100

nis selbst betreffen. Zusammenfassend sei nochmals festgehalten: Der Rekurs des Landgerichts auf die Vorschriften des Parteiengesetzes verhindert weder eine sachwidrige Kopplung von Spende und Diensausübung, noch wird durch diese Normen ein Einblick in dieses Austauschverhältnis von Spender und Amtsträger gewährt. Durch die fehlende Differenzierung von Partei- und Direktspende wird zudem übersehen, dass gar nicht alle Zuwendungen für einen Wahlkampf vom Parteiengesetz erfasst werden und sich parteilose Amtsträger darüber hinaus auf diese Vorschriften gar nicht berufen können. Schließlich enthält § 25 Abs. 2 Nr. 7 PartG eine eigene materielle Grenze mit deutlich höherer Verbotsschwelle. Der Bundesgerichtshof überzeugt mit der Heranziehung des äußerst umstrittenen Tatbestandes des § 108e StGB zur Abgrenzung von zulässigem Lobbyismus und Korruption im Rahmen der Vorteilsannahme ebenfalls nicht. Die Wertung des § 25 Abs. 2 Nr. 7 PartG ist ob des unterschiedlichen Gesetzeszwecks von Parteiengesetz und Strafgesetzbuch sowie der gesondert zu beurteilenden Frage nach dem Vorliegen einer Einflussspende bzw. Vorteilsannahme nicht übertragbar. Da parteilose Amtsträger vom Parteiengesetz nicht erfasst werden, ist der Grundsatz der passiven Wahlgleichheit nicht gewahrt.

II. Einschränkende Auslegung einzelner Tatbestandsmerkmale

Da die gewählten Instrumente des Bundesgerichtshofs und des Landgerichts Wuppertal hinsichtlich ihrer Befähigung, eine Grenzlinie zwischen strafbarer und nicht strafbarer Einwerbung von Wahlkampfspenden zu ziehen, nicht vollends überzeugen können, gilt es im Folgenden zu untersuchen, ob der gewünschte Erfolg mit anderen, weniger kritikwürdigen, rechtlichen Konstruktionen zu erreichen ist. Vor allem im Rahmen der Diskussion der Drittmittelproblematik sind in Rechtsprechung und Schrifttum neben der vom Bundesgerichtshof aufgezeichneten Lösung verschiedene Konzeptionen diskutiert worden, um das dortige Spannungsfeld zur Auflösung zu bringen. Im Folgenden soll nun der Versuch unternommen werden, diese Vorschläge auf die hier zu lösende Frage zu übertragen und zu untersuchen, ob eine einschränkende Auslegung des Vorteilsbegriffs bzw. der Unrechtsvereinbarung dazu führt, die Parteispendenakquisition aus dem Kreis strafbarer Verhaltensweisen auszuscheiden.

1. Einschränkende Auslegung des Vorteilsbegriffs

a. Kein Vorteil bei zivilrechtlich wirksamem Anspruch (*Lüderssen, Zieschang*)

Vorreiter einer einschränkenden Auslegung des Vorteilsbegriffs ist *Lüderssen*[592], der – ausgehend vom Vorteilsverständnis der herrschenden Meinung – in Fällen der Drittmittelfinanzierung einen Vorteil verneinen will, wenn die Zuwendung auf einem vertraglich begründeten und zivilrechtlich wirksamen Anspruch beruht. Dies gelte auch für den Vorteil zugunsten eines Dritten[593]. So würden Ärzte beispielsweise bei Nachbeobachtungs-Studien, im Rahmen der Grundlagenforschung oder bei Konferenzen eine Arbeitsleistung erbringen und aufgrund eines zivilrechtlich konstruierten Verpflichtungsverhältnisses einen Anspruch auf das Forschungsgeld haben. Es sei ein „*Trugschluss*“[594], bereits dieses Geld als Vorteil, der als Gegenleistung für die Diensthandlung des Forschens angenommen wird, zu qualifizieren. Die Frage, ob die Zuwendung das Äquivalent einer Diensthandlung ist, stelle sich erst später, wenn unabhängig davon ein unkompensierter Vorteil festgestellt worden sei. Werde nämlich nur einfach die Forschung bezahlt, fehle der Vorteil und es könne dann nicht mehr darauf ankommen, ob die geleistete Forschung eine Diensthandlung sei und damit ein Äquivalent für den gewährten Vorteil im Sinne des § 331 Abs. 1 StGB. In dieselbe Richtung argumentiert *Zieschang*, der darauf abstellt, dass der Amtsträger die Zuwendung nur als Mittel zur Ausführung der Diensthandlung erhalte, was vom Vorteilsbegriff nicht umfasst sei[595]. Eine Absage erteilen beide Autoren der Auffassung des Bundesgerichtshofs[596], wonach bereits im Abschluss des beschriebenen Vertrages der Vorteil liege. Letztlich werde damit nämlich nur die Situation vor dem Austausch der Leistungen beschrieben, ohne am Synallagma etwas zu ändern[597]. Es sei inkonsequent, den Abschluss des Vertrages einerseits und seine Abwicklung andererseits unterschiedlich zu beurteilen, da einzig einem angemessenen und ausgeglichenen Verhältnis zwischen den gegenseitigen Ansprüchen Bedeutung

592 *Lüderssen*, Zusammenarbeit, S. 16ff.; *ders.*, JZ 1997, S. 112, 114f.; *ders.*, PharmaR 2001, S. 82, 85
593 *Lüderssen*, JZ 1997, S. 112, 114
594 *Lüderssen*, JZ 1997, S. 112, 114
595 *Zieschang*, WissR 1999, S. 111, 118
596 *BGHSt* 31, S. 264, 280
597 *Lüderssen*, JZ 1997, S. 112, 114: Bei der Formulierung des BGH handele es sich um eine „*Mischung aus Ungeschicktheit und halber Ansicht*“.

zukomme[598]. Selbst wenn der Amtsträger aufgrund seines Verhandlungsgeschicks einen ihm günstigen Vertrag aushandle, bei dem sich Leistung und Gegenleistung nicht vollends entsprechen, dürfe dies nicht automatisch zu der Annahme einer Unangemessenheit führen[599].

Vordergründig relativiert *Lüderssen* seine Kritik an der Rechtsprechung des Bundesgerichtshofs wieder, indem er die Frage aufwirft, ob der Vorteil nicht auch in der Chance des Vertragsabschlusses gesehen werden könne[600], um allerdings dann festzustellen, dass auch auf diesen Vorteil unter Umständen ein Anspruch besteht[601]. Weder § 134 BGB führe wegen eines ansonsten aufkommenden Zirkelschlusses zur Nichtigkeit, noch liege ein Verstoß gegen § 138 BGB vor, der nur Fälle erheblicher persönlicher Bereicherung erfassen könne[602]. Selbst wenn es sich nicht um eine Mittelzuwendung zur Ausführung der Diensthandlung handle und auch ein gegenseitiger Vertrag zur Herleitung des Anspruchs auf die Zuwendung fehle, will auch *Zieschang* den Tatbestand des § 331 Abs. 1 StGB nicht als erfüllt ansehen. In diesem Fall sieht er die Lösung in einer fehlenden Unrechtsvereinbarung[603]. Die Zuwendung an den Amtsträger erfolge nämlich nicht, damit dieser dafür in irgendeiner Weise dienstlich tätig werde, sondern lediglich im Zusammenhang mit dem Amt[604]. Mit diesem letzten Argument bewegt sich *Zieschang* im Einklang mit *Walter*[605], der eine Unrechtsvereinbarung bei einem adäquaten Vorteil für die Diensthandlung Forschung verneint.

b. Unterscheidung privatnütziger und staatsnütziger Vorteile (*LG Bonn*)

Einen anderen Weg der Einschränkung des Vorteilsbegriffs wählt das Landgericht Bonn[606]. Dessen Diktion basiert dabei im Wesentlichen auf einem Gedanken *Dausters*[607], der ausgehend von einer Differenzierung in privat-

598 *Zieschang*, WissR 1999, S. 111, 119
599 *Zieschang*, WissR 1999, S. 111, 120; wohl aber bei gravierenden Fällen persönlicher Bereicherung, vgl. *Lüderssen*, Zusammenarbeit, S. 68
600 *Höltkemeier*, Sponsoring, S. 212 sieht hierin eine versteckte Zustimmung Lüderssens zur BGH-Rechtsprechung
601 *Lüderssen*, Zusammenarbeit, S. 39
602 *Lüderssen*, Zusammenarbeit, S. 67f.
603 *Zieschang*, WissR 1999, S. 111, 121
604 *Zieschang*, WissR 1999, S. 111, 126
605 *Walter*, ZRP 1999, S. 292, 296
606 *LG Bonn*, StV 2001, S. 292f.; zustimmend *Erlinger*, MedR 2002, S. 413, 419

nützige und staatsnützige Vorteile, jeglichen Leistungstransfer Privater, an einen Forschungsträger aus dem Vorteilsbegriff herausnehmen will, wenn jenem die Eigennützigkeit materiell fehlt[608]. Zusätzlich erforderlich ist aber nach Auffassung des Landgerichts eine Offenlegung der Zuwendungen[609].

Aufgrund der offenen grammatischen Auslegungsfrage bezüglich der Einordnung der Anstellungskörperschaft als „Dritten" könne die Lösung nur dem Telos des Gesetzes entnommen werden[610]. Die wörtliche Auslegung der Norm lasse nämlich sowohl die Subsumtion der Dienststelle unter den „Dritten"-Begriff als auch deren Herausnahme zu. Die Erwägungen des Gesetzgebers, die der Erweiterung des Tatbestandes auf Drittvorteile durch das Korruptionsbekämpfungsgesetz zu Grunde lägen, würden Sachverhaltskonstellationen betreffen, die hauptsächlich darauf ausgerichtet seien, die Rolle des Amtsträgers durch die Zwischenschaltung von diesem nahe stehenden Personen zu verschleiern. Den Fokus bildeten hierbei besonders Zuwendungen an Personenvereinigungen, denen der Amtsträger als Privatperson selbst angehöre oder nahe stehe[611]. Aus den Gesetzesentwürfen[612] sei jedenfalls nicht ersichtlich, dass die Dienststelle des Amtsträgers als „Dritte" im Sinne der geplanten Änderung verstanden werden sollte[613].

Unterschiedlich beurteilen beide das Bedürfnis für die einschränkende Interpretation der Norm. Das Landgericht Bonn rekurriert hierbei auf das Schutzgut der Bestechungsdelikte[614]. Eine Beschädigung des Eindrucks der Makellosigkeit des Amtes und eine Gefährdung des Vertrauens der Bevölkerung in die Lauterbarkeit der Amtsführung sei nicht zu befürchten, wenn es sich um Vorteile handle, die ausschließlich der Dienststelle selbst für die

607 *Dauster*, NStZ 1999, S. 63ff.; konzeptionell ähnlich auch *Geerds*, JR 1996, S. 309, 311; *König*, DRiZ 1996, S. 357, 361f.; *Korte*, NStZ 1997, S. 513, 515; *Krey*, BT I, Rn. 669b; *Winkelbauer/Felsinger*, BWGZ 1999, S. 291, 292; für eine einschränkende Auslegung des Vorteilsbegriffs, die die verfassungsrechtlichen, steuerrechtlichen und dienstrechtlichen Wertungen miteinander in Einklang bringe auch *Lackner/Kühl*, § 331 Rn. 6a sowie *Tröndle/Fischer*, § 331 Rn. 27a, b

608 *Dauster*, NStZ 1999, S. 63, 66

609 *LG Bonn*, StV 2001, S. 292, 293; a. A. *Dauters*, NStZ 1999, S. 63, 68, wonach die Missachtung der Anzeigepflicht nur disziplinarrechtlich von Bedeutung ist, jedoch die strafrechtliche Situation nicht berührt.

610 *Dauster*, NStZ 1999, S. 63, 65; *LG Bonn*, StV 2001, S. 292, 293

611 *Dauster*, NStZ 1999, S. 63, 65; *LG Bonn*, StV 2001, S. 292, 293

612 Vgl. hierzu BR-Drucks. 553/96 S. 35, BT-Drucks. 13/6424 S. 13, BT-Drucks. 13/5584 S. 16

613 *LG Bonn*, StV 2001, S. 292, 293; ablehnend, allerdings ohne tragfähige Begründung *OLG Köln*, NStZ 2002, 36

614 *LG Bonn*, StV 2001, S. 292, 293

Erfüllung der ihr zugewiesenen Aufgabe zuflössen, also staatsnützig in ihrem Aufgabenbereich seien[615]. Lediglich wenn der Amtsträger Vorteile für sich oder andere fordere oder entgegennehme, die mit der pflichtgemäßen Aufgabenerfüllung seiner Dienststelle nicht in Zusammenhang stünden, also für ihn oder einen Dritten privatnützig seien, werde das Schutzgut gefährdet. Andernfalls sähe sich der Staat nämlich dem Vorwurf widersprüchlichen Verhaltens ausgesetzt, indem er das strafrechtlich verfolgen müsste, was er selbst als ihm nützlich angeregt habe[616].

Anders argumentiert diesbezüglich *Dauster*. Vom Schutzzweck der Norm her betrachtet, mache es keinen Unterschied, ob der Empfänger des Vermögenstransfers eine privatautonom agierende Personenvereinigung oder aber die Anstellungskörperschaft des bedachten Amtsträgers selbst sei[617]. Allerdings erfordere die Sondersituation der universitären Lehre und Forschung aufgrund der in Art. 5 Abs. 3 GG garantierten Wissenschaftsfreiheit eine Restriktion[618]. Hierzu könne der frühere Gedanke der Abgrenzung zwischen Eigen- und Fremdnützigkeit des Vorteils herangezogen werden, um eine neue tatbestandsbeschränkende Konfrontationssituation im Sinne einer Privat- oder Eigennützigkeit auf der einen Seite sowie einer Staats- oder Forschungssphärennützigkeit auf der anderen Seite zu gewinnen[619]. Die erforderliche Güterabwägung zwischen dem Schutz des Vertrauens der Bevölkerung in eine rechtsstaatlich geführte und an Sachkriterien orientierte Verwaltung und den Besonderheiten der universitären Forschung und Lehre aufgrund Art. 5 Abs. 3 GG lasse das strafrechtliche Ahndungsbedürfnis entfallen[620]. Damit seien Zuwendungen Privater an universitäre Forschungsträger zum Zwecke der Förderung von Forschung und Lehre generell erlaubt.

615 *LG Bonn*, StV 2001, S. 292, 293

616 *LG Bonn*, StV 2001, S. 292, 294; ähnlich *Pfeiffer*, NJW 1997, S. 782, 784: In den §§ 17ff. Medizinproduktegesetz und den §§ 40ff. Arzneimittelgesetz habe der Gesetzgeber die klinische Prüfung von Medizinprodukten und Arzneimitteln in Universitätskliniken und ähnlichen Anstalten in Zusammenarbeit mit den Ärzten vorgeschrieben.

617 *Dauster*, NStZ 1999, S. 63, 65

618 *Dauster*, NStZ 1999, S. 63, 66. Hierin dürfte wieder ein ähnliches Verständnis liegen wie beim LG Bonn, das in der Einbeziehung der Drittvorteile für Forschung und Lehre ein – wie dargelegt – widersprüchliches Verhalten des Gesetzgebers erkennen will.

619 *Dauster*, NStZ 1999, S. 63, 65

620 *Dauster*, NStZ 1999, S. 63, 68

c. Untauglichkeit zur Lösung der Parteispendenproblematik

Sowohl der Ansatz von Lüderssen und Zieschang als auch der Weg des LG Bonn führen nicht zu befriedigenden Ergebnissen, da sie der Besonderheit der Parteienfinanzierung nicht ausreichend Rechnung tragen können.

(1) Der Ansatz von *Lüderssen* und *Zieschang*

Auf den ersten Blick erscheint die von *Lüderssen* und *Zieschang* vorgeschlagene Lösung noch durchaus einleuchtend: Wenn man einen Vorteil mit der h.M. als Leistung definiert, auf die der Amtsträger keinen Rechtsanspruch hat und die seine wirtschaftliche, rechtliche oder persönliche Lage objektiv verbessert, liegt es nahe, in einem Umkehrschluss die Zuwendungen, die auf einem durch einen zivilrechtlich wirksamen Vertrag begründeten Anspruch beruhen, aus dem tatbestandlichen Vorteilsbegriff auszuscheiden.

(i) Rechtliche Aufladung des naturalistischen Vorteilsbegriffs

Die Konzeption läuft allerdings dem hier vertretenen naturalistischen Verständnis des Vorteils zuwider[621]. Dem Vorteilsbegriff wird eine rechtliche Komponente beigefügt, derer es nicht bedarf. Die wesentliche Frage muss bleiben, ob eine Zuwendung den Empfänger objektiv messbar besser stellt oder nicht. Auf irgendwelche rechtlichen Ansprüche des Zuwendungsempfängers darf es nicht ankommen. Dies gilt für die Parteispendenfälle in noch höherem Maße als für die Drittmittelforschung: Die Beschaffung von Finanzmitteln für die Partei ist im Tagesgeschäft auf allen parteipolitischen Ebenen, und besonders im kommunalen Bereich, ein Leistungsindikator, der bei der parteiinternen Suche nach geeigneten Kandidaten für ein Wahlamt als messbarer mittelbarer Eigenvorteil des Amtsträgers anzusehen ist. Wenn man dem Grundsatz „Kein Vorteil bei Anspruch" die Anerkennung versagt, bewegt man sich überdies im Einklang mit dem Bundesgerichtshof, der formuliert hat, dass bereits im Abschluss eines Vertrages ein Vorteil zu sehen ist, selbst wenn dieser eine angemessene Leistung zur Folge hat[622]. Die Argumentation

621 Ebenso für einen naturalistischen Vorteilsbegriff: *Ambos*, JZ 2003, S. 345, 351; *Höltkemeier*, Sponsoring, S. 102; *Kuhlen*, in: NK-StGB, § 331 Rn. 52; *Rönnau*, JuS 2003, S. 232, 235; *Satzger*, ZStW 115 (2003), S. 469, 475f

622 *BGHSt* 31, S. 264

Schreiers, der aufgrund einer behaupteten Autonomie des Strafrechts die zivilrechtliche Wirksamkeit eines Vertrages völlig außer Acht lassen möchte[623], geht freilich zu weit. Aber unabhängig davon, ob der Rückgriff auf den Vertragsschluss letztlich zulässig ist, bietet das Kriterium der Angemessenheit von Leistung und Gegenleistung jedenfalls ein vollkommen unbestimmtes und daher nicht praxistaugliches Kriterium.

(ii) Unentgeltlichkeit der Zuwendung

Die Problematik der Parteispendenakquisition lässt sich – und das ist das Hauptargument gegen *Lüderssens* und *Zieschangs* Modell – auf Grundlage dieser Theorie auch gar nicht befriedigend lösen. Parteispenden basieren regelmäßig auf einer Schenkungsabrede. Eine Schenkung ist eine unentgeltliche Zuwendung, die unabhängig von einer Gegenleistung erbracht wird[624]. Auch wenn die tatsächliche (nicht rechtliche) Geschäftsgrundlage für die Zuwendung das Bewirken einer Leistung, in diesem Fall einer bestimmten Dienstausübung durch den Amtsträger sein soll, führt dies nicht zu einer die Gegenseitigkeit bedingenden Entgeltlichkeit. Der Amtsträger erbringt keine Gegenleistung, die zu einer vermögensrechtlichen Lücke in seinem Güterbestand führt und die es deshalb zu kompensieren gilt. Mangels gegenseitiger Ansprüche kann es damit kein angemessenes oder ausgeglichenes Verhältnis von Leistung und Gegenleistung zueinander geben. Die vorgestellte oder tatsächlich bestehende Unrechtsvereinbarung zwischen dem Vorteilsgeber und dem Amtsträger als wirksamen Vertragsschluss anzuerkennen, ist – was kaum bestritten werden dürfte – völlig abwegig. Eine Spende an eine politische Partei wird nicht aus Gründen geleistet, die dem zugrunde liegenden Schenkungsvertrag immanent sind. Vielmehr liegt das Ziel in der Beeinflussung der von diesem Vertrag unabhängigen Dienstausübung des mit der Partei mitgliedschaftlich verbundenen Amtsträgers. Wie *Höltkemeier* treffend feststellt, wird es aufgrund der Unbestimmtheit der Dienstausübung, die lediglich zur Privattätigkeit abzugrenzen ist, zudem schon häufig an den notwendigen Vertragsbestandteilen, den essentialia negotii, fehlen[625]. Daneben wären derartige vertragliche Absprachen nach § 134 BGB ohnehin nichtig.

623 *Schreier*, Drittvorteil, S. 108
624 *Weidenkoff*, in: Palandt, BGB, § 516 Rn. 8
625 Vgl. *Höltkemeier*, Sponsoring, S. 213

(iii) Fazit

Somit genügt bei Parteispenden die zivilrechtliche Wirksamkeit des Schenkungsvertrages nicht, um die betreffende Zuwendung vom strafrechtlichen Vorteilsbegriff auszunehmen. *Lüderssens* Konzeption würde zu einer normativen Aufladung des naturalistischen Vorteilsbegriffs führen. Daneben stößt die Idee der Ausgeglichenheit von Leistung und Gegenleistung wegen des Fehlens gegenseitiger Ansprüche an ihre Grenzen.

(2) Die Konzeption des Landgerichts Bonn

Bereits vom Oberlandesgericht Köln als zuständiger Beschwerdeinstanz wurde die vom Landgericht Bonn vorgenommene Unterteilung in privat- und staatsnützige Vorteile als „*nicht durchführbar*" verworfen[626]. Indem der Amtsträger Zuwendungen an seine Anstellungskörperschaft je nach Bedarf offenlege, werde ihm die Bestimmung überlassen, was staatsnützig ist. Die Argumentation der Kölner Richter verdient uneingeschränkt Zustimmung, denn andernfalls würde dem Amtsträger die Frage seiner Strafbarkeit selbst überantwortet. Im Falle der Parteienfinanzierung bestehen darüber hinaus weitere Einwände gegen diese Konzeption.

(i) Partei als Anstellungskörperschaft

Die Unterscheidung von Privat- und Staatsnützigkeit geht bei dem hier vorliegenden Fall der Annahme von Parteispenden fehl. Bei der Partei, der ein Amtsträger mitgliedschaftlich verbunden ist, handelt es sich gerade nicht um dessen Anstellungskörperschaft. Ihr gehört er vielmehr als Privatperson an. Die Beziehung zwischen den Parteien und ihren Mitgliedern ist ein privatrechtliches Verhältnis, das durch das Vereinsrecht des BGB, das PartG und die Satzungen der jeweiligen Parteien näher ausgestaltet ist. Parteien einschließlich ihrer Untergliederungen (Landesverbände, Ortsverbände etc.) organisieren sich durchwegs in Form rechtsfähiger oder nichtrechtsfähiger Vereine[627]. Zwar stellt sich ein parteiangehöriger Amtsträger gewissermaßen in den Dienst der Partei, indem er deren politische Ziele in der Öffentlichkeit kund tut und sein politisches Amtshandeln programmatisch ausrichtet. Dadurch

626 *OLG Köln*, NStZ 2002, S. 35, 36
627 *Heinrichs*, in: Palandt, BGB, Einf. v. § 21 Rn. 16

wird jedoch kein dienst- oder arbeitsvertragliches Verhältnis mit der Partei, gekennzeichnet durch entsprechende Rechte und Pflichten - vergleichbar mit denen des forschenden Medizinprofessors an der Universität - begründet. Es bestehen meist nur satzungsmäßige Befugnisse der Parteiorgane und Mitgliedschaftsrechte der Parteimitglieder, die vom Gebot der innerparteilichen Demokratie geprägt sind[628]. Die Anstellung eines Amtsträgers gem. § 11 Abs. 1 Nr. 2 StGB regelt sich hingegen nach dem maßgebenden Bundes- oder Landesstaatsrecht, genauer gesagt nach der Zuständigkeit der anstellenden Behörde und nach der Form der Anstellung. Dienstherr - und damit Anstellungskörperschaft im vom Landgericht Bonn verstandenen Sinne - sind der Staat, eine Gemeinde oder ein Gemeindeverband bzw. Körperschaften, Anstalten oder Stiftungen des öffentlichen Rechts[629], aber nicht die privatrechtlich organisierte Partei.

(ii) Staatsnützigkeit einer Parteispende

Lenkt man darüber hinaus bei der Frage der Staatsnützigkeit den Blick, wie es *Dauster*[630] zu machen scheint, auf den finanziellen Aspekt, erhellt, dass Zuwendungen an eine politische Partei dem Staat keineswegs ähnlich nützlich sind, wie Zuwendungen an eine Universität zur Drittmittelforschung. Der Staat hat nämlich nicht zu allererst für die Alimentierung der Parteien aufzukommen. Bereits das Bundesverfassungsgericht hat festgestellt, dass aufgrund der Staatsfreiheit der Parteien nur eine Teilfinanzierung aus staatlichen Mitteln erlaubt ist und die Parteien deshalb auf die Unterstützung der Bürger angewiesen bleiben müssen. Die Kostentragungspflicht und Verantwortung für die Mittelausstattung zur politischen Arbeit trifft die Parteien damit letztlich in erster Linie selbst. Den Gedanken *Dausters* konsequent zu Ende gedacht, führten Spenden an politische Parteien nicht nur nicht zu einer finanziellen Entlastung sondern vielmehr zu einer finanziellen Belastung des Staates. Gemäß § 18 Abs. 3 Nr. 3 PartG erhalten Parteien im Rahmen der staatlichen Teilfinanzierung - gedeckelt durch das Gesamtvolumen staatlicher Mittel in Höhe von 133 Millionen Euro (vgl. § 18 Abs. 2 PartG) - nämlich für jeden Euro einer rechtmäßig erlangten Spende einer natürlichen Person eine Subvention in Höhe von 0,38 Euro[631].

628 *Streinz*, in: Mangoldt/Klein/Starck, GG, Art. 21 Abs. 1, Rn. 157
629 Vgl. § 2 Abs. 1 BBG; Art 3 BayBG
630 *Dauster*, NStZ 1999, S. 63, 64

(iii) Problem des mittelbaren Eigenvorteils

Entscheidend für eine Ablehnung des diskutierten Ansatzes ist mitunter auch, dass sich durch die Beschaffung von Finanzmitteln für die Partei beim Amtsträger ein mittelbarer Eigenvorteil nachweisen lässt. Die Unterscheidung von privat- und staatsnützigen Vorteilen ist damit obsolet, denn es handelt sich gerade nicht nur um reflexartige Eigenvorteile, die rechtlich an das Schicksal der unmittelbaren Drittvorteile gekoppelt werden sollten. Gerade bei Parteispenden verbessert sich nicht nur die finanzielle Situation der Partei, sondern auch die Wiederwahlmöglichkeiten des Amtsträgers werden durch die Festigung seiner innerparteilichen Stellung messbar größer. Es wäre realitätsfern zu behaupten, dies hätte der betreffende Amtsträger nicht im Blick, wenn er sich die Zuwendung für die Partei versprechen lässt.

(iv) Gesetzgebungsgeschichte

Schließlich ist auch die Gesetzgebungsgeschichte für Parteispenden nicht nutzbar zu machen, sondern entzieht dem diskutierten Ansatz endgültig die Grundlage. Gerade Zuwendungen an die von einem Amtsträger favorisierte politische Parteien sollten von der durch das Korruptionsbekämpfungsgesetz erfolgten Verschärfung des § 331 StGB erfasst werden[632], was im Übrigen auch das Landgericht Bonn nicht verkennt[633].

(v) Fazit

Im Ergebnis bietet also auch der Ansatz des Landgerichts Bonn keinen gangbaren Weg zur Auflösung des festgestellten Spannungsverhältnisses. Die Partei ist nicht als Anstellungskörperschaft des Amtsträgers zu betrachten, da er dieser nur als Privatperson mitgliedschaftlich verbunden ist. Auch fehlt den Parteispenden die notwendige Staatsnützigkeit, da dem Staat nicht die Primärpflicht zur Alimentierung der Parteien zukommt, sondern diese auf eine private Finanzierung angewiesen sind. Im Übrigen ist durch die Zuwendung an die Partei beim mitgliedschaftlich verbundenen Amtsträger ein mittelba-

631 Berücksichtigt werden dabei jedoch nur Zuwendungen bis zu 3300 Euro je natürliche Person, vgl. § 18 Abs. 3 Nr. 3 Hs. 2 PartG

632 BT-Drucks. 13/3353, S. 11; BR-Drucks. 553/96, S. 35

633 Vgl. *LG Bonn*, StV 2001, S. 292, 293

rer Eigenvorteil auszumachen. Gestützt werden diese Erkenntnisse durch die Gesetzgebungsgeschichte.

2. Einschränkende Auslegung der Unrechtsvereinbarung

a. Keine Unrechtsvereinbarung bei rein dienstlichem Vorteil (*Walter*) – Neues Kriterium der „Unlauterkeit"

Walter will – ebenfalls im Rahmen der Drittmitteldiskussion – der, wie er meint „*bedenklichen*"[634] Neufassung des § 331 StGB im Wege einer einschränkenden Auslegung der Unrechtsvereinbarung begegnen, weil der Wortlaut weite Bereiche erfasse, die aus verfassungsrechtlichen, forschungspolitischen und praktischen Gründen nicht strafbar sein könnten. Dabei kommt er zu dem Ergebnis, dass der rein dienstliche Vorteil, der einer Vorteile beim Drittmittelgeber begründenden Forschung zugute kommen soll, adäquat und somit nicht strafwürdig sei[635]. Derartige Vorteile waren auch bei § 331 StGB a.F. nicht geeignet eine Unrechtsvereinbarung zu begründen und es dürfe nicht schon deswegen, weil die Unrechtsvereinbarung durch das Korruptionsbekämpfungsgesetz eine Lockerung erfahren habe, zu einer anderen Beurteilung kommen[636]. Was das Dienstrecht fordere, könne nicht strafbar sein.[637] Der Eindruck der Käuflichkeit von Diensthandlungen entstehe nämlich nur dann, wenn die Schwelle dazu überschritten werde, dass ein Amtsträger sich ausschließlich von persönlichen, nicht dienstlich immanenten Vorteilen locken lasse und dadurch zumindest die Gefahr bestehe, dass er Diensthandlungen anders ausübe, als ihm dies seine Dienstpflichten objektiv nahe legen. Wenn aber – wie im Bereich der drittmittelorientierten Forschung – der Vorteil, weil er dienstlicher Natur sei, und die auf einer Amtspflicht beruhende Dienstausübung zusammenfielen, liege eine Unrechtsvereinbarung nicht vor[638].

Gleichwohl erachtet *Walter* § 331 Abs. 1 StGB in seiner derzeitigen Form nicht als tauglich, die Strafbarkeitseinschränkung zu bewerkstelligen. Weder der Wortlaut noch die Unrechtsvereinbarung seien fassbar und die Konkreti-

634 *Walter*, ZRP 1999, S. 292
635 *Walter*, ZRP 1999, S. 292, 296
636 *Walter*, ZRP 1999, S. 292, 295
637 *Walter*, ZRP 1999, S. 292, 294; ihm folgend *OLG Köln*, MedR 2002, S. 413ff. m. Anm. *Erlinger*
638 *Walter*, ZRP 1999, S. 292, 295

sierung einer verwässerten Unrechtsvereinbarung könne der Rechtsprechung nicht zugemutet werden[639]. Aus rechtspolitischen Gründen sei deshalb eine Änderung des § 331 Abs. 1 StGB in folgende Formulierung geboten:

StGB § 331. *(1) Ein Amtsträger oder ein für den öffentlichen Dienst besonders Verpflichteter, der als unlautere Gegenleistung für die Dienstausübung einen Vorteil für sich oder einen Dritten fordert, sich versprechen lässt oder annimmt, wird mit Freiheitsstrafe bis zu drei Jahren oder mit Geldstrafe bestraft.*

b. Untauglichkeit zur Lösung der Parteispendenproblematik

(1) Bestimmtheitsgrundsatz

Das Argument *Walters,* das Merkmal der „Unlauterkeit" würde § 331 StGB dem Tatbestand des § 299 StGB[640] angleichen und sich so problemlos in die Systematik des StGB einfügen[641], ist durchaus stichhaltig. Auch die Möglichkeit, dieses Tatbestandsmerkmal durch Verwaltungsvorschriften zu konkretisieren und nicht ausschließlich auf die Forschung sondern auch auf andere Lebensbereiche anzuwenden, wie *Walter* vorschlägt, lässt sich nicht von vornherein in Abrede stellen[642]. Gleichwohl lässt sich damit noch kein eindeutiges rechtspolitisches Bedürfnis für die Änderung des Wortlautes der Norm begründen[643]. Vor allem mit Blick auf den Bestimmtheitsgrundsatz des Art. 103 Abs. 2 GG lässt sich an diesem de lege ferenda konzipierten Lösungsvorschlag zweifeln. Es dürfte zu kurz gedacht sein, wenn man sich verspricht, nunmehr die einer Zuwendung im Einzelfall zugrunde liegenden Motive mit der nötigen Rechtssicherheit beurteilen und sachwidrige von sachgerechten Intentionen abgrenzen zu können. Anders als bei der Unrechtsvereinbarung und

639 *Walter*, ZRP 1999, S. 292, 296

640 Vgl. § 299 Abs. 1 StGB: „(...) *in unlauterer Weise bevorzuge* (...)"

641 *Walter*, ZRP 1999, S. 292, 297

642 *Höltkemeier*, Sponsoring, S. 231f., verweist zudem darauf, dass auch in diversen internationalen Rechtsakten, etwa Art. 2 und 3 der Europaratskonvention, Art. 15ff. der Konvention der Vereinten Nationen gegen Korruption oder Art. 322 des Schweizer Strafgesetzbuches das Merkmal der „Unlauterbarkeit" bzw. „Unbilligkeit" wiederzufinden ist

643 Auch *Sanchez-Hermosilla*, Kriminalistik 2002, S. 506, 509f. sieht in einer allgemeintatbestandlichen Einschränkung der Korruptionstatbestände ein falsches Signal, da die gesetzgeberische Aktivität in einer Art missverstanden werden könne, als gebe der Staat gerade nach den bekannt gewordenen Korruptionsskandalen der 90er Jahre nach; krit. zu diesen Überlegungen *Höltkemeier*, Sponsoring, S. 231

dem Äquivalenzverhältnis liegt zur „Unlauterkeit" nämlich noch keine breite Rechtsprechung vor. Es bedürfte erst der klärenden Bildung von relevanten Kriterien einer Unlauterkeit und bestimmten Fallgruppen durch die Obergerichte, so dass möglicherweise über längere Zeit Unsicherheiten bestünden. Diese würden sich auch durch nähere Ausführungen in den Gesetzesmaterialien oder beispielhafte Aufzählungen im Gesetzestext nicht oder nur begrenzt beheben lassen[644]. Weiter stellt sich die Frage, an welchen – vor allem einen Gewinn an Rechtsklarheit bringenden – Maßstäben die Unlauterkeit dann zu messen wäre. Letztlich blieben auch hier nur die Üblichkeit, die Verkehrssitte oder die Akzeptanz eines Verhaltens in der Bevölkerung. Das Merkmal der Unlauterkeit als Auslegungshilfe zur Abgrenzung von strafwürdigen und sachlich motivierten Entscheidungen heranziehen, hilft also nicht weiter, da mit der Unrechtsvereinbarung bereits ein inhaltlich gleichartiges Korrektiv de lege lata gegeben ist. Die „Unlauterkeit" hätte lediglich deklaratorischen Charakter.

(2) Änderung der Deliktsnatur

Auch die Zuerkennung eines normativen Wertes, indem mit der „Unlauterkeit" als tatbestandlichem Erfordernis gearbeitet wird, verhilft nicht dazu, die Schwächen dieses Kriteriums zu beseitigen. Nach dem dieser Abhandlung zugrunde gelegten Normverständnis handelt es sich bei § 331 StGB um ein abstraktes Gefährdungsdelikt, bei dem für eine Strafbarkeit der bloße Anschein oder die nicht unbegründete Vermutung eines Vertrauensmissbrauchs genügt, um den Anforderungen einer modernen pluralistischen Gesellschaft an die ordnungsgemäße Funktion der staatlichen Verwaltung Rechnung zu tragen. Werden mit der Unlauterkeit – wie *Walter* seine Konzeption wohl versteht – von vornherein andere Anforderungen an das Äquivalenzverhältnis im Sinne einer konkreten Schädlichkeit gestellt, welche zudem einer positiven Feststellung durch das Tatgericht bedürfte, erfasst der Tatbestand der Vorteilsannahme nur noch solche Beziehungsverhältnisse, die für das geschützte Rechtsgut eine konkrete Gefahr darstellen. § 331 StGB würde vor diesem Hintergrund zu einem konkreten Gefährdungsdelikt umgewandelt[645], mit der Folge der Preisgabe des Schutzes des Systems der staatlichen Verwaltung.

644 *Diettrich/Schatz*, MedR 2001, S. 614, 621 rechnen mit einem Zeitraum der „*ohne weiteres ein Jahrzehnt betragen kann*".

645 So auch *Diettrich/Schatz*, MedR 2001, S. 614, 620

Die strafrechtliche Verfolgung solcher korruptiver Vereinbarungen, die aufgrund eines komplexen Beziehungsgeflechts den Nachweis einer Unlauterkeit kaum zulassen, würde wesentlich erschwert. Das Ziel, welches mit dem Korruptionsbekämpfungsgesetz 1997 verfolgt wurde, würde konterkariert.

(3) Keine Verbesserung der Arbeitsbedingungen durch Parteispende

Selbst wenn man der Idee *Walters* folgen wollen würde und eine Unrechtsvereinbarung negiert, wenn ein dienstlicher Vorteil und die auf einer Amtspflicht beruhende Dienstausübung zusammenfallen, kann damit das hier diskutierte Problem keiner Lösung zugeführt werden. Die Einwerbung von Finanzmitteln zugunsten der eigenen Partei ist für den politischen Amtsträger, anders als die anwendungsorientierte Forschung von Medizinern an den Universitäten, gerade keine Dienstpflicht. Schon gar nicht verschafft der Amtsträger bei der Annahme einer Partei- bzw. Wahlkampfspende ausschließlich seinem Dienstherrn einen Vorteil, im Zuge dessen dann die Arbeitsbedingungen im Amt aufgrund der verbesserten Mittelausstattung reflexartig verbessert würden. Lediglich der bedachten Partei, der der Amtsträger als Privatperson nach zivilrechtlichen Regelungen mitgliedschaftlich verbunden ist, fließt ein Vorteil zu, nämlich einmal in Form der geldwerten Zuwendung und möglicherweise in Form der staatlichen Subventionierung der Spende nach § 18 Abs. 3 Nr. 3 PartG.

Dies mag dann – gewissermaßen als Kehrseite der Medaille – Auswirkungen auf die rein tatsächliche Dienstausübung des Amtsträgers haben, indem die innerparteile Akzeptanz und damit auch kommunalpolitische Akzeptanz steigt, was die Entscheidungsfindung in den jeweiligen Gremien erleichtern mag. Dies als dienstlichen Vorteil, als Erleichterung der Arbeitsbedingungen, im Sinne *Walters* zu verstehen, ginge jedoch zu weit. Die Zuwendung zieht gerade keine verbesserte Ausstattung mit unmittelbar der Dienstausübung dienenden Sach- und Arbeitsmitteln – anders als bei der Drittmittelforschung – nach sich. In erster Linie soll durch die finanzielle Zuwendung im Wahlkampf die künftige Diensausübung ganz allgemein, unabhängig von der materiellen Ausstattung der Dienstposition erst ermöglicht werden. Die vermehrt zur Verfügung stehenden finanziellen Ressourcen lassen nämlich eine intensivere und damit möglicherweise erfolgreichere Bestreitung des Wahlkampfes zu, was letztlich der Sicherung der persönlichen Stellung des Amtsträgers dient. Der Amtsträger lässt sich – da die finanzielle Zuwendung unmittelbar für die Dienstausübung keinen Vorteil bringt – von persönlichen und nicht ausschließlich dienstlich intendierten Vorteilen locken. Dies ist für die Erschütterung des Vertrauens in die Funktionsfähigkeit der Verwaltung ausreichend, so dass sich eine derart einschränkende Interpretation der Unrechtsvereinbarung verbietet.

(4) Fazit

Gegen die Einfügung einer Unlauterkeitsklausel bestehen wegen des Verstoßes gegen den Bestimmtheitsgrundsatz und die Änderung der Deliktsnatur des § 331 StGB bereits dogmatische Vorbehalte. Im Besonderen aber kann das Merkmal der Unlauterkeit im Sinne *Walters* für eine Strafbarkeitseinschränkung im Rahmen der Einwerbung von Parteispenden wegen des fehlenden ausschließlichen Dienstbezug des Vorteils nicht nutzbar gemacht werden. Durch die Spende werden die Arbeitsbedingungen im Amt nämlich nicht unmittelbar verbessert.

III. Parteispenden als sozialadäquates Verhalten

Der ursprünglich von Welzel konzipierten Lehre von der sozialen Adäquanz liegt der Gedanke zugrunde, dass Handlungen, die sich innerhalb der geschichtlich sozial gewordenen Ordnung des Gemeinschaftslebens bewegen, nicht tatbestandsmäßig sein, selbst wenn sie unter den Wortlaut einer Deliktsnorm subsumierbar sind[646]. Da bereits das Bundesverfassungsgericht Partei- bzw. Wahlkampfspenden als geläufige Form tatsächlicher politischer Interessenwahrnehmung anerkannt hat[647] und ob der Tatsache, dass die Parteien Spenden in Millionenbeträgen einnehmen, liegt es nahe im Fordern, Sichversprechenlassen und Annehmen von Spenden für die Partei durch einen Amtsträger einen sozialüblichen Akt zu sehen. Fraglich ist deshalb, ob die Parteispendenakquisition als nicht tatbestandsmäßig bzw. nicht rechtswidrig erachtet werden kann, weil sie sich möglicherweise als gänzlich unverdächtig und von breiter Akzeptanz getragen darstellt.

646 *Welzel*, ZStW 58 (1939), S. 491, 516f.; *ders.*, Strafrecht, S. 55f.
647 *BVerfGE* 20, S. 56, 105

1. Drittmittelfinanzierung als sozialkonformes Verhalten (Ambos)

Ambos[648] hat eine derartige Diskussion bereits bei der Drittmittelfinanzierung angestoßen. Er greift den Adäquanzgedanken *Walters* auf, indem er von der Normativierung eines Unlauterkeitskriteriums ausgeht, und will die Drittmittelfinanzierung aus dem Tatbestand herausnehmen, weil sie als sozialkonformes Verhalten keinen Regelverstoß darstelle[649]. Denn wenn es nun einmal gewünscht sei, mit Drittmitteln zu forschen, könnten Zuwendungen dafür zwar als Vorteil im naturalistischen Sinne betrachtet werden. Allerdings dürfe in deren Annahme oder Forderung jedenfalls dann kein rechtswidriges Verhalten erblickt werden, wenn die insoweit erlassenen oder vereinbarten Verhaltensregeln beachtet würden[650]. Wenn Drittmittel nur als Mittel zur Vornahme bestimmter Forschungen gegeben würden und kein Zusammenhang mit individuellen Interessen der Wissenschaftler bestehe, könne man das regelwidrige Äquivalenzverhältnis verneinen, denn der Vorteil werde dann nur „*gelegentlich*“ und nicht „*für*“ die Dienstausübung gegeben.[651] Als ein mögliches Kriterium zur Beurteilung der Regelwidrigkeit der Äquivalenzbeziehung macht *Ambos* die Sozialadäquanz aus und hebt hervor, dass es hier einzig um diejenige der Unrechtsvereinbarung gehe und nicht um die der Kooperation. Damit sei auch die umstrittene Frage der erlaubten Höchstgrenzen sozialadäquater Zuwendungen nicht relevant[652].

2. Untauglichkeit zur Lösung der Parteispendenproblematik

Die von *Ambos* vorgeschlagene Nutzbarmachung des Kriteriums der Sozialadäquanz bzw. des sozialkonformen Verhaltens ist bei der Frage nach der Vereinbarkeit von Parteispenden mit dem Tatbestand des § 331 StGB insoweit ein diskussionswürdiger Gedanke. Um allerdings beurteilen zu können,

648 *Ambos*, JZ 2003, S. 345, 352

649 *Ambos*, JZ 2003, S. 345, 351; mit ähnlicher Argumentation *Kuhlen*, in: NK-StGB, § 331 Rn. 87; *ders.*, JR 2003, 231, 234

650 *Ambos*, JZ 2003, S. 345, 352

651 *Ambos*, JZ 2003, S. 345, 352; ebenso: *Korte*, NStZ 1997, 513, 515 und *Ulsenheimer*, Arztstrafrecht, § 13 Rn. 13/16

652 *Ambos*, JZ 2003, S. 345, 351; so auch *Lüderssen*, Zusammenarbeit, S. 36ff.; vgl. zur Sozialadäquanz in Abgrenzung zum Vorliegen einer Unrechtsvereinbarung (allerdings beschränkt auf geringwertige Zuwendungen) etwa: BGH NStZ-RR 2002, S. 272ff.; *Kuhlen*, in: NK-StGB, § 331 Rn. 35; *Lackner/Kühl*, § 331 Rn. 14; *Tröndle/Fischer*, § 331 Rn. 25

inwieweit die Sozialadäquanz ein – im Verständnis von *Ambos* – taugliches Mittel zur Beseitigung der vorliegenden Schwierigkeiten ist, bedarf es einer genaueren Betrachtung dieser Lehre.

a. Wesen der Sozialadäquanz

Der Begriff der Sozialadäquanz ist seit *Welzel* ein Synonym für die strafrechtliche Irrelevanz eigentlich strafrechtserheblicher Verhaltensweisen, ohne dass der Begriff je Einzug in das StGB gehalten hätte. Auch die Judikatur verwendet ihn selten, wenngleich der Bundesgerichtshof zwischenzeitlich die Lehre der Sozialadäquanz zum Gegenstand seiner Entscheidungen gemacht hat: „*Nach der Lehre von der Sozialadäquanz können übliche, von der Allgemeinheit gebilligte und daher in strafrechtlicher Hinsicht im sozialen Leben gänzlich unverdächtige, weil im Rahmen der sozialen Handlungsfreiheit liegende Handlungen nicht tatbestandsmäßig oder zumindest nicht rechtswidrig sein.*“[653] Gleichwohl wird die Rechtsfigur von Einigen weiterhin kategorisch abgelehnt[654].

Der nach wie vor bestehende Streit über das Prinzip fußt auch darauf, dass selbst unter dessen Anhängern Uneinigkeit über die dogmatische Behandlung sozialüblichen Verhaltens besteht und die systematische Einordnung in den Deliktsaufbau ebenso wie die exakten Grenzen des Anwendungsbereichs der Lehre nach wie vor ungeklärt sind. So wird die Sozialadäquanz nach wohl überwiegender Ansicht als Tatbestandsausschließungsgrund gesehen[655], teils auch als Rechtfertigungs-[656] oder Entschuldigungsgrund[657]. Wiederum andere nehmen keine eindeutige Zuordnung vor[658] oder betrachten die Sozialadäquanz nur als ein allgemeines und subsidiäres Auslegungsinstrument[659].

---

653 *BGHSt* 23, 226, 228

654 *Gallas*, ZStW 67 (1955), 1, 22ff.; *Würtenberger*, FS Rittler, S. 125, 129; *Wolski*, Soziale Adäquanz, S. 135ff.

655 *Jescheck/Weigend*, StrafR AT, S. 252; *Krauß*, ZStW 76 (1964), S. 19, 48; *Peters*, FS Welzel, S. 415, 425ff.; *Stratenwerth/Kuhlen*, AT I, § 8 Rn 32; *Tröndle/Fischer*, vor § 32 Rn. 12; *Zipf*, ZStW 82 (1970), S. 633, 639ff;

656 *Schmidhäuser*, StrafR AT, S. 298

657 *Roeder*, Sozialadäquates Risiko, S. 77f

658 So differenziert *Klug*, Sozialkongruenz, S. 194, 207 zwischen Sozialkongruenz als allgemeinem Tatbestandsausschließungsprinzips und Sozialadäquanz als allgemeinem Rechtfertigungsprinzip. Selbst *Welzel* als Begründer der Lehre nahm im Laufe der Zeit verschiedene – mitunter sprunghafte – Wechsel bezüglich der dogmatischen Einordnung vor, vgl. hierzu die Ausführungen bei *Bernert*, Soziale Adäquanz, S. 14f und *Sommer*, Sozialadäquanz, S. 56 Fn. 1

(1) Dogmatische Einordnung

Bei näherer Betrachtung erweist sich, ausgehend von einem Verständnis des Straftatbestandes als Unrechtstypus, eine dogmatische Behandlung, sollte man die Rechtsfigur für erforderlich halten, als Tatbestandsausschließungsprinzip als zu favorisierende Lösung. Ein Straftatbestand umschreibt ein negatives Verhaltensmodell, dessen unrechtsindizierende Wirkung sich aus dem Erfahrungswissen um die Sozialschädlichkeit bestimmter Verhaltensweisen generiert. Daneben existieren aber auch positive Verhaltensmodelle, die erfahrungsgemäß sozialnützlich sind. Ist ein bestimmtes Verhalten nun gesetzlich ausdrücklich dem negativen Verhaltensmodell und damit der Strafzone zugeordnet, kann es nicht mehr für das positive Verhaltensmodell in Betracht kommen. Kurzum, ein bestimmtes Verhalten kann nicht gleichzeitig sozial geboten und verboten sein[660].

Eine Zuordnung zur Rechtswidrigkeit oder Schuld würde dagegen weder dem Wesen der Rechtfertigungsgründe noch dem Schuldelement gerecht. Beide zeichnen sich nämlich durch eine auf den Einzelfall bezogene Einschätzung der konkreten Tatsituation aus. Auf der Rechtfertigungsebene kommt es zu einer situationsbezogenen Güterabwägung. Dabei wird durch die Zuerkennung eines Rechtfertigungsgrundes dem durch die gerechtfertigte Handlung eingetretenen „Unrecht" ein sozial wertvolles Ergebnis attestiert, das trotz seiner negativen Belegung weniger schwer wiegt als die sonst eintretende Rechtsstörung[661]. Ähnlich wird auf der Ebene der Schuld nach der individuellen Vorwerfbarkeit eines tatsituationsbezogenen Verhaltens gefragt. Die Haftbarmachung[662] des Täters wird beurteilt unter Berücksichtigung seiner persönlichen Schuldfähigkeit und möglicherweise zu beachtender Schuldausschließungsgründe. Die Lehre von der Sozialadäquanz basiert jedoch auf einer generalisierenden Betrachtungsweise, losgelöst von der konkreten Tatsituation und hat somit weder mit der Rechtfertigungs- noch mit der Schuldebene Berührungspunkte. Von einem sozialadäquaten Verhalten kann folglich nur

659 *Baumann/Weber/Mitsch*, AT, S. 291; *Hirsch*, ZStW 74 (1962), S. 78, 134; *Lenckner*, in: Schönke-Schröder, StGB, vor § 13 Rn. 70; *Roxin*, FS Klug/II, S. 303, 304; *ders.*, AT I, § 10 Rn. 42

660 *Zipf*, ZStW 82 (1970), S. 633, 647

661 *Roxin*, AT I, § 14 Rn. 4

662 *Roxin*, AT I, § 19 Rn. 1

dann gesprochen werden, wenn ein von vornherein und allgemein gebilligtes Verhalten den Delikts- und Unrechtstyp eines Tatbestands nicht verkörpert[663].

(2) Unschärfen im Anwendungsbereich

Dieser ausgemachte generalklauselartige Charakter der Sozialadäquanz bedingt erhebliche Unschärfen ihres Anwendungsbereichs. Es gibt keine objektivierten Kriterien, wann ein Verhalten als sozialadäquat anzusehen ist, weder in Form einer gesetzlichen Regelung noch im Rahmen einer gefestigten Theorienauffassung. Fest steht lediglich, dass neben der Gebräuchlichkeit eines Verhaltens die Vorstellung der Gemeinschaft hinzukommen muss, dass das an den Tag gelegte Verhalten im Interesse des sozialen Zusammenlebens notwendig und richtig ist[664]. Die Rechtsfigur der sozialen Adäquanz wird damit nach verbreiteter Einschätzung zum Einfallstor rein subjektiver Einschätzungen, zu einem *„Schlagwort ohne Inhalt"*.[665] Belegt wird diese These durch einen Blick in Rechtsprechung und Lehre. Dort werden lediglich Beispiele kreiert, bei denen das Vorliegen von Sozialadäquanz schlicht behauptet wird, ohne dass vorher untersucht worden wäre, ob die objektiven Voraussetzungen wirklich vorliegen. Diese Vorgehensweise weckt den Verdacht, dass eine Auseinandersetzung mit der Frage, ob die fragliche Verhaltensweise strafrechtliches Unrecht begründet oder sich noch im Rahmen des gesellschaftlichen Konsenses bewegt, schlicht übergangen und das gewünschte Ergebnis, welches erst gewonnen werden soll, vorweggenommen wird[666].

(3) Fragliche Notwendigkeit

Diese Mängel der Lehre von der Sozialadäquanz sind Wasser auf die Mühlen derer, die ein mit dieser Begrifflichkeit umschriebenes Verhalten auf anderem Wege von der Strafbarkeit ausnehmen wollen und die Straftatbestände auf deliktstypisches, generell verbotenes Verhalten einschränken möchten. Nach der Auffassung nicht Weniger stehen bessere dogmatische Instrumentarien

663 *Roxin*, AT I, § 10 Rn. 36
664 *Lenckner*, in: Schönke-Schröder, StGB, vor § 13 Rn. 70
665 *Roxin*, FS Klug/II, S. 303, 304
666 So bereits *Gribl*, Vorteilsbegriff, S. 101; ähnlich *Wentzell*, Tatbestandsproblematik, S. 40

zur Verfügung[667]. Eine eingehende und für das Prinzip der Sozialadäquanz abschließende Untersuchung soll aber nicht Gegenstand dieser Arbeit sein. Die Lösung der durch die genannten Differenzen aufgeworfenen Frage nach der dogmatischen Berechtigung dieser Lehre würde den Umfang dieser Abhandlung sprengen. Die Untersuchung beschränkt sich insoweit auf die Bedeutung und Verwendbarkeit der Lehre von sozialadäquatem Verhalten spezifisch für den Bereich der Vorteilsannahme im Rahmen von Parteispenden. Wie nachfolgend gezeigt wird, führt die Sozialadäquanz hier aber nicht zu tauglichen Ergebnissen.

b. Übertragbarkeit auf Parteispenden

(1) Das Geringfügigkeitsprinzip

Grundsätzlich werden zwei Arten von Verhaltensweisen unterschieden, denen eine Soziaädaquanz attestiert wird[668]. Einerseits sind dies die Fälle des rechtlich irrelevanten oder erlaubten Risikos, etwa die Teilnahme am Straßenverkehr, der Betrieb von Industrieanlagen oder die Mitwirkung an Sportwettkämpfen. Zur zweiten Gruppe sozialadäquaten Verhaltens gehören nicht deliktstypische, geringfügige, sozial allgemein tolerierbare und aus diesen Gründen straflos zu stellende Handlungen. Dieses „Geringfügigkeitsprinzip"[669] hat auch für den Tatbestand des § 331 StGB Anerkennung erfahren und das kleine Neujahrsgeschenk an den Briefträger wurde hierfür als viel zitiertes Beispiel herangezogen [670]. Für die strafrechtliche Beurteilung der Parteispendenakquisition durch einen Amtsträger ist das „Geringfügigkeitsprinzip" aber kein taugliches Kriterium, da die finanziellen Zuwendungen regelmäßig

667 Vgl. hierzu *Jescheck/Weigend*, StrafR AT, § 25 IV S. 253; *Roxin*, AT I, § 10 Rn. 37

668 *Roxin*, AT I, § 10 Rn. 38; *ders.*, FS Klug/II, S. 303, 312

669 Vgl. zum Geringfügigkeitsprinzip *Ostendorf*, GA 1982, S. 333ff.

670 Die Begründungen, warum die Annahme der geringwertigen Zuwendung wegen ihrer Sozialadäquanz aus dem Tatbestand auszunehmen sind, spiegeln die bereits dargestellten dogmatischen Streitigkeiten trefflich wider. Zum Teil stützt man das Ergebnis bereits auf eine Verneinung des Vorteilscharakters solcher Zuwendungen (*BGHSt* 33, S. 336, 339; *Kaiser*, NJW 1981, S. 321, 322), andere sehen darin nur eine Geste der Höflichkeit und verneinen deshalb das Äquivalenzverhältnis der Zuwendung (*Heine*, in: Schönke/Schröder, § 331 Rn. 29c; *Maiwald*, JuS 1977, S. 353, 355). Eine weitere Ansicht orientiert sich am Rechtsgut (*Roxin*, AT I, § 10 Rn. 41) und erachtet damit – nach hiesiger Definition – das öffentliche Vertrauen in die Integrität des Beamten nicht als verletzt und damit die öffentliche Verwaltung als Funktionsbedingung des Staates nicht als gefährdet.

über einem Betrag liegen, der noch als geringfügig in diesem Sinne angesehen werden kann. Selbst wenn man die Wertgrenze für solche geringwertigen Zuwendungen etwa in Anlehnung an § 248a StGB[671] in großzügiger Weise bei circa 30 Euro veranschlagen würde, erhellt, dass damit nur ein verschwindend geringer Teil der Spenden, die von einem Amtsträger im Rahmen eines Wahlkampfes vereinnahmt werden und Parteien jeweils tatsächlich zufließen, erfasst sind. So geht bereits das Parteiengesetz in § 25 Abs. 3 S. 2 von Spenden aus, die im Einzelfall mehr als Fünfzigtausend Euro betragen können und im Fall „Kremendahl" belief sich die Wahlkampfspende sogar auf eine halbe Million Euro[672]. Mit dem Geringfügigkeitsprinzip lässt sich eine Strafbarkeitseinschränkung bei der Spendenannahme somit erkennbar nicht begründen.

(2) Wahlkampfspenden als allgemeine Üblichkeit

Nachdem das Geringfügigkeitsprinzip bei der Spendeneinwerbung durch einen Amtsträger scheitert, kann die Sozialadäquanz nur noch darin liegen, dass gerade die Vereinnahmung von Wahlkampfspenden unter Verknüpfung mit der amtlichen Diensttägigkeit als praxisgeläufige Übung anerkannt wird. So sind Wahlkampfversprechen, wie etwa die Ausweisung neuer Gewerbeflächen oder eine investorenfreundliche Wirtschaftspolitikgängige und tolerierte Formen politischer Wahlwerbung, um bei der Bevölkerung Unterstützung – auch finanzieller Art – zu gewinnen. Genauso sind auch Wahlkampfspenden als geläufige Form der tatsächlichen politischen Interessenwahrnehmung anerkannt. Entscheidend für die Sozialadäquanz im vorliegenden Fall ist es jedoch nicht, ob Wahlkampfversprechen in der Praxis geläufig und gesellschaftlich akzeptiert sind oder ob Wahlkampfspenden deshalb als sozialadäquat einzustufen sind, weil sie *„tagtäglich millionenfach geübte Massenerscheinungen"*[673] darstellen. Beides kann sicherlich mit guten Gründen vertreten werden. Entscheidend ist vielmehr, ob die Verknüpfung dieser beiden sozialadäquaten Erscheinungen, somit die Unrechtsvereinbarung, derart prägendes Merkmal einer Spendeneinwerbung im Wahlkampf ist, um als allgemeine Üblichkeit mit einer generellen strafrechtlichen Irrelevanz angsehen zu werden. Würde man jedoch von einer allgemein anerkannten Sozialüblichkeit der Un-

671 *Kaiser*, NJW 1981, S. 321, 322
672 Vgl. *BGH*, NJW 2004, S. 3569
673 *Zipf*, ZStW 82 (1970), S. 633, 651

rechtsbeziehung von Spender und Amtsträger im Wahlkampf ausgehen, hätte man das von § 331 StGB geschützte Rechtsgut praktisch bereits preisgegeben. Angesichts der durch die Vorteilsannahme drohenden abstrakten Gefahren für das ordnungsgemäße Funktionieren der Verwaltung und damit des gesamten staatlichen Systems verbietet es sich geradezu, derartige Beziehungen von Spender und Amtsträger im Wahlkampf als allgemein tolerierbare und deshalb straflos zu stellende Handlungen anzuerkennen, gerade wenn die Spende ausschließlich oder zum großen Teil mit Blick auf die Dienstausübung des (mittelbar) unterstützten Amtsträgers geleistet und dieser auch persönlich davon in Kenntnis gesetzt wird. Derartige Vereinbarungen sind nicht mehr Teil eines demokratisch geführten Wahlkampfes. Schließlich ist auch in Erinnerung zu behalten, dass die Sozialüblichkeit eines Verhaltens nichts über dessen rechtliche Zulässigkeit aussagt.

(3) Unmöglichkeit einer qualifizierenden Bewertung

Letztlich entzieht sich die Vorteilsannahme auch einer präzisen qualifizierenden und quantifizierenden Bewertung. Es können zwar sicherlich schwerwiegende oder minderschwere Fälle unterschieden werden, allerdings fehlen objektivierbare Maßstäbe, anhand derer die Üblichkeit oder die Geringfügigkeit des Forderns, Sichversprechenlassens oder Annehmens einer Wahlkampfspende bestimmt werden können. Die Schwere des Delikts richtet sich nach einem empirisch nicht zu erhebenden Schwinden des Systemvertrauens und einer damit verbundenen Gefährdung der ordnungsgemäßen Funktion der staatlichen Verwaltung. Dieses Vertrauen in der Bevölkerung ist verschieden, selbst wenn man letztlich nur ganz oder gar nicht vertrauen kann. Was aber für einen Bürger noch recht ist, muss für den anderen nicht billig sein. Es ist demnach unmöglich, das Ausmaß einer hypothetischen oder abstrakten Gefährdung der Funktionsfähigkeit der staatlichen Verwaltung zu ermitteln. Dies insbesondere, weil auch Fälle denkbar sind, in denen die Vereinbarung von Spendenempfänger und Spender für sich gesehen harmlos sind, es bei einer Kumulation von derartigen Spendenabreden zwischen Amtsträgern und politischen Förderern aber sehr wohl zu einer abstrakten Gefährdung kommen kann.

Es ist also immer der Bezug zum Rechtsgut herzustellen, um der Gefahr vorzubeugen, dass das hier in Frage stehende Verhalten lediglich nach sozialethischen Vorstellungen, sprich anhand einer wertenden Anschauung in der Gesellschaft, beurteilt wird. Es kann nicht lediglich der grundsätzliche Vorrang bestimmter gesellschaftlicher Interessen, etwa eines ausgeglichenen bzw. „gerechten" Wahlkampfes behauptet werden, ohne dies etwa im Einzelfall gegen widerstreitende Interessen, in concreto die Schädigung des Systems der staatlichen Verwaltung, abzuwägen[674]. Man darf nicht das Kriterium der Sozialadäquanz, wie aber von *Ambos* praktiziert, im Wege einer normativen Pauschalbewertung als Vorfilter einbauen, um einem bestimmten Verhalten bereits vorab die straftatbestandliche Relevanz abzusprechen[675] und das Dogma von der „erlaubten Form politischer Wahl- und Spendenwerbung" aufstellen. Diesen Schluss lässt nämlich auch das Parteienrecht nicht zu. Insbesondere § 25 Abs. 1 S. 1 PartG lässt sich lediglich eine allgemeine Berechtigung zur Parteienfinanzierung durch Spenden entnehmen, die durch ein bestimmtes einzuhaltendes Verfahren flankiert wird. Die Frage, ob im Interesse der Parteienfinanzierung der umfassende Schutz der ordnungsgemäßen Funktion staatlicher Verwaltung - und als Teil hiervon die Sachlichkeit der staatlichen Entscheidungen - preisgegeben werden darf, wird durch § 25 Abs. 2 S. 7 PartG ausschließlich für den Fall beantwortet, dass konkrete politische Entscheidungen bzw. politischer Einfluss nicht erkauft werden dürfen. Eine allgemeine Sozialkonformität für alle übrigen Partei- bzw. Wahlkampfspenden lässt sich dem nicht entnehmen. Das aus § 331 Abs. 1 StGB folgende Indiz der Regelwidrigkeit einer Verknüpfung von Vorteilen mit der eigenen Dienstausübung wird durch die parteienrechtlichen Vorschriften somit nicht widerlegt.

c. Zusammenfassung

Auf die Rechtsfigur der Sozialadäquanz kann im Rahmen der Parteispendenproblematik, unabhängig von den zahlreichen Bedenken, die ohnehin gegen sie vorgetragen werden, nicht zurückgegriffen werden. Selbst eine großzügige Handhabung des Geringfügigkeitsprinzips kann nur einen kleinen Teil der geleisteten Spenden erfassen. Die Spendenannahme eines Amtsträgers im

674 Ähnlich *BGHSt* 33, S. 336, 339, der zu § 108b StGB (Wählerbestechung) ausführte, dass die Korrektur eines erlaubte Formen politischer Werbung einschließenden Tatbestandes allein durch den Gesichtspunkt der Sozialadäquanz dem Bestimmtheitsgebot nicht gerecht werden würde.

675 Vgl. *Gribl*, Vorteilsbegriff, S. 102

Wahlkampf darf auch, selbst wenn man sie als allgemeine Üblichkeit ansieht, nicht generell als strafrechtlich irrelevant betrachtet werden. Eine qualifizierte Bewertung der Auswirkungen auf das Rechtsgut ist nämlich nicht möglich.

IV. Strafbarkeitsbegrenzung aufgrund der Deliktsnatur

Da weder mit einer einschränkenden Auslegung der Tatbestandsmerkmale des Vorteils und der Unrechtsvereinbarung noch über die Rechtsfigur der Sozialadäquanz eine Strafbarkeitseinschränkung herzuleiten ist, gilt es zu untersuchen, ob eine darüber hinausgehende teleologische Reduktion des gesamten Tatbestandes des § 331 StGB, insbesondere hinsichtlich seiner Einordnung als abstraktes Gefährdungsdelikt, zu einer Begrenzung der Strafbarkeit führen kann.

Es entspricht der ganz herrschenden Meinung, dass ein vom Handelnden verursachter Erfolg dem objektiven Tatbestand eines Verletzungsdelikts nur dann zuzurechnen ist, wenn das Verhalten des Täters eine nicht durch ein erlaubtes Risiko gedeckte Gefahr für das Handlungsobjekts geschaffen und diese Gefahr sich auch im konkreten Erfolg verwirklicht hat[676]. Eine derartig klare Aussage wie für Verletzungsdelikte lässt sich für die objektive Zurechnung des Erfolges im Rahmen von Gefährdungsdelikten allerdings nicht treffen. Letzteren ist bekanntlich wesensimmanent, dass die Strafbarkeit gerade nicht am Eintritt eines bestimmten Verletzungserfolgs anknüpft, sondern vielmehr der Nachweis einer im Fall der abstrakten Gefährdungsdelikte vertypten Gefahrenlage[677] genügt, um die Strafbarkeit zu begründen. So wird der Rechtsgüterschutz weit in das Vorfeld der eigentlichen Rechtsgutsverletzung hinein vorverlagert[678]. Der Verzicht auf das kausale Verknüpfungsmoment zwischen Tathandlung und Rechtsgutsbeeinträchtigung bei abstrakten Gefährdungsdelikten widerspricht nach Ansicht gewichtiger Stimmen in der juristischen Lehre in dieser Absolutheit dem Schuldgrundsatz, nach dem die Strafwürdigkeit eines Verhaltens den Nachweis einer realen Verletzungskausalität oder zumindest ein materielles Äquivalent, das diese substituiert, voraussetzt[679]. Abstrakte Gefährdungsdelikte gelten deshalb, ungeachtet ihrer

676 *Roxin*, AT I, § 11 Rn. 42

677 Im Fall konkreter Gefährdungsdelikte bedarf es des Nachweises einer situativen Gefahrenlage.

678 *Heine*, in: Schönke/Schröder, vor § 306 Rn. 3a; *Müller-Dietz*, FS Kaufmann, S. 95, 100; *Ostendorf*, Jus 1982, S. 426

anerkannten Existenz und unbestrittenen Notwendigkeit als *„höchstbedenkliche Deliktsform“*[680]. Es gibt daher seit langem verschiedene einschränkende Interpretationsmodelle, um die erachteten Friktionen mit dem Schuldgrundsatz zu beheben. Ein von der Rechtsprechung in verschiedenen obiter dicta erwogener Ansatz geht davon aus, dass der Anwendungsbereich eines abstrakten Gefährdungsdelikts teleologisch zu reduzieren ist, wenn und soweit sich die reale Verletzungskausalität zwischen Handlung und Rechtsgutsgefährdung nicht nachweisen lässt, wenn also eine bestimmte Handlung nach den konkreten Umständen des Einzelfalles absolut ungeeignet war, eine Gefährdungssituation für das betroffene, dem Tatbestand zugrunde liegende Rechtsgut hervorzurufen[681]. Auch die Literatur spricht sich grundsätzlich für eine Einschränkung aus, wobei bestimmte abstrakte Gefährdungsdelikte nach vordringender Ansicht von der Reduktion aber ausgenommen werden sollen[682]. Es ist fraglich, ob diese Reduktionsmodelle für die Strafbarkeitseinschränkung des § 331 Abs. 1 StGB Anwendung finden können und somit gewisse Verhaltensweisen eines Amtsträgers beim Fordern, Sichversprechenlassen oder Annehmen einer Spende für die Partei aus dem Tatbestand der Vorteilsannahme ausgeschieden werden können, weil sie dem Deliktstyp der Norm nicht entsprechen.

1. Die verschiedenen literarischen Reduktionsmodelle abstrakter Gefährdungsdelikte

Die Vorschläge zu einer über eine einschränkende Auslegung einzelner Tatbestandsmerkmale hinausgehenden Reduktion abstrakter Gefährdungsdelikte sind mittlerweile vielschichtig. Einige wesentliche Strömungen lassen sich dennoch erkennen.

---

679 Grundlegend hierzu *Jäger*, FS Klug/I, S. 83, 87f.; ihm folgend *Hefendehl*, Kollektive Rechtsgüter, S. 182

680 *Kindhäuser*, Gefährdung, S. 163ff., 225ff.; *Wohlers*, Deliktstypen, passim

681 Grundlegend *BGHSt* 26, S. 121ff.; *BGH*, NStZ 1982, S. 420ff. für die Möglichkeit einer Tatbestandsreduktion im Rahmen der schweren Brandstiftung

682 *Heine*, in: Schönke/Schröder, Vorbem. §§ 306ff. Rn. 3a; *Jakobs*, AT, S. 172f., 174; *Roxin*, AT I, § 11 Rn. 128f.; *Schröder*, ZStW 81 (1969), S. 7, 16f.; *Schünemann*, JA 1975, S. 787, 798; *Winkelbauer*, Verwaltungsakzessorietät, S. 60ff.; *Wolter*, Zurechnung, S. 277f.

a. Abstrakte Gefährdungsdelikte als Erfolgsstrafrecht

Ältere Konzeptionen orientieren sich bei dem Bemühen um eine Einengung der Strafbarkeit bei abstrakten Gefährdungsdelikten am Prinzip des Erfolgsstrafrechts und erachten eine strafrechtliche Reaktion als zulässig, solange an einem Rechtsgut im Einzelfall ein negativer Erfolg, der in einer Verletzung oder konkreten Gefährdung bestehen kann, tatsächlich nicht eingetreten ist[683]. So vertrat *Binding* die These, dass der Bestand der Rechtsgüter nur durch deren Verletzung oder Gefährdung angegriffen werden kann[684]. Er definierte den Gefährdungsbegriff jedoch unter Blick auf die heutige Terminologie im Sinne einer konkreten Gefahr, nämlich als eine Veränderung der Sachlage zuungunsten des Rechtsguts in der Form, dass die bis dahin fraglose Fähigkeit eines unverletzten Weiterbestandes in Frage gestellt wird[685]. Die Verhängung einer Kriminalstrafe wegen der generellen Gefährlichkeit eines Verhaltens lehnte *Binding* als *„schwere Ungerechtigkeit“*[686] ab, weil von solch einem Tatbestand auch im Einzelfall ungefährliche Handlungen erfasst werden. Stattdessen wollte er diese Tatbestände, dem heutigen Ordnungswidrigkeitenrecht entsprechend, nur mit einer *„Polizeistrafe“* bewehren[687].

Hieran angelehnt will *Rabl* nur einen *„materiellen Angriff“* auf rechtlich geschützte Güter mit einer strafrechtlichen Reaktion belegen und hält eine solche bei in Einzelfällen für das Rechtsgut ungefährlichen Handlungen für unzulässig[688]. Ein solcher Angriff zeige sich in Gestalt einer realen Veränderung der Außenwelt und trete in Form einer Verletzung und/oder konkreten Gefährdung eines Schutzobjektes in Erscheinung[689]. Bei den abstrakten Gefährdungsdelikten werde ein Erfolg vom Gesetzgeber dagegen lediglich präsumiert, da jene Delikte nach ihrem Wortlaut die Beeinträchtigung eines bestimmten Rechtsguts nicht voraussetzen. Als mögliches Korrektiv für diese Präsumtion sieht *Rabl* im konkreten Einzelfall den vom Täter auf prozessualem Wege zu erbringenden und zu seiner Entlastung zulässigen Gegenbeweis, dass die den abstrakten Gefährdungstatbestand ausfüllende Handlung ausnahmsweise ungefährlich gewesen sei.

683 Vgl. hierzu auch *Berz*, Tatbestandsverwirklichung, S. 101ff.
684 *Binding*, Normen I, S. 368f.
685 *Binding*, Normen I, S. 372
686 *Binding*, Normen I, S. 408
687 *Binding*, Normen I, S. 397
688 *Rabl*, Gefährdungsvorsatz, S. 16
689 *Rabl*, Gefährdungsvorsatz, S. 19f.

Schröder auferlegt dagegen den Gegenbeweis der Ungefährlichkeit nicht dem Täter, sondern dem Gericht[690]. Ausgehend von einer differenzierten Betrachtung hält er eine Begrenzung der abstrakten Gefährdungsdelikte immer dann für zulässig, wenn der Tatbestand dem Schutz bestimmter konkretisierter Objekte dient, bei denen im Einzelfall mit Sicherheit festgestellt werden kann, ob sie tatsächlich in Gefahr gebracht worden sind[691]. Richtet sich das Gefährdungsdelikt hingegen gegen die Allgemeinheit oder gegen im Zeitpunkt der Tat noch nicht feststehende oder feststellbare Objekte, müsse man das gesetzgeberische Gefährlichkeitsurteil hinnehmen[692]. In welchen Fällen eine einschränkende Anwendung abstrakter Gefährdungsdelikte geboten erscheine, sei demnach eine Frage der einzelnen Tatbestände und jenes Bedürfnis werde umso größer, je präziser sich die vom Gesetz gedachte Gefährdung im Einzelfall bestimmen lasse.

b. Die „Angriffsintensität“ als Beurteilungsmaßstab

Cramer ist der Vorreiter moderner Reduktionsmodelle, indem er sich vom Prinzip des Erfolgsstrafrechts zu lösen versucht und darauf hinweist, dass nicht nur der Erfolg oder Misserfolg ein menschliches Verhalten qualifizieren könne[693]. Dieses müsse vielmehr ohne Rücksicht auf ein konkretes Ergebnis bewertet werden und könne ohne greifbare Folge in einer Beziehung zur Rechtsgüterwelt stehen[694]. Ausgehend vom Sinn des Strafrechts im Schutz von Rechtsgütern sieht er menschliches Verhalten nur als strafwürdig an, wenn es einen Angriff auf rechtlich geschützte Interessen darstellt[695]. Das Abgrenzungskriterium für dieses Verhalten von solchen Handlungen, die einer Pönalisierung nicht bedürfen, besteht nach *Cramer* in der *„Angriffsintensität“*[696], quasi einer bestimmten Beziehung zwischen dem deliktischen Verhalten und dem geschützten Rechtsgut. Die abstrakte Gefahr stelle wegen der ihr innewohnenden geringeren *„Angriffsintensität“* die Vorstufe zur konkreten Gefahr dar und beinhalte damit im Kern ebenfalls eine strafwürdige Beeinträchtigung fremder Interessen[697]. Um bestimmen zu können, wann

690 *Schröder*, ZStW 81 (1969), S. 7, 17
691 *Schröder*, ZStW 81 (1989), S. 7, 17
692 *Schröder*, ZStW 81 (1969), S. 7, 17
693 *Cramer*, Vollrauschtatbestand, S. 63
694 *Cramer*, Vollrauschtatbestand, S. 63
695 *Cramer*, Vollrauschtatbestand, S. 62
696 *Cramer*, Vollrauschtatbestand, S. 67

eine abstrakte Gefahr vorliegt und um ungefährliche Handlungen sanktionslos halten zu können, verlangt *Cramer*, dass das Tatmittel geeignet sein oder zumindest so genau beschrieben sein muss, die Wahrscheinlichkeit einer konkreten Gefahr für das Rechtsgut herbeizuführen. Die Vorschriften hingegen, bei denen das Gesetz eine bestimmte Tätigkeit nicht in diesem Sinne kennzeichne, müssten in einer Weise restriktiv ausgelegt werden, dass nur solche Handlungen erfasst sind, die eine entsprechende Angriffsintensität erreichen[698].

c. Das Risiko der Rechtsgutsverletzung als strafbares Unrecht

Volz entfernt sich noch weiter vom Erfolgsprinzip und sieht das strafrechtlich relevante Unrecht in dem Risiko, das der Täter im Hinblick auf eine mögliche Verletzung des Rechtsguts mit seiner generell gefährlichen Handlung eingeht[699]. Unter Heranziehung jenen Prinzips von Strafausschließungsgründen[700], das er in den §§ 90 a Abs. 6 StGB a.F., § 310 StGB a.F. sowie §§ 158, 186 StGB zu erkennen glaubt, stellt das Eingehen dieses Risikos nach *Volz* eine Pflichtverletzung gegenüber dem geschützten Rechtsgut dar[701]. Allerdings gehe der Täter ein solches Risiko nicht ein, wenn er der generellen Gefährlichkeit seines Verhaltens entgegenwirke[702]. Im Ergebnis komme somit eine Strafbarkeitsreduktion in zweierlei Hinsicht in Betracht: Ist der Täter ein Risiko eingegangen, hat er den Tatbestand erfüllt, so dass nur ein strafbefreiender oder strafmildernder „Rücktritt“ in Analogie zu dem genannten Normenbündel in Betracht komme[703]. Hat der Täter jedoch nach seiner Überzeugung jegliches Risiko für das Rechtsgut ausgeschlossen und dem Eintritt der Gefahr entgegengewirkt, fehle es an der Verwirklichung des für die Tatbestände der abstrakten Gefährdungsdelikte typischen Unrechtsgehalts. Eine solche Handlung sei nicht einmal tatbestandsmäßig[704].

697 *Cramer*, Vollrauschtatbestand, S. 67
698 *Cramer*, Vollrauschtatbestand, S. 71
699 *Volz*, Unrecht und Schuld, S. 143
700 *Volz*, Unrecht und Schuld, S. 164
701 *Volz*, Unrecht und Schuld, S. 147
702 *Volz*, Unrecht und Schuld, S. 162
703 *Volz*, Unrecht und Schuld, S. 167
704 *Volz*, Unrecht und Schuld, S. 168

d. Sorgfaltswidrigkeit gegenüber dem Rechtsgut

Einen der Dogmatik der Fahrlässigkeitsdelikte entlehnten Weg zur Lösung des Problems beschreiten diejenigen Autoren, die auf die Sorgfaltswidrigkeit in bezug auf das Rechtsgut abstellen, insbesondere *Rudolphi*[705], *Brehm*[706] und *Horn*[707]. Durch eine am Normzweck orientierte Auslegung wollen sie ermitteln, im Hinblick auf welches Rechtsgut das Verhalten sorgfaltswidrig sein muss[708] bzw. welche Schutzrichtung das jeweilige abstrakte Gefährdungsdelikt aufweist[709]. Nicht allein die Subsumierbarkeit unter den Gesetzestatbestand begründe das Unrecht der Tat, sondern erst die Verletzung der gebotenen Sorgfalt führe zur Rechtswidrigkeit[710]. Der Täter handle mit der Vornahme der abstrakt gefährlichen Handlung zwar tatbestandsmäßig, aber nur wenn er zugleich das Risiko eingehe, das geschützte Rechtsgut tatsächlich zu gefährden oder gar zu verletzen, sei ein die Verhängung einer echten Kriminalstrafe rechtfertigender Handlungsunwert in Form einer Pflichtwidrigkeit gegeben[711]. Diese Pflichtwidrigkeit liege zwar typischerweise bei der Vornahme einer in einem abstrakten Gefährdungstatbestand umschriebenen Handlung vor[712]. Anders sei der Fall aber zu bewerten, wenn der Täter über Sonderwissen verfüge, weil er im Zeitpunkt seiner Handlung Erkundigungen eingeholt und sich so vergewissert hat, dass er im konkreten Fall mit seiner Handlung keinen Schaden am geschützten Rechtsgut anrichten werde[713]. Selbst wenn der Täter aufgrund seiner Erkundigungen irrtümlicherweise da-

705 *Rudolphi*, FS Maurach, S. 51, 60

706 *Brehm*, Dogmatik, S. 92f., der letztlich sogar die Konsequenz zieht, dass es Gefährdungsdelikte als eigenständigen Deliktstypus gar nicht gebe, wenn er auf S. 99 formuliert: „*Wenn das Gesetz lediglich eine zur Verletzung geeignete Handlung verlangt, so wird damit dem Inhalt nach dennoch ein Verletzungsverbot aufgestellt. Der Verzicht auf den Verletzungserfolg bedeutet hier lediglich eine Verschärfung der Haftung.*"

707 *Horn*, Konkrete Gefährdungsdelikte, S. 23, bezeichnet die abstrakten Gefährdungsdelikte sogar als besondere und ausdrücklich modalisierte Fahrlässigkeitsdelikte, die im Unterschied zu den sonstigen Fahrlässigkeitsdelikten des StGB nicht den Eintritt einer Rechtsgutsverletzung erfordern

708 *Horn*, Konkrete Gefährdungsdelikte, S. 94f.

709 *Brehm*, Dogmatik, S. 123ff.

710 *Brehm*, Dogmatik, S. 131; *Horn*, Konkrete Gefährdungsdelikte, S. 22

711 *Brehm*, Dogmatik, S. 126; *Rudolphi*, FS Maurach, S. 51, 60

712 *Horn*, Konkrete Gefährdungsdelikte, S. 94 spricht von „*exemplarisch vertypter Sorgfaltswidrigkeit*"

713 *Brehm*, Dogmatik S. 130f.; *ders.*, Jus 1976, S. 24f. entwickelte sein Einschränkungsmodell am Beispiel des § 306 Nr. 2 a.F. StGB (jetzt § 306a Nr. 1 StGB): Der Täter beachte das sich aus der Vorschrift ergebende allgemeine Tötungsverbot, wenn er ein Wohnhaus in Brand setze, jedoch weiß, dass dabei Menschen nicht verletzt werden können, weil er sich zuvor von der Ungefährlichkeit seines Tuns überzeugt hat.

von ausgeht, seine Handlung sei ungefährlich, diese jedoch im konkreten Einzelfall tatsächlich gefährlich war, soll eine die Rechtswidrigkeit begründende Sorgfaltsverletzung nicht vorliegen, wenn der Irrtum für ihn unerkennbar war[714].

Auch *Schünemann* verschreibt sich dem Prinzip der Sorgfaltswidrigkeit, will aber auf deren subjektive Seite abstellen. Nach seiner Ansicht ist der Täter bei Verwirklichung eines abstrakten Gefährdungstatbestandes trotz Einhaltung der objektiven Sorgfaltsanforderungen aufgrund dessen Gefährlichkeit strafbar, wenn er nicht auch die aus seiner Sicht und seinem Vermögen erforderlichen Maßnahmen zur Ausschaltung jeglicher Schadensmöglichkeit getroffen habe[715]. Hinsichtlich seiner gemachten Einschränkung differenziert *Schünemann*: Bei Delikten mit „vergeistigtem Zwischenrechtsgut“[716], das bei den Bestechungsdelikten etwa in der Uneigennützigkeit des Beamten für die Funktionsfähigkeit der Verwaltung zu sehen sei, stelle bereits dessen Verletzung strafwürdiges Unrecht dar. Der Handlungsunwert allein trage die Strafbarkeit[717]. Eine Strafbarkeitseinschränkung komme dann lediglich im Wege einer restriktiven Tatbestandsauslegung in Betracht, durch die Minimalverstöße – *Schünemann* erwähnt hier ausdrücklich kleine Gefälligkeitsgeschenke bei den §§ 331ff. StGB – ausgeschieden werden könnten[718].

e. Tatbestandsausschluss bei fehlender Rechtsgutsbeeinträchtigung

Den Gedanken der Sorgfaltswidrigkeit entwickelt *Berz* fort, indem er abstrakte Gefährdungsdelikte als allgemeine Sorgfaltsregeln einordnet[719]. Ausgangspunkt seiner Überlegungen ist die Erkenntnis, dass Unrecht ohne Erfolgsunwert auch ausschließlich aufgrund von Handlungsunrecht möglich sei[720].

714 *Brehm*, Dogmatik, S. 132

715 *Schünemann*, JA 1975, S. 787, 798

716 *Schünemann*, JA 1975, S. 787, 798. Als weitere Deliktsgruppe bildet er zudem sog. „Massenhandlungen“ heraus, bei denen aus lerntheoretischen Gründen ebenfalls eine strenge Befolgung der Vorschriften geboten sei. Hierzu zählt *Schünemann* insbesondere die Straßenverkehrsdelikte.

717 So auch *Roxin*, AT I, § 11 Rn. 130

718 *Schünemann*, JA 1975, S. 787, 798; ihm folgend *Roxin*, AT I, § 11 Rn. 134; kritisch hierzu *Zieschang*, Gefährdungsdelikte, S. 370f.

719 *Berz*, Tatbestandsverwirklichung, S. 114

720 Nach *Berz*, Tatbestandsverwirklichung, S. 112, zeige sich dies insbesondere an den Vorschriften des Versuchs (§§ 22, 23 StGB)

Der Handlungsunwert einer Vorsatztat begründe sich durch den auf eine Schädigung gerichteten bestätigten Willen, während dieser bei Fahrlässigkeitsdelikten in der Außerachtlassung der zum Schutz von Rechtsgütern erwarteten Sorgfalt zu sehen sei. Wesentliche Bedeutung kommt seiner Ansicht nach dem Prinzip des Rechtsgüterschutzes zu, wobei er die bisher diskutierten Lösungen diesbezüglich allesamt als zu eng erachtet[721]. Vielmehr müsse es für die Strafbarkeit aus abstrakten Gefährdungsdelikten, denen ein zu schützendes Rechtsgut zugrunde liege, genügen, dass dieses (ideell zu verstehende) Rechtsgut beeinträchtigt werde[722]. Den typischen Besonderheiten der abstrakten Gefährdungsdelikte sei in diesem Zusammenhang dadurch Rechnung zu tragen, dass die Voraussetzungen, unter denen von einer Rechtsgutsbeeinträchtigung gesprochen werden könne, eine Modifizierung erfahren. Eine im Tatbestand eines abstrakten Gefährdungsdelikts beschriebene Handlung sei nicht – wie bei den übrigen Deliktstypen – wertneutral, sondern habe vielmehr typischerweise eine Verletzung zur Folge[723]. Deshalb solle dem Einzelnen grundsätzlich die Überlegung abgenommen werden, ob er in einer bestimmten Weise tätig werden darf, ohne dabei strafrechtlich geschützte Werte zu verletzen. Die Sanktion der Missachtung der Sorgfaltsregeln rechtfertige sich aus der generellen Schadensneigung, welche die für das Zusammenleben der Menschen erforderliche Vertrauensbasis erschüttert[724]. Etwas anderes soll nach *Berz'* Auffassung nur gelten, wenn der Täter aufgrund bestimmter, nach außen in Erscheinung tretender und somit nachprüfbarer Umstände sicher weiß, dass sein Verhalten nicht zu einer Schädigung führen wird, und wenn sie auch tatsächlich ausbleibt. Nur in diesem Fall scheide eine Verletzung des Vertrauens der übrigen Rechtsgenossen aus, da der Täter hier trotz formellen Verstoßes gegen die Verbots- oder Gebotsnorm die Befürchtung vermeide, er werde sich nicht an die dem Rechtsgüterschutz dienenden Regeln halten[725]. Dann treffe aber auch die mit dem Tatbestand vorgenommene Bewertung nicht zu, obwohl das konkrete Tun unter den Wortlaut der Vorschrift subsumiert werden kann. Im Ergebnis müsse das Gesetz deshalb im Wege der teleologischen Reduktion einschränkend in dem Sinn interpretiert werden, dass ein nicht rechtsgutsbeeinträchtigendes Verhalten seinem

721 *Berz*, Tatbestandsverwirklichung, S. 111
722 *Berz*, Tatbestandsverwirklichung, S. 113
723 *Berz*, Tatbestandsverwirklichung, S. 113
724 *Berz*, Tatbestandsverwirklichung, S. 114
725 *Berz*, Tatbestandsverwirklichung, S. 114

Tatbestand nicht unterfällt[726]. Zur selben Erkenntnis gelangt *Zieschang*[727]. Aus Gründen eines wirksamen Rechtsgüterschutzes selbst dann Strafe zu verhängen, wenn nach den konkreten Umständen des Einzelfalls das Verhalten für das Rechtsgut überhaupt nicht gefährlich ist, erachtet er als Widerspruch.

2. Übertragung auf das Problem der Parteispendenakquisition

Was bedeuten diese Auffassungen hinsichtlich einer Strafbarkeitsreduktion abstrakter Gefährdungsdelikte nun für den Tatbestand der Vorteilsannahme mit Blick auf Parteispenden? Meiner Ansicht nach liefern sie keine tauglichen Kriterien zur Eingrenzung des strafrechtlichen Vorwurfs.

a. Die Konzeptionen von *Rabl* und *Schröder*

Mit den Konzeptionen *Rabls*[728] und *Schröders* lässt sich eine teleologische Reduktion des § 331 StGB nicht begründen. Nach dem im Rahmen der vorliegenden Abhandlung ausgearbeiteten Verständnis des § 331 Abs. 1 StGB schützt die Norm ein kollektives Rechtsgut. Folglich wäre eine Strafbarkeitseinschränkung bei der Vorteilsannahme wegen der, deren Ansicht nach erforderlichen, unbedingten Beachtung des gesetzgeberischen Gefährlichkeitsurteils ausgeschlossen. Der Ansatz von *Schröder*, in Fortentwicklung der Gedanken *Rabls*, ist aber dogmatisch nicht haltbar und liefert deshalb keine taugliche Entscheidungsgrundlage für und wider einer teleologischen Reduktion. Der von beiden verfolgte prozessuale Lösungsweg, der einer Widerlegung der Gefahrvermutung das Wort redet, ist mit dem Strafverfahrensrecht nicht zu vereinbaren. Wenngleich die beiden Auffassungen nur hinsichtlich der methodischen Vorgehensweise übereinstimmen und ansonsten beim Verständnis des abstrakten Gefährdungsdelikts differieren, sehen sie sich denselben Einwänden ausgesetzt. Die prozessuale Widerlegung von Präsumtion setzt unterschiedliche Beweisformen, wie Hauptbeweis, Gegenbeweis und Beweis

726 Vgl. *Berz*, Tatbestandsverwirklichung, S. 117, wenngleich er einen Satz später nur von einschränkender Auslegung spricht

727 *Zieschang*, Gefährdungsdelikte, S. 377

728 Zur kriminalpolitischen Einordnung vgl. *Herzog*, Gesellschaftliche Unsicherheit, S. 21f. *Herzog* würdigt den Ansatz *Rabls* als einen Versuch, in der NS-Zeit „*das liberale Strafrecht gegen den 'Zeitgeist' zu verteidigen, indem er wenigstens auf der prozessualen Ebene dem Bürger die Chance eröffnen will, sich gegen die Gefahrpräsumtion und die daran geknüpfte Gehorsamsforderungen des Gesetzgebers zu behaupten*".

des Gegenteils mit ihren unterschiedlichen Anforderungen an das Beweismaß und die Beweislastverteilung voraus[729]. Der jeweilige Amtsträger hätte also Beweise vorzulegen, die letztlich zum Ergebnis führen, dass eine Beeinträchtigung des von § 331 Abs. 1 StGB geschützten Rechtsguts durch die eingeworbenen Wahlkampfspenden nicht eingetreten ist.

Im Strafverfahrensrecht gilt aber hinsichtlich der Beweislastverteilung uneingeschränkt der Grundsatz *in dubio pro reo*. Indem nun *Rabl* das Misslingen dieser Widerlegung der Präsumtion zu einem unrechtsbegründenden Merkmal erklärt, verstößt er mit seiner Konzeption gegen den *in dubio*-Grundsatz. *Schröder* versucht dieser Kritik zu entgehen, wenn er anführt, dass eine Beweislastverteilung, bei der die Beweisführungslast für den Gegenbeweis beim Gericht liege und nur im Falle des *non liquet* über Gefahr oder Gefährlichkeit den Angeklagten die Beweislast treffen solle, der Täter nicht schlechter stehe als bei einer einschränkungslosen Anwendung abstrakter Gefährdungsdelikte. Allerdings bezieht sich der Gegenbeweis auf das Unrecht der Tat[730], wofür aber der Grundsatz des *in dubio pro reo* keine Einschränkung erfahren darf. Letztlich ist das Reduktionsmodell *Schröders* ungeachtet der dogmatischen Unvereinbarkeit mit dem Strafverfahrensrecht auch nicht auf Delikte wie § 331 StGB anwendbar, die den Schutz von Universalrechtsgütern betreffen. Der Gegenbeweis der Ungefährlichkeit ist in diesem Falle – und das räumt der Autor selbst ein[731] – nicht möglich. Denn wie bereits bei der Diskussion um den Deliktscharakter der Vorteilsannahme dargelegt, lassen sich empirische Erhebungen in der Bevölkerung darüber, ob das Vertrauen in die Funktionsfähigkeit der Verwaltung durch von einem Amtsträger eingeworbene Wahlkampfspenden erschüttert ist, nicht realisieren.

b. Der Beurteilungsmaßstab *Cramers*

Cramers Drei-Stufen-Modell hinsichtlich der „*Angriffsintensität*" ist ebenfalls nicht als Grundlage einer teleologischen Reduktion geeignet. Ihm gelingt es nicht, sich vollständig vom Erfolgsdenken zu lösen und unternimmt seinen Materialisierungsversuch auf der Grundlage von einem wie bereits *Kaufmann* formulierte „*ganz eigenartigen Begriff der abstrakten Gefährdungsdelikte*"[732].

729 So auch *Radtke*, Brandstiftungsdelikte, S. 222
730 *Wolter*, Zurechnung, S. 283; ihm folgend *Radtke*, Brandstiftungsdelikte, S. 225
731 *Schröder*, ZStW 81 (1969), S. 7, 17

Indem er das kriminelle Unrecht der abstrakten Gefährdungsdelikte über die konkreten Gefährdungsdelikte und deren Bezug zum Erfolg zu erklären versucht, bestimmt er deren Unrechtsgehalt auf tautologische Weise als „*Wahrscheinlichkeit der Wahrscheinlichkeit*", „*Möglichkeit der Möglichkeit*" bzw. „*Gefahr der Gefahr*" von Rechtsgutsverletzungen[733]. Das der Gefahrdefinition der herrschenden Meinung immanente Wahrscheinlichkeitsurteil hinsichtlich der Verletzung eines Rechtsguts wird von *Cramer* durch seine Definition der abstrakten Gefahr nämlich verdoppelt. Diese Vorgehensweise ergibt keinen Sinn[734]. Es ist sehr vage und im Hinblick auf die Vorhersehbarkeit der Strafbarkeit eigenen strafrechtlichen Verhaltens viel zu unbestimmt, wenn eine Pönalisierung des Amtsträgers damit begründet wird. Die Anerkennung zweier Gefahrbegriffe ist dem Strafgesetzbuch fremd, das dogmatische Konstrukt *Cramers* deshalb abzulehnen und somit nicht für die Strafbarkeitsrestriktion bei § 331 Abs. 1 StGB nutzbar zu machen.

c. Das Modell von *Schünemann*

Soweit durch *Schünemann* einer restriktiven Interpretation der abstrakten Gefährdungsdelikte mit dem Argument begegnet wird, bereits die Verletzung des „*vergeistigten Zwischenrechtsguts*" stelle ein strafwürdiges Unrecht dar, mag dies zwar im Ergebnis begrüßenswert sein, doch muss dieser sich entgegnen lassen, dass durch sein Modell der Gehalt des § 331 Abs. 1 StGB nur unzureichend erfasst wird. Bereits der Begriff „Zwischen"-Rechtsgut lässt erkennen, dass dessen Verletzung das von der Vorteilsannahme eigentlich geschützte Rechtsgut nicht vollständig berücksichtigt. *Schünemann* verwendet den Terminus der Vergeistigung offenbar aus zwei Gründen: Zum einen weil das jeweils geschützte Rechtsgut auf einem durchgängig hohen Abstraktionsniveau angesiedelt ist und zum anderen sich bei der Norm des § 331 Abs. 1 StGB kein gegenständlicher Rechtsgutsträger ausmachen lässt[735]. Da die Vorteilsannahme (das Vertrauen in) die ordnungsgemäße Funktion der staatlichen Verwaltung zu schützen beabsichtigt, geht es nicht um die individuellen Interessen des an einem solchen Verwaltungsverfahren Beteiligten,

732 *Kaufmann*, JZ 1963, S. 425, 432f.
733 *Herzog*, Gesellschaftliche Unsicherheit, S. 27
734 So schon *Kaufmann*, JZ 1963, S. 425, 432f.; ihm folgend *Herzog*, Gesellschaftliche Unsicherheit, S. 27; *Marxsen*, Strafbarkeitseinschränkung, S. 6
735 Vgl. *Radtke*, Brandstiftungsdelikte, S. 28

etwa die Erteilung der beantragten Baugenehmigung oder die Bewilligung einer Gaststättenerlaubnis. Vielmehr soll der kompetente und integere Entscheidungsvorgang durch den Amtsträger aufrecht erhalten werden. Zugegebenermaßen ist dies kein gegenständliches Rechtsgut, aber stellt doch die Verwaltung eine reale Institution und nicht lediglich etwas Vergeistigtes dar. Ein mit der Verletzung des Zwischenrechtsguts begangenes Unrecht vermag somit die Strafnorm und den dieser immanenten Strafrahmen nicht auszufüllen, zumal das „Endrechtsgut" – *Schünemann* benennt ein solches nicht – diffus bleibt[736]. Dass die staatliche Verwaltung nicht um des reinen Selbstzweckes willen strafrechtlichen Schutz erfährt, sondern als Institution zur Verfügung gestellt wird, um individuelle Interessen verfahrensmäßig geordnet und normiert durchzusetzen, und dafür eine Sachlichkeit der mit der Entscheidung betrauten Amtsträger erfordert, rechtfertigt nicht, allein auf dessen rechtliche Relevanz abzustellen.

Wie das Bemühen um das Ausscheiden von Minimalverstößen[737] bei § 331 Abs. 1 StGB zeigt, sind zudem auch nach dem Konzept *Schünemanns* durchaus Einzelfälle denkbar, in denen es nicht zu einer Verletzung des *„vergeistigten Zwischenrechtsguts"* kommt. Letztlich wird durch das Abstellen auf dessen Beeinträchtigung eine Einstufung des § 331 StGB als Verletzungsdelikt erreicht[738], die nicht sachgerecht ist. Damit erweist sich auch *Schünemanns* Konzeption als nicht in der Lage, eine widerspruchsfreie Antwort auf die Frage der telelogischen Reduktion zu geben.

d. Die Risiko- und Sorgfaltskonzeptionen von *Rudolphi*, *Volz*, *Brehm*, *Horn*, *Berz* und *Zieschang*

Verallgemeinernd ausgedrückt ist den Reduktionsmodellen dieser Autoren gemein, dass über die Tatbestandserfüllung hinaus erforderlich sein soll, dass der Täter objektiv ein adäquates Risiko für das geschützte Rechtsgut geschaffen und diesbezüglich fahrlässig oder vorsätzlich gehandelt hat. Diese Risiko- bzw. Sorgfaltsmodelle führen aber im Bereich des § 331 Abs. 1 StGB nicht zu tragbaren Ergebnissen, denn es ist nicht möglich, einen plausiblen Sorgfaltsmaßstab für eine die adäquate Risikoschaffung ausschließende Vor-

736 Vgl. *Radtke*, Brandstiftungsdelikte, S. 28
737 vgl. *Roxin*, AT I, § 11 Rn. 134; *Schünemann*, JA 1975, S. 787, 798
738 *Zieschang*, Gefährdungsdelikte, S. 371

gehensweise des Amtsträgers zu benennen. Wie *Kindhäuser* bereits treffend erkennt, gibt es Sorgfaltsnormen nämlich überhaupt nur für explizit erlaubte oder sozial übliche Verhaltensweisen[739]. Damit ist der „sorgfältige Vorteilsnehmer“ oder „sorgfältige Amtsträger“ kein möglicher Ansatzpunkt für die Reduktion des § 331 StGB. Außerdem stellt sich die Frage, wie der Amtsträger sicherstellen möchte, dass ein Vertrauensschwund in das System der öffentlichen Verwaltung ausbleibt. Er kann sich nicht darauf berufen, seinen Dienst trotz der an seine Partei gerichteten Zuwendung pflichtgemäß ausgeübt zu haben, denn eine Verletzung der Dienstpflicht verlangt § 331 StGB gerade nicht. Zudem wohnt dem vom Tatbestand der Vorteilsannahme geschützten Universalrechtsgut eine gesellschaftliche Dimension inne. Es geht um das entindividualisierte System der staatlichen Verwaltung, so dass es letztlich ohne Bedeutung ist, ob sich der *einzelne* Amtsträger unter Anwendung aller Sorgfalt bemüht, trotz der Vorteilsannahme eine Beeinträchtigung des Rechtsguts zu vermeiden. Das Vertrauen der Bevölkerung in das System der staatlichen Verwaltung, in Kompetenz und Integrität, ist nämlich schon dann abstrakt gefährdet bzw. mitunter sogar beeinträchtigt, wenn es dem einzelnen Amtsträger anheim gestellt und seinen individuellen Fähigkeiten überlassen wird, ob mit der jeweiligen Spendenannahme eine Rechtsgutsgefährdung vermieden werden kann oder nicht. Denn selbst wenn sich ein Amtsträger vornimmt, unbeeinflusst von der Wahlkampfspende zu bleiben, fehlt ihm zur wertneutralen Beurteilung allein aufgrund der Zuwendung die notwendige Unvoreingenommenheit. Auch mit Blick auf ein konkretes Irrtumsrisiko des Täters darf die Zuständigkeit für die Gefahr- oder Gefährlichkeitseinschätzung nicht auf diesen übertragen werden[740].

e. Fazit

Bleibt also festzuhalten, dass eine teleologische Reduktion des Tatbestandes der Vorteilsannahme mit Blick auf die Parteispendenproblematik nicht möglich ist, weil Aussagen über die potentiellen Auswirkungen der einzelnen Tathandlung auf das geschützte Rechtsgut nicht ausreichend getroffen werden können. Der Amtsträger verwirklicht Handlungsunrecht, weil er mit dem Fordern, Annehmen oder Sichversprechenlassen einer Wahlkampfspende

---

739 *Kindhäuser*, Gefährdung, S. 261

740 Vgl. hierzu *Radtke*, Brandstiftungsdelikte, S. 231f.

einen Kausalverlauf in Gang setzt, dessen Auswirkungen auf das geschützte Rechtsgut in seiner universellen Funktion er ex ante nicht absolut verlässlich beurteilen kann. Die ordnungsgemäße Funktion der staatlichen Verwaltung als Komponente des Gemeinschaftslebens und mit ihr das hierin gesetzte Vertrauen sind nämlich bereits dann beeinträchtigt, wenn es zur Disposition des einzelnen Amtsträgers gestellt würde, ob er die finanzielle Unterstützung für seine Partei bzw. seinen Wahlkampf ausschlägt oder in einer, nach seiner Auffassung, sorgfältigen Art und Weise damit verfährt. Zudem strebt der Amtsträger gerade eine willentliche Übereinstimmung mit dem Vorteilsgeber, die ihr Ergebnis in einer dem Willen beider Seiten entsprechenden Dienstausübung finden soll, an. Damit ist die Tathandlung nicht nur auf den Wahlkampf, sondern auf den – wenngleich noch nicht konkretisierten – Verwaltungsvorgang, somit auch auf das System der staatlichen Verwaltung und damit letztlich auf das Rechtsgut des § 331 Abs. 1 StGB gerichtet. In dieser angestrebten Vereinbarung liegt dann gerade der Angriff auf das Rechtsgut.

Dies erkennen – meines Erachtens völlig zurecht – bereits auch *Winkelbauer* und *Kindhäuser*, die sich ebenfalls gegen eine teleologische Reduktion abstrakter Gefährdungsdelikte aussprechen. *Winkelbauer*[741] etwa sieht ein Bedürfnis, bereits im Vorfeld einer Verletzung verbindliche Verbote für typischerweise gefährliche Handlungen zu normieren. Mit Blick auf das Umweltstrafrecht rechtfertigt er dies mit der großen Bedeutung und Anfälligkeit der durch die abstrakten Gefährdungsdelikte geschützten Rechtsgüter und mit der oft bestehenden Unmöglichkeit, einen einmal eingetretenen Schaden wieder gut zu machen. Diese Argumentation lässt sich für den Fall der Wahlkampfspenden ohne weiteres auf das Delikt der Vorteilsannahme übertragen: Denn hat die Bevölkerung das Vertrauen in die Funktionsfähigkeit der Verwaltung verloren, wird sie die getroffenen Entscheidungen der installierten Amtsträger nicht mehr akzeptieren und nach Alternativen suchen, um die eigenen Belange durchzusetzen. Das Recht des Stärkeren gewinnt wieder die Oberhand, das System der staatlichen Verwaltung kommt zum Erliegen. Die neuerliche Implementierung einer von Kompetenz und Integrität geprägten, das Vertrauen der Bevölkerung genießenden staatlichen Verwaltung dürfte nur schwer möglich sein. Deshalb qualifiziert *Winkelbauer* richtigerweise die Tathandlung auch dann als strafbares Unrecht, wenn die prognostizierte Verletzung im Einzelfall einmal nicht zutreffen sollte, was wie erläutert im Fall

741 *Winkelbauer*, Verwaltungsakzessorietät, S. 53

der Vorteilsannahme ohnehin kaum nachzuweisen ist. Ihm ist deshalb beizupflichten, wenn er fordert, dass das Strafrecht in so einem atypischen Einzelfall um des höheren Zweckes eines wirksamen Rechtsgüterschutzes willen auch ungefährliche Verhaltensweisen verbieten und dafür Gehorsam verlangen können müsse[742].

Ähnlich argumentiert auch *Kindhäuser,* der den Zweck der abstrakten Gefährdungsdelikte darin sieht, begründete Sorgelosigkeit bei der Verfügung über Güter, also „*Sicherheit*"[743] zu vermitteln. Dies dergestalt, dass der einzelne auch vor solchen Bedingungen geschützt werde, deren Unschädlichkeit nicht mit hinreichender Gewissheit festgestellt werden kann. Für ihn steht bei der Gewährleistung von Sicherheit nämlich auch die Vermeidung nicht erwiesen unschädlicher Verhaltenseffekte im Fokus[744]. Diesbezüglich ist nach seiner Ansicht bei der Beurteilung der Schadensrelevanz des Täterverhaltens auf die Opferperspektive und nicht auf die Täterperspektive abzustellen[745]; ein Blickwinkel der mittels Rekurs auf die Auswirkungen der Vorteilsannahme auf das Befinden der Bevölkerung auch in der vorliegenden Untersuchung zur Grundlage gemacht wurde. Die Tatsache, dass das im Einzelfall schadensrelevante Verhalten des Täters im speziellen Fall nicht konkret gefährdend würde, beruht *Kindhäusers* Ansicht nach auf einem Zufall[746]. Da aber die Normen der abstrakten Gefährdungsdelikte die Aufgabe hätten, die Gewissheit zu vermitteln, dass eine bestimmte Verfügungsweise über Güter gefahrlos ist, dürfe nicht auf den Zufall als Größe gebaut werden und es sei letztlich ohne Belang, ob das normwidrige Verhalten im Einzelfall zu einer Rechtsgutsverletzung bzw. einer konkreten Gefährdung führe oder lediglich eine Verletzungsrelevanz aufweise[747].

742 Vgl. *Winkelbauer*, Verwaltungsakzessorietät, S. 53, der aber zur Wahrung der Einzelfallgerechtigkeit und des Schuldgrundsatzes dem Täter unter gewissen Voraussetzungen einen Strafausschließungsgrund zugestehen will.

743 *Kindhäuser*, Gefährdung, S. 282f.; kritisch hierzu *Zieschang*, Gefährdungsdelikte, S. 355f.

744 *Kindhäuser*, Gefährdung, S. 283

745 *Kindhäuser*, Gefährdung, S. 292

746 Bei der Frage der Deliktsnatur wurde bereits festgestellt, dass das Umschlagen der Gefährdung in eine Verletzung letztlich nicht vorausgesagt werden könne. Das Vertrauen schwenkt irgendwann um in Misstrauen, doch wann diese Schwelle erreicht ist, lässt sich nicht prognostizieren.

747 *Kindhäuser*, Gefährdung, S. 336

V. Rechtfertigungslösungen

Da auf der Ebene des Tatbestandes somit keine dogmatisch befriedigende Lösung zu erzielen ist, gilt es auf der Rechtfertigungsebene nach tauglichen Wegen zur Einschränkung der Strafbarkeit zu suchen. Hiebei wird einerseits versucht, eine Strafbarkeitsrestriktion durch die in § 331 Abs. 3 StGB vorgesehene behördliche Genehmigung zu erreichen. Andererseits werden eine Rechtfertigung auf einfachgesetzlicher Ebene sowie ein übergesetzlicher Rechtfertigungsgrund diskutiert.

1. Die behördliche Genehmigung gemäß § 331 Abs. 3 StGB

§ 331 Abs. 3 StGB bestimmt, dass eine Tat nach § 331 Abs. 1 StGB nicht strafbar ist, wenn der vereinbarte oder angenommene Vorteil vom Vorteilsnehmer nicht gefordert wurde und die zuständige Behörde im Rahmen ihrer Befugnisse die Vorteilsannahme entweder vorher oder nach unverzüglicher Anzeige durch den Täter genehmigt hat. Die straftatsystematische Einordnung dieser Genehmigungsregelung ist dabei ebenso umstritten wie ihr Verhältnis zum Recht des öffentlichen Dienstes.

a. Dogmatische Einordnung

(1) Generell: Strafbarkeitsausschluss

Die behördliche Genehmigung hat im Rahmen von § 331 StGB – ganz generell gesprochen – die Funktion, die Strafbarkeit auszuschließen. Dogmatisch betrachtet kann dies auf mehreren Wegen erreicht werden. Für die vorausgehende Genehmigung beherrschen heute im Wesentlichen zwei Auffassungen, nämlich die Qualifizierung als Tatbestands-[748] bzw. Rechtfertigungsgrund[749] die Diskussion der rechtssystematischen Einordnung[750]. Die Genehmigung

748 *Bernsmann*, WissR 2002, S. 19f; *Michalke*, FS-Rieß, S. 774f; *Roxin*, AT I, § 17 Rn. 46; *Winkelbauer*, NStZ 1988, S. 201, 202; *Wagner*, Amtsverbrechen, S. 305; *Wentzell*, Tatbestandsproblematik, S. 150

749 BGHSt 31, S. 264, 285; OLG Hamburg, StV 2001, S. 277, 282; *Cramer*, in: Schönke/Schröder, § 331 Rn. 46; *Hardtung*, Erlaubte Vorteilsannahme, S. 127;*Jescheck*, in: LK-StGB, § 331 Rn. 16; *Tröndle/Fischer*, § 331 Rn. 32

750 Fast einhellig Ablehnung erfährt die etwa von *Horn*, UPR 1983, S. 362, 366ff. favorisierte Einordnung der behördlichen Genehmigung als Schuld- oder Strafausschließungsgrund. Lediglich in den Fällen eines Irrtums über die tatsächlichen Umstände

nach Tatvollendung soll dagegen einen Strafaufhebungsgrund darstellen[751]. Der Gesetzgeber hatte es bei Einführung der Norm bewusst unterlassen, sich zur Rechtsnatur der behördlichen Genehmigung zu äußern und überantwortete eine diesbezügliche Entscheidung der juristischen Lehre[752]. Folglich handelt es sich bei § 331 Abs. 3 StGB um eine offene, ausfüllungsbedürftige Regelung. Für die Bestimmung der Genehmigungsbehörde und der Voraussetzungen für die Erteilung der Genehmigung richtet sich der Blick mangels Lieferung einer selbständigen Rechtsgrundlage durch § 331 Abs. 3 StGB auf die Vorschriften des öffentlichen Rechts[753].

(2) Verwaltungsakzessorietät

Diese mit dem Begriff der „*Verwaltungsakzessorietät*" umschriebene Anbindung an das öffentliche Recht soll auch bei der dogmatischen Einordnung Beachtung finden. Als Ansatz zur Unterscheidung von Tatbestand und Rechtswidrigkeit werden deshalb die verwaltungsrechtlichen Kategorien des präventiven Verbots mit Erlaubnisvorbehalt und des repressiven Verbots mit Befreiungsvorbehalt herangezogen[754]. Bei einem repressiven Verbot wird ein im Regelfall sozialschädliches und damit unerwünschtes Verhalten nur ausnahmsweise genehmigt[755]. Das fragliche Verhalten bleibt damit grundsätzlich verboten. Das von einem präventiven Verbot erfasste Verhalten wird dagegen als an und für sich sozial anerkannt. Die Genehmigungspflicht dient dann nur der vorbeugenden Kontrolle im Hinblick auf im Einzelfall vorliegende Verstöße gegen materiellrechtliche Rechtsvorschriften, um einen Interessenausgleich herstellen zu können[756]. Im Ergebnis soll der Ausnahmebewilligung somit nur eine rechtfertigende Wirkung zukommen, hingegen die Kontrollerlaubnis bereits den Tatbestand ausschließen[757].

---

der Genehmigungsfähigkeit wird teilweise ein Schuldausschließungsgrund angenommen, vgl. insoweit *Tröndle/Fischer*, § 331 Rn. 36

751 *Heine*, in: Schönke-Schröder, StGB, § 331 Rn. 50; *Lackner/Kühl*, § 331 Rn. 16; *Rudolphi/Stein*, in: SK-StGB, § 331 Rn. 40; *Tröndle/Fischer*, § 331 Rn. 33

752 BT-Drucks. 7/550, S. 269, 272

753 *Rudolphi/Stein*, in: SK-StGB, § 331 Rn. 31; *Tröndle/Fischer*, § 331 Rn. 32

754 Vgl. *Heghmanns*, Dogmatik, S. 147 Fn. 33 mit zahlreichen Nachweisen zu einer derartigen Differenzierung in der strafrechtlichen Literatur. *Rengier*, ZStW 101 (1989), S. 874, 875 spricht in diesem Zusammenhang von „*Kontrollerlaubnis*" und „*Ausnahmebewilligung*"

755 *Hegmanns*, Dogmatik, S. 147; *Maurer*, VerwR, § 9 Rn. 55; *Roxin*, AT I, § 17 Rn. 46

756 *Heghmanns*, Dogmatik, S. 147; *Maurer*, VerwR, § 9 Rn. 51; *Roxin*, AT I, § 17 Rn. 45

757 *Kühl*, AT, § 9 Rn. 119ff.; *Rengier*, ZStW 101 (1989), S. 874

(3) § 331 Abs. 3 StGB als Rechtfertigungsgrund

§ 331 Abs. 3 StGB verweist - wenn auch nicht ausdrücklich - auf die §§ 70 BBG, 43 BRRG und den für den vorliegenden Fall weniger relevanten § 10 BAT, sowie die jeweiligen landesrechtlichen Vorschriften[758]. Folglich gilt es, die genannten Normen in die aufgezeigten verwaltungsrechtlichen Kategorien einzuordnen. Den Vorschriften ist zu entnehmen, dass der Gesetzgeber die Annahme von Belohnungen durch Beamte generell unterbinden will, indem er deutlich den Ausnahmecharakter der Genehmigung herausstellt (§ 70 S. 2 BBG, § 43 S. 2 BRRG)[759]. Demnach handelt es sich hierbei um einen typischen Fall eines repressiven Verbots mit Befreiungsvorbehalt. Ausgehend von der obigen Differenzierung käme § 331 Abs. 3 StGB damit die dogmatische Funktion eines Rechtfertigungsgrundes zu[760]. Diese fallgruppentypische Einordnung sieht sich jedoch vermehrter Kritik ausgesetzt und zunehmend wird ein tatbestandsausschließender Charakter der Genehmigung bei der Vorteilsannahme befürwortet[761]. Den Kritikern ist sicherlich zuzugestehen, dass die verwaltungsrechtliche Unterscheidung lediglich ein hilfreicher Anhaltspunkt für die dogmatische Einordnung ist, aber keinerlei Präjudiz schafft[762].

Allerdings sprechen auch strafrechtsspezifische Kriterien für die Verortung auf die Rechtfertigungsebene: Dem objektiven Unrechtstatbestand kommt aus strafrechtlicher Sicht die Aufgabe zu, ein verbotenes Handeln mit Hilfe unrechtsbegründender Merkmale so genau zu umschreiben, dass das strafwürdige Verhalten vom Tatbestand erfasst wird, geleitet vom Rechtsgüter-

758 Für Bayern beispielsweise Art. 79 BayBG

759 § 70 S. 2 BBG lautet: „Ausnahmen bedürfen der Zustimmung der obersten oder der letzten obersten Dienstbehörde." § 43 S. 2 BRRG lautet: „Ausnahmen bedürfen der Zustimmung seines gegenwärtigen oder letzten Dienstherrn."

760 So die h.M: *BGHSt* 47, S. 295, 308f.; *BGHSt* 31, S. 264, 285; *OLG Hamburg*, StV 2001, S. 277, 282; *Heine*, in: Schönke/Schröder, § 331 Rn. 46; *Hardtung*, Erlaubte Vorteilsannahme, S. 127; *Jescheck*, in: LK-StGB, § 331 Rn. 16; *Kuhlen*, in: NK-StGB, § 331 Rn. 109; *Lackner/Kühl*, § 331 Rn. 14; *Rudolphi/Stein*, in: SK-StGB, § 331 Rn. 32; *Satzger*, ZStW 115 (2003), S. 469, 483; *Tröndle/Fischer*, § 331 Rn. 32; unklar *Michalke*, FS Riess, S. 771, 774f.

761 *Bernsmann*, StV 2003, S. 521, 522; *Höltkemeier*, Sponsoring, S. 137; *Roxin*, AT 1, § 17 Rn. 46; *Wentzell*, Tatbestandsproblematik, S. 150; *Winkelbauer*, NStZ 1988, S. 201, 203

762 Vgl. *Rengier*, ZStW 101 (1989), S. 874, 878, wonach man die Leistungsfähigkeit der verwaltungsrechtlichen Differenzierung nicht überschätzen und die Notwendigkeit strafrechtspezifischer Kriterien nicht übersehen darf. Ebenfalls *Wentzell*, Tatbestandsproblematik, S. 150

schutz als Ziel jeden Strafgesetzes[763]. Beschreibt der Tatbestand unabhängig vom Genehmigungsmerkmal einen ausreichenden Unrechtssachverhalt, stellt die behördliche Genehmigung einen Rechtfertigungsgrund dar. Bezieht der Tatbestand seinen Unwertgehalt zumindest auch aus dem Handeln ohne Genehmigung, gehört die Genehmigung zum Tatbestand[764]. Letzteres ist jedenfalls dann der Fall, wenn der Wortlaut der jeweiligen Norm ausdrücklich auf die Notwendigkeit des Handelns „ohne Genehmigung" oder „ohne Erlaubnis" hinweist[765]. In § 331 Abs. 1 ist eine derartige Formulierung jedenfalls nicht zu finden. Auch hat der Gesetzgeber die Genehmigung vom strafbewehrten Tatbestand deutlich getrennt und sie in einen eigenen Absatz verortet. Bereits aus systematischen Gründen liegt es deshalb eher fern, in der behördlichen Genehmigung ein negatives Tatbestandsmerkmal zu sehen[766]. Wenn Befürworter eines derartigen Verständnisses darauf rekurrieren, dass eine Genehmigung gemäß § 331 Abs. 3 StGB nach den zugrundeliegenden Verwaltungsvorschriften nur dann erteilt werden darf, wenn von vornherein ausgeschlossen werden kann, dass durch die Annahme einer Zuwendung oder die Umstände der Annahme die Befürchtung aufkommt, die objektive Amtsführung des Beamten werde beeinträchtigt und er sei befangen, verkennen sie die Besonderheiten der Vorteilsannahme als abstraktes Gefährdungsdelikt. Mangels der Möglichkeit empirischer Erhebungen und wegen der Allgemeinheit als Bezugsobjekt lässt sich weder feststellen in welchem Ausmaß bzw. ob das tatbestandlich geschützte Rechtsgut tangiert wird. Es ist dem Staat – stellvertretend für die Allgemeinheit – gar nicht möglich, ein fehlendes Interesse an der Einhaltung des Verbotes geltend zu machen. Aufgrund der nicht auszuschließenden abstrakten Gefahr liegt das typische Unrecht des Tatbestandes bei Erfüllung der Tatbestandsmerkmale in jedem Fall vor[767]. Vielmehr kann nur eine Abwägung von widerstreitenden Interessen – auf den Fall der Parteispenden gemünzt: Garantie der passiven Wahlgleichheit und Schutz der Funktion der öffentlichen Verwaltung – die Erteilung der Genehmigung bedingen[768]. Lediglich bei einem überwiegenden Interesse des Staates

763 *Jescheck/Weigend*, AT, S. 7; *Maurach/Zipf*, AT I, S. 266; *Roxin*, AT I, § 10 Rn. 1ff.
764 Ausführlich zum Ganzen: *Rengier*, ZStW 101 (1989), S. 874, 878f.
765 *Maurach/Zipf*, AT I, S. 398; *Meyer*, Jus 1983, S. 513, 514
766 Im Ergebnis so auch *Maurach/Zipf*, AT 1, § 18 Rn. 29; *Meyer*, JuS 1983, S. 513, 514
767 *Hardtung*, Erlaubte Vorteilsannahme, S. 129
768 *Goldmann*, Genehmigung, S. 75ff.; *Hübenett*, Genehmigung, S. 53; *Rudolphi*, ZfW 82, S. 197, 201; *ders.*, NStZ 1984, S. 193, 196; *Scheele*, Bindung, S. 30ff.; *Schmitz*, Verwaltungshandeln, S. 27ff.; *Won*, Genehmigung, S. 41ff.; a.A. wohl *Bernsmann*, StV 2003, S. 521, 522; *ders.*, WissR 2002, S. 19f.; *Heghmanns*, Dogmatik, S. 181f.;

an der Belassung des Vorteils beim Empfänger gegenüber einem untergeordneten Interesse des Staates an der Verhinderung der Zuwendung trotz einer Gefahr für das Rechtsgut kommt eine Straflosigkeit in Betracht. Die erteilte Genehmigung nimmt damit eine Rechtsgutsverletzung in Kauf und kann somit nur rechtfertigend wirken[769].

Für die nachträgliche Genehmigung anerkennen auch die Vertreter der Rechtfertigungslösung, dass eine erst nach der tatbestandsmäßigen Vorteilsannahme erfolgende Genehmigung diese nicht mehr rückwirkend rechtfertigen kann[770]. Entscheidendes Kriterium sei dann die Genehmigungsfähigkeit bzw. mutmaßliche Genehmigung im Zeitpunkt der Tathandlung, welcher beim Vorliegen von objektiver und subjektiver Genehmigungsfähigkeit eine rechtfertigende Wirkung innewohne[771]. War die nachträgliche Erteilung der Genehmigung nicht subjektiv vorhersehbar, wird sie aber dennoch rechtmäßiger Weise ausgesprochen, soll dagegen lediglich ein – vereinzelt als unbefriedigend empfundener[772] – Strafaufhebungsgrund vorliegen[773].

b. Untauglichkeit zur Lösung der Parteispendenproblematik

Nachdem die dogmatische Einordnung der Genehmigungsregelung des § 331 Abs. 3 StGB geklärt ist, stellt sich nunmehr die Frage, ob die jeweils zuständige Behörde bei der Einwerbung von Parteispenden einen strafrechtlichen Dispens überhaupt aussprechen kann. Dies ist nur dann der Fall, wenn sie innerhalb ihrer Befugnisse handelt, die sich aus dem öffentlichen Dienstrecht ergeben. Oftmals wird in diesem Zusammenhang geltend gemacht, die inso-

Höltkemeier, Sponsoring, S. 137; *Rudolphi/Stein*, in: SK-StGB, § 331 Rn. 32; *Wagner*, Amtsverbrechen, S. 305f

769 In diesem Sinne ohne verwaltungsrechtliche Unterscheidung zwischen präventiven und repressiven Verboten auch *Hoyer*, Strafrechtsdogmatik, S. 148f. und *Ocker*, Unerlaubtes Betreiben, S. 130f.

770 *Heine*, in: Schönke/Schröder, § 331 Rn. 49; *Jescheck*, in: LK-StGB, § 331 Rn. 16; *Hardtung*, Erlaubte Vorteilsannahme, S. 163 und S. 187ff.; *Kuhlen*, in: NK-StGB, § 331 Rn. 110; *Rudolphi/Stein*, in: SK-StGB, § 331 Rn. 40; *Tröndle/Fischer*, § 331 Rn. 36

771 *Heine*, in: Schönke/Schröder, § 331 Rn. 49; *Jescheck*, in: LK-StGB, § 331 Rn. 16; *Hardtung*, Erlaubte Vorteilsannahme, S. 203ff.; *Höltkemeier*, Sponsoring, S. 137; *Kuhlen*, in: NK-StGB, § 331 Rn. 110; *Rudolphi/Stein*, in: SK-StGB, § 331 Rn. 38; *Tröndle/Fischer*, § 331 Rn. 36

772 *Höltkemeier*, Sponsoring, S. 137

773 *Heine*, in: Schönke-Schröder, § 331 Rn. 50; *Kuhlen*, in: NK-StGB, § 331 Rn. 113; *Lackner/Kühl*, § 331 Rn. 16; *Rudolphi/Stein*, in: SK-StGB, § 331 Rn. 40

weit einschlägigen Vorschriften der §§ 70 BBG, 43 BRRG, Art. 79 BayBG etc. seien mit der strafrechtlichen Genehmigung der Vorteilsannahme unvereinbar[774].

(1) Vereinbarkeit von Beamtenrecht und Strafrecht

(i) Analoge Anwendung bei kommunalen Mandatsträgern

Vereinzelt wird der Einwand erhoben, dass für bestimmte Personengruppen keine dem Beamtenrecht entsprechenden gesetzlichen Vorschriften existieren, die zur Bestimmung der in § 331 Abs. 3 StGB bezeichneten Tatbestandsmerkmale („zuständige Behörde", „im Rahmen ihrer Befugnisse", „genehmigen") herangezogen werden könnten[775]. Diese Bedenken betreffen im vorliegenden Fall insbesondere die ehrenamtlichen, kommunalen Mandatsträger als Amtsträger im Sinne des § 11 Abs. 1 Nr. 2 c StGB. Es finden sich in den kommunalrechtlichen Gesetzeswerken jedoch keine Vorschriften, die den Umgang mit Geschenken und anderen Belohnungen regeln[776]. Fehlen entsprechende Normen, sollen jedoch die beamtenrechtlichen Vorschriften ohne weiteres analog Anwendung finden können[777]. Damit ist die für die Genehmigung bei kommunalen Mandatsträgern zuständige Behörde im Sinne des § 331 Abs. 3 StGB aber noch nicht hinreichend konkretisiert. Lediglich für Beamten im staatsrechtlichen Sinne ergibt sich aus den bereits zitierten einschlägigen beamtenrechtlichen Vorschriften von Bund und Ländern, dass die oberste Dienstbehörde für die Genehmigung zuständig ist. Man kann jedoch nicht davon ausgehen, dass bis zur Schaffung einer gesetzlichen Regelung eine zuständige Behörde für ehrenamtliche Gemeinderatsmitglieder nicht vorhanden ist[778]. Zudem ist der Schutz der Integrität der Verwaltung auch ein Postulat des Kommunalrechts. Es liegt deshalb nicht völlig fern, die entsprechende Zuständigkeit auf Gemeindeebene anzusiedeln und den Gemeinderat als Genehmigungsbehörde anzusehen. Wichtig ist nämlich in erster Linie, dass über die Voraussetzungen der Genehmigungsfähigkeit jemand entscheidet, der über die jeweilige Interessenslage kompetent befinden kann, weil er

774 *Heine*, in: Schönke-Schröder, StGB, § 331 Rn. 43; *Gribl*, Vorteilsbegriff, S. 116; *Michalke*, FS Riess, S. 771, 775f.
775 *Michalke*, FS Riess, S. 773, 776
776 Dies gilt jedenfalls für die bayerischen Kommunalgesetze.
777 *Höltkemeier*, Sponsoring, S. 133; *Jutzi*, NStZ 1991, S. 105, 107f.
778 So bereits *Jutzi*, NStZ 1991, S. 105, 106

„nah an der Sache“ ist. Im Übrigen wird immer wieder betont, dass es sich bei § 331 Abs. 3 StGB um eine offene Regelung handelt[779] und überdies ist kommunalrechtlich dem Gemeinderat in Art. 49 Abs. 1 S. 1, Abs. 3 GO bereits eine vergleichbare Aufgabe zugewiesen. Gemäß dieser Vorschrift besteht die Möglichkeit des Ausschlusses eines Gemeinderatsmitgliedes von Beratungen und Abstimmungen wegen persönlicher Beteiligung, wenn durch den in Rede stehenden Beschluss ihm selbst oder bestimmten Dritten ein unmittelbarer Vorteil (oder Nachteil) entstehen kann[780]. Die hierin zum Ausdruck kommende Zielsetzung ist den beamtenrechtlichen Genehmigungsregelungen sehr ähnlich. Schließlich wird mit der Befangenheitsvorschrift die Unterbindung einer etwaigen Interessenkollision bezweckt, damit der Anschein einer sachwidrigen Verfolgung von Sonderinteressen oder Vetternwirtschaft vermieden wird. Letztlich soll so die Integrität des Gemeinderats und das Vertrauen der Bürger in eine am Wohl der Allgemeinheit orientierte, unvoreingenommene Kommunalverwaltung sichergestellt werden[781]. Selbst wenn die Ratsentscheidung des Art. 49 Abs. 3 GO im verwaltungsrechtlichen Verständnis keinen Verwaltungsakt darstellt, sondern ihr der Charakter einer organisationsrechtlichen, im Gemeindeverfassungsrecht wurzelnden Entscheidung zukommt[782], lässt sich aus strafrechtlicher Sicht von einer „Behörde“ sprechen. Dieses zugegebenermaßen weite Verständnis verstößt nicht gegen das strafrechtliche Analogieverbot, da diese Sichtweise sich zugunsten des jeweiligen Amtsträgers auswirkt. Schließlich wird dadurch eine Genehmigungsinstanz und somit -möglichkeit mit strafbefreiender Wirkung geschaffen.

Auf den ersten Blick mag sich hier ein Interessenkonflikt ergeben, wenn ein Mitglied des Gemeinderats in seiner Eigenschaft als Teil der „Dienstbehörde“ über die Genehmigung der Einwerbung einer Parteispende eines anderen Ratsmitglieds zu befinden hat, das einer konkurrierenden Partei angehört und möglicherweise im politischen Wettstreit steht. Entsprechendes gilt selbstver-

779 Ausdrücklich etwa auch BT-Drucks. 7/550, S. 272

780 Ausreichend ist insoweit neben einem Vorteil materieller Art auch ein solcher ideeller oder persönlicher Natur, wie Ehre, Ansehen oder Einfluss (*Bauer/Böhle/Masson/Samper*, GO, Art. 49 Rn. 7). Im Übrigen sind neben Art. 49 GO auch die Befangenheitsvorschriften der Art. 20 und 21 BayVwVfG zu beachten, die zwar für den Gemeinderat und seine Ausschüsse nicht gelten, aber zur Auslegung im Rahmen des Art. 49 GO herangezogen werden können (vgl. *Prandl/Zimmermann/Büchner*, GO, Art. 49 Rn. 1).

781 Bauer/Böhle/Masson/Samper, GO, Art. 49 Rn. 1; Prandl/Zimmermann/Büchner, GO, Art. 49 Rn. 1

782 Bauer/Böhle/Masson/Samper, GO, Art. 49 Rn. 7

ständlich auch, wenn es sich um die Genehmigung einer Zuwendung handelt, von der ein Angehöriger der eigenen Partei und damit der Wahlbewerber profitiert, den das Mitglied des Rates auch selbst favorisiert. Abhängig von den Mehrheitsverhältnissen im Rat wird das Abstimmungsverhalten von einer ablehnenden oder befürwortenden Tendenz vorgeprägt sein. Allerdings muss man auch in diesem Fall verlangen, dass sich der Gemeinderat und jedes seiner Mitglieder als Teil der „Dienstbehörde" und damit als Träger von entsprechenden Rechten und Pflichten mit seiner Entscheidung ausschließlich am öffentlichen Interesse orientiert. Von dem jeweiligen Ratsmitglied ist trotz der wahlkampf- und wahlfördernden Wirkung der Genehmigung für den einzelnen Kandidaten zu erwarten, dass er Amt und Parteimitgliedschaft im Hinblick auf den gleichen Zugang zu den öffentlichen Ämtern (Art. 33 Abs. 2 GG) und die Mandatsfreiheit (Art. 38 Abs. 1 S. 2 GG) strikt trennt.

(ii) Keine Genehmigung von geforderten Zuwendungen

Ein anderer vermeintlicher Widerspruch zu den dienstrechtlichen Genehmigungsvorschriften ergibt sich daraus, dass § 331 Abs. 3 StGB eine Genehmigung für geforderte Vorteile nicht vorsieht[783]. Eine solche ausdrückliche Einschränkung kennen die beamtenrechtlichen Vorschriften hingegen nicht. Soweit gefordert wird, angesichts dieser Vorgabe des Beamtenrechts die strafrechtliche Genehmigungsmöglichkeit auf geforderte Vorteile auszudehnen[784], wird übersehen, dass nur vordergründig ein Gleichlauf von Beamtenrecht und Strafrecht nicht besteht. § 54 S. 2 BBG bzw. Art. 64 S. 2 BayBG verpflichten den Beamten dazu, seine Aufgaben uneigennützig nach bestem Gewissen zu erfüllen[785]. Fordert der Amtsträger nun für eine konkretisierbare Amtshandlung einen Vorteil, so verstößt er bereits gegen diese Pflicht des uneigennützigen Verhaltens. Auch nach den beamtenrechtlichen Vorgaben kommt eine Genehmigung dann von vornherein nicht mehr in Betracht[786].

783 *Heine*, in: Schönke/Schröder, § 331 Rn. 43; *Michalke*, FS Riess, S. 771, 775f; *Tröndle/Fischer*, § 331 Rn. 33. Ein Verlangen unter dem Vorbehalt der Genehmigung gemäß § 331 Abs. 3 StGB soll kein „Fordern" in diesem Sinne darstellen, da diese Erklärung auf den Abschluss einer rechtlich erlaubten Vereinbarung gerichtet sei, vgl. *Rudolphi/Stein*, in: SK-StGB, § 331 Rn. 24

784 So *Bernsmann*, StV 2003, S. 521, 522

785 Auch Art. 33 Abs. 5 GG setzt die Verpflichtung des Beamten zur Unbestechlichkeit als selbstverständlich voraus, vgl. *Jachmann*, in: Mangoldt/Klein/Starck, GG, Art. 33 Abs. 5, Rn. 46

786 *Gribl*, Vorteilsbegriff, S. 118f., *Höltkemeier*, Sponsoring, S. 132f.; *Zängl*, in: Fürst,

Gerade im Bereich der Parteispendenakquisition wird die Initiative für die finanzielle Unterstützung des Wahlkampfes häufig von dem um Einwerbung von Fördergeldern bemühten Amtsträger ausgehen. Allerdings kann, um von einem einer Genehmigung nicht zugänglichen „Fordern" zu sprechen, nicht allein dieser erste Anstoß seitens des Amtsträgers entscheidend sein. Aufgrund der Schutzrichtung des § 331 StGB muss es vielmehr darauf ankommen, von wem die Initiative zur sachwidrigen Kopplung von Vorteil und Dienstausübung, also zum Abschluss einer Unrechtsvereinbarung, ausgeht[787]. Erwähnt daher erst der Spender, dass er sich in finanzielles Engagement im Wahlkampf nur „im Gegenzug" für ein bestimmtes politisches Votum vorstellen könne oder die Spendenauskehrung nur aufgrund einer bereits ergangenen politischen Entscheidung erfolgt, liegt aus Sicht des Amtsträgers kein „Fordern" vor. Eine Genehmigung durch die zuständige Behörde ist damit also aus strafrechtlicher Sicht grundsätzlich möglich[788]. Allerdings darf, da sich die matierellen Genehmigungsvoraussetzungen aus dem Beamtenrecht ergeben, auch mit Blick hierauf nicht zu befürchten sein, dass die Vorteilsannahme die objektive Amtsführung des Beamten beeinträchtigt oder den Eindruck seiner Befangenheit entstehen lassen könnte. Gerade bei persönlich adressierten „Bittschreiben" an betuchte Gönner und Wahlkampfförderer, in deren Folge dann Zuwendungen von nicht unerheblichem Umfang an die Partei fließen, wird der Verdacht nahe liegen, dass irgendetwas „nicht mit rechten Dingen zugeht" und eine Genehmigung muss wohl ausscheiden[789]. Anders wird man dies bei Rundbriefen mit überwiegend werbendem Charakter an breitere Bevölkerungsschichten oder eine Vielzahl von Parteimitgliedern sehen können, in denen ganz allgemein zur Unterstützung der Partei mit Blick auf die Verwirklichung der politischen Ziele aufgefordert wird.

(iii) Dienstrechtliche Zustimmung nur für persönliche Zuwendungen

Die Genehmigungsvorschrift des § 331 Abs. 3 StGB ist für die Legalisierung von Parteispenden aber nicht nur bei geforderten Zuwendungen, sondern ganz generell nicht geeignet. Für den Regelfall der staatlichen Beamten ergeben sich die Grenzen der behördlichen Genehmigungskompetenz wiederum aus

Gesamtkommentar, BBG, § 70 Rn. 24

787 *Jescheck*, in: LK-StGB , § 331 Rn. 4;*Satzger*, ZStW 115 (2003), S. 467, 484

788 *Korte*, NStZ 2003, S. 156, 157f.; *Satzger*, ZStW 115 (2003), S. 467, 484

789 Ähnlich *Satzger*, ZStW 115 (2003), S. 467, 484

dem Recht des öffentlichen Dienstes. Allerdings haben die dienstrechtlichen Vorschriften die durch das Korruptionsbekämpfungsgesetz 1997 vorgenommene Erweiterung des § 331 StGB auf Drittvorteile, die sich auch auf die Genehmigungsmöglichkeit des § 331 Abs. 3 StGB auswirkt, nicht mitvollzogen. Nach wie vor sehen die entsprechenden Normen keine Genehmigung von Zuwendungen an Dritte vor. Es ist deshalb fraglich, ob Drittvorteile überhaupt „*im Rahmen der Befugnisse*" der jeweils zuständigen Behörden einer Genehmigung zugänglich sind. Jedenfalls muss eine Bestrafung dann ausscheiden, wenn lediglich dienstliche Vorgaben zur Einwerbung beispielsweise von Forschungs- und Arbeitsmitteln erfüllt werden[790]. Selbiges gilt bei Nebentätigkeiten, wenn sie innerhalb des gestatteten Umfangs ausgeübt werden. Die Genehmigung der Nebentätigkeit schließt die Genehmigung der damit einhergehenden Zuwendung von Vorteilen zumindest dann mit ein, wenn der Beamte seinen Dienstherrn über Art, Umfang und Vergütung der Nebentätigkeit ohne Einschränkungen aufgeklärt hat. Gleichwohl verbietet sich eine antizipierte und generalisierende Beurteilung, entscheidend ist vielmehr die konkrete Betrachtung im Einzelfall[791]. Für die Einwerbung von Wahlkampfspenden fehlen solche entsprechenden Vorschriften jedoch und die Spendenakquisition von politischen Amtsträgern für die Partei entspricht auch keiner dienstlichen Aufgabe. Eine solche konkludente Genehmigung scheidet insoweit also aus. Da § 331 Abs. 3 StGB keine eigenständige Befugnis zur Genehmigung von Vorteilen schafft, muss das beamtenrechtliche Postulat, dass Drittvorteile einer Genehmigung nicht offenstehen, akzeptiert werden[792]. Dies hat zur Folge, dass eine „Erlaubnis" für die Akquisition von Parteispenden nicht nur bei geforderten Zuwendungen, sondern bei jeglicher Art der Spendeneinwerbung für die Partei nicht innerhalb des Befugnisrahmens erteilt werden kann. Die in Rede stehende Praxis ist also nicht genehmigungsfähig.

(2) Ungleichbehandlung durch Genehmigungserfordernis

Selbst wenn man – entgegen der hier vertretenen Auffassung – eine Genehmigungsmöglichkeit von Zuwendungen an Parteien unter Einschaltung eines

790 Vgl. Art. 10 Abs. 1 BayHSchG

791 *Wentzell*, Tatbestandsproblematik, S.158f.

792 So auch *Höltkemeier*, Sponsoring, S. 133f. Im Hinblick auf das Tatbestandsmerkmal der Regelwidrigkeit könnten Drittvorteile ohnehin durch Gesetz, Verwaltungsvorschrift oder Weisung „erlaubt" werden, so dass die förmliche behördliche Genehmigung hier als Hemmschwelle wirken würde.

Amtsträgers befürworten wollte, würde dies nicht dazu beitragen, die skizzierte Ungleichbehandlung von Amtsträgern und anderen Wahlbewerbern aufzuheben. Während der Wahlkämpfer, der kein Amt innehat, die ihm gegebenen Spenden jeweils sofort vereinnahmen und für seine Zwecke verbrauchen könnte, wäre der Amtsträger gezwungen, die Mittelzuwendung vorher genehmigen zu lassen. Andernfalls könnte er die Spenden allenfalls unter Vorbehalt der Genehmigung annehmen und anschließend unverzüglich das Genehmigungsverfahren einleiten. Er müsste im Zeitraum bis zur Entscheidung über die Genehmigungserteilung damit rechnen, die erhaltenen Beträge wieder an die Spender zurückgeben zu müssen, weil die Behörde die Genehmigungsfähigkeit der Zuwendungen verneint. Dies hätte zur Folge, dass der Amtsträger gezwungen wäre, die Finanzmittel während dieses Schwebezustandes „einzufrieren“ und mit dem Einsatz der Zuwendungen im Wahlkampf zu warten. Gerade im politischen Wettstreit vor einer Wahl hätte dies bei einer Vielzahl von Spenden die unzumutbare Folge, dass der Amtsträger jedes Mal einen Genehmigungsvorbehalt aussprechen müsste und trotz der grundsätzlichen Verfügbarkeit der finanziellen Mittel auf diese nicht zurückgreifen könnte. Wirtschaftlich bestünde im Ergebnis dann trotz einer grundsätzlichen Genehmigungsmöglichkeit kein Unterschied zu einem ausnahmslosen Verbot der Annahme von Zuwendungen. Die Ungleichbehandlung hinsichtlich des Grundsatzes der Gleichheit der Wahl würde nach wie vor bestehen und wäre auch durch den Weg über § 331 Abs. 3 StGB nicht behoben.

2. Das Parteiengesetz als besondere Erlaubnis

An einer Vorteilsannahme für die Dienstausübung fehlt es auch, wenn die Verknüpfung von Vorteil und Dienstausübung zwar nicht durch Dienst- aber durch andere Rechtsvorschriften erlaubt ist[793]. So untersagt das Parteiengesetz in § 25 Abs. 2 Nr. 7 die Annahme von Einflussspenden, sieht in diesem Zusammenhang eine strafrechtliche Sanktion jedoch nicht vor. Aus dieser Nichtexistenz von Sonderstrafnormen für die Entgegennahme von Einflussspenden folgt allerdings nicht, dass die Einwerbung von Wahlkampfspenden strafrechtlich unbeachtlich oder gar erlaubt ist. Das Parteiengesetz stellt in dieser Hinsicht auch keinen besonderen gesetzlichen Rechtfertigungsgrund

793 *Kuhlen*, in: NK-StGB, § 331 Rn. 86; *Rudolphi/Stein*, in: SK-StGB, § 331 Rn. 31; *Volk*, GS Zipf, S. 419, 421f.

dar. Bereits in der Gesetzesbegründung zum Parteiengesetz ist herausgestellt, dass die Betätigung der Parteien, ihrer Mitglieder und Beauftragten den allgemeinen, für jedermann verbindlichen Gesetzen unterliegt[794]. Auch im Umkehrschluss aus § 37 PartG folgt, dass die Normen des StGB im Rahmen der Parteienfinanzierung allgemeine Geltung haben. Aus § 37 PartG bzw. § 54 S. 2 BGB kann keine These von der Straflosigkeit von Verletzungen des Parteiengesetzes hergeleitet werden in dem Sinne, dass, wenn schon eine persönliche zivilrechtliche Haftung der für die Partei Handelnden ausgeschlossen ist, erst recht ihre persönliche strafrechtliche Haftung entfallen muss. Der allgemeinen Geltung der Normen des StGB auch für Parteien – und damit ihre Mitglieder – steht nicht das Motiv des Parteiengesetzgebers von 1967 entgegen, jede Art von staatlicher Finanzkontrolle auszuschließen. Die dort ausgesprochene Ablehnung polizeilicher Finanzkontrolle bezieht sich auf eine rein präventiv ausgerichtete öffentliche Kontrolle, nicht auf die repressive Ahndung einzelner Gesetzesverstöße[795].

Die These von der generellen Straflosigkeit von Verstößen gegen das Parteiengesetz hätte außerdem die befremdliche Folge, dass ein Funktionsträger, der unter Verletzung des § 25 Abs. 2 Nr. 7 PartG eine Einflussspende angenommen hat, nicht bestraft werden könnte, wegen des Arguments, dass eine Strafbarkeit wegen Vorteilsannahme nicht dem Willen des Parteiengesetzgebers entspreche. Dies kann schon nicht gewollt sein, da der Parteiengesetzgeber ersichtlich darum bemüht ist, der Käuflichkeit politischer Entscheidungen einen Sperrriegel vorzuschieben[796]. Bereits der Parteiengesetzgeber von 1984 wollte eine strafrechtliche Prüfung unzulässiger Spendenpraxen anhand der Normen des StGB nicht ausschließen und bekannte sich unter Zurückweisung eines diesbezüglichen Sonderrechts zur alleinigen Zuständigkeit der Judikative[797]. Das schließt die strafrechtliche Prüfung und gegebenenfalls Ahndung von Verstößen gegen das Parteiengesetz unter dem Aspekt der Vorteilsannahme mit ein.

794 BT-Drucks. 3/1509, S. 3

795 *Saliger*, Parteiengesetz, S. 175

796 *Saliger*, Parteiengesetz, S. 175

797 *Schmude* (SPD), Plenarprotokoll Deutscher Bundestag, 10. Wahlperiode, 17. Sitzung, S. 2717; ebenso *Wischniewski* (SPD) a.a.O., S. 1151f. sowie *Spilker* (CDU/CSU) a.a.O. S. 2730f.

3. Steuerrechtlicher bzw. übergesetzlicher Rechtfertigungsgrund

a. *Cramers* Idee von der steuerlichen Absetzbarkeit

Cramer sieht die Möglichkeit einer steuerlichen Absetzbarkeit bestimmter Zuwendungen an Parteien als Hinweis dafür, dass diese von der Gesamtrechtsordnung akzeptiert würden[798]. Wenn der Staat dem Vorteilsgeber die Möglichkeit einräume, die mit dem Vorteil verbundenen Aufwendungen vom steuerpflichtigen Einkommen abzusetzen, belohne er das finanzielle Engagement mit einer Steuerermäßigung. Dann könne die Annahme einer Parteispende etwa durch einen Landrat, der diese dann an die Partei weiterleitet, aber nicht nach § 331 StGB strafbar sein. Selbst wenn bei Parteispenden für die Geltendmachung einer Steuerminderung Höchstbeträge vorgesehen seien[799], habe dies bei darüber hinaus gehenden Beträgen nicht den Makel der Rechtswidrigkeit zur Folge[800]. Die Limitierung sei vielmehr nur aus Gründen der Gleichbehandlung der Parteien eingeführt worden. Sollte sich bei anderen altruistischen Zuwendungen eine Rechtfertigung nicht aus dem Steuerrecht begründen lassen, existiert nach *Cramers* Auffassung ein Rechtfertigungsgrund im nicht geregelten *„gesetzlichen Freiraum"*, wenn überwiegende Interessen einer Vorteilsgewährung an Dritte der Strafbarkeit nach § 331 StGB entgegen stehen[801]. Er stützt sich dabei auf die allgemeine Erkenntnis, dass eine tatbestandsmäßige Handlung bei Vorliegen einer besonderen gesetzlichen Ermächtigung und der objektiven Erfüllung ihrer Eingriffsvoraussetzungen gerechtfertigt ist[802]. Dies gelte auch dann, wenn der Drittvorteil in Erfüllung einer sittlichen Verbindlichkeit erfolge. Dann werde die Sittenordnung, ähnlich wie bei §§ 534, 814 BGB, zum übergesetzlichen Rechtfertigungsgrund für die Annahme des Vorteils, selbst wenn die Hingabe auf einer Vereinbarung zwischen dem Amtsträger und dem Geber beruhe[803].

---

798 *Cramer*, FS Roxin, S. 945, 949. Ausführlich zu den steuergesetzlichen Grundlagen von Spenden an Parteien und Wählergruppen, vgl. 1. Kapitel.D.
799 Zu den jeweiligen Höchstbeträgen bei § 10b EStG und § 34g EStG, vgl. 1. Kapitel.D.
800 *Cramer*, FS Roxin, S. 945, 949
801 *Cramer*, FS Roxin, S. 945, 950
802 *Cramer*, FS Roxin, S. 945, 950
803 *Cramer*, FS Roxin, S. 945, 951

b. Untauglichkeit zur Lösung der Parteispendenproblematik

Die steuerliche Abzugsfähigkeit von bestimmten Spenden lässt sich zur Begründung der Zulässigkeit der für § 331 Abs. 1 StGB maßgeblichen Verknüpfung von dienstlichem Handeln mit solchen Zuwendungen als Gegenleistung nicht heranziehen[804]. Die Steuerbarkeit eines Sachverhalts kann für dessen strafrechtliche Beurteilung allenfalls indizielle Bedeutung haben, lässt aber diesbezüglich keine sicheren Schlussfolgerungen zu[805].

Diese Unsicherheit resultiert bereits aus den unterschiedlichen Zielsetzungen von Straf- und Steuerrecht. Während das Strafrecht dem Rechtsgüterschutz verpflichtet ist, sind die von den Steuerrechtsnormen verfolgten Zwecke verschiedenartig. Sie reichen von der Erzielung von Einnahmen zur Deckung des Finanzbedarfs des Staates, über eine Lastenausteilungsfunktion bis hin zu regulierenden, gestaltenden und sozialen Zwecken[806]. Deshalb unterliegen auch rechtswidrige Einnahmen als sonstige Einkünfte gemäß § 2 Abs. 1 S. 1 Nr. 7 EStG der Steuerpflicht. Dagegen verdeutlicht § 4 Abs. 5 S. 1 Nr. 10 EStG, dass nur solche Ausgaben steuerlich begünstigt werden, die sich im Rahmen des rechtlich Erlaubten bewegen. Danach kann die Zuwendung von Vorteilen sowie damit zusammenhängenden Aufwendungen nicht als Betriebsausgabe den zu versteuernden Gewinn mindern, wenn die Vorteilszuwendung eine rechtswidrige Handlung darstellt, die den Tatbestand eines Strafgesetzes verwirklicht. Bei dem Abzugsverbot handelt es sich insoweit um eine Lenkungsnorm zur Verhinderung von Korruption, mit der dem gesellschaftlichen Werteverfall entgegengetreten werden soll[807]. Durch die steuerliche Diskriminierung soll der Normbefehl des Strafrechts flankiert werden. Auch die Schutzzwecke der jeweils einschlägigen Strafnormen – hier also die ordnungsgemäße Funktion der staatlichen Verwaltung – sind als Zweck des Abzugsverbots anzusehen[808]. Es lässt sich nun aus dem Fehlen einer § 4 Abs. 5 S. 1 Nr. 10 EStG ähnlichen Formulierung in § 10b EStG bzw. 34g EStG nicht im Umkehrschluss folgern, dass die Annahme von Parteispenden für

804 Ebenso *Kuhlen*, in: NK-StGB, § 331 Rn. 123; *Schreier*, Drittvorteil, S. 73; *Wentzell*, Tatbestandsproblematik, S. 38

805 Ebenso *Wentzell*, Tatbestandsproblematik, S. 38

806 Ausführlich zu den verschiedenen Zwecken der Steuerrechtsnormen *Eppner*, Korruptionsbekämpfung, S. 151ff.; *Tipke*, Steuerrechtsordnung I, S. 1ff.

807 BT-Drucks. 13/1686, S. 18; BT-Drucks. 14/23, S. 169; *Bahlau*, in: Hermann/Heuer/Raupach, EStG, § 4 Rn. 1846; *Eppner*, Korruptionsbekämpfung, S. 97

808 *Eppner*, Korruptionsbekämpfung, S. 97

einen Amtsträger gesetzlich zulässig, weil steuerlich berechtigt, ist[809]. Die zitierten Vorschriften dienen nicht der Korruptionsbekämpfung, sondern stellen lediglich eine Subvention des Spendenaufkommens einer Partei zur Finanzierung iher politischen Arbeit dar[810]. Sie sollen auf die Wettbewerbslage der Parteien und Wählervereinigungen sowie die Chancen der Bürger auf gleiche Teilhabe an der politischen Willensbildung einwirken. Möchte man auch diesen Normen Lenkungscharakter attestieren[811], so ist dieser zu dem von § 4 Abs. 5 S. 1 Nr. 10 EStG derart verschieden, dass sich insoweit ein Schluss auf die strafrechtliche Beurteilung der Parteispendenakquisition verbietet. Zudem befinden sich die steuerrechtlichen Vorschriften nicht im Gleichklang mit § 331 StGB, da sie nicht an das Korruptionsbekämpfungsgesetz angepasst wurden. Die Schwierigkeit, eine Kongruenz von Straf- und Steuerrecht herzustellen, zeigt schließlich auch die vor der Einführung von § 4 Abs. 5 Nr. 10 EStG jahrelang geführte Diskussion um die steuerliche Absetzbarkeit von Schmier- und Bestechungsgeldern[812].

Den *„übergesetzlichen Freiraum"* als Rechtfertigungsgrundlage heranziehen und der Sittenordnung einen Maßstab für die Strafbarkeit der Parteispendenakquisition zu entnehmen, würde bedeuten, dass eine strafrechtliche Rechtfertigung, ebenso wie die sittliche Ordnung selbst, dem steten Wandel unterliegt. Zwar hätte dies keinen unmittelbaren Verstoß gegen den Bestimmtheitsgrundsatz der Art. 103 Abs. 2 StGB, § 1 StGB zur Folge, da dieser bei der Bildung von Rechtfertigungsgründen allenfalls eingeschränkt gilt. Nichtsdestotrotz darf, auch bei Verzicht auf die strengen Anforderungen des § 103 Abs. 2 GG, nicht gänzlich auf sichere Wertmaßstäbe verzichtet werden.

---

809 Differenzierend wohl auch *Cramer*, in: Schönke-Schröder, 26. Aufl., StGB, § 331 Rn. 53b

810 *Brandt*, in: Herman/Heuer/Raupach, EStG, § 10b Rn. 4; *Kirchof*, EStG, § 34g Rn. 1

811 So jedenfalls für § 10b EStG *Brandt*, in: Hermann/Heuer/Raupach, EStG, § 10b Rn. 4

812 *v. Crailsheim*, Die steuerrechtliche Behandlung von Schmiergeldzuwendungen, passim; *Eppner*, Korruptionsbekämpfung, S. 83ff.

C. Eigener Lösungsansatz – Die verfassungsrechtliche Rechtfertigung

I. Verfassungsrechtliche Rechtfertigung bei § 331 Abs. 1 StGB

Mittels der bisher diskutierten Lösungsansätze konnte eine Strafbarkeitsrestriktion von § 331 Abs. 1 StGB mit Blick auf die Akquisition von Wahlkampfspenden dogmatisch nicht befriedigend erklärt werden. Es ist deshalb der Blick weg von den einfachgesetzlichen Einschränkungsmöglichkeiten hin auf die Frage zu richten, ob eine Lösung der Problematik auf Verfassungsebene erreicht werden kann. Im Folgenden wird deshalb eine Abwägung zwischen den durch die straftatbestandsmäßige Verhaltensweise der Parteispendenakquisition betroffenen Verfassungsgütern vorzunehmen sein. Auch strafgesetzliche Rechtfertigungsgründe beruhen ganz überwiegend auf dem Prinzip der Abwägung zwischen Gütern verschiedener Inhaber[813], so dass die Gegenüberstellung der Verfassungsgüter auf der Rechtwidrigkeitsebene der gängigen Straftatsystematik entspricht. Vorweg ist dabei zu klären, ob der in Art. 38 Abs. 1 S. 1, Art. 28 Abs. 1 S. 2 GG niedergelegte grundrechtsgleiche Grundsatz der Gleichheit der Wahl als möglicher Rechtfertigungsgrund überhaupt in Betracht kommt. Zum einen sieht nämlich bereits § 331 Abs. 3 StGB eine Rechtfertigungsmöglichkeit vor, zum anderen sind verfassungsrechtliche Rechtfertigungsgründe nicht durchwegs anerkannt.

1. Der Grundgedanke Schreiers

Die Möglichkeit einer verfassungsrechtlichen Rechtfertigung im Zusammenhang bei § 331 Abs. 1 StGB thematisierte erstmals *Schreier* im Zuge der Drittmitteldiskussion. Er griff zur Rechtfertigung der Annahme von Vorteilen direkt auf Art. 5 Abs. 3 GG zurück[814] und unterzog die Strafnorm am Maßstab der Wissenschaftsfreiheit einer verfassungsrechtlichen Überprüfung. Im Rahmen einer Abwägung zwischen der Freiheit der Wissenschaft als dem betroffenen Grundrecht aus Art. 5 Abs. 3 GG und dem Schutzgut der Be-

813 Vgl. *Baumann/Weber/Mitsch*, AT, § 16 Rn. 50f.; *Joerden*, GA 1993, S. 245ff; *Lenckner*, GA 1985, S. 295ff.; *Noll*, ZStW 77 (1965), S. 1ff; *Roxin*, AT 1, § 18 Rn. 51f.
814 *Schreier*, Drittvorteil, S. 112ff.

stechungsdelikte als kollidierendem Verfassungsrecht (Art. 20 Abs. 3 GG) kam er zu dem Ergebnis, dass die abstrakte Gefahr für das Rechtsstaatsprinzip, das letztlich nur in seiner Peripherie tangiert werde, mit Blick auf die grundgesetzlich geschützte Freiheit der Forschung hinzunehmen sei[815]. Allerdings musste sich *Schreier* im Zusammenhang mit seiner Theorie unter anderem entgegenhalten lassen, dass es überaus fraglich sei, ob Grundrechte als Rechtfertigungsgründe in Betracht kommen. Hinsichtlich ihres unbestimmten Gehalts ließe sich dies mit guten Gründen ablehnen[816]. Eine Antwort auf diesen Einwand ist er schuldig geblieben. Weiter wurde *Schreiers* Ansatz entgegengehalten, § 331 Abs. 1 StGB verbiete nicht nur die bloße Annahme von Vorteilen bzw. Drittmitteln, sondern deren Kopplung mit einem dienstlichen Verhalten. Art. 5 Abs. 3 GG erlaube aber lediglich die Einwerbung von Fremdmitteln zur Forschung und könne dementsprechend auch keine weitergehende Rechtfertigungswirkung entfalten[817]. Insbesondere aufgrund des zutreffenden letzten Einwandes hat sich sein Lösungsansatz bei der Drittmittelproblematik zu Recht nicht durchgesetzt. Hinsichtlich der Spendeneinwerbung im Wahlkampf gilt dieser Einwand - wie zu zeigen sein wird - jedoch nicht.

2. Grundrechte als Rechtfertigungsgründe

Dass Grundrechten die Funktion von Rechtfertigungsgründen zugeschrieben werden kann, ist dem Strafrecht nicht fremd[818]. So wird im Falle des „zivilen Ungehorsams" etwa Art. 5 Abs. 1 GG und Art. 8 Abs. 1 GG eine rechtfertigende Wirkung beigemessen[819] und bei einer „Gewissenstat" soll eine Rechtfertigung durch Art. 4 GG möglich sein[820]. Ferner wird die Rechtfertigungsmöglichkeit durch Verfassungsrechte im Zusammenhang mit der Kunstfreiheit (Art. 5 Abs. 3 GG) und in Bezug auf die allgemeine Meinungsäußerungsfreiheit diskutiert[821]. Gleichwohl wird der Herleitung einer

815 *Schreier*, Drittvorteil, S. 115

816 *Höltkemeier*, Sponsoring, S. 224; *Kühl*, StrafR AT, § 9 Rn. 112; *Tiedemann*, Verfassungsrecht und Strafrecht, S. 36

817 *Höltkemeier*, Sponsoring, S. 224

818 *Lackner/Kühl*, Vor § 32 Rn. 28; zweifelnd *ders.*, AT, § 9 Rn. 112

819 Vgl. *Dreier*, FS Scupin, S. 573, 592ff.; *Laker*, Ziviler Ungehorsam, S. 237ff.; *Reichert-Hammer*, Politische Fernziele, S. 120ff.

820 *Radtke*, GA 2000, S. 19, 33f.; *Roxin*, FS Maihofer, S. 389, 405

821 *Erhardt*, Kunstfreiheit und Strafrecht, S. 178ff.; *Fischer*, Strafrechtliche Beurteilung, S. 66ff.; *Liesching/v. Münch*, NStZ 1999, S. 85; *Roxin*, AT 1, § 51 Rn. 51ff.;

grundrechtlichen Rechtfertigung unter verfassungsrechtlichen Aspekten teilweise Skepsis entgegengebracht, insbesondere hinsichtlich der Bedeutung von Rechtsfrieden und Rechtsgehorsam im demokratischen Rechtsstaat[822]. Dieser Einwand kann aber allenfalls Beachtung finden, wenn die Grundrechtsschranken bei der Abwägung der beteiligten Interessen und Güter überschritten werden[823]. Auch die Vorbehalte hinsichtlich der mangelnden Bestimmtheit von Grundrechten tragen nicht. Ganz generell gilt es zu berücksichtigen, dass Rechtfertigungsgründe ihrem Wesen nach hinsichtlich des Bestimmtheitsgebots weniger strengen Erfordernissen als die Tatbestandsmerkmale unterliegen. Da es im Rechtfertigungsfalle nur um ausnahmsweise Einschränkungen der Strafbarkeit geht, sind an die Garantiefunktion geringere Anforderungen zu stellen als bei Tatbeständen[824]. Die Funktion des Bestimmtheitsgebotes ist es weniger, ein Gesetzlichkeitserfordernis für Erlaubnisnormen zu schaffen, sondern der Sinn und Zweck besteht in der Konstituierung von Strafbarkeitsvoraussetzungen bzw. im Schutz vor der nichtgesetzlichen Bildung und Verschärfung bestimmter Deliktstypen[825]. Für solche Tatbestandsbildungen sind genaue Verhaltensanweisungen und Handlungsbeschreibungen erforderlich. Rechtfertigungsgründe haben dagegen eine mehr generelle Natur und sind schon deswegen einer abschließenden Umschreibung nur schwer zugänglich[826]. Zwar sind Rechtsprechung und Gesetzgebung – obgleich sich Rechtfertigungsgründe durchwegs zugunsten des Täters auswirken – auch bei der Schaffung von Rechtfertigungsgründen auf die größtmögliche Präzision verwiesen und etwaige Rückwirkungen auf andere Strafrechtsnormen müssen berücksichtigt werden. Allerdings sind die Rechtfertigungsgründe von § 103 Abs. 2 GG aufgrund der Vielgestaltigkeit der zwischenmenschlichen Bezüge[827] nicht vollends erfassbar und eine vollständige Konkretisierung ist gar nicht möglich. Nichts desto trotz ist auch bei einer verfassungsrechtlichen Rechtfertigung eine gewisse Bestimmtheit gegeben, denn ein über die expliziten, aber auch über die immanenten Schranken eines Grundrechts hin-

822 *Hirsch*, Überzeugungstäter, S. 30f.; *Prittwitz*, JA 1987, S. 17, 23f.

823 In diesem Sinne dürfte auch der Einwand von *Höltkemeier*, Sponsoring, S. 225 Fn. 161 zu verstehen sein, wenn er darauf hinweist, dass Art. 5 Abs. 3 GG das Verhalten, welches bei der Drittmittelforschung zum Gegenstand des strafrechtlichen Vorwurfs gemacht wird, gar nicht erlaubt.

824 Vgl. *Hirsch*, in: LK-StGB, Vor § 32 Rn. 40 wonach nur Tatbestände eine strenge Garantiefunktion haben

825 *Eser*, in: Schönke/Schröder, § 1 Rn. 14

826 *Roxin*, Kriminalpolitik, S. 29f.

827 *Eser*, in: Schönke/Schröder, § 240 Rn. 18

ausgehendes Verhalten ist nicht mehr gerechtfertigt, selbst wenn es in den Schutzbereich des Grundrechts fällt[828].

Dies gilt im Besonderen für die Art. 38 Abs. 1 S. 1, 28 Abs. 1 S. 2 GG. Sie bilden als spezieller Gleichheitssatz eine spezifizierende Abwandlung des sehr weit gefassten allgemeinen Gleichheitsgrundsatzes des Art. 3 Abs. 1 GG[829]. Bei der Ausfüllung des Wahlgleichheitsprinzips sind ausschließlich die besonderen Wertungen für den Sachbereich „Wahlen" heranzuziehen. Insoweit vollführen Art. 38 Abs. 1 S. 1, 28 Abs. 1 S. 2 GG eine Konkretisierung von Art. 3 GG, deren zeitlicher Schutzbereich vom Stadium der Wahlvorbereitung bis zum Abschluss der Sitzverteilung reicht. Der Umfang des Rechtfertigungsgrundes ist damit, wenn auch wesensmäßig weit gefasst, deutlich umrissen. Darüber hinaus besteht in den meisten Fragen Einigkeit über Inhalt und Bedeutung der Wahlgleichheit, womit auf gesicherte, allgemein anerkannte und unbestrittene Ergebnisse zurückgegriffen werden kann[830]. Die Bedenken gegen die Anerkennung verfassungsrechtlicher Rechtfertigungsgründe greifen jedenfalls im Fall der Art. 38 Abs. 1 S. 1, 28 Abs. 1 S. 2 GG damit nicht durch.

3. Keine abschließende Regelung durch § 331 Abs. 3 StGB

Der Anerkennung eines verfassungsrechtlichen Rechtfertigungsgrundes sagt aber noch nichts darüber aus, ob eine Anwendung beim Tatbestand der Vorteilsannahme in concreto überhaupt möglich ist. Mit § 331 Abs. 3 StGB wird bei diesem Tatbestand nämlich bereits eine gesetzliche Rechtfertigungsmöglichkeit angeboten[831]. Dies ist für die hier vorgeschlagene Lösung jedoch unschädlich. Denn das Nebeneinander von mehreren Rechtfertigungsgründen ist ob ihrer Unabhängigkeit voneinander durchaus möglich[832]. § 331 Abs. 3 StGB verweist bekanntlich auf diejenigen dienstrechtlichen Vorschriften, die eine Genehmigung der Verknüpfung von Vorteil und Dienstausübung regeln, soweit der Vorteil von dem Amtsträger nicht gefordert wurde. Dies bedeu-

828 vgl. *Kühl*, AT, § 9 Rn. 113
829 *BVerfGE* 99, S. 1, 7; *Pieroth*, in: Jarass/Pieroth, GG, Art. 38 Rn. 7
830 So die Erkenntnis von *Wild*, Gleichheit, S. 174.
831 So aber *Ambos*, JZ 2003, S. 345, 353
832 *Hirsch*, in: LK-StGB, Vor § 32 Rn. 46; *Lenckner*, in: Schönke/Schröder, Vorbem § 32 Rn. 27, 28. Zur Konkurrenz von Rechtfertigungsgründen ausführlich auch *Warda*, FS Maurach, S. 143ff.

tet aber lediglich, dass eine Genehmigungsfähigkeit in den nicht in Abs. 3 genannten Fällen ausscheidet und § 331 Abs. 3 im Verhältnis zu den dienstrechtlichen Vorschriften eine Spezialvorschrift darstellt. Dass bei Erteilung der behördlichen Genehmigung eine Interessenabwägung gegenüber den jeweils betroffenen Allgemeininteressen stattfindet und die Genehmigung nur bei deren Nachrangigkeit erteilt werden darf, spricht nicht für eine Spezialität hinsichtlich anderer Rechtfertigungsgründe[833]. Grund der Rechtfertigung gemäß § 331 Abs. 3 StGB ist allein die (wirksame) Erteilung der Genehmigung, unabhängig davon ob sie tatsächlich einem überwiegenden Interesse entspricht. Das Zurateziehen eines anderweitigen Rechtfertigungsgrundes, dessen Bejahung unmittelbar Ausfluss einer tatsächlich stattfindenden Abwägung ist und dem das Prinzip des überwiegenden Interesses zugrunde liegt, ist deshalb nach wie vor möglich.

II. Abwägung der Verfassungswerte

Tatbestandsmäßiges Verhalten ist nicht bereits grundrechtlich gerechtfertigt, wenn es in den Schutzbereich eines Grundrechts fällt, vielmehr ist eine Wertabwägung nach Maßgabe der grundgesetzlichen Wertordnung und unter Berücksichtigung der Einheit dieses grundliegenden Wertsystems vorzunehmen. Erst das Übergewicht des vom Täter gewahrten Interesses führt zur Rechtfertigung seines Verhaltens[834]. Die vorliegend konkret in Rede stehenden, abzuwägenden Verfassungsgüter sind einerseits der dem Amtsträger zustehende Grundsatz der Chancengleichheit der Wahl als Ausfluss des Demokratieprinzips und andererseits das Rechtsstaatsprinzip des Art. 20 Abs. 3 GG.

1. Das Rechtsstaatsprinzip

Das Rechtsstaatsprinzip ist in vielfältiger Ausfächerung in der Verfassung verankert. Es ergibt sich aus der Summierung und Gesamtschau einer im Grundgesetz selbst enthaltenen Reihe von Einzelelementen, die das Rechtsstaatsprinzip versuchen zu konkretisieren oder es mit anderen Prinzipien der Verfassungsordnung teils unter Zulassung von Abweichungen in Einklang zu

833 Selbiges Verständnis lässt auch *Rudolphi/Stein*, in: SK-StGB, § 331 Rn. 40 mit der Formulierung *„und greift auch kein (sonstiger) Rechtfertigungsgrund“* erkennen.

834 *BVerfGE* 30, S. 173; *Lackner/Kühl*, Vor § 32 Rn. 28; *Kühl*, AT, § 9 Rn. 113

bringen[835]. Gerade die Bindung der vollziehenden Gewalt an Recht und Gesetz stellt dabei den zentralen Grundsatz des Rechtsstaatsgedankens dar[836]. Dieses Postulat der Gesetzesbindung besagt unter anderem, dass die Organe der vollziehenden Gewalt an alle verfassungs- und gesetzesmäßig zustande gekommenen Rechtsnormen gebunden sind, durch Verwaltungshandeln also nicht gegen geltende Rechtssätze gleich welcher Rangstufe verstoßen dürfen[837]. Im Lichte des Art. 1 GG ausgelegt gilt damit auch ein Willkürverbot, welches insbesondere eine Differenzierung ohne sachlichen Grund und allgemein Entscheidungen auf der Grundlage sachfremder Erwägungen untersagt[838]. Da derartige unsachliche Überlegungen meist aufgrund einer Verquickung des Amtes und der persönlichen Interessen des Amtswalters die Entscheidung infiltrieren, existiert folglich ein Gebot der Lauterkeit bzw. Unparteilichkeit des Amtsträgers[839]. Maßnahmen zur Korruptionsbekämpfung sind somit von Verfassungs wegen gefordert und das Schutzgut der Bestechungsdelikte ist letztlich Ausdruck grundgesetzlicher Werte[840].

2. Widerstreit mit dem Prinzip der Wahlgleichheit

Das Rechtsstaatsprinzip mit seinem Postulat der Korruptionsbekämpfung kollidiert vorliegend aber mit dem Prinzip der Wahlgleichheit. Denn der Schutzbereich von Art. 38 Abs. 1 S. 1, Art. 28 Abs. 1 S. 2 GG ist derart ausgestaltet, dass gerade auch das tatbestandliche Verhalten der Vorteilsannahme bei der Spendenakquisition hiervon erfasst wird. Hierin liegt auch der entscheidende Unterschied zur Konzeption von *Schreier* im Rahmen der Drittmittelforschung. Wurde dort eine Kopplung eines dienstlichen Verhaltens mit der Einwerbung von Fremdmitteln zur Forschung durch Art. 5 Abs. 3 GG nicht legitimiert, erfasst der Grundsatz der Wahlgleichheit gerade die Verbindung eines Vorteils mit einer künftigen Dienstausübung. Grund hier-

835 *Maurer*, Staatsrecht I, § 8 Rn. 9. Zu den Elementen des Rechtsstaatsprinzips: *Burghart*, in: Leibholz/Rinck/Hesselberger, GG, Art. 20 Rn. 641; *Herzog*, in: Maunz-Dürig, GG, Art. 20 VII. Abschnitt, Rn. 22 bis 29, der diesbezüglich von „Ausführungsbestimmungen" spricht; *Schnapp*, in: v. Münch/Kunig, GG, Art. 20 Rn. 27.

836 *Schnapp*, in: von Münch/Kunig, GG, Art. 20 Rn. 43

837 *Maurer*, Staatsrecht I, § 8 Rn. 17; *Sommermann*, in: Mangoldt/Klein/Starck, GG, Art. 20 Rn. 271; *Stein/Frank*, Staatsrecht, S. 154

838 *Burghart*, in: Leibholz/Rinck/Hesselberger, GG, Art. 20 Rn. 641; *Sommermann*, in: Mangoldt/Klein/Starck, GG, Art. 20 Rn. 305; vgl. auch *BVerfGE* 55, S. 72, 89f.

839 *Kirchhof*, VerwArch 66 (1975), S. 370; *Krüger*, Staatslehre, S. 266f.; *Sommermann*, in: Mangoldt/Klein/Starck, GG, Art. 20 Rn. 307

840 So bereits *Schreier*, Drittvorteil, S. 114

für ist, dass der Gleichheitsgrundsatz nicht nur hinsichtlich der Vereinnahmung von Spenden sondern auch bezüglich der Wahlwerbung gilt. Gerade das Inaussichtstellen von wirtschaftlichen Entwicklungen, Steuererleichterungen oder die Prophezeiung von positiven Auswirkungen für den Einzelnen, verschiedene Bevölkerungsgruppen oder gar die Gesamtbevölkerung ist wesentliches Element des politischen Ringens um Wählerstimmen. Hierbei soll letztlich auch der einzelne Wähler dazu angeregt werden, gerade aufgrund dieser Ankündigungen der jeweils seinen Bedürfnissen am ehesten Rechnung tragenden Partei bzw. deren Kandidaten seine Stimme zu geben. Eine bereits im Wahlkampf erfolgende finanzielle Unterstützung wird vielleicht nicht ausschließlich, aber doch wesentlich von den werbenden politischen Ankündigungen motiviert sein. Es tritt damit ein Widerstreit zwischen dem Rechtsstaatsprinzip, das unter anderem das Vertrauen des Bürgers in die Lauterkeit des öffentlichen Dienstes wahren möchte, und dem Wahlgleichheitsgrundsatz, der ein Recht auf politische Chancengleichheit im demokratischen Wettbewerb konstituiert, zu Tage.

3. Praktische Konkordanz

Die Wahlgleichheit ist nach Art. 38 Abs. 1 S. 1, 28 Abs. 1 S. 2 GG vorbehaltlos gewährleistet. Auch Art. 38 Abs. 3 GG beinhaltet keinen Gesetzes- sondern nur einen Regelungsvorbehalt, der lediglich die ausschließliche Gesetzgebungskompetenz für die Wahl zum Bundestag begründet[841]. Damit kann eine Einschränkung der Wahlgleichheit nur mittels praktischer Konkordanz erfolgen[842]: Ein Eingriff erfährt mit dem Grundsatz der Einheit der Verfassung eine Rechtfertigung, wenn in Fällen der Kollision mit einer anderen verfassungsrechtlich geschützten Position die Einschränkung jener unvermeidlich ist, um beiden konkurrierenden Rechtswerten im Wege eines möglichst schonenden Ausgleichs zur weitestgehenden Geltung zu verhelfen. Das Bundesverfassungsgericht verlangt in ständiger Rechtsprechung aufgrund der von Art. 38 Abs. 1 S. 1, 28 Abs. 1 S. 2 GG implementierten strikten formalen Gleichheit für die Durchbrechung des Wahlgleichheitsgrundsatzes das Vorliegen eines besonderen, rechtfertigenden, sachlich zwingenden Grundes[843].

---

841 *Pieroth*, in: Jarass/Pieroth, GG, Art. 38 Rn. 21; *Morlok*, in: Dreier, GG, Art. 38 Rn. 61; *Trute*, in: v. Münch/Kunig, GG, Art. 38 Rn. 18

842 *BVerfGE* 95, S. 335, 403

843 stRspr., vgl. *BVerfGE* 58, S. 177, 190; *BVerfGE* 69, S. 92, 106; *BVerfGE* 78, S. 350,

Maßstab für die besonderen Gründe muss im Falle der Parteispendenakquisition sein, ob der Wettbewerb zwischen den Wahlkandidaten um die Unterstützung durch die Bürger als Wähler vor Verfälschungen noch hinreichend gewahrt ist oder die Wettbewerbslage darüber hinaus beeinflusst wird.

4. Eigentliche Abwägung

Nur wenn die nunmehr gebotene Abwägung zum Ergebnis führt, dass dem Prinzip der Wahlgleichheit der Vorrang eingeräumt werden muss, ist die Parteispendenakquisition gerechtfertigt.

a. Makel der Unlauterkeit beim Amtsantritt

Zunächst kommt es im Rahmen des § 331 Abs. 1 StGB lediglich zur Kopplung mit einer pflichtgemäßen Dienstausübung, so dass die dienstliche Tätigkeit des Amtsträgers wegen ihrer Rechtmäßigkeit letztlich gar nicht kritisierbar ist. Einziger Angriffspunkt ist der Eindruck in der Bevölkerung, dass das Rechtsstaatsprinzip in seiner Ausprägung als Gebot der Lauterkeit und Unparteilichkeit unterlaufen wird. Bei genauerer Betrachtung zeigt sich aber, dass dieser „böse Schein", der zu einem Vertrauensverlust der Bürger hinsichtlich der Kompetenz und Integrität der Verwaltung führen kann, sowohl bei der Spendeneinwerbung durch einen Amtsträger als auch durch einen Nicht-Amtsträger einsetzt. Wird dem Herausforderer aufgrund der Wahlkampffinanzierung schließlich zum Wahlsieg verholfen und richtet er seine Dienstausübung den Vorstellungen des Spenders entsprechend aus – wobei die Spende nicht einmal der Anlass hierfür gewesen sein muss, sondern vielmehr auch die angekündigte politische Ausrichtung die Spende initiiert haben kann – ist der Amtsantritt aus Sicht der Allgemeinheit möglicherweise bereits mit dem Makel der Unlauterkeit belegt. Die besondere Pflichtenstellung, die letztlich den Anlass bildete, dem „alten" Amtsinhaber die Parteispendenakquisition zu untersagen, bietet insoweit keinen Grund für eine Differenzierung[844]. Gerade das Vertrauen in der Allgemeinheit – als zumindest konstituierendes Element des Rechtsguts von § 331 StGB – ist unter dem Eindruck,

358

844 a.A. *BGH*, NJW 2004, S. 3569, 3575

das Rechtsstaatsprinzip werde im Anschluss an die Wahl durch Verknüpfung von Vorteil und Diensausübung untergraben, in beiden Fällen gleichermaßen gefährdet.

b. Wahlgleichheit als wesentliches Element des demokratischen Gemeinwesens

Nicht außer Acht gelassen werden darf auch die grundlegende Bedeutung, die dem Grundsatz der Wahlgleichheit als Ausprägung des Demokratieprinzips für die Gründung und Aufrechterhaltung eines demokratischen Gemeinwesens zukommt[845]. Die demokratische Willensbildung setzt eine gewisse Bündelung der politischen Kräfte voraus, wobei nur in einem Mehrparteiensystem sich unterschiedliche Meinungen in dem notwendigen Maße organisieren können, dass bei den Wahlen echte Alternativen zur Verfügung stehen[846]. Hierbei ist aber sicherzustellen, dass der politsche Wettbewerb offen bleibt, insbesondere Minderheiten zu Mehrheiten werden können. Gleichzeitig darf aber den Mehrheiten bzw. Amtsinhabern nicht die Möglichkeit verbaut werden, ihr Stimmenübergewicht zu bewahren. Gerade die Chance des Werbens der Parteien, der von ihnen repräsentierten Sachthemen und nominierten Personen um die politische Macht ist hierbei eine entscheidende Rahmenbedingung. Wahlen sind nämlich nicht nur Momentaufnahmen der politischen Kräfteverhältnisse, sondern sie prägen durch ihre regelmäßige Wiederkehr den politischen Prozess. Sie wirken auf seine Inhalte ein und schaffen einen Anreiz für eine hinreichend breite Interessenberücksichtigung.

Die politischen Parteien und deren Funktionsträger als Vertreter der unterschiedlichen Überzeugungen tragen dazu bei, im Wege der geistigen Auseinandersetzung einen Kompromiss zwischen den verschiedenen Partikularinteressen zu finden und Interessen- und Überzeugungskonflikte zur Verwirklichung des Gemeinwohls zu lösen[847]. Dabei unterscheiden sich die Parteien einschließlich ihrer Nominierten oftmals nicht nach ihrer Stellungnahme zu

---

845 Vgl. auch *BVerfGE* 11, S. 351, 360; *BVerfGE* 18, S. 151, 154; *BVerfGE* 69, S. 92, 105f.; *BVerfGE* 78, S. 350, 357f.; *BVerfGE* 99, S. 1, 13; *Achterberg/Schulte*, in: Mangoldt/Klein/Starck, GG, Art. 38 Rn. 131;*Herzog*, in: Maunz-Dürig, GG, Art. 20 II. Abschnitt, Rn. 9, 10; *Morlok*, in: Dreier, GG, Art. 38 Rn. 59; *Trute*, in: v. Münch/Kunig, GG, Art. 38 Rn. 2

846 *Sommermann*, in: v. Mangoldt/Klein/Starck, GG, Art. 20 Rn. 85

847 Vgl. *Stein/Frank*, Staatsrecht, S. 60

einzelnen, wenn auch wichtigen Problemen, sondern bieten meist nur ganze „Pakete“ von Problemlösungen an. Die Wahlentscheidung des Bürgers ist deshalb nur ausnahmsweise als Bekenntnis zu einer bestimmten Lösung eines bestimmten Problems zu interpretieren. Der Ausgang einer Wahl spiegelt vielmehr die momentanen Mehrheitsverhältnisse hinsichtlich einer politischen Gesamtkonzeption wieder, wobei sich die politische Präferenz in der Bevölkerung im Laufe einer Legislaturperiode stetig ändern kann und sich jeder Politiker nach Ablauf einer verhältnismäßig kurzen Wahlperiode der Wiederwahl und damit der Entscheidung seiner Wähler erneut stellen muss[848]. Insbesondere im Vorfeld einer anstehenden Wahl bietet sich dann die Möglichkeit, durch Kommunikation der vertretenen Interessen als Amtsinhaber die eigene politische Macht zu festigen oder als Herausforderer die Vorteile als derzeit noch nicht zum Zuge kommende Alternative herauszuheben. Gerade in Zeiten knapper Mehrheitsverhältnisse sind die Politiker hierbei einem teils beachtlichen Druck ausgesetzt. In dieser Drucksituation stellt der Grundsatz der Wahlgleichheit eine der Spielregeln im politischen Wettbewerb auf, deren Außerachtlassung den demokratischen Wettstreit um die Durchsetzung der unterschiedlichen politischen Vorstellungen und Ansprüche auf ein Amt empfindlich stören würde.

c. Einzelfallentscheidung

Der Wahlgleichheit kann jedoch nicht in dieser Abstraktheit der Vorrang eingeräumt werden. Vielmehr ist der jeweilige Einzelfall genau zu betrachten. Hilfreich sind meines Erachtens hier einige Kriterien, die der Bundesgerichtshof im Zusammenhang mit seinem Versuch der Einschränkung der Unrechtsvereinbarung aufgestellt hat[849]. Zwar lässt sich durch diese Gesichtspunkte nicht das erforderliche Gegenseitigkeitsverhältnis zwischen Vorteil und Dienstausübung verneinen, doch ist es durch deren Berücksichtigung deutlich einfacher, im Rahmen der Abwägung den konkurrierenden Verfassungsgütern möglichst schonend zu einer weitestmöglichen Geltung zu verhelfen.

Ein Vorrang des Rechtsstaatsprinzips muss für den Fall angenommen werden, dass der Amtsträger sich mit Blick auf die Spende bereit gezeigt hat,

848 Vgl. *Herzog*, in: Maunz-Dürig, GG, Art. 20 Rn. 70; *Trute*, in: v. Münch/Kunig, GG, Art. 38 Rn. 3

849 *BGH*, NJW 2004, S. 3569, 3575

im Fall seiner Wahl eine bereits konkret benannte Diensthandlung, die ausschließlich den Interessen des Spenders förderlich ist, zu treffen. Dies war auch bei § 331 StGB a.F. bereits so vorgesehen. Wie weit die Konkretisierung der dienstlichen Entscheidung fortgeschritten ist, ist anhand einiger Indizien zu beurteilen. Ausschlaggebend sind unter anderem die Art und Höhe der Zuwendung, der Grad der personellen Verflechtung zwischen Vorteilsgeber und Vorteilsnehmer, namentlich Art und Dauer der Beziehungen sowie der Inhalt der Dienstleistung[850]. In diesem Zusammenhang dürfen auch Anhaltspunkte, die gegen eine bereits in allen Einzelheiten bestimmte dienstliche Tätigkeit sprechen, nicht außer Acht gelassen werden. So ist dies etwa der zeitliche Abstand zwischen Zuwendung und Diensttätigkeit, die Regelmäßigkeit von Zuwendungen an die begünstigende Partei oder zeitnahe Spenden an konkurrierende Parteien[851].

Wesentliches Kriterium im Rahmen der Abwägung ist auch das Ausmaß des Nutzens der konkreten Dienstleistung für den Einzelnen. Gerade auf kommunaler Ebene gilt es genau zu untersuchen, ob neben den Individualinteressen auch solche der Allgemeinheit von der jeweiligen Diensthandlung profitieren. Das Regime des Rechtsstaatsprinzip darf nicht so weit gehen, dass die finanzielle Unterstützung von Parteien auf kommunaler Ebene, wo politische Entscheidungen viel schneller und öfter Individualinteressen berühren als auf Länder- oder Bundesebene, von vornherein kriminalisiert wird. Lediglich wenn eindeutig ausschließlich die Interessen eines Einzelnen Anlass der Amtstätigkeit waren und die Gemeinschaft allenfalls reflexartig oder mittelbar hiervon profitiert, muss die Rechtfertigung ausbleiben. Gerade das vom Bundesgerichtshof zu entscheidende Beispiel der Wahlkampfspende eines Bauunternehmers im Fall „Kremendahl" zeigt hierbei, wie schwierig es ist, eine straflose allgemeine Unterstützung einer politischen Ausrichtung, etwa wegen einer investorenfreundlichen Politik, von Erwartungen für ein konkretes Projekt abzugrenzen. Diese Schwierigkeit ist jedoch nicht der Weite des Tatbestandes geschuldet, wie der Bundesgerichtshof – mit gewisser Resignation – feststellt. Die Abgrenzungsprobleme zwischen einer zulässigen, weil gerechtfertigten Unterstützung und einer unzulässigen Verknüpfung von Spende und Gegenleistung sind gerade die allgemeine Schwierigkeit des Nachweises korrupten Verhaltens[852] . Solange sich jedoch ein eindeutiges Übergewicht des

850 Vgl. auch *Saliger/Sinner*, NJW 2005, S. 1073, 1076; *Saliger*, Parteiengesetz, S. 530f.
851 *Küstermann*, Transparenzgebot, S. 155; *Lenz*, NVwZ 2002, S. 769, 772

Rechtsstaatsprinzips im Rahmen der Abwägung nicht ausmachen lässt, wird man zur Gewährleistung eines effektiven demokratischen Wettbewerbs prima facie einen Vorrang des Grundsatzes der Wahlgleichheit annehmen und dem jeweiligen Amtsträger für die Parteispendenakquisition eine strafbefreiende Rechtfertigung zusprechen müssen[853].

d. Hinreichende Bestimmtheit der Abwägung

Die Möglichkeit der Rechtfertigung lässt sich also letztlich nur auf Grund einer umfassenden Abwägung und Berücksichtigung sämtlicher Umstände des Einzelfalls sowie des sachlichen Zusammenhangs von Spende und Dienstausübung abschließend bewerten. Das Abstellen auf eine derartige Gesamtwürdigung ist nicht unbedenklich, weil damit der Verbotsumfang weitgehend in die Wertung des Richters gestellt wird[854]. Vor diesem Hintergrund ist zu fragen, ob eine solche schwierige Abwägung mit dem Bestimmtheitsgebot des Art. 103 Abs. 2 GG zu vereinbaren ist.

Das Bestimmtheitsgebot soll zum einen sicherstellen, dass der demokratisch legitimierte Gesetzgeber den Kreis strafbaren Verhaltens möglichst exakt festlegt und damit der Gefahr richterlicher Willkür vorgebeugt ist, andererseits soll gewährleistet sein, dass der Bürger den Bereich des Strafbaren objektiv erkennen und so die jeweilige Norm eine verhaltensdeterminierende Wirkung entfalten kann[855].

Bedenken hinsichtlich des Bestimmtheitsgebotes bestehen bei der gerichtlich vorzunehmenden Abwägungsentscheidung meines Erachtens jedoch nicht.

(1) Abwägungsprinzip bei gesetzlichen Rechtfertigungsgründen

Davon, dass eine Abwägungsentscheidung auf Rechtfertigungsebene vor dem Hintergrund eines – ohnehin eingeschränkten – Bestimmtheitsgebotes nicht zu beanstanden ist, zeugt bereits die Wechselwirkungstheorie des Bundes-

852 In diesem Sinne auch *Deiters*, MIP 2004/2005, S. 18, 24

853 Ähnlich *BGH*, NJW 2004, S. 3569, 3575, der für die Strafbarkeit eine eindeutige Grenzüberschreitung verlangt.

854 vgl. *Eser*, in: Schönke/Schröder, § 240 Rn. 18 zur ähnlichen Diskussion bei § 240 Abs. 2 StGB

855 *BVerfG* NJW 1978, S. 934; *Eser*, in: Schönke/Schröder, § 1 Rn. 20; *Wolter*, NStZ 1986, S. 241,245

verfassungsgerichts, nach der die Schranken der Grundrechte in ihrer begrenzenden Wirkung selbst wieder eingeschränkt werden müssen, um der werterhaltenden Bedeutung des jeweiligen Grundrechts Rechnung zu tragen[856]. Überträgt man diesen Grundsatz auf das Strafrecht, bedeutet dies, dass ein tatbestandsmäßiges Verhalten dann gerechtfertigt ist, wenn eine Wertabwägung nach Maßgabe der grundgesetzlichen Wertordnung und unter Berücksichtigung der Einheit des grundlegenden Wertsystems das Übergewicht des vom Täter gewahrten Interesses ergibt[857]. Schließlich liegt auch den gesetzlichen Rechtfertigungsgründen das Prinzip der Abwägung zwischen Gütern verschiedener Inhaber zugrunde[858].

(2) Keine generalklauselartige Abwägung

Die grundsätzlich dem Gesetzgeber auferlegte Wertentscheidung wird bei der hier vorgeschlagenen Lösung zwar durch die vorzunehmende Abwägung in gewissem Maß dem Richter überantwortet. Gleichwohl geht dies nicht so weit, dass der Richter anstelle des Gesetzgebers zwischen verbotenem und unverbotenem Tun unterscheidet indem er die Tatbestandsmerkmale nach der Tat aufstellt[859]. Es ist nicht so, dass unsicher bleibt, worin das strafbare Verhalten liegt. Dieser Vorwurf, der etwa bei § 240 StGB vor allem im Zusammenhang mit Sitzblockaden bei Demonstrationen zu langwierigen Kontroversen um die Vereinbarkeit mit dem Bestimmtheitsgebot geführt hat[860], greift vorliegend nicht. Die Tatbestandsmerkmale des Vorteils, der Dienstausübung und sowie deren sachlicher Zusammenhang sind hinreichend genau umschrieben und stehen bereits fest, ehe die Abwägungsentscheidung auf der nachgelagerten Rechtfertigungsebene stattfindet. Im Rahmen dieser Abwägung ist eine weitergehende gesetzgeberische Konkretisierung jedoch kaum möglich. Gleichzeitig werden hier nicht lediglich generalklauselartige Begriffe wie „Sitte“ oder „Anstand“ in die Abwägungsentscheidung eingestellt. Der Richter hat die rechtswidrige Verknüpfung von Vorteil und Dienstausübung also nicht

856 *BVerfGE* 7, S. 198, 207f.

857 *BVerfGE* 30, S. 173; *Lackner/Kühl*, Vor § 32 Rn. 28; vgl. auch *Radtke*, GA 2000, S. 19, 27

858 *Radtke*, GA 2000, S. 19, 28; *Roxin*, AT I, § 18 Rn. 51

859 vgl. *Calliess*, NJW 1985, S. 1506, 1510 hinsichtlich des Bestimmtheitsgebotes bei § 240 StGB

860 vgl. hierzu u.a. *Amelung*, NJW 1995, S. 2584; *Calliess*, NJW 1985, S. 1506ff.; *Radtke*, GA 2000, S. 19ff.; *Sinn*, NJW 2002, S. 1024; *Tiedemann*, JZ 1969, S. 717ff.; *Wolter*, NStZ 1986, S. 241;

nur unter Verweis auf eine abstrakte, vom konkreten Sachverhalt losgelöste Fallkonstellation zu prüfen, sondern die Abwägung findet unter Zugrundelegung der besonderen, konkreten Umstände des Einzelfalles statt. Diesbezüglich hat auch das Bundesverfassungsgericht - vor allem im Hinblick auf die Verwerflichkeitsklausel des § 240 Abs. 2 StGB - entschieden, dass eine umfassende Abwägung unter Berücksichtigung sämtlicher Umstände des konkreten Einzelfalls vor dem Hintergrund des Bestimmtheitsgebots zulässig ist[861]. So können nach Ansicht der Karlsruher Richter solche Tatumstände, die bei der Prüfung - im dortigen Fall - der Verwerflichkeit im Sinne des § 240 Abs. 2 StGB jedenfalls typischerweise und häufig Bedeutung erlangen, regelmäßig berücksichtigt werden[862]. Auch für den Fall des § 111 StGB urteilte das Bundesverfassungsgericht, dass die Verwerflichkeit der Gewaltanwendung zu dem angestrebten Zweck nur im Rahmen einer umfassenden Abwägung aller maßgeblichen Tatumstände festgestellt werden kann[863].

Nichts anderes kann für die Abwägung im Rahmen einer Rechtfertigung der Strafbarkeit bei der Spendeneinwerbung gelten. Die Auswahl und die Gewichtung der nach Lage des konkreten Sachverhalts in die Abwägungsentscheidung einzubeziehenden Gesichtspunkte obliegt dem zuständigen Richter und solange ersichtlich ist, welche Tatumstände er berücksichtigt hat, und aufgrund welcher besonderen Umstände des Einzelfalls eine Rechtfertigung bejaht oder abgelehnt wurde, ist hierin auch kein Verstoß gegen § 103 Abs. 2 GG zu sehen. Schließlich ist auch zu berücksichtigen, dass es sich bei der Abwägungsentscheidung um ein Korrektiv handelt, das die Strafbarkeit der durch die Tatbestandsmerkmale hinreichend umschriebenen Vorteilsannahme beschränkt und sich damit zugunsten des Täters auswirkt. Diese Einschränkung entzieht sich einer im Voraus bestimmbaren Umschreibung in ähnlicher Weise wie die Güterabwägung im Fall des Notstandes (§ 34 StGB) oder der Wahrnehmung berechtigter Interessen (§ 193 StGB).

861 *BVerfG* NJW 1992, S. 2688, 2689; *BVerfGE* 73, S. 206, 253; *BVerfGE* 76, S. 211, 216

862 *BVerfG* NJW 1992, S. 2688, 2689; *BVerfGE* 73, S. 206, 257; *BVerfGE* 76, S. 211, 217

863 *BVerfG* NJW 1991, 971

(3) Indirekte Strafbarkeitserweiterung unbeachtlich

Bei Rechtfertigungsgründen ist sogar eine ausdehnende Analogie zulässig[864]. Der Katalog der gesetzlichen Rechtfertigungsgründe kann also ergänzt werden[865]. Selbst wenn es durch eine solche Ausdehnung der Rechtfertigungsfälle zu einer Erweiterung der Duldungspflicht des von einer Tat betroffenen und damit faktisch dessen Strafbarkeitsbereich wegen eines fehlenden *rechtswidrigen* Angriffs kommt, steht Art. 103 Abs. 2 GG dem nicht entgegen. Auf indirekte Strafbarkeitserweiterungen ist das Bestimmtheitsgebot nicht anzuwenden[866]. Entsprechendes gilt dann für die richterliche Abwägungsentscheidung.

Es bleibt damit festzuhalten, dass es verfassungsrechtlich nicht zu beanstanden ist, wenn die Abwägung im Einzelfall dem Richter übertragen wird[867].

5. Irrtümlich fehlerhafte Abwägung durch den Vorteilsnehmer

Nicht erst das Gericht hat bei der Frage einer möglichen strafrechtlichen Verurteilung des Spendenempfängers die beschriebene Abwägungsentscheidung zu treffen. Bereits der Spendenempfänger selbst hat die widerstreitenden Interessen des Rechtsstaatsprinzips und des Grundsatzes der Gleichheit der Wahl vergleichsweise zu bewerten. Gerade hierin besteht die besondere Schwierigkeit des Amtsträgers, der im Zuge seiner Werbung um Wahlkampfspenden die unterschiedlichen Wertgehalte der kollidierenden Interessen und ihre Rangfolge zueinander zu bestimmen hat. Er hat darüber zu reflektieren, welche Interessen im Einzelfall höher zu bewerten sind. Hierbei stellt sich zwangsläufig die Frage, welche Folgen es hat, wenn er bei der Abwägung der mannigfaltigen Faktoren irrtümlicher Weise zu dem unzutreffenden Ergebnis kommt, dass der Grundsatz der Gleichheit der Wahl überwiege und er deshalb glaubt, sein Handeln sei gerechtfertigt.

864 *Hirsch*, in: LK-StGB, Vor § 32 Rn. 36; *ders.*, GedS Tjong, S. 53ff.
865 *Hirsch*, in: LK-StGB, Vor § 32 Rn. 13
866 *Eser*, in: Schönke/Schröder, § 1 Rn. 17, 33; *Hirsch*, in: LK-StGB, Vor § 32 Rn. 36; *Rudolphi*, in: SK-StGB, § 1 Rn. 20
867 vgl. hierzu *BVerfG* NJW 1987, S. 43, 45

a. Allgemeines zur Irrtumsdogmatik

Die Irrtumsdogmatik im Strafrecht ist sehr ausdifferenziert, allerdings nur zum Teil auf Normen gestützt (vgl. §§ 16, 17, 35 Abs. 2 StGB). Irrtümer von Tätern einer Straftat können sich zu deren Gunsten auswirken, indem sie die Strafbarkeit auf der Unrechts- und Schuldebene einschränken, wobei zentraler Punkt der allgemeinen Irrtumslehre die in § 16 und § 17 StGB verankerte Trennung von Tatbestands- und Verbotsirrtum ist[868]. Unter Zugrundelegung einer straftatsystematischen Unterscheidung von Tatbestand und Rechtswidrigkeit schließt § 16 StGB bei einem Irrtum über Umstände, die zum gesetzlichen Tatbestand gehören, als Tatbestandsirrrtum unabhängig vom Verschulden des Täters den Vorsatz aus. Hingegen entfällt bei dem in § 17 StGB geregelten Irrtum über die Fragen der Rechtswidrigkeit nur im Falle seiner Unvermeidbarkeit das Bewusstsein der Rechtswidrigkeit und damit die Schuld. Stellt sich der Täter irrtümlich die sachlichen Voraussetzungen (Tatumstände) eines Rechtfertigungsgrundes vorstellt, unterliegt er einem sog. Erlaubnistatbestandsirrtum. Dessen rechtliche Beurteilung ist nach wie vor umstritten: Nach der – heute überwiegend abgelehnten – Lehre von den negativen Tatbestandsmerkmalen, die das Nichtvorliegen von Rechtfertigungsmerkmalen zur Voraussetzung der Tatbestandserfüllung macht[869], ist die fälschliche Annahme rechtfertigender Umstände ein Tatbestandsirrtum, der in unmittelbarer Anwendung des § 16 Abs. 1 StGB den Vorsatz ausschließt und ggf. zu einer Bestrafung wegen fahrlässiger Tat führt[870]. Die eingeschränkte Schuldtheorie, die sowohl im Schriftttum breite Zustimmung erfahren hat[871], als auch von der Rechtsprechung überwiegend vertreten wird[872], kommt zu demselben Ergebnis, will aber § 16 Abs. 1 StGB nicht unmittelbar, sondern lediglich analog anwenden. Keine vorsatzausschließende Wirkung misst die rechtsfolgenverweisende Schuldtheorie dem Erlaubnistatbestandsirrtum bei[873], will aber die vorsätzliche Tat in den Rechtsfolgen

868 *Rönnau/Faust/Fehling*, JuS 2004, S. 667

869 vgl. hierzu *Schroth*, FS Kaufmann, S. 595ff.; *Schünemann*, GA 1985, S. 347ff.; *Kaufmann*, JZ 1954, S. 653ff.; *ders.* ZStW 76, S. 543ff.; *Puppe*, in: NK-StGB, § 16 Rn. 12; *Roxin*, AT I, § 10 Rn. 13ff.; *Tröndle/Fischer*, § 16 Rn. 25

870 *Schünemann/Greco*, GA 2006, S 777ff.

871 *Cramer/Sternberg-Lieben*, in: Schönke-Schröder, § 16 Rn. 16; *Rudolphi*, in: SK-StGB, § 15 Rn. 10f.; *Dieckmann*, Jura 1994, S. 178ff.;*Engisch*, ZStW 70 (1958), S. 566ff.; *Schaffstein*, FS OLG Celle, S.175ff.; *Herzberg*, JA 1989, S. 243, 294; *Puppe*, FS Stree/Wessels, S. 192f.; *Roxin*, AT I, § 14 Rn. 54 m.w.N.;

872 so u.a. *BGHSt* 3, S. 105, 107; *BGHSt* 3, S. 357. 364; *BGHSt* 17, S. 89, 91; *BGH* NJW 1968, S. 1885

einen fahrlässigen Delikt gleichstellen. Nach der strengen Schuldtheorie letztlich, befindet sich der Täter hier in einem Verbotsirrtum gem. § 17 StGB, mit der Begründung, dass dieser alle Tatumstände kenne und daher ungeachtet seiner Fehlvorstellung vorsätzlich handle[874].

b. Die Unterscheidung von normativen, deskriptiven und gesamttatbewertende Merkmalen

Tatumstände im Sinne des § 16 Abs. 1 StGB sind nur Tatsachen, keine Werturteile. Beschreibt ein Tatbestand solche Tatumstände nicht direkt durch sog. deskriptive Tatumstände, also solche Merkmale, die bestimmte körperliche oder seelische Gegebenheiten bzw. Vorgänge wiedergeben und vom Richter erkennend (kognitiv) festgestellt werden[875], sondern indirekt durch wertende Merkmale, so braucht der Täter das betreffende Werturteil über sein eigenes Verhalten nicht selbst vollziehen, sondern er muss nur die Tatsachen kennen, die im Einzelfall das wertende Merkmal erfüllen[876]. Im Rahmen dieser, im Gegensatz zu den deskriptiven, nunmehr normativen Merkmale lassen sich weitere Unterscheidungen zwischen Merkmalen mit rechtlicher Bewertung (etwa der „Amtsträger“ i.S.d. § 331 Abs. 1 StGB)oder solchen mit kultuereller Bewertung treffen[877]. Eine noch weitergehende Differenzierung erfolgt schließlich danach, ob ein Begriff „wertausfüllungsbedürftig“ ist, also dem Rechtsanwender besonders viel Wertungsspielraum lässt oder dem erkennenden Richter die Wertungen ganz oder weitgehend vorgegeben sind[878]. Letztlich bleibt die Abgrenzung und Einteilung deskriptiver und normativer Merkmale im Einzelnen umstritten[879], zumal rein deskriptive bzw. rein normative Umstände kaum auftreten. In Zweifelsfällen erfolgt nämlich einerseits die Auslegung nach dem Schutzzweck der jeweiligen Strafbestimmung und damit nach normativen Maßstäben, andererseits stellen sich auch normative

873 *Blei*, AT, § 59 II, 3; *Dreher*, FS Heinitz, S. 223 ff.; *Jescheck/Weigend* AT, § 41 IV 1 d; *Krümpelmann*, GA 1968, S. 129ff.; *Tröndle/Fischer*, § 16 Rn. 27

874 *Bockelmann*, NJW 1950, S. 830ff.; *Gössel*, FS Trifterer, S. 93ff.; weitere Nachweise bei *Cramer/Sternberg-Lieben*, in: Schönke/Schröder, § 16 Rn. 15 sowie *Roxin* AT I, § 14 Rn. 59

875 *Roxin*, AT I, § 10 Rn. 58

876 *Puppe*, in: NK-StGB, § 16 Rn. 29

877 *Roxin*, AT I, § 10 Rn. 58

878 *Roxin*, AT I, § 10 Rn. 58

879 vgl. hierzu *Engisch*, FS Mezger, 1954, S. 147; *Kindhäuser*, GA 1990, S. 407ff.; *Puppe*, in: NK-StGB, vor § 13 Rn. 37; *dies.*, GA 1990, S. 153; *dies.*, AT I, § 32 Rn. 13ff.

Elemente nicht als reine Bewertungen dar, sondern haben ebenso beschreibenden Charakter[880]. Wegen dieser Unmöglichkeit einer trennscharfen Unterscheidung soll letzten Endes danach differenziert werden, ob bei einem Tatbestandsmerkmal der normative oder deskriptive Faktor überwiegt[881]. So ist auch bereits durch das Reichsgericht die Unterscheidung zwischen Tatsachenirrtum und Rechtsirrtum aufgegeben worden[882], wenngleich dies in dieser Allgemeinheit seit der Entscheidung des Großen Senats im Jahre 1952 zum Nötigungstatbestand nicht mehr gilt[883]. Es ist heute vielmehr allgemein anerkannt, dass es auch sog. gesamttatbewertende Merkmale gibt[884], deren Einordnung als solche schwierig ist, weil sie stark mit normativer Wertung erfüllt sind, aber andererseits dem betreffenden Tatbestand ohne die jeweilige negative Gesamtbewertung die Konturen des Unrechtstypus fehlen[885]. Das ausfüllungsbedürftige, gesamttatbewertende Merkmal bezieht sich damit auf die Straftat als ganzes und schließt begrifflich die Rechtfertigungsgründe mit ein[886] bzw. ist mit der Rechtswidrigkeit identisch[887]. Hierbei werden die tatsächlichen Umstände, die das Verhalten des Täters kennzeichnen, zum Tatbestand gerechnet, während deren Bewertung als in gesteigertem Maße anstößig auf der Stufe der Rechtswidrigkeit vorgenommen wird[888].

c. Der Irrtum über gesamttatbewertende Merkmale als Verbotsirrtum im Sinne des § 17 StGB

Wertende Tatbestandsmerkmale beschreiben einerseits keine Tatsachen, gehören aber andererseits inklusive ihres wertenden Gehalts zum Sinn des

880 *Roxin*, AT I, § 10 Rn. 59

881 *Stratenwerth/Kuhlen*, AT I, § 8 Rn. 69; *Freund*, in: MüKo, StGB, vor §§ 13 ff. Rn. 15f.; *Puppe*, in: NK-StGB, § 16 Rn. 44ff.; *Roxin*, AT I, § 10 Rn. 60; a.A. *Engisch*, FS Mezger, S. 147, der aus terminologischen Gründen an einer praktikablen Abgrenzung festhalten und nur solche Merkmale als normativ bezeichnen will, *„die überhaupt nur unter logischer Voraussetzung einer Norm vorgestellt und gedacht werden können"*

882 *RGSt* 76, S. 37, 41; *RGSt* 52, S. 82, 84; *RGSt* 57, S. 15, 23; *RGSt* 2, S. 268, 269

883 *BGHSt* 2, S. 194ff

884 *BGHSt* 2, S. 194ff (Verwerflichkeitsklausel des § 240 Abs. 2 StGB); *BGH* Jura 1986, S. 25ff (Vermögensbetreuungspflicht in § 266 StGB); *BGHSt* 15, S. 332, 338 (Pflichtwidrigkeit in § 356 StGB); *Rudolphi*, in: SK-StGB, § 16 Rn. 17; *Schroeder*, in: LK-StGB, § 16 Rn. 40; *Lackner/Kühl*, § 15 Rn. 16; *Roxin*, Offene Tatbestände, S. 136ff.; *ders.* AT I, § 12 Rn. 105

885 *Jescheck/Weigend*, AT, § 25, S. 248

886 *Jescheck/Weigend*, AT, § 25, S. 248; *Puppe*, GA 1990, S. 145, 171

887 *Lenckner/Eisele*, in: Schönke/Schröder, vor § 13 Rn. 66

888 *Jescheck/Weigend*, AT, § 25, S. 248; *Roxin*, AT I, § 10 Rn. 45ff

Tatbestandes[889]. Sie sind damit Teil des tatbestandlich vertypten Unrechts, so dass zweifelhaft ist, wie ein Irrtum desjenigen Täters zu behandeln ist, der zwar die wertungserheblichen Tatsachen kennt, sie aber nicht im Sinne des Tatbestandsmerkmals bewertet. Eine Auffassung will einen solchen Wertungsirrtum als unbeachtlichen Subsumtionsirrtum behandeln, weil der Täter lediglich den Sachverhalt nicht richtig gewertet, jedoch alle hinreichenden Bedingungen der Tatbestandsverwirklichung zutreffend erfasst habe[890]. Befürwortet wird auch, die bei den normativen Tatbestandsmerkmalen entwickelte Lehre von der Parallelwertung in der Laiensphäre zu Rate zu ziehen[891]. Die Vertreter dieser Mindermeinung kommen dann zu dem Ergebnis, dass der Wertungsirrtum den Vorsatz ausschließt. Eine Parallelwertung in der Laiensphäre ist nach ganz herrschender Auffassung bei Wertungsirrtümern hingegen nicht erforderlich[892]. Schließlich hänge der Vorsatz nicht davon ab, dass der Täter selbst sein Verhalten im Sinne des Tatbestandsmerkmals bewertet. Die h.M. wendet vielmehr den Rechtsgedanken des § 17 StGB auf Wertungsirrtümer an. Von einem Mitglied der Gesellschaft werde erwartet, dass es die grundlegenden Wertentscheidungen, die im Allgemeinbewusstsein der Gesellschaft und ihrer historisch-kulturellen Entwicklung verwurzelt sind, kenne. Diese Kenntnis sei im Einzelfall durch Gewissensanspannung zu aktualisieren[893] und gelte auch für Wertungen, die in sachverhaltsbewertenden Tatbestands- und Rechtswidrigkeitsmerkmalen ausgedrückt sind. Ein Wertungsirrtum schließt damit den Vorsatz icht aus, sondern ist ein Verbotsirrtum gemäß § 17 StGB[894].

---

889 *Puppe*, in: NK-StGB, § 16 Rn. 55

890 *Kindhäuser*, GA 1990, S. 407, 418; *Tröndle/Fischer*, § 184 Rn. 42

891 *Schröder*, ZStW 65 (1953), S. 178, 180ff.; *Schmidhäuser*, AT, § 10 Rn. 53; *Baumann/Weber/Mitsch*, AT, § 21 Rn. 8

892 *BGHSt* 22, S. 77, 80; *BGHSt* 2, S. 194, 211; *BayObLG* NJW 1961, 2075; *BayObLG* NJW 1992, S. 521, 522; *Eser*, in: Schönke-Schröder, § 211 Rn. 38; *Lackner/Kühl*, § 15 Rn. 17; *Puppe*, in: NK-StGB, § 16 Rn. 58 mit zahlreichen Nachweisen aus der Rpsr.; *Schaffstein*, FS OLG Celle, S. 175, 196f

893 *BGHSt* 2, S. 194, 200; *Puppe*, AT I, § 15 Rn. 25; *dies.*, GA 1990, S. 145, 167; *dies.*, in: NK-StGB, § 16 Rn. 59; *Jesckeck/Weigend*, AT, § 41, S. 456f.

894 *Lenckner/Eisele*, in: Schönke/Schröder, vor § 13 Rn. 66; *Puppe*, GA 1990, S. 145, 171; *Roxin*, AT I, § 10 Rn. 45ff.; *Jescheck/Weigend*, AT, § 25, S. 248

d. Unrechtsvereinbarung als gesamttatbewertendes Merkmal

Im Rahmen der Ausführungen zur Unrechtsvereinbarung wurde bereits dargestellt, dass für eine Gefährdung der ordnungsgemäßen Funktion der staatlichen Verwaltung das tatbestandliche Beziehungsgeflecht von Vorteil, Dienstausübung, Äquivalenz und Handlungsalternativen mit einer negativen Bewertung belegt sein muss[895]. Dem Amtsträger wird bei seiner Abwägung zwischen dem Grundsatz der Wahlfreiheit und dem Rechtsstaatsprinzip nun gerade diese Bewertung seiner Abrede mit dem Spender abverlangt. Er ist sich dabei seiner Eigenschaft als Amtsträger ebenso bewusst, wie der Vorteilseigenschaft der Zuwendung und dem Bezug zu seiner eigenen Dienstausübung. Der Amtsträger glaubt jedoch, er dürfe zur Herstellung finanzieller Chancengleichheit im Wahlkampf ausnahmsweise finanzielle Zuwendungen fordern, sich versprechen lassen oder annehmen, obwohl die Spendenbereitschaft des Wahlkampfförderers allein darauf beruht, dass der Amtsträger eine für den Spender günstige Dienstausübung zugesagt hat. Er hat also zu beurteilen, ob die Verknüpfung von Wahlkampfspende und Dienstausübung, gemessen an den ihm zur Verfügung stehenden Abwägungskriterien, sachwidrig ist, es sich also tatsächlich um eine inkriminierte *Unrechts*vereinbarung handelt. Ihm wird bei der Gewichtung der einzelnen Abwägungskriterien die Möglichkeit einer Wertungsentscheidung eingeräumt und abverlangt. Art und Höhe der Zuwendung, Art und Dauer der Beziehung von Spender und Amtsträger, evtl. sogar der Nutzen der konkreten Dienstleistung für den Spender sind als Teil der getroffenen Abrede lediglich die Umstände, die eine Unrechtsvereinbarung begründen können. Das Werturteil selbst begründen sie aber noch nicht.

Vor diesem Hintergrund zeigt sich, dass beim Tatbestand der Vorteilsannahme die Ergänzung durch die Unrechtsvereinbarung nur in einem Verfahren möglich ist, das die sonst auf Tatbestandsebene und Rechtfertigungsgründe verteilte Gesamtbewertung zusammenfasst und vorwegnimmt. Eine zunächst generelle Bestimmung der Unrechtsvereinbarung, nämlich unter Außerachtlassung von Gesichtspunkten, die erst für eine etwaige Rechtfertigung relevant werden – sprich hier die Abwägung –, ist weder allgemein noch im Einzelfall durchführbar, weil die Unrechtsvereinbarung mit der ihr anhaftenden negativen Bewertung immer auch die sachlichen Voraussetzungen eines

895 vgl. 2. Kapitel C. III. 2

Rechtfertungsgrundes in sich aufnimmt, nämlich die Wahrung des Grundsatzes der Wahlgleichheit.

Dass hier die Anwendung von § 17 StGB und nicht etwa von § 16 StGB sachgerecht ist, zeigt sich schließlich noch anhand folgender Überlegung: Würde man hier einen Tatbestandsirrtum befürworten, so würde man die Entscheidung über die Strafbarkeit der Spendeneinwerbung allein von den subjktiven, unter Umständen gänzlich abwegigen Unrechtsbewertungen des Täters selbst abhängig machen. Der Amtsträger hätte es quasi in der Hand, seine Spendeneinwerbung selbst zu legitimieren. Dies würde dem Charakter des Rechtes als einer objektiven Ordnung widersprechen[896]. Befand sich der Amtsträger in einem unvermeidbaren Irrtum, so ist er entschuldigt und geht damit gleichsam straffrei aus (§ 17 S. 1 StGB). In allen anderen Fällen kommt nur eine Strafmilderung gemäß § 49 Abs. 1 StGB in Betracht (§ 17 S. 2 StGB).

e. Die Vermeidbarkeit des Verbotsirrtums

Für die strafrechtlichen Folgen, die der Spendeneinwerber im Falle einer unzutreffenden Abwägung zu erwarten hat, ist gem. § 17 S. 1 StGB also entscheidend ob sein Irrtum vermeidbar war oder nicht. Unvermeidbar war der Irrtum für den Amtsträger nur, wenn er vor der Spendeneinwerbung alle seine geistigen Erkenntniskräfte eingesetzt hat und aufgetretene Zweifel durch Nachdenken einer Lösung zugeführt hat. Gleichwohl darf er sich im Rahmen der Abwägungsentscheidung und hierbei auftretender Zweifel nicht ohne weiteres auf sein eigenes Urteil verlassen. Nur die Einholung sachkundigen Rates kann hier entschuldigend wirken[897]. Die Vermeidbarkeit des Irrtums ausschließen kann in Zweifelsfällen nur die Auskunft einer verlässlichen Person[898]. Verlässlich in diesem Sinne ist eine Person nur, wenn sie mit der Erteilung der Auskunft kein Eigeninteresse verfolgt und Gewähr für eine objektive, sorgfältige, pflichtgemäße und verantwortungsbewusste Auskunftserteilung bietet[899]. Unter Zugrundelegung dieser Anforderungen wird deutlich, dass Auskünfte aus den Reihen der Partei, eines Parteiorgans bzw.

896 *Roxin*, AT I, § 12 Rn. 94; *ders.*, Offene Tatbestände, S. 132ff., 154ff.
897 *BGHSt* 5, S. 118; *BGHSt* 21, S. 20; *OLG Köln*, NJW 1996, S. 472, 473;
898 *Cramer/Sternberg-Lieben*, in: Schönke/Schröder, § 17 Rn. 18
899 *BGHSt* 40, S. 264; *BGH* NJW 2000, S. 2368; *BayObLG* NJW 1989, S. 1744, 1745; *Joecks*, in: MüKo-StGB, § 17 Rn. 54; *Cramer/Sternberg-Lieben*, in: Schönke/Schröder, § 17 Rn. 18

Mitgliedern des Wahlkampfteams des Amtsträgers jedenfalls nicht ausreichen[900]. Sollte sich der Amtsträger dennoch auf die Auskunft einer solchen Person verlassen, so liegt hierin bereits ein die Unvermeidbarkeit ausschließendes Verschulden bei der Auswahl der Auskunftsperson[901]. Am besten ist der Amtsträger durch die rechtliche Einschätzung eines Rechtsanwaltes abgesichert. Auf eine solche kann er sich als Rechtsunkundiger nämlich regelmäßig verlassen, auch wenn die Auskunft unzutreffend sein sollte oder aus dem Stegreif heraus erteilt wurde[902]. Trotz Einholung einer Rechtsauskunft bleibt der Verbotsirrtum aber vermeidbar – mit der Folge, dass lediglich eine Strafmilderung in Betracht kommt – wenn dem Amtsträger bei einer unzutreffenden Information die wahre Rechtslage (beispielsweise aufgrund einer Gerichtsentscheidung) bekannt war oder er seine Anfrage nicht wirklich ernstlich stellte, sondern diese lediglich eine Alibi-Funktion erfüllen sollte[903]. Hat der Amtsträger eine Erkundigung erst gar nicht eingeholt, wäre ihm aber ohnehin die unzutreffende Auskunft erteilt worden, so ist das Nichteinholen der Erkundigung unschädlich und der Verbotsirrtum unvermeidbar[904]. Es fehlt dann nämlich an der Kausalität, die zwischen Irrtum und Nichterkundigung vorliegen muss.

6. Unterlassene Abwägung

Ist der Spendeneinwerber umgekehrt zutreffender Weise vom Vorliegen der objektiven Rechtfertigungsvoraussetzungen, also dem Überwiegen des Prinzips der Wahlgleichheit ausgegangen, obwohl er eine sorgfältige Abwägungsentscheidung gar nicht getroffen hat, so kann ihm die Rechtfertigung deshalb nicht versagt werden[905]. Die Rechtfertigungswirkung wird dem Amtsträger bei der Spendeneinwerbung nämlich nicht deshalb zu teil, weil er deren Vorliegen pflichtgemäß geprüft hat, sondern unabhängig davon aufgrund des überwiegenden Interesses des Wahlgleichheitsgrundsatzes. Dies ist letzlich auch keine Frage des Irrtums.

900 vgl. *AG Düsseldorf*, NJW 1985, S. 1971 für die Auskunft eines Parteiorgans zur Parteifinanzierung über die Erteilung von Spendenquittungen

901 vgl. *BGH* NJW 2000, S. 2368

902 *Roxin*, AT I, S. 819; *Schröder*, in: LK-StGB, § 17 Rn. 42

903 *KG* JR 1977, 79 spricht von *„Feigenblattfunktion"*

904 *BGHSt* 37, S. 67; *BGH* NJW 1996, S. 1606; *BayObLG* NJW 1989, S. 1744; *Joecks*, in: MüKo-StGB, § 17 Rn. 60; *Lackner-Kühl*, § 17 Rn. 7; *Rudolphi*, in: SK-StGB, § 17 Rn. 42; *Cramer/Sternberg-Lieben*, in: *Schönke/Schröder*, § 17 Rn. 18

905 vgl. *Lenckner/Perron*, in: Schönke/Schröder, § 34 Rn. 49

III. Fazit

Eine strafrechtliche Rechtfertigung kommt nicht für alle Arten von Parteispenden, sondern lediglich für Wahlkampfspenden in Betracht. Zwar sind politische Aktivitäten nicht auf die Zeit unmittelbar vor der Wahl beschränkt. Allerdings erfasst der Schutzbereich des Grundsatzes der Gleichheit der Wahl – auch im Kontext eines für den demokratischen Wettbewerb relevanten Verhaltens – im Vorfeld der politischen Willensbildung nur den Zeitraum der Wahlvorbereitung und des Wahlkampfes. Nicht von Art. 38 Abs. 1 S. 1, 28 Abs. 1 S. 2 GG geschützt sind politische Aktivitäten, soweit kein greifbarer Zusammenhang mit der Wahl besteht. Selbst wenn das Bundesverfassungsgericht keinen Unterschied in der Tätigkeit im Wahlkampf zur sonstigen Parteitätigkeit erkennen mag, wird man den Schutzbereich der Wahlgleichheit nicht auf die allgemeine Parteitätigkeit ausdehnen können. Der Anwendungsbereich des Wahlgleichheitsgrundsatzes würde derart verwässert, dass eine Unterscheidung zum allgemeinen Gleichbehandlungsgrundsatz des Art. 3 GG nicht mehr möglich wäre. Der allgemeine Gleichheitssatz kann aufgrund seines überaus weiten Schutzbereiches aber nicht als Rechtfertigungsgrund dienen.

Abschliessende Zusammenfassung

1. Der Deliktstatbestand der Vorteilsannahme (§ 331 Abs. 1 StGB) ist bei der Parteispendenakquisition durch Amtsträger grundsätzlich erfüllt. In diesem Zusammenhang tritt eine Diskrepanz der strafrechtlichen Norm zu den verfassungsrechtlichen und einfachgesetzlichen Vorgaben der Parteienfinanzierung auf.

2. Es wurde dargestellt, dass wegen des Grundsatzes der Gleichheit der Wahl, normiert in Art. 38 Abs. 1 S. 1, 28 Abs. 1 S. 2 GG, eine Strafbarkeitsrestriktion bei der Parteispendenakquisition angezeigt ist: Da die Idee des als Wettbewerbsrecht ausgestalteten Wahlsystems auf der Gleichheit der Wettbewerbschancen und -bedingungen basiert, haben auch die Wahlrechtsgrundsätze als grundrechtsgleiche Rechte diesem Wettbewerbsgedanken Rechnung zu tragen. Wegen der Erstreckung des Gleichheitsgrundsatzes auf den Zeitraum der Wahlvorbereitung und des Wahlkampfes, fällt auch der Wettbewerb um die Erlangung von Spenden in dessen Schutzbereich. Da aktives und passives Wahlrecht geschützt werden, müssen jedem Wahlbewerber und Wahlvorschlagsträger grundsätzlich die gleichen Möglichkeiten im Wettbewerb um die Wählerstimmen offen stehen. In diesem Zusammenhang zeigte sich, dass Wahlkandidaten ohne Amt im Gegensatz zu einem Amtsträger von einem weit stärker ausgeprägten Identifikationsprozess profitieren, weil sie sich nicht auf allgemeinpolitische Aussagen zurückziehen müssen. Es wurde erkannt, dass bei Amtsträgern wegen eingeschränkter finanzieller Mittel die Möglichkeiten der Außendarstellung gemindert und dadurch die Chancen auf eine Wiederwahl deutlich geschmälert sind. Der Grundsatz der Wahlgleichheit kann allerdings wegen seines speziellen Anwendungsbereichs keine Begründung für ein Bedürfnis liefern, auch bei der Einwerbung allgemeiner Parteispenden außerhalb des Wahlkampfes die Strafbarkeit eines Amtsträgers einzuschränken.

3. Bei der Suche nach Möglichkeiten, die Ungleichbehandlung aufzulösen, wurden zunächst verschiedene Möglichkeiten auf Tatbestandsebene beleuchtet, denen die Tauglichkeit zur Lösung des Problems aber unter Darstellung von Gründen abgesprochen wurde:

a. So scheiterte eine Erweiterung des Amtsträgerbegriffs auf noch zu wählende Wahlbewerber am strafrechlichen Analogieverbot.

b. Der Weg des Landgerichts Wuppertal über eine teleologische Auslegung die Transparenzvorschriften des Parteiengesetzes nutzbar zu machen wurde aus mehreren Gründen verworfen. Einerseits verhindert der Rückgriff des Landgerichts auf die Vorschriften des Parteiengesetzes weder eine sachwidrige Kopplung von Spende und Dienstausübung, noch ist ein Einblick in das Austauschverhältnis von Spender und Amtsträger möglich. Neben der fehlenden Differenzierung von Partei- und Direktspende wird andererseits angemahnt, dass § 25 Abs. 2 Nr. 7 PartG eine ganz eigene materielle Wertung enthält.

c. Einer Überprüfung nicht standgehalten hat auch der Lösungsvorschlag des Bundesgerichtshofs, mittels einer verfassungskonformen Auslegung eine Unrechtsvereinbarung erst bei konkretem Dienstbezug anzunehmen. So wurde die Nutzbarmachung des äußerst umstrittenen Tatbestandes des § 108e StGB zur Abgrenzung von zulässigem Lobbyismus und Korruption im Rahmen der Vorteilsannahme kritisiert. Negativ bewertet wurde auch, dass der Bundesgerichtshof die Wertung des § 25 Abs. 2 Nr. 7 PartG ob des unterschiedlichen Gesetzeszwecks von Parteiengesetz und Strafgesetzbuch nicht hinreichend berücksichtigt. Da die Normen des Parteiengesetzes auf parteilose Amtsträger keine Anwendung finden, kann der Grundsatz der passiven Wahlgleichheit nicht gewahrt werden.

d. Auch brachte der Weg über den Vorteilsbegriff keine Limitierung der Strafbarkeit, indem im Fall einer Parteispende der Vorteil verneint wird, wenn die Zuwendung auf einem vertraglich begründeten Anspruch beruht und der zugrundeliegende Vertrag wirksam ist. Neben einer abzulehnenden normativen Aufladung des naturalistischen Vorteilsbegriffs stieß diese Idee der Ausgeglichenheit von Leistung und Gegenleistung wegen des Fehlens gegenseitiger Ansprüche bei einer als Schenkung und somit als unentgeltliche Zuwendung zu deklarierenden Spende an ihre Grenzen.

e. Selbiges galt für die Unterscheidung von privat- und staatsnützigen Vorteilen. Einerseits zeigte sich, dass die Partei nicht als Anstellungskörperschaft des Amtsträgers zu verstehen ist, sondern nur eine private mitgliedschaftliche Verbindung besteht. Auch stellte sich heraus, dass den Parteispenden die notwendige Staatsnützigkeit fehlt, da dem Staat nicht die Primärpflicht zur Alimentierung der Parteien zukommt.

f. Als untauglich erwies sich auch ein eingeschränktes Verständnis der Unrechtsvereinbarung bei rein dienstlichen Vorteilen, da der Einwerbung von Parteispenden kein ausschließlicher Dienstbezug attestiert werden kann. Es wurde dargestellt, dass sich durch die Spende die Arbeitsbedingungen des Amtsträgers nicht unmittelbar verbessern.

g. Gegen die Einfügung einer Unlauterkeitsklausel bestanden wegen des Verstoßes gegen den Bestimmtheitsgrundsatz und die Änderung der Deliktsnatur des § 331 StGB von einem abstrakten in ein konkretes Gefährdungsdelikt dogmatische Vorbehalte.

h. Derartigen Einwänden sah sich auch die Lösung über die Rechtsfigur der Sozialadäquanz ausgesetzt. Selbst bei großzügiger Handhabung des Geringfügigkeitsprinzips könnte nur ein geringer Teil der realiter eingeworbenen Parteispenden hiervon erfasst werden. Zudem wurde erklärt, dass die Spendenannahme eines Amtsträgers im Wahlkampf, selbst wenn man sie als allgemeine Üblichkeit ansieht, nicht generell als strafrechtlich irrelevant betrachtet werden darf. Grund hierfür war die Unmöglichkeit der qualifizierten Bewertung der Auswirkungen auf das Rechtsgut.

i. Letzteres galt auch für den Versuch einer Strafbarkeitslimitierung mittels einer teleologische Reduktion des Gesamtatbestandes. Aussagen über die potentiellen Auswirkungen der einzelnen Tathandlung auf das Vertrauen in die ordnungsgemäße Funktion der staatlichen Verwaltung konnten auch hier nicht ausreichend präzise getroffen werden.

4. Die Lösung der Strafbarkeitsproblematik konnte nach der hier vertretenen Auffassung nur auf der Rechtfertigungsebene erreicht werden, wobei sich zunächst zeigte, dass eine einfachgesetzliche Rechtfertigungsmöglichkeit bei der Parteispendenakquisition nicht gegeben ist.

a. So kann die Genehmigungsregelung des § 331 Abs. 3 StGB zwar auf kommunale Mandatsträger analog angewendet werden, allerdings ist eine Genehmigung von geforderten Vorteilen gerade nicht möglich. Darüber hinaus ist eine dienstrechtliche Zustimmung nur bei persönlichen Vorteilen, nicht jedoch bei Drittvorteilen, zu denen die Parteispenden zählen, vorgesehen. Schließlich ließe sich selbst bei Befürwortung einer Genehmigungsmöglichkeit der Spendenpraxis die Ungleichbehandlung von Amtsträgern und anderen Wahlbewerbern nicht beheben. Wirtschaftlich betrachtet wäre bis zur endgültigen Genehmigung eine Verwendung der Finanzmittel nicht möglich, was in der relativ kurzen Zeit des Wahlkampfes im Ergebnis einem Verbot der Spendeneinwerbung gleichkäme.

b. Auf eine besondere Erlaubnis lässt sich auch nicht aus der Nichtexistenz von Sonderstrafnormen für die Entgegennahme von Einflussspenden im Parteiengesetz schließen. Begründet wurde dies mit einem Umkehrschluss aus § 37 PartG und § 54 S. 2 BGB sowie der Gesetzesbegründung des Parteiengesetzes, in der eine Verpflichtung den allgemeinen Gesetzen gegenüber installiert wurde und der Wille des Parteiengesetzgebers zum Ausdruck kommt, die Käuflichkeit politischer Entscheidungen einzudämmen.

c. Da die Steuerbarkeit eines Sachverhalts für dessen strafrechtliche Beurteilung allenfalls indizielle Bedeutung hat, waren auch diesbezüglich keine sicheren Schlussfolgerungen möglich. Bereits die Zielsetzungen von Straf- und Steuerrecht sind unterschiedlich. Die steuerliche Abzugsfähigkeit stellt lediglich eine Subvention des Spendenaufkommens einer Partei zur Finanzierung iher politischen Arbeit dar, enthält aber keinerlei Lenkungsfunktion hinsichtlich de Korruptionsbekämpfung.

5. Die Rechtfertigung der tatbestandlichen Vorteilsannahme durch die Parteispendenakquisition ergibt sich letztlich aus dem in Art. 38 Abs. 1 S. 1, Art. 28 Abs. 1 S. 2 GG niedergelegten Grundsatz der Gleichheit der Wahl. Die Rechtfertigungswirkung tritt ein, wenn bei einer Abwägung mittels praktischer Konkordanz ein Vorrang vor den durch das Rechtsstaatsprinzip (Art. 20 Abs. 3 GG) gebotenen Maßnahmen zur Korruptionsbekämpfung festgestellt wird. Es gilt hierbei einer Vermutung zugunsten der Wahlgleichheit. Dies gilt allerdings nur für Wahlkampfspenden, nicht für Parteispenden im Allgemeinen. Auch wenn Parteien sowie deren Mandatsträger praktisch während der gesamten Legislaturperiode um die Gunst der Wähler ringen, ist der Schutzbereich des Wahlgleichheitsgrundsatzes zeitlich exakt umrissen. Er beginnt mit der Wahlvorbereitung und endet mit der Sitzverteilung. Erst wenn also konkrete Maßnahmen für den Wahlkampf getroffen werden, kann die Spendeneinwerbung gerechtfertigt werden. Eine allgemeine Parteitätigkeit reicht nicht aus, denn dort fehlt es an dem erforderlichen greifbaren Zusammenhang mit der Wahl, so dass der Schutzbereich der Art. 38 Abs. 1 S. 1, 28 Abs. 1 S. 2 GG (noch) nicht eröffnet ist.

a. Die besondere Pflichtenstellung des Amtsträgers bietet im Wahlkampf keinen Grund für eine andere strafrechtliche Beurteilung als bei anderen Wahlkandidaten. Gewinnen Letztere die Wahl aufgrund der Spendenunterstützung besteht bei deren Amtsantritt ebenfalls der Makel der Unlauterkeit. Eine Gefährdung des von § 331 Abs. 1 StGB geschützten Rechtsguts ist gleichermaßen gegeben.

b. Außerdem ist der Grundsatz der Wahlgleichheit ein wesentliches Element des demokratischen Gemeinwesens. Er ist eine Spielregel des politischen Wettbewerbs. Gerade diese Wettbewerbssituation bildet eine entscheidende Rahmenbedingung für die Lösung der politischen und wirtschaftlichen Interessen- bzw. Überzeugungskonflikte im Sinne des Wohls der Allgemeinheit.

c. Die Abwägungsentscheidung basiert aber neben diesen generellen Überlegungen auf einer konkreten Betrachtung des Einzelfalls. Bei einer Verknüpfung der Parteispende mit einer konkreten Diensthandlung gebührt dem Rechtsstaatsprinzip in jedem Fall der Vorrang und eine Rechtfertigung scheidet aus. Für den Grad der Konkretisierung sind verschiedene Inidizien nutzbar zu machen. Hierzu gehören Art und Höhe der Zuwendung, der Grad der personellen Verflechtung sowie Art und Dauer der Beziehungen zwischen Amtsträger und Spender.

d. Daneben ist auch immer der Inhalt der Dienstleistung in die Abwägung einzubeziehen. Von der Diensthandlung darf nicht lediglich der Spender profitieren, sondern die Tätigkeit der Amtsträgers muss für eine strafrechtliche Rechtfertigung der Parteispendenakquisition überwiegend unmittelbar Gemeininteressen zugute kommen.

e. Nimmt der Amtsträger eine fehlerhafte Abwägung vor, so unterliegt er einem Verbotsirrtum. Dieser ist nur unvermeidbar, wenn der Amtsträger nach Einholung von Rechtsrat bei einer sachkundigen, unabhängigen Person in seinem Abwägungsergebnis bestätigt worden ist. Die Auskunft eines Parteiorgans ist hier nicht ausreichend.

Literaturverzeichnis

Adams, Karl-Heinz, Parteienfinanzierung in Deutschland, Marburg 2005, zit.: *Adams*, Parteienfinanzierung

Ambos, Kai, Zur Strafbarkeit der Drittmittelakquisition, JZ 2003, S. 345

Amelung, Knut, Rechtsgüterschutz und Schutz der Gesellschaft, Frankfurt/ Main 1972

ders., Sitzblockaden, Gewalt und Kraftentfaltung – Zur dritten Sitzblockaden-Entscheidung des Bundesverfassungsgerichts

Arnim, Herbert von, Die neue Parteienfinanzierung, DVBl. 2002, S. 1065

Arzt, Gunther / Weber, Ulrich, Strafrecht, Besonderer Teil Lehrbuch, Bielefeld 2000, zit.: *Arzt/Weber*, BT

Bank, Bernhard, Zustimmung der Dienstbehörde zur Geschenkannahme im Rahmen der Bestechungstatbestände, NJW 1962, S. 95

Bannenberg, Britta, Korruption in Deutschland und ihre strafrechtliche Kontrolle, Neuwied/Kriftel 2002, zit.: *Bannenberg*, Korruption

Barton, Stephan, Der Tatbestand der Abgeordnetenbestechung (§ 108e StGB), NJW 1994, S. 1098

Battis, Ulrich / Kersten, Jens, Regelungsdefizite des neuen Parteispendenrechts, JZ 2003, S. 655

Bauchrowitz, Wolfgang, Der immaterielle Vorteilsbegriff der Bestechungsdelikte des StGB, Frankfurt/Main 1988, zit.: *Bauchrowitz*, Vorteilsbegriff

Bauer, Martin / Böhle, Thomas / Masson, Christoph / Samper, Rudolf, Bayerische Kommunalgesetze: Gemeindeordnung, Landkreisordnung, Bezirksordnung, Kommenar, Loseblattsammlung, 4. Auflage, Stand 07/2005, München, zit.: Bauer/Böhle/Masson/Samper, GO

Baumann, Jürgen, Zur Problematik der Bestechungstatbestände, Heidelberg 1961, zit.: *Baumann*, Bestechungstatbestände

ders., Zur Problematik der Bestechungstatbestände, BB 1961, S. 1057

Baumann, Jürgen / Weber, Ulrich / Mitsch, Wolfgang, Strafrecht Allgemeiner Teil, 10. Auflage, Bielefeld 1995, zit.: *Baumann/Weber/Mitsch*, AT

Bernert, Günther, Die Lehre von der „sozialen Adäquanz“ und den „sozialadäquaten Handlungen“, Marburg 1966, zit.: *Bernert*, Soziale Adäquanz

Bernsmann, Klaus, Anti-Korruptionsregeln – Problemdarstellung an Hand von Fallbeispielen, WissR 35 (2002), S. 1

ders., Die Korruptionsdelikte (§§ 331ff. StGB) – Eine Zwischenbilanz, StV 2003, S. 521

Berz, Ulrich, Formelle Tatbestandsverwirklichung und materialer Rechtsgüterschutz, München 1986, zit.: *Berz*, Tatbestandsverwirklichung

Binding, Karl, Die Normen und ihre Übertretung, Eine Untersuchung über die rechtmäßige Handlung und die Arten des Delikts, Erster Band: Normen und Strafgesetze, 3. Auflage, Leipzig 1916, zit.: *Binding*,Normen I

Birkmeyer, Karl, Bestechung (§§ 331 – 335 RStGB), in: Vergleichende Darstellung des Deutschen und Ausländischen Strafrechts, Vorarbeiten zur deutschen Strafrechtsreform, hrsg. auf Anregung des Reichsjustizamtes von Karl Birkmeyer, Fritz van Calker u.a., Besonderer Teil IX. Band: Gemeingefährliche Verbrechen und Vergehen, Verbrechen und Vergehen im Amte, Berlin 1906, S. 309, zit.: *Birkmeyer*, Bestechung

Blei, Hermann, Die Neufassung der Bestechungsdelikte, JA 1974, StR S. 91

Bockelmann, Paul, Besprechung von Schmidt, Eberhard: Die Bestechungstatbestände in der höchstrichterlichen Rechtsprechung von 1879 bis 1959, ZStW 72 (1960), S. 251

Bohnert, Joachim, Die Abstraktheit der abstrakten Gefährdungsdelikte, JuS 1984, S. 182

Bordewin,Arno/ Brandt, Jürgen, Kommentar zum Einkommenssteuergesetz, Heidelberg 2000, zit.: *Bearbeiter*, in: Bordewin/Brandt, EStG

Bottke, Wilfried, Korruption und Kriminalrecht in der Bundesrepublik Deutschland, ZRP 1998, S. 215

Brehm, Wolfgang, Zur Dogmatik des abstrakten Gefährdungsdelikts, Tübingen 1973, zit.: *Brehm*, Dogmatik

Bruns, Wolfgang, Der sogenannte Herzklappenskandal – eine strafrechtliche Zwischenbilanz, ArztR 1998, S. 237

ders., Strafbarkeit – Krankenhausarzt – Drittmittel der Industrie – Vorteilsannahme, ArztR 2003, S. 103

ders., Sponsoring im Krankenhaus, ArztR 2003, S. 260

Calliess, Rolf-Peter, Der strafrechtliche Nötigungstatbestand und das verfassungsrechtliche Gebot der Tatbestandsbestimmtheit, NJW 1985, S. 1506

Crailsheim, Bernulph Freiherr von, Die steuerrechtliche Behandlung von Schmiergeldzuwendungen, Ansbach 1997

Cramer, Peter, Der Vollrauschtatbestand als abstraktes Gefährdungsdelikt, Tübingen 1962, zit.: *Cramer*, Vollrauschtatbestand

ders., Zum Vorteilsbegriff bei den Bestechungsdelikten, in: Schünemann, Bernd/Achenbach, Hans/Bottke, Wilfried/Haffke, Bernhard/Rudolphi, Hans-Joachim (Hrsg.), Festschrift für Claus Roxin zum 70. Geburtstag am 15.5.2001, Berlin/New York 2001, S. 945, zit.: *Cramer*, FS Roxin

Dahm, Franz-Josef, Zur Problematik der Gewährung von Preisnachlässen und Zuwendungen im Gesundheitswesen, MedR 1992, S. 250

Dauster, Manfred, Private Spenden zur Förderung von Forschung und Lehre: Teleologische Entschärfung des strafrechtlichen Vorteilsbegriffs nach § 331 StGB und Rechtfertigungsfragen, NStZ 1999, S. 63

Deiters, Mark, Zur Frage der Strafbarkeit von Gemeinderäten wegen Vorteilsannahme und Bestechlichkeit, NStZ 2003, S. 453

ders., Der Fall „Kremendahl" als Lackmustest der §§ 331, 333 StGB, MIP 2004/2005, S. 18

Demuth, Heinrich, Der normative Gefahrbegriff, Bochum 1980, zit.: *Demuth*, Gefahrbegriff

Dieners, Peter, Selbstkontrolle der Wirtschaft zur Verhinderung von Korruption, JZ 1998, S. 181

Dieners, Peter/ Lembeck, Ulrich/ Taschke, Jürgen, Der „Herzklappenskandal" - Zwischenbilanz und erste Schlussfolgerung für die weitere Zusammenarbeit der Industrie mit Ärzten und Krankenhäusern, PharmaR 1999, S. 156

Dieners, Peter / Taschke, Jürgen, Die Kooperation der medizinischen Industrie mit Ärzten und Krankenhäusern – Die aktuelle Rechtsprechung und ihre Konsequenzen, PharmaR 2000, S. 309

Diettrich, Stefanie / Schatz, Holger, Drittmittelforschung: Überlegungen zur Minimierung des strafrechtlichen Risikos, MedR 2001, S. 614

dies., Sicherung der privaten Drittmittelforschung, ZRP 2001, S. 521

Dingeldey, Thomas, Vorstandsmitglieder einer Landesbank als Amtsträger - Anmerkung zu BGH, Urt. v. 10.3.1983 - 4 StR 375/82, NStZ 1984, S. 503

Dölling, Dieter, Betrug und Bestechlichkeit durch Entgeltannahme für eine vorgetäuschte Dienstpflichtverletzung, JuS 1980, S. 570

ders., Empfehlen sich Änderungen des Straf- und Strafprozessrechts, um der Gefahr von Korruption in Staat, Wirtschaft und Gesellschaft wirksam zu begegnen?, Gutachten C für den 61. Deutschen Juristentag, München 1996, zit.: *Dölling*, Gutachten

ders., Die Neuregelung der Strafvorschriften gegen Korruption, ZStW 112 (2000), S. 334

Dornseifer, Gerhard, Strafrechtsreform im Einführungsgesetz? III. Die Vorteilsgewährung (einfache aktive Bestechung) nach dem Entwurf eines Einführungsgesetzes zum StGB, JZ 1973, S. 267

Dreher, Eduard, Der Irrtum über Rechtfertigungsgründe, in: Festschrift für Ernst Heinitz, Berlin 1972, S. 207, zit.: *Dreher*, FS Heinitz

Dreier, Horst, Grundgesetz Kommentar, Band II, Art. 20-82, Tübingen 1998, zit.: *Bearbeiter*, in: Dreier, GG

Dreier, Ralf, Widerstandsrecht im Rechtsstaat? Bemerkungen zum zivilen Ungehorsam, in: Achterberg, Norbert (Hrsg.), Recht und Staat im sozialen Wandel, Festschrift für Hans Ulrich Scupin zum 80. Geburtstag, Berlin 1983 , S. 573, zit.: *Dreier*, FS Scupin

Duttge, Gunnar, „Diu rehte maz“ – auch bei der Bekämpfung der Korruption!, ZRP 1997, S. 72

Einbecker Empfehlungen der Deutschen Gesellschaft für Medizin (DGMR) e.V. zur Einwerbung privatwirtschaftlicher Drittmittel in der Medizin, MedR 2001, S. 597, zit.: *Einbecker*

Engisch, Karl, Die normativen Tatbestandselemente im Strafrecht, in: Bockelmann, Paul u.a. (Hrsg.), Festschrift für Edmund Mezger zum 70. Geburtstag am 15.10.1953, München und Berlin 1954, zit.: *Engisch*, FS Mezger

ders., Tatbestandsirrtum und Verbotsirrtum bei Rechtfertigungsgründen, ZStW 70 (1958), S. 566

Erb, Hilmar, Parteiverrat, München 2005, zit.: *Erb*, Parteiverrat

Erhardt, Elmar , Kunstfreiheit und Strafrecht. Zur Problematik satirischer Ehrverletzungen, Heidelberg 1989, zit.: *Erhardt*, Kunstfreiheit und Strafrecht

Erichsen, Hans-Uwe, Allgemeines Verwaltungsrecht, 11. Auflage, Berlin/New York 1998, zit.: *Bearbeiter*, in: *Erichsen*, Verwaltungsrecht

Erlinger, Rainer, Vorteilsannahme im Bereich universitärer Drittmittelforschung - Anmerkung zu OLG Köln, Beschl. v. 21.09.2001 – 2 Ws 170/01, MedR 2002, S. 419

Epp, Ursula, Die Abgeordnetenbestechung § 108e StGB, Frankfurt/Main 1997, zit.: *Epp*, Abgeordnetenbestechung

Eppner, Dirk, Korruptionsbekämpfung mit Steuerrecht, Greifswald 2004, zit.: *Eppner*, Korruptionsbekämpfung

Eser, Albin, „Sozialadäquanz": eine überflüssige oder unverzichtbare Rechtsfigur?, in: Schünemann, Bernd/Achenbach, Hans/Bottke, Wilfried/Haffke, Bernhard/Rudolphi, Hans-Joachim (Hrsg.), Festschrift für Claus Roxin zum 70. Geburtstag am 15.5.2001, Berlin/New York 2001, S. 199, zit.: *Eser*, FS Roxin

Feinendegen, Markus, Vorteilsannahme ohne Folgen – Freibrief für kommunale Mandatsträger durch den BGH?, NJW 2006, S. 2014

Fischer, Klaus Andreas, Die strafrechtliche Beurteilung von Werken der Kunst, Frankfurt/Main 1995 zit.: *Fischer*, Strafrechtliche Beurteilung

Frisch, Wolfgang, An den Grenzen des Strafrechts, in: Küper, Wilfried/Welp, Jürgen (Hrsg.), Beiträge zur Rechtswissenschaft, Festschrift für Walter Stree und Johannes Wessels zum 70. Geburtstag, Heidelberg 1993, S. 69, zit.: *Frisch*, FS Stree/Wessels *ders.*, Rechtsgut, Recht, Deliktsstruktur und Zurechnung im Rahmen der Legitimation staatlichen Strafens, in: Hefendehl, Roland/Hirsch, Andrew von/Wohlers, Wolfgang (Hrsg.), Die Rechtsgutstheorie, Baden-Baden 2003, S. 215, zit.: *Frisch*, in: Hefendehl/von Hirsch/Wohlers (Hrsg.), Rechtsgutstheorie

Fürsen, Cay/Schmidt, Joana, Drittmitteleinwerbung – strafbare Dienstpflicht? Ein Symposium ruft den Gesetzgeber zum Handeln auf, JR 2004, S. 57

Fürst, Walther (Hrsg.), Beamtenrecht des Bundes und der Länder, Richterrecht und Soldatenrecht, Kommentar zum Bundesbeamtengesetz und des Beamtenversorgungsgesetz unter Einbeziehung des Beamtenrechts der Länder sowie des deutschen Richtergesetzes und des Soldatengesetzes, Loseblattsammlung, Berlin, zit.: *Bearbeiter*, in: Fürst, Gesamtkommentar BBG

Fuhrmann, H., Die Annahme von sogenannten Aufmerksamkeiten durch Beamte, GA 1959, S. 97

ders., Berechtigung der Rechtsprechung des Reichsgerichts und des Bundesgerichtshofs zu § 332 StGB über den Ermessensbeamten, ZStW 722 (1960), S. 534

Gänßle, Peter, Das Antikorruptionsstrafrecht, NStZ 1999, S. 543

Gallas, Wilhelm, Zur Struktur des strafrechtlichen Unrechtsbegriffs, in: Kaufmann, Arthur (Hrsg.), Festschrift für Paul Bockelmann zum 70. Geburtstag am 7. Dez. 1978, München 1979, S. 155, zit.: *Gallas*, FS Bockelmann

ders., Zum gegenwärtigen Stand der Lehre vom Verbrechen, ZStW 67 (1955), S. 1

Gatzweiler, Norbert, Zuwendungen und Korruption, WissR 35 (2002), S. 333

Geerds, Friedrich, Über den Unrechtsgehalt der Bestechungsdelikte und seine Konsequenzen für Rechtsprechung und Gesetzgebung, Tübingen 1961, zit.: *Geerds*, Bestechungsdelikte

ders., Der vorsatzausschließende Irrtum, Jura 1990, S. 421

ders., Über Änderungen der Bekämpfung krimineller Korruption, JR 1996, S. 309

Gern, Alfons, Deutsches Kommunalrecht, 3. Auflage, Baden-Baden 2003, zit.: *Gern*, Kommunalrecht

Geppert, Klaus, Jura Repetitorium: Strafrecht, Amtsdelikte (§ 331ff. StGB), Jura 1981, S. 42

Glockemann, Torsten, Zweckgebundene Spenden an politische Parteien – Zulässigkeit des Spendenabzugs?, BB 2003, S. 503

Göben, Jens, Die Auswirkungen des Gesetzes zur Bekämpfung der Korruption auf die Forschungstätigkeit von Hochschulangehörigen, MedR 1999, S. 156

Goldmann, Heinz Gerd, Die behördliche Genehmigung als Rechtfertigungsgrund, Freiburg 1967, zit.: *Goldmann*, Genehmigung

Graupe, Johannes, Die Systematik und das Rechtsgut der Bestechungsdelikte, München 1993, zit.: *Graupe*, Bestechungsdelikte

Gribl, Kurt, Der Vorteilsbegriff bei den Bestechungsdelikten, Heidelberg 1993, zit.: *Gribl*, Vorteilsbegriff

Günter, Hans-Helmut, Unbegründete Ängste der Klinikärzte und der pharmazeutischen Industrie vor den Änderungen des Antikorruptionsgesetzes, MedR 2001, S. 457

Güntner, Michael/Schmidt, Andreas, Drittmitteleinwerbung und Korruptionsstrafbarkeit – Rechtliche Prämissen und rechtspolitische Konsequenzen, NJW 2004, S. 471

Haeser, Petra Alexandra, Erfahrungen mit der neuen Rechtslage im Korruptionsstrafrecht und Drittmittelrecht – aus Sicht des Staatsanwalts, MedR 2002, S. 55

Haft, Fritjof, Freiberufler sind keine Amtsträger, NJW 1995, S. 1113

ders., Strafrecht, Allgemeiner Teil, 8. Auflage, München 1998, zit.: *Haft*, AT

ders., Strafrecht, Besonderer Teil: Die wichtigsten Tatbestände des Besonderen Teils des Strafgesetzbuchs, 7. Auflage, München 1998, zit.: *Haft*, BT

Hardtung, Bernhard, Erlaubte Vorteilsannahme - § 331 StGB, 70 BBG, 10 BAT - , Berlin 1994, zit.: *Hardtung*, Vorteilsannahme

Hartmann, Theodor, Zur Frage der Strafbarkeit der Gemeinderatsmitglieder wegen Bestechlichkeit und Geheimnisverrat im geltenden Recht und im Entwurf eines Strafgesetzbuches (E 1962), DVBl. 1966, S. 809

Hassemer, Winfried, Theorie und Soziologie des Verbrechens, Frankfurt/Main, 1973, zit.: *Hassemer*, Theorie

ders., Grundlinien einer personalen Rechtsgutslehre, in: Philips, Lothar/Scholler, Heinrich (Hrsg.), Jenseits des Funktionalismus, Arthur Kaufmann zum 65. Geburtstag, Heidelberg 1989, S. 85, zit.: *Hassemer*, FS Kaufmann

ders., Symbolisches Strafrecht und Rechtsgüterschutz, NStZ 1989, S. 553

Hefendehl, Roland, Kollektive Rechtsgüter im Strafrecht, Köln 2002, zit.: *Hefendehl*, Kollektive Rechtsgüter

Heghmanns, Michael, Grundzüge einer Dogmatik der Straftatbestände zum Schutz von Verwaltungsrecht oder Verwaltungshandeln, Berlin 2000, zit.: *Heghmanns*, Dogmatik

Heinrich, Bernd, Der Amtsträgerbegriff im Strafrecht: Auslegungsrichtlinien unter besonderer Berücksichtigung des Rechtsguts der Amtsdelikte, Berlin 2001, zit.: *Heinrich*, Amtsträgerbegriff

ders., Rechtsprechungsüberblick zu den Bestechungsdelikten (§§ 331 - 335 StGB) (1998 - 2003) - 1. Teil, NStZ 2005, S. 197

ders., Rechtsprechungsüberblick zu den Bestechungsdelikten (§§ 331 - 335 StGB) (1998 - 2003) - 2. Teil, NStZ 2005, S. 256

Henkel, Heinrich,Die Bestechlichkeit von Ermessensbeamten, JZ 1960, S. 507

Herdegen, Gerhard, Der Verbotsirrtum in der Rechtsprechung des Bundesgerichtshofs, in: Krueger-Nieland, Gerda (Hrsg.), 25 Jahre Bundesgerichtshof am 1. Oktober 1975, S. 195, zit.: *Herdegen*, FS BGH

Herzog, Felix, Gesellschaftliche Unsicherheit und strafrechtliche Daseinsvorsorge: Studien zur Vorverlegung des Strafrechtsschutzes in den Gefährdungsbereich, Heidelberg 1991, zit.: *Herzog*, Gesellschaftliche Unsicherheit

Herzog, Roman, Allgemeine Staatslehre, Frankfurt/Main 1971, zit.: *Herzog*, Staatslehre

Hettich, Christof, Parteispenden und Verfassungsrecht, Mannheim 1989, zit.: *Hettich*, Parteispenden

Hirsch, Hans Joachim, Die Lehre von den negativen Tatbestandsmerkmalen, Bonn 1960, zit.: *Hirsch*, Negative Tatbestandsmerkmale

ders., Soziale Adäquanz und Unrechtslehre, ZStW 74 (1962), S. 78

ders., Strafrecht und Überzeugungstäter: Vortrag gehalten vor der Juristischen Gesellschaft zu Berlin am 13. März 1996, Berlin 1996, zit.: *Hirsch*, Überzeugungstäter

Höltkemeier, Kai, Sponsoring als Straftat, Berlin 2005, zit.: *Höltkemeier*, Sponsoring

Hörnle, Tatjana, Der Irrtum über das Einverständnis des Opfers bei einer sexuellen Nötigung, ZStW 112 (2000), S. 356

Hoferecht, Günther, Abrechnungskassierer der „Berliner Kraft- und Licht-(Bewag) A.G." sind Beamte im strafrechtlichen Sinn - § 359 StGB, Anmerkung zum Urteil des KG vom 1.2.1961 – (4) I Ss 242/60 (35/60), JR 1961, S. 510

Hohmann, Olaf, Das Rechtsgut der Umweltdelikte, Frankfurt/Main 1991, zit.: *Hohmann*, Rechtsgut

Horn, Eckhard, Konkrete Gefährdungsdelikte, Köln 1973, zit.: *Horn*, Konkrete Gefährdungsdelikte

ders., Umweltschutz-Strafrecht: eine After-Disziplin?, UPR 1983, S. 362

Hoyer, Andreas, Strafrechtsdogmatik nach Armin Kaufmann – Lebendiges und Totes in Armin Kaufmanns Normentheorie, Berlin 1997, zit.: *Hoyer*, Strafrechtsdogmatik

Hruschka, Joachim, Wieso ist die „eingeschränkte Schuldtheorie" eigentlich „eingeschränkt"?, in: Schünemann, Bernd/Achenbach, Hans/Bottke, Wilfried/Haffke, Bernhard/Rudolphi, Hans-Joachim (Hrsg.), Festschrift für Claus Roxin zum 70. Geburtstag am 15.5.2001, Berlin/New York 2001, S. 441, zit.: *Hruschka*, FS Roxin

ders., Strafrecht nach logisch-analytischer Methode – Systematisch entwickelte Fälle und Lösungen zum allgemeinen Teil, 2. Aufl., Berlin/New Yor 1988, zit.: *Hruschka*, Strafrecht

Hübenett, Carolin, Die rechtswidrige behördliche Genehmigung als Rechtfertigungsgrund - ein gelöstes strafrechtliches Problem?, Bonn 1986, zit.: *Hübenett*, Genehmigung

Ipsen, Jörn, Das neue Parteienrecht, NJW 2002, S. 1909

ders., Abgeordnetenspenden - eine Regelungslücke des Parteiengesetzes?, NVwZ 2003, S. 14

Jäger, Herbert, Strafgesetzgebung und Rechtsgüterschutz bei Sittlichkeitsdelikten, Stuttgart 1957

ders., Strafgesetzgebung als Prozess, in: Kohlmann, Günter (Hrsg.), Festschrift für Ulrich Klug, Band I, Köln 1983, S. 83, zit.: *Jäger*, FS Klug/I

Jähnke, Burkhard/Laufhütte, Heinrich Wilhelm/Odersky, Walter] (Hrsg.), StGB Leipziger Großkommentar, 11. Auflage, Erster Band: Einleitung, § 1 bis 31, Berlin 2003, zit.: *Bearbeiter*, in: LK-StGB

dies., StGB Leipziger Kommentar, 11. Auflage, 25. Lieferung, §§ 324 – 335a, Berlin 1997, zit.: *Bearbeiter*, in: LK-StGB

dies., StGB Leipziger Großkommentar, 11. Auflage, 38. Lieferung, Nachtrag zum StGB, Berlin/New York, 2001, zit.: *Bearbeiter*, in: LK-StGB, Nachtr.

Jaques, Henning, Die Bestechungstatbestände unter besonderer Berücksichtigung des Verhältnisses der § 331ff. StGB zu § 12 UWG, Frankfurt/Main 1996, zit.: *Jaques*, Bestechungstatbestände

Jakobs, Günther, Strafrecht Allgemeiner Teil, 2. Auflage, Berlin/New York 1991, zit.: *Jakobs*, AT

Jarass, Hans. D. /Pieroth, Bodo, Grundgesetz für die Bundesrepublik Deutschland, Kommentar, 7. Auflage, München 2004, zit.: *Bearbeiter*, in: Jarass/Pieroth, GG

Jescheck, Hans-Heinrich/Weigend, Thomas, Lehrbuch des Strafrechts, Allgemeiner Teil, 5. Auflage, Berlin 1995, zit.: *Jescheck/Weigend*, AT

Joecks, Wolfgang/Miebach, Klaus, Münchener Kommentar zum Strafgesetzbuch, München 2005, zit.: *Bearbeiter*, in: MünchKomm

Joerden, Jan, Interessenabwägung im rechtfertigenden Notstand bei mehr als einem Eingriffsopfer, GA 1993, S. 245

Jutzi, Siegfried, Genehmigung der Vorteilsannahme bei nicht in einem öffentlich-rechtlichen Amtsverhältnis stehenden Amtsträgern, NStZ 1991, S. 105

Kaiser, Eberhard, Spenden an politische Parteien und strafbare Vorteilsannahme, NJW 1981, S. 321

Kargl, Walter, Über die Bekämpfung des Anscheins der Kriminalität bei der Vorteilsannahme (§ 331 StGB), ZStW 114 (2002), S. 763

ders., Parteispendenakquisition und Vorteilsannahme, JZ 2005, S. 503

Karstedt, Hans-Peter, Der Begriff der Amtsdelikte im geltenden Recht und seiner Reform, Leipzig 1931, zit.: *Karstedt*, Amtsdelikte

Kaufmann, Armin,] Lebendiges und Totes in Bindings Normentheorie, 1954, zit.: Kaufmann, Normentheorie

Kaufmann, Arthur, Zur Lehre von den negativen Tatbestandsmerkmalen, JZ 1954, S. 653

ders., Tatbestand, Rechtfertigungsgründe und Irrtum, JZ 1956, S. 353

ders., Anmerkung zu BGH Urteil v. 21.11.1958 - 1 StR 518/58, JZ 1959, S. 375

ders., Unrecht und Schuld beim Delikt der Volltrunkenheit, JZ 1963, S. 425

Kerner, Hans-Jürgen/Rixen, Stephan, Ist Korruption ein Strafrechtsproblem?, GA 1996, S. 355

Kersten, Jens, Parteispende oder Abgeordnetenspende?, JA 2005, S. 360

Kindhäuser, Urs, Gefährdung als Straftat, Frankfurt/Main 1989, zit.: *Kindhäuser*, Gefährdung

ders., Zur Unterscheidung von Tat- und Rechtsirrtum, GA 1990, S. 417

Kindhäuser, Urs/Goy, Barbara, Zur Strafbarkeit ungenehmigter Drittmitteleinwerbung, NStZ 2003, S. 291

Kirchhof, Paul, Die Bedeutung der Unbefangenheit der Verwaltungsentscheidung, VerwArch 66 (1975), S. 370

ders. (Hrsg.), EStG Kompaktkommentar Einkommenssteuergesetz, 4. Auflage, Heidelberg 2004, zit.: *Kirchhof*, EStG

Kirschbaum/Schmitz, Grenzen der Bestechungstatbestände, GA 1960, S. 321

Klug, Ulrich, Psychologische Vereinfachungen und strafrechtliche Folgerungen bei der Auslegung der Bestechungstatbestände, JZ 1960, S. 724

ders., Sozialkongruenz und Sozialadäquanz im Strafrechtssystem, in: Skeptische Rechtsphilosophie und humanes Strafrecht, Berlin u.a. 1981, S. 194, zit.: *Klug*, Sozialkongruenz

Knauer, Christoph/Kaspar, Johannes, Restriktives Normverständnis nach dem Korruptionsbekämpfungsgesetz, GA 2005, S. 385

König, Peter, Empfehlen sich Änderungen des Straf- und Strafprozessrechts, um der Gefahr von Korruption in Staat, Wirtschaft und Gesellschaft wirksam zu begegnen, DRiZ 1996, S. 357

ders., Neues Strafrecht gegen Korruption, JR 1997, S. 397

Koriath, Heinz, Überlegungen zu einigen Grundsätzen der strafrechtlichen Irrtumslehre, Jura 1996, S. 113

Korte, Matthias, Bekämpfung der Korruption und Schutz des freien Wettbewerbs mit den Mitteln des Strafrechts, NStZ 1997, S. 513

ders., Kampfansage an die Korruption, NJW 1997, S. 2556

ders., Der Einsatz der Korruption zur Bekämpfung der internationalen Korruption, wistra 1999, S. 81

ders., Anmerkung zu BGH, Urt. v. 23.5.2002 - 1 StR 372/01, NStZ 2003, S. 157

Kratzsch, Dietrich, Verhaltenssteuerung und Organisation im Strafrecht: Ansätze zur Reform des strafrechtlichen Unrechtsbegriffs und die Regeln der Gesetzesanwendung, Berlin 1985, zit.: *Kratzsch*, Verhaltenssteuerung

Krauß, Detlef, Erfolgsunwert und Handlungsunwert im Unrecht, ZStW 76 (1964), S. 19

Krey, Volker, Strafrecht Besonderer Teil, Band 1 ohne Vermögensdelikte, 12. Auflage, Stuttgart u.a. 2002, zit.: *Krey*, BT 1

Krüger, Herbert, Allgemeine Staatslehre, 2. Auflage, Stuttgart u.a. 1966, zit.: *Krüger*, Staatslehre

Krüger, Matthias, Die Entmaterialisierungstendenz beim Rechtsgutsbegriff, Berlin 2000, zit.: *Krüger*, Entmaterialisierungstendenz

Krümpelmann, Justus, Stufen der Schuld beim Verbotsirrtum. Zugleich eine Stellungnahme zur Behandlung des Irrtums über Rechtfertigungsgründe im Entwurf 1962 und im Alternativ-Entwurf, GA 1968, S. 129

Kühl, Kristian, Strafrecht Allgemeiner Teil, 4. Auflage, München 2002, zit.: *Kühl*, AT

Küper, Wilfried, Strafrecht Besonderer Teil, Definitionen und Erläuterungen, 5. Auflage, Heidelberg 2002, zit.: *Küper*, BT

Küstermann, Burkhard, Das Transparenzgebot des Art. 21 Abs. 1 Satz 4 GG und seine Ausgestaltung durch das Parteiengesetz, Osnabrück 2003, zit.: *Küstermann*, Transparenzgebot

Kuhlen, Lothar, Zu den Tathandlungen bei Vorteilsannahme und Bestechlichkeit, NStZ1988, S. 433

ders., Umweltstrafrecht - auf der Suche nach einer neuen Dogmatik, ZStW 105 (1993), S. 697

ders., Untreue, Vorteilsannahme und Bestechlichkeit bei Einwerbung universitärer Drittmittel, JR 2003, S. 231

Kulitz, Peter, Unternehmerspenden an politische Parteien, Berlin 1983, zit.: *Kulitz*, Unternehmerspenden

Kunig, Philip, Parteien, in: Isensee, Josef/Kirchof, Paul (Hrsg.), Handbuch des Staatsrechts der Bundesrepublik Deutschland, Band II: Demokratische Willensbildung - Die Staatsorgane des Bundes, Heidelberg 1987, § 33, zit.: *Kunig*, HStR II

Lackner, Karl/Kühl, Kristian, Strafgesetzbuch mit Erläuterungen, 25. Auflage, München 2004, zit.: *Lackner/Kühl*

Laker, Thomas, Ziviler Ungehorsam: Geschichte, Begriff, Rechtfertigung, Baden-Baden 1983, zit.: *Laker*, Ziviler Ungehorsam

Lampe, Ernst-Joachim, Rechtsgut, kultureller Wert und individuelles Bedürfnis, in: Stratenwerth, Günter/ Kaufmann, Armin/ Geilen, Gerd/ Hirsch, Hans Joachim/ Schreiber, Hans-Ludwig/ Jakobs, Günther/ Loos, Fritz

(Hrsg.), Festschrift für Hans Welzel zum 70. Geburtstag am 25. März 1974, Berlin/New York 1974, S. 151, zit.: *Lampe*, FS Welzel

Langer, Winrich, Vorsatztheorie und strafgesetzliche Irrtumsregelung – Zur Kompetenzabgrenzung von Strafgesetzgebung, Verfassungsgerichtsbarkeit und Strafrechtswissenschaft, GA 1975, S. 193

Lang-Hinrichsen, Dietrich, Zur Problematik der Lehre von Tatbestands- und Verbotsirrtum, JR 1952, S. 184

Laufs, Adolf, Ärzte und Sponsoren, NJW 2002, S. 1170

Leibholz, Gerhard/Rinck, Hans-Justus/Hesselberger, Dieter, Grundgesetz für die Bundesrepublik Deutschland, Kommentar, Rechtsprechung des Bundesverfassungsgerichts, Band I, Art. 1 – 20, Loseblattsammlung, Köln, Stand: 12/2005 zit.: *Bearbeiter*, in: Leibholz/Rinck/Hesselberger

Lenckner, Theodor, Der Grundsatz der Güterabwägung als Grundlage der Rechtfertigung, GA 1985, S. 295

ders., Behördliche Genehmigungen und der Gedanke des Rechtsmißbrauchs im Strafrecht, in: Gamm, Otto Friedrich Freiherr von/Raisch, Peter/ Tiedemann, Klaus (Hrsg.), Strafrecht, Unternehmensrecht, Anwaltsrecht, Festschrift für Gerd Pfeiffer zum Abschied aus dem Amt als Präsident des Bundesgerichtshofs, Köln u.a. 1988, S. 27, zit: *Lenckner*, FS Pfeiffer

ders., Privatisierung der Verwaltung und „Abwahl des Strafrechts"?, ZStW 106 (1994), S. 502

Lenz, Christofer, Das neue Parteienfinanzierungsrecht, NVwZ 2002, S. 769

Liesching, Marc/Münch, Maximilian von, Reichweite der Kunstfreiheit – Anmerkung zu KG Urteil v. 7.5.1992 – (3) 1 Ss 215/91 (52/91), NStZ 1999, S. 85

Lippert, Hans-Dieter, Die problematische Einwerbung von Drittmitteln, VersR 2000, S. 158

Loos, Fritz, Zum Rechtsgut der Bestechungsdelikte, in: Stratenwerth, Günter/ Kaufmann, Armin/ Geilen, Gerd/ Hirsch, Hans Joachim/ Schreiber, Hans-Ludwig/Jakobs, Günther/Loos, Fritz (Hrsg.), Festschrift für Hans Welzel zum 70. Geburtstag am 25. März 1974, Berlin/New York 1974, S. 879, zit.: *Loos*, FS Welzel

Lüderssen, Klaus, Die Symbiose von Markt und Staat – auseinanderdividiert durch das Strafrecht?, StV 1997, S. 318

ders., Antikorruptions-Gesetze und Drittmittelforschung, JZ 1997, S. 112

ders., Die Zusammenarbeit von Medizinprodukte-Industrie, Krankenhäusern und Ärzten – strafbare Kollusion oder sinnvolle Kooperation?, in: Sitzungsberichte der wissenschaftlichen Gesellschaft der Johann Wolfgang Goethe-Universität Frankfurt/Main, Band 36, Nr. 1, Stuttgart 1998, zit.: *Lüderssen*, Zusammenarbeit

ders., Drosselung des medizinischen Fortschritts durch Kriminalisierung der Drittmittelförderung – Selbstregulierung der Betroffenen als Ausweg?, PharmaR 2001, S. 82

Lüttger, Hans, Zur Reform des § 353c StGB JZ 1969, S. 578

Luhmann, Niklas, Vertrauen, 4. Auflage, Stuttgart 2000, zit.: *Luhmann*, Vertrauen

Maiwald, Manfred, Die Amtsdelikte – Probleme der Neuregelung des 28. Abschnitts des StGB, JuS 1977, S. 355

Mangoldt, Hermann von/ Klein, Friedrich/ Starck, Christian, Das Bonner Grundgesetz, Band 2: Artikel 20 bis 78, 5. Auflage, München 2005, zit.: *Bearbeiter*, in: v. Mangoldt/Klein/Starck, GG

Mansdörfer, Marco, Strafrechtliche Haftung für Drittmitteleinwerbung an staatlichen Hochschulen, wistra 2003, S. 211

Marel, Knut, Die Strafbarkeit kommunaler Mandatsträger gem. §§ 331, 332 StGB, StraFo 2003, S. 259

Marx, Michael, Zur Definition des Begriffs „Rechtsgut“, Saarbrücken 1972, zit.: *Marx*, Rechtsgut

Marxsen, Dorothea, Strafbarkeitseinschränkung bei abstrakten Gefährdungsdelikten, Münster 1991, zit.: *Marxsen*, Strafbarkeitseinschränkung

Maunz, Theodor/Dürig, Günter, Grundgesetz Kommentar, Loseblattsammlung, Stand: August 2005, München, zit.: *Bearbeiter*, in: Maunz/Dürig, GG Maurach, Reinhart/Schroeder, Friedrich-Christian/Maiwald, Manfred, Strafrecht Besonderer Teil, Teilband 2, 8. Auflage, Heidelberg 1999, zit.: Maurach/Schroeder/Maiwald, BT 2

Maurach, Reinhart/Zipf, Heinz, Strafrecht Allgemeiner Teil, Teilband 1, 8. Auflage, Heidelberg 1992, zit.: *Maurach/Zipf*, AT 1

Maurer, Hartmut, Allgemeines Verwaltungsrecht, 13. Auflage, München 2000, zit.: *Maurer*, VerwR

ders., Staatsrecht I: Grundlagen, Verfassungsorgane, Staatsfunktionen, München 2001, zit.: *Maurer*, Staatsrecht I

Meyer, Jürgen, Verbotsirrtum im Ordnungswidrigkeitenrecht – OLG Düsseldorf, NStZ 1981, 444, JuS 1983, S. 513

Michalke, Regina, Konfusion als System – Die Genehmigung bei der Vorteilsannahme und der Vorteilsgewährung (§ 331 Abs. 3 und § 333 Abs. 3 StGB), in: Hanack, Ernst-Walter/Mehle, Volkmar/Hilger, Hans/ Widmaier, Gunter (Hrsg.), Festschrift für Peter Riess zum 70. Geburtstag am 4. Juni 2002, Berlin/New York 2002, S. 771, zit.: *Michalke*, FS Riess

dies., Drittmittel und Strafrecht – Licht am Ende des Tunnels?, NJW 2002, S. 3381

Möhrenschlager, Manfred, Die Struktur des Straftatbestandes der Abgeordnetenbestechung auf dem Prüfstand – Historisches und Künftiges, in: Heinrich, Bernd (Hrsg.), Festschrfit für Ulrich Weber zum 70. Geburtstag am 18. September 2004, Bielefeld 2004, S. 217, zit.: *Möhrenschlager*, FS Weber

Moelter, Stefan, Der Funktionswandel der öffentlichen Verwaltung seit dem Ausgang des 19. Jahrhunderts im Lichte der Entwicklung des Beamtenstrafrechts, München 1975, zit.: *Moelter*, Funktionswandel

Morlok, Martin, Das BVerfG als Hüter des Parteienwettbewerbs, NVwZ 2005, S. 157

Müller-Dietz, Heinz, Instrumentelle vs. sozialethische Funktionen des Strafrechts – am Beispiel der Pönalisierung von Verhaltensweisen, in: Philps, Lothar/Scholler, Heinreich (Hrsg.), Jenseits des Funktionalismus, Arthur Kaufmann zum 65. Geburtstag, Heidelberg 1989, S. 95, zit.: *Müller-Dietz*, FS Kaufmann

Münch, Ingo von, Besonderes Verwaltungsrecht, 9. Auflage, Berlin 1992 , zit.: *Bearbeiter*, in: *v. Münch*, Besonderes Verwaltungsrecht,

Münch, Ingo von/Kunig, Philip, Grundgesetz Kommentar, 5. Auflage, München 2001, zit.: *Bearbeiter*, in: v. Münch/Kunig, GG

Müssig, Bernd J.A., Schutz abstrakter Rechtsgüter und abstrakter Rechtsgüterschutz, Frankfurt/Main 1994

Munzinger, Werner, Die sog. eigentlichen und die sog. uneigentlichen Amtsdelikte, Würzburg 1934, zit.: *Munzinger*, Amtsdelikte

Kindhäuser, Urs/Neumann, Ulfried/Paeffgen, Hans-Ullrich] (Hrsg.), Nomos Kommentar zum Strafgesetzbuch, 2. Auflage, Baden-Baden 2005 , zit.: *Bearbeiter*, in: NK-StGB

Noll, Peter, Tatbestand und Rechtswidrigkeit: Die Wertabwägung als Prinzip der Rechtfertigung, ZStW 77 (1965), S. 1

Ocker, Andreas, Das unerlaubte Betreiben von genehmigungsbedürftigen Anlagen oder sonstigen Anlagen im Sinne des Bundes-Immissionsschutzgesetzes, deren Betrieb zum Schutz vor Gefahren untersagt worden ist (§ 327 Abs. 2 Nr. 1 StGB), München 1995, zit.: *Ocker*, Unerlaubtes Betreiben

Oppenheim, L., Die Rechtsbeugungsverbrechen (§§ 336, 343, 344) des Deutschen Reichtsstrafgesetzbuches, Leipzig 1886, zit.: *Oppenheim*, Rechtsbeugungsverbrechen

Ossenbühl, Fritz, Anmerkung zu BGH Urt. v. 29.01.1992 – 5 StR 338,91 = BGHSt 38, S. 199, JR 1992, S. 471

ders., Staatshaftungsrecht, 5. Auflage, München 1998, zit.: *Ossenbühl*, Staatshaftungsrecht

Ostendorf, Heribert, Das Geringfügigkeitsprinzip als strafrechtliche Auslegungsregel, GA 1982, S. 333

ders., Bekämpfung der Korruption als rechtliches Problem oder zunächst als moralisches Problem?, NJW 1999, S. 615

Otto, Harro, Rechtsgutsbegriff und Deliktstatbestand, in: Müller-Dietz, Heinz (Hrsg.), Strafrechtsdogmatik und Kriminalpolitik, Köln 1971, S. 1, zit.: *Otto*, in: Müller-Dietz, Strafrechtsdogmatik

ders., Konzeption und Grundsätze des Wirtschaftsstrafrechts (einschließlich Verbraucherschutz), ZStW 96 (1984), S. 339

ders., Besprechung von Gribl: Der Vorteilsbegriff bei den Bestechungsdelikten, GA 1994, S. 186

ders., Amtsträgerbegriff innerhalb zivilrechtlich organisierter Daseinsvorsorge, Jura 1997, S. 47

ders., Grundkurs Strafrecht, Allgemeine Strafrechtslehre, 6. Auflage, Berlin 2000, zit.: *Otto*, AT

Paeffgen, Hans-Ullrich, Anmerkungen zum Erlaubnistatbestandsirrtum, in: Dornseifer, Gerhard u.a. (Hrsg.), Gedächtnisschrift für Armin Kaufmann, Köln/Berlin 1989, S. 399, zit.: *Paeffgen*, GS Kaufmann

Palandt, Otto, Bürgerliches Gesetzbuch mit Einführungsgesetz (Auszug), BGB-Informationspflichten-Verordnung, Unterlassungsklagengesetz, Produkthaftungsgesetz, Erbbaurechtsverordnung, Wohnungseigentumsgesetz, Hausratsverordnung, Vormünder- und Betreuungsvergütungsgesetz, Lebenspartnerschaftsgesetz, Gewaltschutzgesetz (Auszug), 65. Auflage, München 2006, zit.: *Bearbeiter*, in: Palandt, BGB

Peters, Karl, Sozialadäquanz und Legalitätsprinzip, in: Stratenwerth, Günter/ Kaufmann, Armin/ Geilen, Gerd/ Hirsch, Hans Joachim/ Schreiber, Hans-Ludwig/ Jakobs, Günther/ Loos, Fritz (Hrsg.), Festschrift für Hans Welzel zum 70. Geburtstag am 25. März 1974, Berlin/New York 1974, S. 425, zit.: *Peters*, FS Welzel

Petri, Ingo, Anforderungen an die „förmliche Verpflichtung“ i.S. des Art. 7 II Nr. 4 des 4. StrÄndG, NStZ 1991, S. 471

Pfeiffer, Gerd, Von der Freiheit der klinischen Forschung zum strafrechtlichen Unrecht?, NJW 1997, S. 782

Prandl, Josef / Zimmermann, Hans / Büchner Hermann, Kommunalrecht in Bayern: Kommentar zum Kommunalrecht; Gemeinde-, Verwaltungsgemeinschafts-, Landkreis- und Bezirksrecht, kommunale Zusammenarbeit, kommunales Wahlrecht, kommunale Wahlbeamte, kommunales Finanzwesen, Ausbildung und Fortbildung, Loseblattsammlung, Kronach, Stand 11/2005, zit.: *Prandl/Zimmermann/Büchner*, GO

Prittwitz, Cornelius, Sitzblockaden - ziviler Ungehorsam und strafbare Nötigung?, JA 1987, S. 17

Puppe, Ingeborg, Zur Struktur der Rechtfertigung, in: Festschrift für Stree und Wessels, 1993, S. 183ff., zit.: *Puppe*, FS Stree/Wessels

dies., Tatirrtum, Rechtsirrtum, Subsumtionsirrtum, GA 1990, S. 153

Rabl, Kurt, Der Gefährdungsvorsatz, Breslau1933, zit.: *Rabl*, Gefährdungsvorsatz

Radtke, Henning, Die Dogmatik der Brandstiftungsdelikte. Zugleich ein Beitrag zur Lehre von den gemeingefährlichen Delikten, Berlin 1998, zit.: *Radtke*, Brandstiftungsdelikte

ders., Überlegungen zum Verhältnis von „zivilem Ungehorsam" zur „Gewissenstat", GA 2000, S. 19

Räpple, Thilo, Zuwendungen und Rabatte im Gesundheitswesen, in: Werben und Zuwenden im Gesundheitswesen, Schriftenreihe zum Managementhandbuch Krankenhaus, S. 63, zit.: *Räpple*, Werben und Zuwenden

Ransiek, Andreas, Strafrecht und Korruption, Zum Gutachten C für den 61. Deutschen Juristentag, StV 1996, S. 446

ders., Zur Amtsträgereigenschaft nach § 11 Abs. 1 Nr. 2 c StGB, NStZ 1997, S. 519

Rebmann, Kurt/Säcker, Franz-Jürgen/Rixecker, Roland (Hrsg.), Münchener Kommentar zum Bürgerlichen Gesetzbuch, 4. Auflage, München 2000, zit.: *Bearbeiter*, in: MünchKomm, BGB

Reichert-Hammer, Hansjörg, Politische Fernziele und Unrecht: ein Beitrag zur Lehre von der Strafrechtswidrigkeit unter besonderer Berücksichtigung der Verwerflichkeitsklausel des § 240 Abs. 2 StGB, Berlin 1991, zit.: *Reichert-Hammer*, Politische Fernziele

Rengier, Rudolf, Die öffentlich-rechtliche Genehmigung im Strafrecht, ZStW 101 (1989), S. 874

ders., Strafrecht Besonderer Teil II. Delikte gegen die Person und die Allgemeinheit, 7. Auflage, München 2006 , zit.: *Rengier*, BT 2

Richter, Carolin, Lobbyismus und Abgeordnetenbestechung: Legitimität und Grenzen der Einflussnahme von Lobbyisten auf Abgeordnete, Aachen 1997, zit.: *Richter*, Lobbyismus

Roeder, Hermann, Die Einhaltung des sozialadäquaten Risikos und ihr systematischer Standort im Verbrechensaufbau, Berlin 1969, zit.: *Roeder*, Sozialadäquates Risiko

Rönnau, Thomas, Untreue und Vorteilsannahme durch Einwerbung von Drittmitteln, JuS 2003, S. 232

Rönnau, Thomas / Faust, Florian / Fehling, Michael, Durchblick: Der Irrtum und seine Rechtsfolgen, JuS 2004, S. 667

Rohlff, Anne, Die Täter der „Amtsdelikte“, Berlin 1995, zit.: *Rohlff*, Amtsdelikte

Roxin, Claus, Offene Tatbestände und Rechtspflichtmerkmale, Hamburg 1959, zit.: *Roxin*, Offene Tatbestände

ders., Die Behandlung des Irrtums im Entwurf 1962, ZStW 76 (1964), S. 582

ders., Kriminalpolitik und Strafrechtssystem, Berlin 1973, zit.: *Roxin*, Kriminalpolitik

ders., Bemerkungen zur sozialen Adäquanz im Strafrecht, in: Kohlmann, Günter (Hrsg.), Festschrift für Ulrich Klug zum 70. Geburtstag, Band II, Köln 1983, S. 303, zit.: *Roxin*, FS Klug/II

ders., Strafrecht Allgemeiner Teil, Band I, Grundlagen und Aufbau der Verbrechenslehre, 4. Auflage, München 2006, zit: *Roxin*, AT I

ders., Die Gewissenstat als Strafbefreiungsgrund, in: Kaufmann, Arthur (Hrsg.), Rechtsstaat und Menschenwürde, Festschrift für Werner Maihofer zum 70. Geburtstag, Frankfurt/Main 1988, S. 389, zit: *Roxin*, FS Maihofer

Rudolphi, Hans-Joachim, Die verschiedenen Aspekte des Rechtsgutsbegriffs, in: Festschrift für Richard M. Honig zum 80. Geburtstag, Göttingen 1970, S. 151, zit.: *Rudolphi*, FS Honig

ders., Inhalt und Funktion des Handlungsunwertes im Rahmen der personalen Unrechtslehre, in: Schroeder, Friedrich-Christian/Zipf, Heinz (Hrsg.), Festschrift für Reinhart Maurach zum 70. Geburtstag, Karlsruhe 1972, S. 51, zit.: *Rudolphi*, FS Maurach

ders., Spenden an politische Parteien als Bestechungsstraftaten, NJW 1982, S. 1417 *ders.*, Schutzgut und Rechtfertigungsprobleme der Gewässerverunreinigung im Sinne des § 324 StGB, ZfW 1982, S. 197

ders., Primat des Strafrechts im Umweltschutz?, NStZ 1984, S. 193

Rudolphi, Hans-Joachim/ Horn, Eckhard/ Samson, Erich/ Günter, Hans-Ludwig/ Hoyer, Andreas/ Wolters, Gereon/ Stein, Ulrich/ Rogall, Klaus (Hrsg.), Systematischer Kommentar zum Strafgesetzbuch, Band I: Allgemeiner Teil (§§ 1 – 80), Band II: Besonderer Teil (§§ 80 – 358), Neuwied, Stand 09/2003, zit.: *Bearbeiter*, in: SK-StGB

Runge, Matthias, Korruptionsvorwürfe: Reaktionen und Konzepte der Industrie, PharmaR 2001, S. 86

Sachs, Michael, Grundgesetz Kommentar, 2. Auflage, München 1999, zit.: *Bearbeiter*, in: Sachs, GG

Saliger, Frank, Parteiengesetz und Strafrecht, Tübingen 2005, zit.: *Saliger*, Parteiengesetz

Saliger, Frank/Sinner, Stefan, Korruption und Betrug durch Parteispenden, NJW 2005, S. 1073

Sanchez-Hermosilla, Fernando, Korruptionsstrafrecht und Drittmittelforschung, Kriminalistik 2002, S. 506

Satzger, Helmut, Bestechungsdelikte und Sponsoring, ZStW 115 (2003), S. 467

Schaffstein, Friedrich, Tatbestandsirrtum und Verbotsirrtum, in: Göttinger Festschrift für das Oberlandesgericht Celle, Göttingen 1961, zit.: *Schaffstein*, FS OLG Celle

ders., Soziale Adäquanz und Tatbestandslehre, ZStW 72 (1960), S. 107

Schaupensteiner, Wolfgang, Gesamtkonzept zur Eindämmung der Korruption, NStZ 1996, S. 409

ders., Das Korruptionsbekämpfungsgesetz, Kriminalistik 1997, S. 699

Scheele, Rolf, Zur Bindung des Strafrichters an fehlerhafte behördliche Genehmigungen im Umweltstrafrecht, Berlin 1993, zit.: *Scheele*, Bindung

Scheu, Otto, Parteispenden und Vorteilsannahme, NJW 1981, S. 1195

Schleth, Uwe, Parteifinanzen: eine Studie über Kosten und Finanzierung der Parteitätigkeit, zu deren politischer Problematik, zu den Möglichkeiten einer Reform, Meisenheim/Glan 1973, zit.: *Schleth*, Parteifinanzen

Schlüchter, Ellen, Zur (Un-)Lauterkeit in den Volksvertretungen, in: Schlüchter, Ellen (Hrsg.), Festschrift für Friedrich Geerds zum 70. Geburtstag, Lübeck 1995, S. 713, zit.: *Schlüchter*, FS Geerds

dies., Grundfälle zum Bewertungsirrtum des Täters im Grenzbereich zwischen §§ 16 und 17 StGB, JuS 1985, 617

Schmidhäuser, Eberhard, Strafrecht Besonderer Teil, 2. Auflage, Tübingen 1983, zit.: Schmidhäuser, BT

ders., Der Verbotsirrtum und das Strafgesetz § 16 I und 17 StGB, JZ 1979, S. 361

Schmidt, Eberhard, Die Bestechungstatbestände in der höchstrichterlichen Rechtsprechung von 1879 - 1959, München/Berlin 1960, zit.: *Schmidt*, Bestechungstatbestände

ders., Die Grenze zwischen schwerer und leichter passiver Bestechung eines Ermessensbeamten, NJW 1960, S. 802

Schmidt, Ludwig (Hrsg.), EStG Einkommenssteuergesetz Kommentar, 24. Auflage, München 2005, zit.: *Bearbeiter*, in: Schmidt, EStG

Schmidt-Leichner, Die Bestechungstatbestände in der höchstrichterlichen Rechtsprechung von 1879-1959 – Zugleich Besprechung der gleichnamigen Monographie von Eberhard Schmidt, NJW 1960, S. 846

Schmitz, Roland, Verwaltungshandeln und Strafrecht, Heidelberg 1992, zit.: *Schmitz*, Verwaltungshandeln

Schneider, Hartmut, Das Inbrandsetzen gemischt genutzter Gebäude, Jura 1988, S. 460

Schönke, Adolf/Schröder, Horst (Hrsg.), Strafgesetzbuch, Kommentar, 27. Auflage, München 2006, zit.: *Bearbeiter*, in: Schönke/Schröder

Schreiber, Hans-Ludwig, Parteispenden und Strafrecht, in: Haft, Fritjof (Hrsg.), Strafgerechtigkeit, Festschrift für Arthur Kaufmann zum 70. Geburtstag, Heidelberg 1993, S. 819, zit.: *Schreiber*, FS Kaufmann

Schreiber, Hans-Ludwig/ Rosenau, Henning/ Combé, Daniel/ Wrackmeyer, Antje, Zur Strafbarkeit der Annahme von geldwerten Zuwendungen durch Städte und Gemeinden nach § 331 StGB, GA 2005, S. 265

Schreier, Heiko, Drittvorteil und Unrechtsvereinbarung, Hamburg 2002, zit.: *Schreier*, Drittvorteil

Schröder, Horst, Das Rechtsgut der Bestechungsdelikte und die Bestechlichkeit des Ermessensbeamten, GA 1961, S. 289

ders., Die Gefährdungsdelikte im Strafrecht, ZStW 81 (1969), S. 7

Schröder, Peter., Der strafrechtliche Beamtenbegriff in der Entwicklung der Rechtsprechung und der Entwürfe, Münster 1965, zit.: *Schröder P.*, Beamtenbegriff

Schünemann, Bernd, Moderne Tendenzen in der Dogmatik der Fahrlässigkeits- und Gefährdungsdelikte, JA 1975, S. 787

ders., Die Unrechtsvereinbarung als Kern der Bestechungsdelikte nach dem KorrBekG, in: Dannecker Gerhard (Hrsg.), Festschrift für Otto Harro zum 70. Geburtstag am 01. April 2007, Köln, München 2007, S. 777, zit.: *Schünemann*, FS Harro

ders./Greco, Luis, Der Erlaubnistatbestandsirrtum und das Strafrechtssystem oder: Das Peter-Prinzip in der Strafrechtsdogmatik, GA 2006, S.777

Schwieger, Dirk, Der Vorteilsbegriff in den Bestechungsdelikten des StGB, Frankfurt/Main u.a. 1996, zit.: *Schwieger*, Vorteilsbegriff

Sina, Peter, Die Dogmengeschichte des strafrechtlichen Begriffs „Rechtsgut“, Basel 1962

Sinn, Arndt, Gewaltbegriff – quo vadis?, NJW 2002, S. 1024

Sommer, Thomas, Die Bedeutung der Sozialadäquanz bei der rechtlichen Bewertung technischer Risiken, Dortmund 1986, zit.: *Sommer*, Sozialadäquanz

Stein, Ekkehart/Frank, Götz, Staatsrecht, 19. Auflage, Tübingen 2004, zit.: *Stein/Frank*, Staatsrecht

Stephan, Walter, Die Amtsverbrechen und der § 50 RStGB, Halle-Wittenberg 1938, zit.: *Stephan*, Amtsverbrechen

Stern, Klaus, Das Staatsrecht der Bundesrepublik Deutschland, 2. Auflage, München 1984, zit.: *Stern*, Staatsrecht

Stober, Rolf, Kommunalrecht in der Bundesrepublik Deutschland, 3. Auflage, Stuttgart 1996, zit.: *Stober*, Kommunalrecht

Stock, Ulrich, Entwicklung und Wesen der Amtsverbrechen, Leipzig 1932, zit.: *Stock*, Amtsverbrechen

Stratenwerth, Günter/Kuhlen, Lothar, Strafrecht Allgemeiner Teil I, 5. Auflage, München 2003, zit.: Stratenwerth/Kuhlen, AT I

Stricker, Gregor, Der Parteienfinanzierungsstaat, Baden-Baden 1998, zit.: *Stricker*, Parteienfinanzierungsstaat

Suhr, Christian, Zur Begriffsbestimmung von Rechtsgut und Tatobjekt im Strafrecht, JA 1990, S. 303

Tag, Brigitte, Drittmitteleinwerbung – strafbare Dienstpflicht? – Überlegungen zur Novellierung des Straftatbestandes der Vorteilsannahme, JR 2004, S. 50

Taschke, Jürgen, Drittmittelforschung und Strafrecht, PharmaR 2002, S. 417

Tenckhoff, Jörg, Anmerkung zu BGH, Urt. v. 3.12.1987 – 4 StR 554/87, JR 1989, S. 33

Tholl, Frank, Drittmitteleinwerbung und Vorteilsannahme – Anmerkung zu BGH Urteil v. 23.05.2002 – 1 StR 372/01, wistra 2003, S. 181

Tiedemann, Klaus, Bemerkungen zur Rechtsprechung in den sog. Demonstrationsprozessen, JZ 1969, S. 717

ders., Tatbestandsfunktionen im Nebenstrafrecht, Tübingen 1969, zit.: *Tiedemann*, Tatbestandsfunktionen

ders., Verfassung und Strafrecht, Heidelberg 1991, zit.: *Tiedemann*, Verfassung und Strafrecht

Tipke, Klaus, Die Steuerrechtsordnung Band I, Köln 2000, zit.: *Tipke*, Steuerrechtsordnung I

Tondorf, Günter / Waider, Heribert, Strafrechtliche Aspekte des Herzklappenskandals, MedR 1997, S. 102

Traumann, Christoph, Die Anwendung der Bestechungsdelikte auf die Inhaber privater Ingenieur- und Planungsbüros, Baden-Baden 1997, zit.: *Traumann*, Bestechungsdelikte

Tröndle, Herbert/Fischer, Thomas, Strafgesetzbuch und Nebengesetze, 53. Auflage, München 2006, zit.: *Tröndle/Fischer*

Überhofen, Michael, Korruption und Bestechungsdelikte im staatlichen Bereich, Freiburg im Breisgau 1999, zit.: *Überhofen*, Korruption

Ulsenheimer, Klaus, Arztstrafrecht in der Praxis, 3. Auflage, Heidelberg 2003, zit.: *Ulsenheimer*, Arztstrafrecht

Vahlenkamp, Werner/Knauß, Ina, Korruption – hinnehmen oder handeln?, Wiesbaden 1995, zit.: *Vahlenkamp/Knauß*, Korruption

Verrel, Torsten, Überkriminalisierung oder Übertreibung?, MedR 2003, S. 319

Volk, Klaus, Die Merkmale der Korruption und die Fehler bei ihrer Bekämpfung, in: Gössel, Karl Heinz/Trifterer, Otto (Hrsg.), Gedächtnisschrift für Heinz Zipf, Heidelberg 1999, S. 419, zit.: *Volk*, GS Zipf

Volz, Manfred, Unrecht und Schuld abstrakter Gefährdungsdelikte, Göttingen 1968, zit.: *Volz*, Unrecht und Schuld

Wagner, Heinz, Amtsverbrechen, Berlin 1975, zit.: *Wagner*, Amtsverbrechen

ders., Anmerkung zu BGH, Urt. v. 19.11.1992 – 4 StR 456/92, JZ 1993, S. 473

Walter, Steffen, Medizinische Forschung mit Drittmitteln – lebenswichtig oder kriminell?, ZRP 1999, S. 292

Warda, Günter, Zur Konkurrenz von Rechtfertigungsgründen, in: Schroeder, Friedrich-Christian/Zipf, Heinz (Hrsg.), Festschrift für Reinhart Maurach zum 70. Geburtstag, Karlsruhe 1972, S. 143, zit.: *Warda*, FS Maurach

Wasserburg, Klaus, Rechtsprechungsübersicht zum Arztstrafrecht - Januar 1997 bis Mai 2002, NStZ 2003, S. 353

Wassermann, Rudolf, Alternativkommentar Grundgesetz, Band II, 2. Auflage Neuwied/Frankfurt 1989, zit.: *Bearbeiter*, in: AK-GG

Weimer, Thomas, Nochmals – Anti-Korruption – Die Zusammenarbeit zwischen Industrie und med. Einrichtungen, PharmaR 2001, S. 357

Weiser, G., Die Amtsträgereigenschaft der Mitarbeiter von staatlich beauftragten privaten Planungsbüros, NJW 1994, S. 968

Weiß, Hans/Niedermaier, Franz/Summer, Rudolf/Zängl, Siegfried, Bayerisches Beamtengesetz mit beamtenrechtlichen Nebengesetzen und Vollzugsvorschriften, Handkommentar, Ordner II, Loseblattsammlung, zit.: *Weiß/Niedermaier/Summer/Zängl*, BayBG

Welp, Jürgen, Der Amtsträgerbegriff, in: Küper, Wilfried/ Puppe, Ingeborg/ Tenckhoff, Jörg (Hrsg.), Festschrift für Karl Lackner zum 70. Geburtstag, Berlin u.a. 1987, S. 761, zit.: *Welp*, FS Lackner

Welzel, Hans, Studien zum System des Strafrechts, ZStW 58 (1939), S. 491

ders., Das deutsche Strafrecht, 11. Auflage, Berlin 1969, zit.: *Welzel*, Strafrecht

Wentzell, Stefanie, Zur Tatbestandsproblematik der §§ 331, 332 StGB, Berlin 2004, zit.: *Wentzell*, Tatbestandsproblematik

Wessels, Johannes/Hettinger, Michael, Strafrecht Besonderer Teil/1: Straftaten gegen Persönlichkeits- und Gemeinschaftswerte, 27. Auflage, Heidelberg 2003, zit.: *Wessels/Hettinger*, BT 1

Wessing, Jürgen/Böttger, Marcus, Strafbarkeit des Sponsorings im Gesundheitswesen, f&w 1999, S. 444

Wiedemann, Hans, Die Unanwendbarkeit des § 359 StGB auf Angestellte der als AG oder GmbH betriebenen Versorgungs- und Verkehrsgesellschaften der öffentlichen Hand, NJW 1965, S. 852

Wienke, Albrecht/Lippert, Hans-Dieter, Kommentar zu den 9. Einbecker Empfehlungen der Deutschen Gesellschaft für Medizinrecht (DGMR) e.V. zur Einwerbung privatwirtschaftlicher Drittmittel in der Medizin, WissR 35 (2002), S. 233

Wild, Michaela, Die Gleichheit der Wahl, Berlin 2003, zit.: *Wild*, Gleichheit

Winkelbauer, Wolfgang, Zur Verwaltungsakzessorietät des Umweltstrafrechts, Berlin 1984, zit.: *Winkelbauer*, Verwaltungsakzessorietät *ders.*, Die behördliche Genehmigung im Strafrecht, NStZ 1988, S. 201

Winkelbauer, Wolfgang/Felsinger, Martin, Finanzierung gemeindlicher Aufgaben im Wege des Sponsorings – strafbare Korruption?, BWGZ 1999, S. 291

dies., Die Annahme von Spenden durch Städte und Gemeinden – zulässiges Verwaltungshandeln oder strafbare Korruption?, in: Winkelbauer, Wolfgang/Felsinger, Martin/Dannecker, Gerhard, Gemeinnützig oder strafbar? Zur strafrechtlichen Bewertung von Spenden für kommunale Aufgaben, Städte und Gemeinden im Spannungsfeld von Sponsoring und Korruption, Schriftenreihe des Gemeindetages Baden Württemberg, Band 7, Stuttgart 2003, S. 1, zit.: *Bearbeiter*, in: Winkelbauer/Felsinger/Dannecker, Gemeinnützig oder strafbar?

With, Hans de, Zwischen Lobbyismus und politischer Korruption, Kriminalistik 1997, S. 400

Wohlers, Wolfgang, Deliktstypen des Präventionsstrafrechts – zur Dogmatik „moderner" Gefährdungsdelikte, Berlin 2000, zit.: *Wohlers*, Deliktstypen

Wolf, Hans J./Bachof, Otto/Stober, Rolf, Verwaltungsrecht Band 2, 6. Auflage, München 2000, zit.: *Wolf/Bachof*, VerwR II

Wolter, Jürgen, Objektive und personale Zurechnung von Verhalten, Gefahr und Verletzung in einem funktionalen Straftatsystem, Berlin 1981, zit.: *Wolter*, Zurechnung

ders., Verfassungskonforme Restriktion und Reform des Nötigungstatbestandes, NStZ 1986, S. 241

Wolters, Gereon, Die Änderungen des StGB durch das Gesetz zur Bekämpfung der Korruption, JuS 1998, S. 1100

Wolski, Sabine, Soziale Adäquanz, München 1990, zit.: *Wolski*, Soziale Adäquanz

Won, Hyung-Sig, Die behördliche Genehmigung als Tatbestandsausschließungs- oder Rechtfertigungsgrund im Umweltstrafrecht, Würzburg 1993, zit.: *Won*, Genehmigung

Würtenberger, Peter, Rechtsfriede und Strafrecht, in: Baumann, Jürgen (Hrsg.), Einheit und Vielfalt des Strafrechts, Festschrift für Karl Peters zum 70. Geburtstag, Tübingen 1974, S. 125, zit.: *Würtenberger*, FS Peters

Zeiler, Horst, Gedanken zum Begriff des Amtsträgers im Sinne des § 11 I Nr. 2 c StGB, MDR 1996, S. 439

Zieschang, Frank, Die Gefährdungsdelikte, Berlin 1998, zit.: *Zieschang*, Gefährdungsdelikte

ders., Die Auswirkungen des Gesetzes zur Bekämpfung der Korruption auf den Forschungsbereich, WissR 32 (1999), S. 111

ders., Das EU-Bestechungsgesetz und das Gesetz zur Bekämpfung der internationalen Bestechung, NJW 1999, S. 105

Zipf, Heinz, Rechtskonformes und sozialadäquates Verhalten im Strafrecht, ZStW 82 (1970), S. 633

Zippelius, Reinhold, Allgemeine Staatslehre, Politikwissenschaft, 14. Auflage, München 2003, zit.: *Zippelius*, Staatslehre

Criminalia

Herausgegeben von Klaus Volk

Band 1 Ulrich Schroth: Vorsatz als Aneignung der unrechtskonstituierenden Merkmale. 1994.

Band 2 Torsten Poeck: Wartepflicht und Wartedauer des § 142 Abs. 1 Nr. 2 StGB. Ein Vorschlag zur Bestimmung der Wartelänge anhand rechtsprechungsanalytischer und empirischer Überlegungen. 1994.

Band 3 Tobias Schmid: Die Vergabe von Wirtschaftssubventionen und strafrechtliche Verantwortlichkeit gem. § 264 StGB (Subventionsbetrug). 1994.

Band 4 Erwin Lohner: Der Tatverdacht im Ermittlungsverfahren. Begriff, rechtliche Ausgestaltung, praktische Handhabung und Kontrolle am Beispiel der polizeilichen Verdachtsfeststellung. 1994.

Band 5 Gunther Lehleiter: Der rechtswidrige verbindliche Befehl. Strafrechtsdogmatische Untersuchung, demonstriert am Beispiel des militärischen Befehls. 1995.

Band 6 Dirk Steiner: Das Fairneßprinzip im Strafprozeß. 1995.

Band 7 Isabell Schwegler: Der Subsumtionsirrtum. 1995.

Band 8 Klaus Andreas Fischer: Die strafrechtliche Beurteilung von Werken der Kunst. 1995.

Band 9 Johannes Fredrikus Nijboer: Beweisprobleme und Strafrechtssysteme / Proof and Criminal Justice Systems. Rechtsvergleichende Aufsätze / Comparative Essays. 1995. 2. Auflage 1997.

Band 10 Winfried Hassemer / Karin Matussek: Das Opfer als Verfolger. Ermittlungen des Verletzten im Strafverfahren. 1996.

Band 11 Bettina Grunst: Steuerhinterziehung durch Unterlassen. 1996.

Band 12 Hans-Jörg Schwab: Täterschaft und Teilnahme bei Unterlassungen. 1996.

Band 13 Christos Mylonopoulos: Komparative und Dispositionsbegriffe im Strafrecht. 1998.

Band 14 Christina Erfurth: Verdeckte Ermittlungen. Problemlösung durch das OrgKG? 1997.

Band 15 Stephan Weber: Überstellung in den Heimatstaat. Ein internationales Konzept wider den Strafvollzug in der Fremde. Zugleich ein Beitrag zum Recht der internationalen Vollstreckungshilfe in Strafsachen. 1997.

Band 16 Bert Götting: Gesetzliche Strafrahmen und Strafzumessungspraxis. Eine empirische Untersuchung anhand der Strafverfolgungsstatistik für die Jahre 1987 bis 1991. 1997.

Band 17 Lars Otte: Der durch Menschen ausgelöste Defensivnotstand. 1998.

Band 18 Gregor Rieger: Die mutmaßliche Einwilligung in den Behandlungsabbruch. 1998.

Band 19 Yu-hsiung Lin: Richtervorbehalt und Rechtsschutz gegen strafprozessuale Grundrechtseingriffe. 1998.

Band 20 Sandra Pellkofer: Sockelverteidigung und Strafvereitelung. 1999.

Band 21 Christine Ferschl: Das Problem des unmittelbaren Zusammenhangs beim erfolgsqualifizierten Delikt. 1999.

Band 22 Peter König: Strafbarer Organhandel. 1999.

Band 23 Stefan Stauder: Die allgemeinen defenses des New York Penal Law. Eine rechtsvergleichende Untersuchung. 1999.

Band 24 Malte Merz: »Bewußte Selbstschädigung« und die Betrugsstrafbarkeit nach § 263 StGB. Zugleich ein Beitrag zur Zweckverfehlungslehre. 1999.

Band 25 Marc Tully: Poena sine Culpa? *Strict-Liability*-Sanktionen und Europäisches Gemeinschaftsrecht. 2000.

Band 26 Susanne Götting: Beweisverwertungsverbote in Fällen gesetzlich nicht geregelter Ermittlungstätigkeit. Durch V-Leute, Scheinaufkäufer und Privatleute. 2001.

Band 27 Christiane Hölscher: Der Rechtsschutz und die Mitteilungspflichten bei heimlichen strafprozessualen Zwangsmaßnahmen. 2001.

Band 28 Tobias Windhorst: Der Rechtsbegriff der »schweren Gesundheitsschädigung". Zugleich ein Beitrag zum 6. StrRG. 2001.

Band 29 Andrea Schmucker: Die "Dogmatik" einer strafrechtlichen Produktverantwortung. Das fahrlässige Unterlassen als Institut der Produktkriminalität. 2001.

Band 30 Stephan Beukelmann: Prävention von Computerkriminalität. Sicherheit in der Informationstechnologie. 2001.

Band 31 Markus B. Alder: Die Strafzumessungsrichtlinie der USA in ihrem Kontext mit Plea Bargaining. 2001.

Band 32 Tobias Brandis: Beweisverbote als Belastungsverbote aus Sicht des Beschuldigten? 2001.

Band 33 Britta Wolff: Begünstigung, Strafvereitelung und Hehlerei. Geschichtliche Entwicklung und Abgrenzung zur Beihilfe. 2002.

Band 34 Angelika Laitenberger: Die Strafbarkeit der Verbreitung rassistischer, rechtsextremistischer und neonazistischer Inhalte. Unter besonderer Berücksichtigung der Verbreitung über Netzwerke. Ein Rechtsvergleich. 2003.

Band 35 Antonia Seitz: *Die Todesstrafe ist keine Strafe.* Von der Beteiligung bedeutender Mediziner an Fragestellungen um Verbrechen und Strafe, unter besonderer Berücksichtigung der Todesstrafe 1865 bis 1933 im deutsch-italienischen Vergleich. 2003.

Band 36 Ro-Seop Park: Die Wahrheitsfindung im Ermittlungsverfahren. 2003.

Band 37 Ingo Jeckel: Schadenswiedergutmachung gem. § 46a Nr. 2 StGB über anwaltliche Schlichtungsstellen. Schlichtungsablauf und Auswirkungen auf das Strafverfahren. 2003.

Band 38 Katja Kassing: Ehrverletzende Personalsatire in Deutschland, Österreich, der Schweiz und England. 2004.

Band 39 Stefan Poller: Verbandsgeldbuße und Steueranspruch. 2004.

Band 40 Anna Trüstedt: Das Verbot von Börsenkursmanipulationen. 2004.

Band 41 Marialena Papachristou: Die strafrechtliche Behandlung von Börsen- und Marktpreismanipulationen. 2006.

Band 42 Verena Käbisch: Markenschutz im Strafrecht. Die Rechtslage in Deutschland und den USA. 2006.

Band 43 Dominik Härtl: Wahlstraftaten. Die §§ 107 ff. StGB im System des Rechts. 2006.

Band 44 Erick Gatgens: Ermessen und Willkür im Straf- und Strafverfahrensrecht. Eine dogmatische und rechtstheoretische Untersuchung zu den Grundlagen strafjuristischer Entscheidungsfindung. 2007.

Band 45 Christian A. Sirch: Die Strafbarkeit der Parteispendenakquisition. Ein Beitrag zum Tatbestand der Vorteilsannahme. 2008.

www.peterlang.de

MIX

Papier | Fördert gute Waldnutzung

FSC® C083411

Kolibri 360 GmbH
Ferdinand-Jühlke-Straße 7
99095 Erfurt, Deutschland
produktsicherheit@kolibri360.de

Druck:
CPI Druckdienstleistungen GmbH
im Auftrag der
Kolibri 360 GmbH
Ferdinand-Jühlke-Str. 7
99095 Erfurt